Abhandlungen

aus dem

Deutschen und Preußischen

Staatsrecht.

Vom

Staats-Minister v. Kamptz.

Erster Band.

Landstände, Allgemeine Stände, Preußische Constitution.

Berlin.
Druck und Verlag von G. Reimer.
1846.

Seinem ältesten Freunde,

dem

Freiherrn von Schilden,

Oberhofmeister Ihrer Majestät der Königin und Ritter
des schwarzen Adler- und des St. Andreas-Ordens,

zum Andenken

vom

Verfasser.

Vorwort.

Auf einer langjährigen amtlichen Laufbahn wird die besondere Aufmerksamkeit des Geschäftsmannes oft auf Gegenstände geleitet, die eine mehrmals wiederholte Prüfung und eine sorgfältige Nachforschung in ihren Quellen erfordern. Bruchstücke aus solchen Arbeiten erleichtern wenigstens die Uebersicht und eine weitere Bearbeitung des behandelten Gegenstandes.

Diese Betrachtung hat mich bestimmt, mehrere Bruchstücke so entstandener Ausführungen zusammen zu stellen und nach vorgängiger nochmaliger Durchsicht vorzulegen.

Sie betreffen lediglich das deutsche und das preußische Staatsrecht und auch die, vielleicht folgenden werden sich auf dasselbe beschränken. Also bestehende, mithin keine ideale Staaten, wirkliche Geschichte und bestehende Verfassung ist der Boden, auf welchem sie sich treu und strenge halten. Sie sind mithin von dem idealen Staatsrechte der philosophischen Schule durchaus eben so entfernt, als von der, in dieser Schule gedichteten Geschichte der Bildung der Staaten und den Quellen ihres Staatsrechts.

Die mindere oder größere Ausführlichkeit der einzelnen Aufsätze wird von der Wichtigkeit des Gegenstandes und von dem Grade ihrer bisherigen wissenschaftlichen Bearbeitung abhängen. Die historische Entwickelung des Gegenstandes und der Gesetzgebung über denselben, so wie die Zurückführung auf die letztere wird aber feststehender Grundsatz sein. Er wird um so fester gehalten werden, als er in neueren Zeiten in so vielen literarischen Arbeiten vielfach vernachlässigt, der historische Gesichtspunkt principienmäßig ganz beseitigt und auf die gesetzlichen und positiven Quellen des Staatsrechts selten Rücksicht genommen und kaum mehr eine Bestimmung der deutschen Bundesacte oder der Schlußacte angeführt wird. Die Polemik ist in Ansehung bloß allgemeiner staatsrechtlicher Grundsätze von diesen Abhandlungen in so weit ausgeschlossen, als sie nicht erforderlich war, um die wahre

Geschichte und die bestehenden Verfassungen gegen diese allgemeinen Grundsätze zu vertheidigen. In diesem Falle haben wir zu unserm Bedauern in allen, in dem vorliegenden ersten Bande enthaltenen Abhandlungen in Ansehung des vom Stadtjustizrath Simon herausgegebenen Preußischen Staatsrechts uns befunden. Die in diesem Buche enthaltenen Grundsätze und Behauptungen würden wir in einer ephemeren Flugschrift auf sich haben beruhen lassen; aber in einem Buche, welches schon wegen der darin abgedruckten Gesetze und Verhandlungen ein Publicum und Leser erhalten wird, die nicht allgemein Neigung, Zeit und Materialien haben, den wissenschaftlichen Inhalt und Gehalt desselben näher zu prüfen, schienen jene Behauptungen einer Kritik zu bedürfen. Da es in allen Beziehungen nachtheilig ist, wenn geschichtliche und staatsrechtliche Irrthümer für wahre Thatsachen und für Grundsätze des Preußischen Staatsrechts gehalten werden; so ist es Pflicht eines jeden, der diese Gegenstände erörtert, auf diese Irrthümer aufmerksam zu machen und sie nachzuweisen und dadurch zu verhindern, daß sie fortwuchern. Die in diesem Bande angeführten Beispiele mögen belegen, wie mit Recht wir schon im vorigen Jahre aus gleicher Veranlassung auf die Nothwendigkeit aufmerksam machten, die in jenem Preußischen Staatsrecht aufgestellten Grundsätze einer genauen und sorgfältigen Prüfung zu unterwerfen*).

Die in diesem ersten Bande enthaltenen Abhandlungen betreffen einen Gegenstand, welcher seit einigen Jahren die Presse wiederum sehr beschäftigt, aber in derselben größtentheils auf die oben erwähnte Art ohne Rücksicht auf deutsche Geschichte und Verfassung behandelt wird. Es schien daher eine kurze allgemeine Entwickelung dieses Gegenstandes nach der Geschichte und nach den Gesetzen und Acten mit besonderer Beziehung auf die deutsche Bundes-Verfassung schon genügend, um die irrthümlichen Ansichten und Deutungen zu widerlegen, welche darüber zu verbreiten man sich von vielen Seiten bemüht. In diesen Bemühungen ist es in der neuesten Zeit so weit gekommen, daß selbst Deputirte in deutschen Stände-Versammlungen und Curien oder, wie sie genannt werden, Kammern, welche die Beobachtung der deutschen Bundes-Verfassung und der Verfassung ihres Landes beschworen haben, der ersteren Fehde ankündigen (vergl. z. B. S. 181), und einige Schriftsteller sie als die Wirkung einer beklagenswerthen Reaction darstellen und nicht Anstand nehmen, ihr Phantasie-

*) in den Jahrbüchern für die Preußische Gesetzgebung, Rechtswissenschaft und Rechtsverwaltung, Bd. LXV. S. 195.

Gebilde einer solchen Reaction selbst Landtagen vorzuführen (S. 416 ff.), andere aber Worten und Ausdrücken einen Sinn und eine Bedeutung beilegen, welche sie weder nach dem Sprachgebrauch, noch nach der Geschichte und den Gesetzen haben und mit den letzteren in dem grellsten Gegensatze und dem schneidensten Widerspruche stehen. Diese Mißdeutungen erfahren besonders die Ausdrücke „Verfassung" und „Repräsentation." Jedes Land, selbst die unbeschränkteste Monarchie, hat seit den ältesten Zeiten eine Verfassung, jede Stadt, jedes Dorf hat eine Verfassung, die Gesetze aller Länder verweisen auf Stadt- und Dorf-Verfassungen, selbst auf Gilden- und Zunft-Verfassungen; demungeachtet wird aber in den Schriften, von welchen wir reden, der Ausdruck „Verfassung" als eine ausschließliche Eigenthümlichkeit der sogenannten repräsentativen Staats-Verfassung, einer Verfassungsform, die in einer philosophischen Schule erfunden wurde, als monarchische und landständische Verfassungen schon Jahrhunderte bestanden, so bestimmt ausgegeben, daß von diesem Ausdruck ausgemacht und schlechthin allezeit auf eine repräsentative Staats-Verfassung geschlossen werden muß. Die Repräsentation des Landes und seiner Bevölkerung ist zwar zu allen und seit den ältesten Zeiten die Bestimmung der deutschen Landstände und der Charakter landständischer Verfassung gewesen; diese Schule giebt aber auch für ein so untrügliches Merkmal der von ihr in spätern Zeiten gebildeten sogenannten repräsentativen Verfassung aus, daß auch auf das bestimmteste landständische Verfassungen dadurch, daß in ihnen der Repräsentation des Volks erwähnt wird, ohne Anstand für repräsentative in diesem Sinne gehalten werden müssen. Dies würde ein leeres Wortspiel sein, wenn diese Schule sich hierauf beschränkte; allein sie legt in Repräsentation des Volks einen ganz entgegengesetzten Sinn. Die Stände vertreten nach ihrem Begriff nicht das Volk bei ihrem gemeinschaftlichen Souverain, sondern sie vertreten das Volk, als den eigentlichen Souverain, neben dem Regenten und nach Umständen über dem Regenten; sie sind nicht Vertreter der Unterthanen, sondern des souverainen Volks. Das Phantasie-Gebilde des contrat social, der vor tausend und mehr Jahren Statt gehabt haben soll, soll dadurch, wie 1790 in Frankreich, verwirklicht worden sein und, so wie er dort die Souverainetät an das Volk, um durch dessen Abgeordnete ausgeübt zu werden, wiedergegeben hat, so soll dies alles ganz von selbst und nothwendig klar und deutlich auch daraus folgen, daß in einer landständischen Verfassungs-Urkunde der repräsentativen Eigenschaft der Landstände erwähnt ist. Die Welt, Deutschland insonderheit, die Bundesfürsten auf dem Congreß und in der Bundes-Versammlung, so wie als Gesetzgeber in ihren Staaten, die ganze Bundes-Gesetzgebung, alle Deutschen mit Ausnahme jener Schriftsteller, befanden und befinden sich hiernach in einem recht argen Irrthum über deutsche Geschichte und Verfassung und über den Begriff von Verfassung und von Repräsentation; alle deutsche Verfassungs-Urkunden sind im Irrthum und im Widerspruch mit sich selbst, wenn sie auf der einen Seite offenbar landständische sind und sich selbst landständische nennen, dennoch aber auf der andern Seite die Landstände als Repräsentanten des Volks bezeichnen (S. 110 ff.) und sind daher entweder keine landständische Verfassungen, oder das Land und Volk ist ohne Repräsentation. Es liegt indessen in der Sache selbst, daß Gesetze und Urkunden von denjenigen nicht anders, als falsch und irrig und gar nicht verstanden werden können, welche mit den Worten und Ausdrücken derselben ganz andere und entgegengesetzte Begriffe verbinden, als die Gesetze und Urkunden. Wer mit dem Ausdruck „Landstände" den Begriff der Geburtsstände, wer mit dem der Ritterschaft den des Ritterthums verbindet, wird eben so wenig einen richtigen Begriff von landständischer Verfassung haben können, als derjenige, der mit der landständischen Repräsentation des Volks den Begriff der Volkssouverainetät und der allgemeinen und unbeschränkten Volksvertretung verbindet. Er hat eine ganz andere Sprache, als das Gesetz. Dies bestätigen die, über die Preussische Verordnung vom 22. Mai 1815 erschienenen Schriften, deren Verfasser entweder die zur richtigen Auffassung derselben erforderlichen sprachlichen, geschichtlichen und rechtswissenschaftlichen Kenntnisse nicht besaßen, oder es vorzogen, dem Gesetzgeber ihre Sprache und ihre Begriffe und daher der, von ihm erwähnten Repräsentation des Volks nicht den gesetzlichen und staatsrechtlichen Begriff, sondern ihren einseitigen, irrthümlichen Sinn unterzulegen. Alle Ansichten und Ausführungen dieser Schriftsteller beruhen auf diesem ihren irrthümlichen Begriff von Repräsentation des Volks, der wie ein rother Faden ihre Schriften durchläuft. Weil nach der Schule, zu welcher sie sich bekennen, diese Repräsentation nur in einer bestimmten Art zu bilden ist, so ist diese Art allgemein angenommen und allgemein verstanden und giebt es außer derselben überall keine Repräsentation. Die seit Jahrhunderten bestehende ist von selbst durch die neuere ideale abgeschafft und ergänzt, selbst in Staaten, welche nicht die Verfassung jener Schule, sondern die landständische besitzen, nach welcher die Volks-Repräsentation landständisch und provinziell ist. Unsere Schriftsteller gehen aber in ihren Bestrebungen noch weiter. Auch wenn der Regent die in der hergebrachten Verfassung seines Landes begründete ständische Repräsentation seines Volkes bestätigt; so heißt dies nach ihrer Sprache und Logik: es soll nicht allein eine, der bisherigen entgegengesetzte Repräsentation eingeführt, sondern auch nach derselben die ganze Staats-Verfassung verändert werden. In dieser Richtung und um dies Resultat dem Gesetze abzupressen, drehen und verdrehen, versetzen und verändern sie dasselbe, setzen Umstände und Worte zu und nehmen welche ab, berücksichtigen weder die vorhergehenden, noch die begleitenden, noch die nachfolgenden, beurtheilen dasselbe aus aller Verbindung mit der Bundes-Gesetzgebung und der Befestigung der landständischen Verfassung in allen Bundesstaaten und verfallen selbst auf das Unternehmen, ausführen zu wollen, daß der König Friedrich Wilhelm der Dritte, durch dessen und der mit Ihm näher verbündeten Monarchen Einfluß die deutsche landständische Verfassung von ihrem Untergang entweder in Souverainetät oder in unhaltbare allgemeine Volks-Repräsentation gerettet und als alleinige und herrschende Verfassung in allen Bundes-Staaten grundgesetzlich befestigt war, in seinen Staaten sie nicht allein nicht eingeführt, sondern, wo sie noch bestand, aufgehoben und dagegen jene unhaltbare entgegengesetzte eingeführt habe. Der König bestimmt zwar in der Verordnung von 1815 und in der von 1823 das Gegentheil; allein das steht nicht entgegen: der König hat unter Provinzialständen, Provinziallandtagen rc. lediglich die repräsentative Verfassung und allgemeine Volks-Repräsentation verstanden. Behauptungen solcher Art bedürfen zwar keiner Widerlegung, allein die zu ihrer vermeintlichen Unterstützung angeführten Thatsachen und Rechtsgründe und die daraus gefolgerten Schlüsse sind größtentheils so entstellt, so durcheinander geworfen und verflochten; ihre Widersprüche sind so künstlich verdeckt und versteckt und mit einer so auffallenden Bestimmtheit vorgetragen, daß die nähere Prüfung derselben wünschenswerth, hierzu aber die Erörterung dieses ganzen Gegenstandes am angemessensten schien. Diesem Zwecke sind in Beziehung sowohl auf die Gesetzgebung des Bundes und der Bundesländer, als insonderheit auf die Preußischen Staaten die in dem vorliegenden ersten Bande enthaltenen fünf Abhandlungen bestimmt. Eine Staats-Constitutions-Urkunde steht zwar außer innerer Verbindung mit der landständischen Verfassung: wir haben seit vielen Jahrhunderten in Deutschland die letztere ohne erstere; sie ist aber in späteren Zeiten in mehrere und insonderheit in die, die preußische landständische Verfassung betreffenden Schriften, um an den Täuschungen derselben Theil zu nehmen, mit aufgenommen und haben daher auch wir diesen Gegenstand erörtert. Diese Abhandlungen sind nicht Gegenschriften gegen einzelne dieser Schriften, sondern mehr oder minder ausführliche und actenmäßige historische und rechtliche Darstellungen des Gegenstandes und der Entwickelung und der gegenwärtigen gesetzlichen Lage desselben. Solche Darstellungen sind die gründlichsten Widerlegungen der Entstellungen, unrichtigen Thatsachen und Behauptungen. Einzelne Schriften haben wir nur berührt, in so fern in denselben die Wahrheit gar zu arg vernachlässigt oder die Phantasie gar zu lebhaft in Erschaffung ihrer Bilder gewesen war, und daher die erstere wiederhergestellt und die letztere auf die erstere zurückgeführt werden mußte. Der Zweck dieser Erörterungen ist, die Gegenstände derselben und die sie betreffende Gesetzgebung im Zusammenhange und in ihrer Veranlassung, Absicht, geschichtlichen Entwickelung und Fortbildung, so wie in ihrer ganzen Consequenz zusammenzufassen und urkundlich vorzulegen und dadurch den deutlichen und wahren Sinn der Gesetzgebung darzustellen und gegen Mißdeutungen und Verdrehungen zu bewahren.

Schließlich bedaure ich, daß die treffliche und gründliche Schrift des Herrn Professors von Lancizolle: Ueber Königthum und Landstände in Preußen (Berlin 1846) erst nach fast vollendetem Abdruck der letzten Abhandlung zu meiner Kenntniß gekommen ist und ich daher der darin enthaltenen lehrreichen Bemerkungen bei diesen Aufsätzen habe entbehren müssen.

Berlin, den 15. April 1846.

v. Kamptz.

Inhalts-Uebersicht.

Erste Abhandlung.
Landständische Verfassung in Deutschland.

Erste Abtheilung.
Volks-Repräsentation überhaupt.

Zweiter Abschnitt.
Während des Rheinbundes.

Dritter Abschnitt.
Unter der Bundes-Verfassung.
Erster Titel.
Geschichte der Bundes-Gesetzgebung über landständische Verfassung S. 64—82.

Zweiter Titel.
Landständische Verfassung in den deutschen Bundesstaaten.

Dritte Abtheilung.
Bemerkungen über einzelne Gegenstände der landständischen Verfassung.

Zweite Abhandlung.

Die landständische Verfassung in den Preußischen Staaten.

Dritte Abhandlung.

Allgemeine Stände.

Erster Abschnitt.

Verfassung der verschiedenen, der Hoheit eines gemeinschaftlichen Fürstenhauses unterworfenen Länder.

Zweiter Abschnitt.

Verhältniß der verschiedenen zu dem Gesammtstaate des gemeinschaftlichen Herrscherhauses vereinigten Länder zu einander und zu dem regierenden Hause.

Dritter Abschnitt.

Allgemeine Stände.

Vierte Abhandlung.

Allgemeine Stände in der Preußischen Monarchie.

Erster Abschnitt.

Fortbestand der landständischen Verfassung in den Preußischen Staaten.

Zweiter Abschnitt.

Allgemeine Stände.

Fünfte Abhandlung.

Preußische Constitution.

Erster Abschnitt.

Im Allgemeinen.

(*) Durch ein Druckversehen ist S. 438 statt 18 gesetzt worden 17.

Druck-Verbesserungen.

Seite 357	Zeile 23	v. ob.	statt Landes lies: Land.
— 388	— 26		hinter Anm. 2 ist hinzuzufügen: Simons Staatsrecht, Th. II.
— 438	— 13	—	statt 25 ist zu setzen 26.
— 552	— 26	—	statt da lies: die.

I.

Die landständische Verfassung
in
Deutschland.

Erste Abtheilung.

Volksrepräsentation überhaupt.

Die Verfassung aller heutigen europäischen Nationen beruht seit ihrer Civilisation auf dem monarchischen Princip, dessen Verletzung weder lange bestanden, noch ungestraft geblieben ist. Diesem Princip stand jedoch das der Vertretung des Volks bei dem Regenten und bei der Ausübung seiner Souveränität zur Seite. Beide Grundsätze gingen ohne alle Social-Contracte und schriftlich abgefaßte Urkunden ganz von selbst aus der Geschichte und Bildung und aus den Verhältnissen eines jeden Volks hervor. Die Interessen des Volks konnten hierbei auf zwiefache Art wahrgenommen werden, entweder von der ganzen Masse oder durch Vertreter desselben.

Die Vertretung durch die ganze Masse des Volks konnte nur in den ersten Anfängen und auch dann nur in sehr kleinen Ländern stattfinden, und würde selbst dann nicht die gesammte Bevölkerung, sondern nur die persönlich und in dem Besitzthum freien, dem Fürsten unmittelbar unterworfenen Theile derselben begriffen haben. Die Interessen und Rechte des Volks sind daher in allen Ländern nicht unmittelbar durch die ganze Masse, sondern nur durch einzelne Mitglieder desselben entweder in Vertretung des ganzen Volks oder vermöge alleiniger Befugniß wahrgenommen. Diese einzelnen Mitglieder konnten aus dem Volke auf zwiefache Art hervorgehen; entweder aus dem ganzen Volk in ungetheilter Masse oder aus den verschiedenen Abtheilungen desselben und aus jeder der letzten und aus ihrer Mitte. Da die Massenwahl fast eben so schwierig gewesen sein würde, wie die Massenvertretung selbst; so hat sie nirgend, sondern allenthalben nur eine der letzteren Arten der Volksvertretung, mithin nur eine Landesvertretung durch einen Theil der Nation bestanden.

Das Princip dieser Abtheilung des Volks war indessen verschieden; bald beruhte dasselbe auf den verschiedenen Klassen, in welche das Volk in mannigfaltigen Beziehungen nach Verschiedenheit bald des Geburts=Standes, bald des Berufs= und Gewerbe=Standes zerfiel, bald war es das Verhältniß der Größe des Gebiets oder der Bevölkerung, nach welcher die Bevollmächtigung zur Landesvertretung vertheilt war, bald wurden beide Maaßstabe mit einander vereinigt. In neuern Zeiten ist die auf dem ersten Abtheilungs=Princip gegründete die ständische und nur die nach dem letzteren angeordnete Vertretung im engeren Sinne die repräsentative genannt worden.

Erster Abschnitt.
Ständische Volksvertretung.

---

§. 1.

Die ständische Vertretung ist die älteste und allgemeinste in allen europäischen Staaten. In denselben bestand die älteste freie Bevölkerung theils aus den fremden ausgezeichneten Kriegern, welche, nachdem sie unter ihrem Heerführer das Land in Besitz genommen hatten, Landeigenthum erhielten, oder aus den bisherigen einheimischen Grundbesitzern, welche ihren Landbesitz vertheidigt und darin sich erhalten hatten. Da nur freie Männer der Theilnahme an öffentlichen Verhandlungen fähig waren; so konnten auch nur diese Besitzer des freien Landeigenthums zu den Berathungen mit dem Fürsten zugelassen werden. Hier sind die ersten Elemente der Ritterschaft — später des Ritterstandes und des Adels.

Bei steigender Civilisation entstanden Städte und bildete sich aus ihrer Bevölkerung ein neuer freier Stand, der Bürgerstand, den Wissenschaften, dem Handel und den Gewerben gewidmet, von der Ritterschaft unabhängig und im Berufe getrennt. Als gleich freier Stand, wie dieser, ward er als zweiter Stand gleichfalls zu den Berathungen mit dem Landesfürsten zugelassen. Mehrentheils gleichzeitig mit ihm erwarb der geistliche Stand theils vom Fürsten, theils von der Ritterschaft freies, dem Fürsten unmittelbar unterworfenes Landeigenthum und ward in Ansehung desselben ebenfalls zur Landesvertretung zugezogen.

Der Bauernstand war nur in wenigen Ländern persönlich frei und dem Landesherrn unmittelbar untergeordnet und Eigenthümer des von ihm bebaueten Grundeigenthums, sondern in beiden Beziehungen unfrei und der Bothmäßigkeit des geistlichen oder weltlichen Gutsherrn unterworfen, von ihm abhängig und von ihm vertreten. Nur insoweit er hin und wieder persönlich frei unabhängiges Grundeigenthum besaß, nahm auch er an der Landes-Vertretung Theil und bildete in derselben einen vierten Stand.

Die Bevölkerung des Landes hatte im Laufe der Jahrhunderte in allen europäischen Ländern solchergestalt nach Verschiedenheit des Berufs in diese Abtheilungen, Stände, sich verzweigt. Die Behauptung, daß das Princip, nach welchem die Landesvertretung sich gebildet hat, der Geburtsstand sei, widerspricht geradezu der Geschichte und ist nur scheinbar. Diese Ansicht ist offenbar dadurch veranlaßt, daß in spätern Zeiten aus dem Stande der freien Besitzer des unmittelbaren Landeigenthums der Ritterstand und aus diesem der Adel sich entwickelte, da die Lehns-Verfassung zum Besitz eines solchen Landguts Eigenschaften erforderte, welche nur der Ritterstand besitzen konnte. Dies erfolgte aber als der Stand der freien Gutsbesitzer längst bestand und ist daher die Landstandschaft nicht die Wirkung, sondern vielmehr das Erforderniß und der Grund der Entstehung des Ritterstandes und des alten Adelstandes, für den Briefadel aber auch nicht einmal dieses gewesen, so wie überhaupt der Adel an sich und ohne Besitz eines landtagsfähigen Guts keinen Antheil an der Landesvertretung gab, mit Ausnahme etwa einiger Länder, in welchen die älteren adligen Familien ein persönliches Stimmrecht, oder Sitz in den Pairskammern der älteren und neueren Verfassungen hatten. Daher sind in den mehrsten Ländern schon seit einigen Jahrhunderten, jetzt aber allenthalben auch der Bürgerstand und Communen zur Erwerbung eines Ritterguts und dadurch zur Theilnahme an der ritterschaftlichen Repräsentation berechtigt. Eben so wenig ist späterhin bei der Repräsentation der übrigen Stände auf den Geburtsstand gesehen, da von derselben der Adel so wenig, wie der Bauernstand ausgeschlossen ist. Es liegt daher vor, daß die Abtheilungen in der Volksvertretung nicht auf Geburts-, sondern auf Berufs- und Gewerbe-Klassen, auf Landeigenthum und Gewerben, beruhet.

§. 2.

Die Vertretung des Volks ist um so angemessener und weiser, je näher und treuer sie der Bevölkerung selbst nach ihrem wirklichen Zustande und ihren bestehenden Verhältnissen, sich anschließt und nachbildet und gleichsam in verjüngtem Maaßstabe das Bild des Volkes ist, was sie repräsentiren soll. Nach einem andern, als dem bestehenden Zustande des Volkes und nach dessen verschiedenen Verhältnissen und Interessen gestaltet, wird eine Repräsentation weder das Volk, noch dessen Verhältnisse, noch das Land vertreten. Besteht daher die Bevölkerung aus verschiedenen, in Rechten und Interessen getrennten Ständen; so muß ihre Repräsentation ebenfalls nach diesen Ständen geordnet sein und aus denselben homogenen Elementen bestehen. Dieser Grundsatz ist daher zu allen Zeiten allenthalben von den mächtigsten Reichen bis zu der kleinsten städtischen und ländlichen Commune anerkannt, in welcher, besteht sie aus verschiedenen Klassen, diese besonders vertreten werden.

Durch diese ständisch-gesonderte Vertretung wird die ganze Bevölkerung des Landes, insofern sie Rechte, Interessen und Verhältnisse hat, welche nach der Landes-Verfassung einen Anspruch auf das volle Staatsbürger- und auf Stimmrecht über Communal- und Landes-Angelegenheiten gewähren, vertreten. Alle Verfassungen stimmen darin überein, daß nur eigenthümlicher Grundbesitz, Handel und Gewerbe einen solchen Anspruch begründen, da nur sie ein festes, bleibendes Interesse und zugleich dauernde Anhänglichkeit am Lande gewähren, weshalb in neueren Constitutionen auch eine bestimmte Dauer jener Erfordernisse vorgeschrieben ist. In der ständischen Repräsentation ist auf dem platten Lande der größere Grundbesitz durch den Eigenthümer selbst, der kleinere durch den Gutsherrn oder den Bauernstand und in den Städten Handel und Gewerbe durch den Bürgerstand vertreten.

Da durch diese Vertretung die ganze Bevölkerung nach den Ständen, nach welchen ihre Rechte und Interessen von einander abweichen, vertreten wird; so wird sie mit Recht ständische Vertretung, ständische Repräsentation, und, nach dem Verhältnisse des Landes, Reichs- oder Landständische Repräsentation und der Inbegriff ihrer rechtlichen Verhältnisse Reichs- oder Landständische Verfassung genannt. Sie ist in der Geschichte und in der Verschiedenheit begründet, in welche die Quellen des Wohlstandes der Nation ihrer Natur nach zerfallen und werden daher diese Stände mit Recht die historischen und natürlichen genannt.

Zweiter Abschnitt.

Vertretung nach Kopfzahl.

---

§. 3.

So wie in Ländern, deren Bevölkerung nach Ständen unterschieden ist, die landständische Repräsentation die natürliche und angemessenste ist und daher, da eine solche Verschiedenheit seit den ältesten Zeiten in den europäischen Staaten vorhanden war, stets in allen derselben stattfand und noch stattfindet; so liegt es auch in der Sache selbst, daß die Repräsentation in Ländern, in welchen Stände-Verschiedenheit nicht vorhanden ist oder, da Verschiedenheit des Berufs und der Interessen an sich allenthalben vorhanden ist, in der Volksvertretung nicht berücksichtigt wird, nicht eine ständische sein kann, sondern nach dem, in einem solchen Lande vorherrschenden Princip geordnet werden muß. Die

Geschichte liefert einige Beispiele von einer solchen, freilich nur ephemeren Aufgebung des ständischen Vertretungsprincips, Beispiele, welche für die Angemessenheit des letzteren Zeugniß ablegen, weil nach kurzem Abwege zu demselben zurückgekehrt ward. Die erheblichsten unter diesen Beispielen gaben die Staatsumwälzungen in Frankreich und mehreren andern Ländern am Schlusse des verflossenen Jahrhunderts, in welchen der Grundsatz der Repräsentation der Nation in ungetheilter Masse und nach Köpfen geltend gemacht ward.

§. 4.

Diese Fälle sind indessen von der Volksvertretung im Sinne der monarchischen Verfassung verschieden, da sie nicht die Repräsentation des Volks bei dem Souverain als denselben berathende Behörde, sondern die Vertretung des Souverains selbst betreffen und daher in denselben von Ständen im eigentlichen Sinne nicht die Rede ist.

In Frankreich gab es unter dem monarchischen Königsthum allerdings nach Ständen geordnete Reichs- und Provinzialstände. Nachdem aber die Reichsstände mit Verletzung ihrer Vollmachten am 17. Junius 1789 sich für eine Nationalversammlung und für die versammelte Nation und für berechtigt erklärt hatten, dem Reiche eine neue Constitution zu geben, proclamirte dieselbe bereits unterm 4. August desselben Jahres durch die Déclaration des droits de l'homme et du citoyen die Grundlagen der neuen Constitution: die Aufhebung des monarchischen Königthums, die Souverainetät des Volks als alleinige Quelle aller Staatsgewalt, die trias politica der Trennung der in der Souverainetät enthaltenen drei Staats-gewalten, die Aufhebung alles bisherigen Standes-Unterschiedes und der seitherigen Eintheilung des französischen Gebiets; auf diesen Grundlagen war die im September 1791 publicirte erste französische Constitution abgefaßt.

Nach derselben beruhte die Souverainetät allein im Volke, dasselbe war die einzige Quelle aller öffentlichen Gewalt; diese Gewalt war zwar in drei besondere Gewalten, die gesetzgebende, die vollziehende und die richterliche, getheilt, allein alle drei beruhten im Volke und wurden nur vermöge dessen Uebertragung durch seine Repräsentanten ausgeübt: die gesetzgebende Gewalt durch eine Versammlung von durch das Volk gewählten Volks-Repräsentanten, die vollziehende Gewalt (gouvernement, Regierung) durch einen mit derselben vom Volke beauftragten König allein (le gouvernement est monarchique) und die richterliche Gewalt durch vom Volke gewählte Richter. Die Constitution enthält darüber im dritten Titel wörtlich folgende Vorschriften:

Art. 1. La souverainété appartient à la nation.

Art. 2. La nation, de qui émanent tous les pouvoirs, ne peut les exercer que par délégation; la constitution française est représentative, les représentans sont le corps législatif et le roi.

Art. 3. Le pouvoir législatif est délégué à une assemblée nationale composée de représentans temporaires, librement élus par le peuple.

Art. 4. Le gouvernement est **monarchique**, le pouvoir exécutif est délégué au roi.

Art. 5. Le pouvoir judiciaire est délégué à des juges élus à temps par le peuple.

Da die Nation die Souverainetät, obgleich sie in ihr beruhte, nicht selbst, sondern nur durch Uebertragung an Stellvertreter und nur durch Stellvertreter ausüben konnte; so wurde diese Constitution mit Recht eine repräsentative und die Stellvertreter Repräsentanten des Volks genannt und zu denselben sowohl die Mitglieder des, mit der gesetzgebenden Gewalt bekleideten gesetzgebenden Corps, als der mit der vollziehenden Gewalt beauftragte König gerechnet. Wenn die vollziehende Gewalt zwar eine monarchische genannt wird; so wird durch diesen Ausdruck nur bezeichnet, daß im Gegensatz zu dem gesetzgebenden Corps nur die vollziehende Gewalt nicht von einer Versammlung von Repräsentanten, sondern nur durch Einen ausgeübt werden solle.

Es ergiebt sich von selbst, daß hier überall nicht von der Vertretung der Nation bei dem Souverain und, wie dabei, von den Repräsentanten der Unterthanen, sondern von Repräsentanten des Souverains und der souverainen Nation in der Ausübung ihrer Souverainetät, also von der Art der Ausübung der letzteren die Rede war. Wollte man aber auch nur analogisch von der Repräsentation des Souverains auf die der Unterthanen schließen; so würde doch diese Analogie hier ganz unzutreffend und der Schluß von einem, nur aus einer gleichartigen Masse bestehenden Volke auf ein, in bestimmte Klassen abgezweigtes Volk, also ein Schluß de diverso ad diversum, unrichtig und ganz unzulässig sein.

Es ist aber auch die Behauptung, daß die Repräsentation von der ungetheilten ganzen Volksmasse gewählt worden, ungegründet und ein Blendwerk. Es war allerdings die ganze Bevölkerung Frankreichs in eine große Anzahl von Wahlbezirken getheilt und jedem derselben nach Maaßgabe seiner Bevölkerung die Wahl einer bestimmten Anzahl von Volksvertretern beigelegt, allein nicht die ganze Bevölkerung dieser Bezirke war zur Wahl berechtigt, sondern nur diejenigen, die Grundstücke von einem bestimmten Werthe besaßen oder directe Abgaben von einer bestimmten Höhe erlegten, oder Miethe von einem bestimmten Betrage zahlten, und eine bestimmte Anzahl von Jahren in Frankreich gewohnt hatten aber auch diese wählten nicht selbst ihren Volksvertreter, sondern nur mit erhöhten Erfordernissen versehene Wahlmänner, von welchen erst der Repräsentant erwählt ward, der daher nicht von der ganzen Bevölkerung seines Wahlbezirks und noch weniger des ganzen Frankreichs gewählt war und eben so wenig war Jeder im Volke, sondern nur derjenige, der jene Erfordernisse in sich vereinigte, fähig als Volksrepräsentant gewählt zu werden. Die zahlreichen französischen Constitutionen beruhten wesentlich auf diesen Grundlagen und insonderheit auf dem Grundsatz der Volkssouverainetät, beschränkten jedoch nach und nach mannigfach die aus Erfahrungen hervorgegangenen Nachtheile und Inconsequenzen desselben und kehrten nach der Wiederherstellung des Throns mehr und mehr zu den Grundsätzen der früheren Repräsentation des Reichs zurück. Es ward nicht allein der Adel wiederhergestellt, sondern auch die gesetzgebende Gewalt zwischen dem Monarchen und zwei Kammern getheilt, von welchen die erste, Pairskammer genannt, aus vom Monarchen ernannten erblichen Mitgliedern und in deren männlichen Nachkommen; die zweite, Repräsentantenkammer genannt, aber aus vom Volke erwählten Repräsentanten besteht.

Eben diesen Gang haben die Constitutionen und Repräsentationen in den Ländern genommen, welche sie nach dem Vorbilde des republicanischen Frankreichs eingerichtet hatten.

Diese Repräsentation wird gemeinhin die repräsentative genannt.

§. 5.

Es ist hier nicht der Ort, die Mängel, Gebrechen und Blendwerke der Repräsentation und des Repräsentativ-Systems der Constitutionen des republicanischen Frankreichs anzuführen*). Sie sind ja überdem zu Normen für die Repräsentation des Volks bei seinem Landesherrn und dessen Ausübung seiner Souverainetät

---

*) Treffende Bemerkungen enthalten darüber:
Die Täuschungen des Repräsentativ-Systems von Karl Vollgraff (Marburg, 1832. 8.)
v. Lancizolle, Beiträge zur Politik und zum Staatsrecht (Berlin, 1832). Samml. 1. S. 32 ff.
Ranke, historisch-politische Zeitschrift (1832) Heft 1. S. 1.
Stahl, das monarchische Princip (Heidelb. 1843. 8.)

überall nicht geeignet, sondern nur Normen für die Theilnahme des Volks an der Volkssouverainetät, jene setzt wesentlich einen, über das Volk herrschenden Souverain, diese ein Volk ohne Souverain und selbst im Besitze der Souverainetät voraus, jene setzt voraus, daß die Staatsgewalt wesentlich im Regenten ruhe und dem Volke nur bei deren Ausübung eine Mitwirkung zusteht, diese setzt aber voraus, daß die Staatsgewalt in dem Volke selbst allein ruht und von ihm ausgeübt wird. Die französischen Staats-Constitutionen und die Organisationen der Landes-Vertretung in monarchischen Ländern betreffen daher ganz verschiedene Gegenstände, deren Verwechselung, Verwirrung und Mißverständnisse veranlaßt. Ein solches Mißverständniß liegt schon dem Ausdrucke: repräsentative Volksvertretung oder gar, als Gegensatz zu ständischer Repräsentation, repräsentative Repräsentation zum Grunde, da jede Vertretung ihrem Begriffe und Wesen nach repräsentativ ist. Die Staatsverfassung ist repräsentativ in einer Monarchie, wenn das Volk durch Genossen bei dem Monarchen vertreten wird. So und nicht anders, als Eigenschaft der Staatsverfassung, nicht aber als besondere Eigenschaft der Volksvertretung ist daher dieser Beisatz gebraucht und bildet daher einen Unterschied zwischen repräsentativer und nicht-repräsentativer Staatsverfassung. Will man aber einen solchen Unterschied auch in der Volksvertretung machen; so kann er unmöglich dadurch begründet werden, ob die Volksmasse zum Zweck ihrer Vertretung nach ihren verschiedenen bürgerlichen und gewerblichen Abtheilungen oder nach den verschiedenen Abtheilungen ihres Wohnsitzes eingetheilt und ihre Vertreterwahlen nach diesem Unterschiede stattfinden, weil in dem einen, wie in dem andern Falle sie Vertreter der Wähler repräsentiren und daher eine repräsentative Verfassung der Vertretung vorhanden ist und in dem einen, wie in dem andern Falle für Repräsentirte und Repräsentanten bestimmte Erfordernisse vorhanden sind. In dem einen, wie in dem andren Falle vertreten letztere sowohl nach dem sogenannten Repräsentativ= als nach dem ständischen System die Repräsentanten nicht blos die Interessen ihres Standes oder ihres Orts, sondern die des ganzen Landes und werden daher sehr bezeichnend Landstände genannt. Der, in der neueren Zeit nach dieser Verschiedenheit der Art der Wahl der Volksvertreter zwischen ständischer und repräsentativer Vertretung gemachte Unterschied beruht daher auf einer unrichtigen Ansicht und der Verwechselung der Staatsverfassung und der Volksrepräsentation, indem die in späteren öffentlichen Urkunden häufig vorkommende Verheißung oder andere Erwähnung einer „repräsentativen Verfassung“ als repräsentative Vertretung mißverstanden ist *),

*) Auch Pölitz, die europäischen Verfassungen seit dem Jahr 1809 bis auf die neueste Zeit (Zweite Ausgabe) Leipzig, 1832. B. 1. Abth. 1. S. 147, bemerkt zu der baierischen Constitution von 1808: „Diese vom Könige Max als Act der „Souverainetät gegebene octroyrte Verfassung ist nach ihrem po= „litischen Charakter keine repräsentative, sondern eine stän= „dische, denn sie geht bei der Wahl der Volksvertreter nicht „von der Gesammtbevölkerung des Reichs, sondern von „der Eintheilung der Staatsbürger in verschiedenen „Ständen aus Adel, Geistlichkeit mit dem gelehrten Stande, „Bürgerstand mit Kaufleuten und Bauernstand.“

eine Bezeichnung, die daher in öffentlichen und überhaupt in irgend correcten Schriften überall nicht vorkommt. So wenig wie der ständischen Volksvertretung der Charakter einer repräsentativen nach Ausdruck, Begriff und Zweck abgesprochen werden kann; so unzulässig würde dies auch nach dem positiven Staatsrecht sein, indem die Verfassungs- und landständischen Gesetze die Landstände ausdrücklich anweisen, nicht allein das Interesse ihres Standes, sondern das des ganzen Landes zu berücksichtigen und zu vertreten, und mithin die Vertretung desselben eben sowohl die Bestimmung der nach bürgerlichen, als der nach geographischen Abgränzungen gewählten Volksvertreter ist und wer unter ihnen diese Bestimmung nicht erfüllen will, in dem einen, wie in dem andern Falle sein oder seines Standes Interesse dem öffentlichen gleich leicht vorziehen kann.

Die ganze Eintheilung der Volksvertretung, je nachdem sie nach Ständen oder nach der Bevölkerung organisirt ist, ist daher unpractisch, sie ist aber auch überflüssig, weil es in ganz Europa kein Land giebt, in welchem die Nation in ungetheilter Gesammtmasse und anders, als nach Ständen bei ihrem Regenten vertreten würde und anstatt der ständischen Repräsentation die nach der Gesammtmasse stattfände. Allerdings erfolgen nach den mehrsten Verfassungen in den einzelnen Klassen der Stände die Wahlen nach Wahlbezirken, allein sowohl jene, als diese sind auf Standesgenossen beschränkt, welche unter sich und aus sich und für Standesgenossen, keinesweges aber aus der Gesammtbevölkerung des Wahlbezirks ihre Vertreter wählen. Eben so wenig kann die in Frankreich und anderen Reichen jetzt bestehende Repräsentation als Beispiel und Seitenstück der landständischen Verfassung angeführt werden. Denn die dortigen Repräsentanten der Nation sind nicht Volksvertreter im Sinne deutscher Stände bei ihrem Landesherrn, sondern Theilnehmer an der, ursprünglich im Volke angeblich beruhenden, von demselben aber mit dem Regenten getheilten Souverainetät und vertreten daher das Volk in dieser Souverainetät selbst und in deren Ausübung, sie sind daher so wenig Stände in deutschem Sinne, als deutsche Reichs- und Landtage englisches Parlament oder französische Kammern und Generalstaaten der Niederlande sind. Jene repräsentiren das Volk als den Theilnehmer an der Souverainetät, als den Mitsouverain, diese aber das Volk als den Unterthan. Ueberdem wird aber in Frankreich und andern Reichen auch nur ein Theil der Volksvertreter vom Volke gewählt, der andere aber vom Regenten ernannt.

Die repräsentative Vertretung des Landes im engeren Sinne möchte die des Fürstenthums Liechtenstein sein, insofern sie nicht eine Plenarversammlung und Selbstvertretung dieser ganzen, nur aus Landleuten und ihren Geistlichen etwa aus 7000 Menschen bestehenden, Bevölkerung ist. Allein selbst sie zerfällt nach der Verfassungs-Urkunde vom 9ten November 1818 in zwei Stände, die Geistlichkeit und die Landmannschaft, jene besteht aus allen Besitzern geistlicher Güter und diese wiederum nach den, das Fürstenthum bildenden, Grafschaften Vaduz und Schellenberg, aus den Vorstehern einer jeden Gemeinde; „jedoch haben das Recht der Land„standschaft auch alle Unsere übrigen Unterthanen die „für ihre Person an liegenden Gründen einen Steuersatz „von 2000 Gulden ausweisen, dreißig Jahre alt und „von unbescholtenem und uneigennützigem Rufe „und verträglicher Gemüthsart sind", beide letztere allerdings Eigenschaften, die man in so manchen andern Kammern schon bei den überflüssigsten aller Adressen, denen auf die ebenfalls überflüssige sogenannte Thron-Rede, schmerzlich entbehrt.

§. 6.

Ein andres Mißverständniß äußert sich in Ansehung der sogenannten repräsentativen Volksvertretung durch das ihr beigelegte Prädicat einer constitutionellen. Mit diesem Worte wird ein solcher Mißbrauch getrieben, daß wir uns darüber einige Bemerkungen nicht versagen dürfen.

Constitutionsmäßig oder nach dem, aus dem französischen Staatsrecht aufgenommenen Ausdruck constitutionell bezeichnet im Allgemeinen Begründung in der Landesverfassung und Uebereinstimmung mit derselben. Die schriftliche Abfassung und am wenigsten die systematische Redaction des Staatsrechts in eine erschöpfende Verfassungs-Urkunde oder Constitution gehört daher überall nicht zum Begriff und zum Wesen einer Constitution; Constitutionen dieser Form sind erst in der neueren Zeit, bekanntlich auf Fayette's Antrag in Frankreich entstanden und von da aus periodisch und modisch in viele andere Länder über- und in denselben auf- und untergegangen. Constitutionen dieser Art waren allerdings erforderlich, wenn Revolutionen alles Bestehende zertrümmert hatten oder zertrümmern sollten, oder wenn eine neue Dynastie ohne völkerrechtlichen Titel einen fremden Thron eingenommen hatte und des Blendwerks einer sogenannten Constitution als eines Analogons, eines contrat social bedurfte. In andern Ländern ist die Verfassung in allmähliger Entwickelung aus den Bedürfnissen und andern Verhältnissen des Landes hervorgegangen und beruht auf einzelnen Verträgen, Recessen, Privilegien und andern Grundlagen, zu welchen insonderheit Herkommen gehörte, Verfassungen freilich, welche das systematische constitutionelle System als wahre Verfassungen nicht anerkannt, obgleich sie in den mehrsten Reichen über die Hälfte eines Jahrtausends bestanden, während die mehrsten schriftlich verfaßten schon einige Jahre nach ihrer Entstehung untergingen. Kein Staat kann ohne Verfassung bestehen und was in derselben, sie mag auf welche Art sie wolle, gebildet sein, beruht, ist constitutionell und verfassungsmäßig. Es ist daher völlig unbegründet, den Begriff und gar die Rechtmäßigkeit und Unverletzbarkeit einer Constitution und des Constitutionellen nur auf schriftlich abgefaßte, förmliche Constitutionen und einen pleonastischen Unterschied zwischen constitutionellen Verfassungen und andren Constitutionen und selbst zwischen constitutionellen und nicht-constitutionellen Regenten zu machen, in so fern unter den ersteren nicht Regenten verstanden werden, die ihre Krone einzig und allein der dieselbe ihnen verleihenden neuen Constitution zu danken haben.

Eben so wenig kann mit jenem System nur diejenige Volksvertretung, welche dasselbe die repräsentative (§. 3) nennt, eine constitutionelle genannt werden. Jede auf der Landesverfassung beruhende Repräsentation kann ihrer Natur und ihren Begriffen nach keine andere als eine verfassungsmäßige und constitutionelle sein und ist daher in Ländern, nach deren Verfassung eine ständische Vertretung besteht, diese und nur diese die constitutionelle. Wenn diese Bezeichnung nicht auf die ständische, sondern nur auf die repräsentative anwendbar wäre; so würde es in Deutschland, obwohl in vielen Bundesstaaten die Repräsentation auf schulgerecht redigirten Constitutionen beruht und durch sie ausführlich vorgeschrieben ist, keine einzige constitutionelle Volksvertretung geben, weil in keinem einzigen deutschen Staate eine andere, als eine ständische Vertretung und in keinem eine repräsentative in jenem Sinne besteht, ja dies würde aus eben diesem Grunde selbst in ganz Europa und nicht einmal in Frankreich der Fall sein, da auch die Pairs-Kammer Theil an der gesetzgebenden Gewalt hat. Nach jener Theorie würden alle unsere deutschen Landstände, die seit einer langen Reihe von Jahrhunderten bestehen und von Kaisern und Landesherrn und selbst in den neuen Constitutionen anerkannt und bestätigt sind, verfassungswidrige und inconstitutionelle sein. Entweder muß jene Theorie, wie in so vielen anderen Fällen mit diesem Ausdruck einen ganz anderen Begriff verbinden oder diesen

Gegenstand in Anwendung auf Deutschland lediglich nach dem Sinne der in Frankreich selbst längst untergegangenen ersten französischen Constitution beurtheilen.

Zweite Abtheilung.

Volks- (Landes-) Repräsentation in Deutschland.

---

§. 7.

Es bedarf keiner näheren Entwickelung, daß in den verschiedenen deutschen Volksstämmen, so lange wir sie kennen, eine scharf bezeichnete Verschiedenheit der Stände stattfand und daß nach derselben auch die öffentlichen und Privatrechte und insonderheit die Theilnahme an den öffentlichen Angelegenheiten verschieden waren. Eben so überflüssig würde es sein, hier zu entwickeln, wie hieraus im Laufe der Jahrhunderte die drei Hauptstände — Ritterstand, Bürgerstand und Bauernstand — als diejenigen Stände hervorgingen, welche die ganze Bevölkerung des Landes umfaßten und daher sie zu vertreten angesehen wurden. Wie getrennt und von einander abgesondert die verschiedenen Volksstämme in Deutschland auch waren; so stimmten sie doch alle hierin überein, obwohl die Entwicklung nicht gleichzeitig, sondern in den slavischen Volksstämmen später, wie in den germanischen, und nicht in allen Völkerschaften wegen der Verschiedenheit der wesentlichsten Verhältnisse in gleicher Form und Blüthe erfolgen und insonderheit in Ansehung des Bauernstandes erst in den spätesten Zeiten eintreten konnte (§. 1).

Die Freiheit der Person und des Grundbesitzes war die Grundbedingung des Genusses öffentlicher Rechte und daher auch der Berathung mit dem Landesfürsten über die Angelegenheiten des Landes, der Adel war lange der einzige freie Stand und daher auch bei jenen Berathungen, ihm folgten der Bürger- und der freies Landeigenthum besitzende geistliche Stand nach. Aus der Theilnahme dieser verschiedenen Stände an den Berathungen über erhebliche Landes-Angelegenheiten entwickelte sich nach und nach die ständische Verfassung, Stände und Stände-Versammlungen, die in allen Zeiten und in allen deutschen Völkerschaften bis zum heutigen Tage ihrem ursprünglichen ständischen Charakter treu geblieben sind, obwohl nach den veränderten Verhältnissen des Landes in einzelnen Modalitäten, besonders aber durch die Aufnahme des Bauernstandes sich verändert haben.

In dieser Beziehung zerfällt die deutsche Geschichte und Verfassung in drei verschiedene Zeitabschnitte.

Erster Abschnitt.
Während der Reichsverfassung.

I.
Deutschland als Reich.
§. 8.

Deutschland war seit der Vereinigung seiner verschiedenen Völkerschaften unter einer Krone bis zur Erlöschung derselben ein in mehrere Länder getheilter Staat und als Gesammtstaat eine durch Stände beschränkte Monarchie. Dem Grundcharakter der deutschen Verfassung gemäß war auch die dem Kaiser zur Seite stehende Reichs-Repräsentation ständisch und bestand aus Adel und Bürgern, aber eben diesem Charakter gemäß nur aus dem Reichsadel, den Besitzern der unmittelbaren Reichs-Lande, und dem, dem Kaiser unmittelbar unterworfenen Reichsbürgerstande. Die in weltlichen Verhältnissen unmittelbare Geistlichkeit war mehrentheils unter dem Reichsadel begriffen und von demselben nur durch eine besondere Bank unterschieden. Landeigenthum und Gewerbe waren mithin auch der Grund der Reichsrepräsentation und haftete daher die Reichsstandschaft des Reichsadels lediglich und so wesentlich auf dem ersteren, daß sie mit demselben auf jeden Besitzer, auch wenn er bereits mehrere Stimmen in der Reichsversammlung hatte, überging. Die Reichsstände vertraten nicht blos ihre und ihrer Besitzungen Rechte und Interessen, sondern auch die des gesammten Reichs. Wie erhaben die Reichsstände als solche und als Regenten ihrer Länder auch waren; so hatten sie doch keinen Theil an der, allein in den Händen des Kaisers ruhenden, Reichssouverainetät, sondern nur eine Mitwirkung an der Ausübung einiger der darin enthaltenen Königsrechte und standen mithin in dieser Repräsentation zum Reichsoberhaupt, wenn dies Gleichniß gestattet ist, nicht in dem Verhältniß der französischen oder niederländischen Volksrepräsentanten (§. 4 ff.), sondern in dem ihrer Landstände zu ihnen selbst. Daher erlosch auch die Reichsrepräsentation, als die älteste und tausendjährige Kaiserkrone unterging, um, wenn die Vorsehung es nicht anders beschlossen hätte, mit der ephemerischen jüngsten vereinigt zu werden.

II.

In den einzelnen deutschen Staaten.

§. 9.

Deutschland ist nie, weder im Gebiet, noch im Volk, Ein Land und Ein Volk, sondern nur in dem gemeinschaftlichen Oberhaupt eine Einheit gewesen. So lange uns Deutschland bekannt ist, war es von vielen, dem Geblüt, der Herkunft, dem Namen, dem Gottesdienst, den Sitten und der Sprache nach verschiedenen, meistens einander feindlichen Völkern in eben so verschiedenen Landstrichen bewohnt. Diese verschiedenen Völkerschaften wurden zwar in dem langen Zeitraum vom fünften bis zum zwölften Jahrhundert nach und nach der Herrschaft der fränkischen und der deutschen Könige unterworfen, allein diese Unterwürfigkeit bestand mehr in einer Schutz-, Heer- und Tributpflichtigkeit, als in einer Vereinigung mit dem fränkischen oder deutschen Reich zu Einem Staate und zu Einem Volke. Später wurden allerdings mehrere dieser Völker im engeren Sinne den deutschen Königen unterworfen, und diese Oberherrn und Beherrscher derselben, allein diese verschiedenen Länder eben so wenig mit einander vereinigt. In den mehrsten derselben blieben in erblicher Amts- oder Lehns-Abhängigkeit von der königlichen Oberherrschaft die früheren Fürstengeschlechter in der Herrschaft des Landes und erweiterten dieselbe wohl noch auf mehrere Bezirke, während in anderen Landschaften ausgezeichnete, mächtige Landes-Eingeborene zu derselben gelangten. In allen diesen Fällen äußerte sich je länger, je entschiedener das Streben nach Unabhängigkeit von der königlichen Macht, welcher nur die Oberherrschaft im Allgemeinen, der Heerbann, der oberste Gerichtsbann, vorbehaltene Königsgüter, Bannforsten, Zehnten, Regalien, Dienste und einige Abgaben zustanden. Die verschiedenen Völkerschaften und Bezirke behielten größtentheils ihre früheren Namen und Beherrscher ohne in irgend einem anderen Verhältnisse, als dem der gemeinschaftlichen Oberherrschaft des Königs und, nachdem Deutschland nach den Hauptvölkerschaften in vier Herzogthümer getheilt und einem jeden derselben ein Herzog als Instanz zwischen dem Könige und den untergeordneten Häuptern der einzelnen Länder vorgesetzt war, allenfalls des Herzogs unter einander verbunden zu sein. Den verschiedenen Völkerschaften, selbst in den kleinsten Bezirken, wurden ihre eigenthümlichen Rechte, Gewohnheiten und Sitten erhalten, insofern nicht Königs Recht Landes Recht brach und waren daher auch sie kein Vereinigungspunkt zwischen ihnen; die auf ihren Bezirk beschränkten und nach der erblichen Herrschaft strebenden königlichen Verweser bemühten sich diese Zertrenntheit und Scheidewand zwischen den verschiedenen deutschen Völkerschaften aufrecht zu erhalten. Sie ward vollends befestigt und eine Einheit der deutschen Völkerschaften unmöglich, nachdem jeder dieser königlichen Verweser erblicher Landesherr mit voller Landeshoheit ward und sich bestrebte, sein Land von andern Ländern und sich vom Kaiser immer unabhängiger zu machen. Die verschiedenen Völkerstämme, welche im Laufe von Jahrhunderten Deutschland bewohnten, sind daher weder im Ursprunge, noch im Fortgange, weder in Gesetzen, noch in Verfassung jemals Ein Volk gewesen; die Sachsen und die Allemannier waren so wenig jemals Ein Volk als es jetzt die Brandenburger und die Badenser sind, sie haben niemals irgend anderswo, als in der gemeinschaftlichen Oberherrschaft des Kaisers und in der Reichsverfassung einen Punkt der Einheit gehabt. Eben so wenig sind die verschiedenen deutschen Länder jemals Ein Land gewesen, Mecklenburg und Salzburg waren nie Ein Land, alle deutsche Länder waren stets beson=

dere, nur unter einer Oberherrschaft vereinigte und unter dem gemeinschaftlichen Namen Deutschland begriffene Länder. Die deutschen Völker befinden sich in dieser Beziehung mit andern Völkern zwar im Ursprunge in gleicher, im Fortgange aber in ganz verschiedener Lage. Auch die einzelnen Völkerschaften in England und Frankreich waren verschiedene Völker und bildeten verschiedene Länder und würden es ohne förmliche Incorporation stets geblieben sein. Wie die deutschen Völker und deutsche Länder unter dem gemeinschaftlichen Namen Deutschland begriffen wurden, so waren auch die Marseiller, Provencialen, Burgunder, Bretagner, Navareser und Dauphineser unter dem gemeinschaftlichen Namen Franzosen begriffen und bildeten verschiedene Volksstämme und von einander getrennte Länder, zwischen welchen keine Einheit bestand und auch nicht entstanden wäre, wenn jeder derselben, obwohl alle unter die Oberherrschaft des Königs von Frankreich gekommen, seine besonderen Regenten behalten hätte und, selbst nachdem es dem königlichen Hause schon angefallen war, nicht dem französischen Reiche einverleibt worden wäre [1]). Hierin liegt der große Unterschied zwischen den fränkischen und englischen verschiedenen Völkerschaften und Ländern auf der einen und den germanischen, slavischen und czechischen Volksstämmen auf der andern Seite, welche die deutschen Könige zwar nach und nach ihrer Botmäßigkeit unterwarfen

---

[1]) So incorporirte der König Franz der Erste von Frankreich das dem Königshause längst angefallene Herzogthum Bretagne erst im Jahre 1532 der Krone. Garnier Histoire de France Tom. 24, pag. 455 ff.

und beherrschten, aber eben so wenig mit dem von ihnen beherrschten Reiche, als mit den von ihnen beherrschten übrigen Völkern unter einander zu Einem Reiche vereinigten. Diese Völker und Länder waren daher zwar jedes für sich besonders der Botmäßigkeit der deutschen Könige unterworfen und unter derselben vereinigt, unter einander aber nicht weiter, als in dieser gemeinschaftlichen Unterwürfigkeit verbunden und in allen, von derselben nicht berührten Verhältnisse unter einander getrennt und geschieden.

Wenn dennoch unter allen diesen Völkern übereinstimmende Grundsätze und Einrichtungen vorhanden sind; so sind sie nicht Ausflüsse einer zwischen denselben bestandenen Einheit, sondern galten auch bei jedem dieser Völker wegen ihrer Allgemeinheit, vermöge derer sie auch bei allen übrigen Völkern Geltung hatten. Zu diesen Grundsätzen und Einrichtungen gehörte in den monarchischen Staaten ganz vorzüglich die ständische Landesvertretung, die, wie bereits in der Einleitung bemerkt ist, mit seltener Uebereinstimmung in allen Ländern Europa's stattfand und sich bis auf unsere Tage erhalten hat.

§. 10.

Daher finden wir in allen deutschen Staaten, so weit ihre Geschichte reicht, ohne Unterschied, von welchem Volksstamm ihre Bevölkerung abstammt, ständische Vertretung des Volks bei dem Landesfürsten, in der Ausübung seiner, das Land besonders berührenden landesherrlichen Rechte. Alle diese Völker haben seit den ältesten Zeiten auf die Mitberathung der, ihre persönliche Freiheit und ihr Eigenthum betreffenden öffentlichen Angelegenheiten großen Werth gelegt und die Landesherrn haben dies um so mehr berücksichtigt, als die Verfassung selbst die Gewähr gab, daß nur sachkundige, erfahrene, dem Fürsten und dem Lande durch bleibende Interessen anhangende Männer zu dieser Mitberathung Zutritt erhalten können und in derselben das wahre Wohl des Landes berücksichtigen, die ihren Fürsten schuldige Ehrfurcht, Treue und Anhänglichkeit eben so bethätigen, als die Verfassung des Landes ehren und aufrecht erhalten würden; eine würdige Haltung, durch welche die älteren deutschen Ständeversammlungen von so vielen späteren sich so ehrenvoll unterschieden haben und von welcher Abweichungen, wenn sie sich geäußert haben, nur aus dem Einflusse nicht-deutscher Grundsätze und anderer Grundsätze und Richtungen unserer Väter [2]) hervorgingen.

Nach der ältesten Geschichte, nach der ganzen Verfassung und nach allen Verhältnissen der deutschen Völkerschaften konnte die Landesvertretung sich nicht anders, als ständisch ausbilden und ist daher seit der frühesten Zeit in allen deutschen Ländern ohne Ausnahme eine landständische gewesen und bis heute geblieben.

Eine nähere Ausführung dieser Thatsache und die Be-

---

[2]) Die Landstände der Mark Brandenburg haben von der hohen Hand ihres großen Königs das Zeugniß erhalten: les Etats de Brandebourg n'avaient jamais abusé de leur pouvoir (Suite des Mémoires pour servir à l'histoire de Brandebourg pag. 62) und sind vielleicht die einzigen deutschen Landstände, die mit ihrem Landesherrn nie in Streitigkeiten vor den Reichsgerichten waren.

stätigung derselben durch die Verfassung aller einzelnen deutschen Länder würde hier zu weit führen und, da sie von anderen so gründlich entwickelt ist, überflüssig sein. Hier mögen die erheblichsten Resultate genügen.

I. In allen deutschen Landen hatte während des Bestandes der Reichsverfassung das Volk oder, wie es im Gegensatz zum Hofe genannt ward, das Land bei dem Landesfürsten eine näher bestimmte Theilnahme an der Berathung der, die persönlichen Rechte und das Vermögen der Unterthanen betreffenden Landesangelegenheiten.

Nur wenige kleinere Länder oder solche, in welchen die Elemente einer ständischen Verfassung fehlten, machten hievon eine Ausnahme [3]).

II. Nach der Verfassung der deutschen Völker waren nur die freien und selbstständigen Genossen des Volks der Theilnahme an öffentlichen Angelegenheiten und Versammlungen fähig; nur diejenigen, welche wegen ihrer Person und ihres Grundbesitzes von jeder Hörigkeit und anderen Botmäßigkeit, als der des Landesherrn — Lehnsverband ward in dieser Beziehung nicht für Abhängigkeit gehalten — abhängig waren und zu keinem andern in Dienst- und anderen Unterwürfigkeits-Verhältnissen standen. Nach dem Zustande der deutschen Länder konnten daher vor der Entstehung des Bürgerstandes und des größern Gutsbesitzes der Geistlichen nur die Besitzer des freien Landeigenthums, nicht aber die von ihnen abhängigen Landbewohner, der einzige und freie und selbstständige

---

[3]) Pütter, Beiträge zum deutschen Staats- und Fürstenrecht. Bd. 1. S. 129 u. 140.

Stand und daher nur allein zur Theilnahme an den öffentlichen Angelegenheiten berechtigt sein. So wie in andern Ländern, so entstand in der Folge auch in Deutschland außer der ansäßigen Geistlichkeit, auch der Bürgerstand ebenfalls als freier und selbstständiger und daher zur Theilnahme an den öffentlichen Angelegenheiten berechtigter Stand. Auch in Deutschland war daher neben der persönlichen Freiheit selbstständiges Grundeigenthum die Grundlage und die Bedingung der politischen Rechte, welchem in späteren Zeiten, obwohl mannigfach beschränkt, bürgerliche Gewerbe hinzutraten. Der, in neueren schriftlichen Constitutionen bestimmt ausgesprochene Unterschied zwischen activen oder Staatsbürgern und bloßen Einwohnern des Landes hat daher in Deutschland seit den ältesten Zeiten Statt gehabt und das Staatsbürgerrecht entweder freies Landeigenthum oder selbstständigen Betrieb bürgerlicher Gewerbe erfordert.

Da hiernach nur Eigenthümer eines selbstständigen Grundbesitzthums und selbstständige Gewerbsgenossen selbstständige und stimmfähige Landeseinwohner — Staatsbürger, unmittelbare Landesbürger — waren; so folgt von selbst, daß nur sie allein zur Theilnahme an den Berathungen über Landes-Angelegenheiten berechtigt, d. h. Landstände sein konnten und daher in staatsrechtlichem Sinne allein das Volk und der öffentlichen Rechte desselben allein fähig waren, und daß daher diejenigen Einwohner, welche in keine dieser beiden Kathegorien gehörten, auch nicht stimmberechtigte Einwohner — Staatsbürger — waren und mithin auch nicht auf die Landstandschaft Anspruch machen konnten. Dieser Grundsatz liegt so tief in Begriffen, daß er, so lange es Landstandschaft und Landstände giebt, ohne Ausnahme Statt gehabt und rücksichtlich sowohl eines Fürsten, als eines Tagelöhners, sowohl eines Doktors aller vier Fakultäten, als eines des Lesens und Schreibens Unkundigen befolgt ist.

III. Nach der, in diesem Zeitraum in ganz Deutschland geltenden, Verfassung übte jeder Landstand die Landstandschaft einzeln (virilim) persönlich, aber darum nicht in einer gemeinschaftlichen Versammlung der Stände aller Klassen aus, sondern jeder in der, nach diesen verschiedenen Klassen abgesonderten Versammlung für seinen Stand bestimmten Abtheilung (Bank, Zimmer, Stube, Curie — in neuern Zeiten nach dem französischen Vorbilde — Kammer). Es liegt indessen in der Sache selbst, daß nur Landstände, welche der Landstandschaft persönlich zustand, sie persönlich ausüben konnten, also nur die Rittergutsbesitzer und gemeinhin die Prälaten, dagegen aber die standschaftsfähigen Corporationen nur durch Bevollmächtigte. Mit Unrecht würde man aber daraus folgern, daß die Landstände theils erbliche theils Wahlstände gewesen, da nicht der Bevollmächtigte einer landständischen Corporation, sondern diese allein der Landstand ist und jener sie nur vertritt.

IV. Die Landstandschaft dieser Stände beruht aber nicht allein auf diesem Grunde, sondern auch noch auf einem andern Umstande. Nach deutscher Verfassung hatte der freie Mann, besonders der freie Landeigenthümer, gegen die von seinem Grundbesitz zu leistenden Kriegs- und andere Dienste (Heer- und Hofwart) Freiheiten und Vorzüge und unter denselben insonderheit sowohl für seine

Person, als für seinen Grundbesitz die Befreiung von Geldabgaben und Lasten später Steuern — und anderen, als jenen Diensten, welche zwar zum Theil die unter ihnen wohnenden Bauern leisten mußten, aber insofern sie nicht zu den gewöhnlichen Lasten gehörten, von dem Grundherrn dafür entschädigt und daher mittelbar von dem letzteren getragen wurden. Eben so waren die Bewohner der Städte dem Landesherrn nur zu bestimmten Abgaben und anderen Leistungen verpflichtet, die Geistlichkeit aber von denselben in der Regel ganz befreit. Es war daher natürlich, daß wenn der Landesherr von allen diesen Ständen ungewöhnliche oder Leistungen, zu welchen sie überall nicht verbunden waren, begehrte, ihre Zustimmung dazu erforderlich war. Eben so begreiflich ist es, daß der Landesherr ohne ihre Zustimmung nicht Gesetze oder andere Anordnungen, wodurch ihre Rechte geschmälert wurden, erlassen konnte. In allen diesen Fällen beschränkte sich daher die landständische Mitwirkung nicht auf Berathung, sondern war Einwilligung und zwar die Einwilligung desjenigen, von welchem eine solche freiwillige Leistung gefordert ward. In diesen Verhältnissen waren daher diese Stände nicht sowohl Stände, als vielmehr Personen, von welchen Leistungen gefordert wurden, zu welchen sie nicht verpflichtet waren und zu welchen daher ihre, aber auch nur ihre Einwilligung allein erforderlich war[4]), es aber der Berathung anderer überall nicht bedurfte.

---

[4]) Pütter a. a. O. Abth. VI. u. X. A. F. H. Posse über das Staatseigenthum in den deutschen Reichslanden und das Staatsrepräsentationsrecht der deutschen Landstände (Rostock u. Leipzig, 1796). S. 177 ff.

V. Hiernach erledigt sich die Frage: ob nach dem unter der Reichsverfassung bestandenen Staatsrecht die Landstände als Repräsentanten des Volks oder des Landes anzusehen und ob sie daher die landständische Gerechtsame als solche oder vermöge eigenen Rechts ausübten? Diese Frage ist nach den verschiedenen Standpunkten, von welchen sie aufgefaßt worden, verschieden beantwortet. Von der Schule, welche sie in Abstraction von der Geschichte und von der bestehenden Verfassung lediglich nach einem philosophischen allgemeinen Staatsrecht beantwortete [5]), konnte nur das volks-repräsentative Fundament angenommen werden und eben dies Resultat ergab sich auch für diejenigen, welche nicht den Charakter der ständischen und der repräsentativen Verfassung und des Unterschieds zwischen beiden berücksichtigen und selbst durch Ausdrücke, z. B. Constitution und Repräsentation sich irre führen lassen und diese Ausdrücke als unfehlbare Beweise der Volksrepräsentation ansehen. Daß der Ausdruck: Constitution überall kein Zeichen einer repräsentativen Verfassung ist, ist bereits im §. 6 angeführt.

Der Ausdruck Repräsentation des Volks wird in dieser Beziehung nicht richtig in einem zwiefachen Sinne genommen. Einmal wird darunter verstanden werden, daß die Landstände nicht vermöge verfassungsmäßigen eigenen Rechts Landstände sind, sondern nur vermöge der besonderen Wahl des Volks, welches sie aus der ganzen Masse

---

[5]) Ein auffallendes Beispiel ist in den Jahrbüchern der preußischen Gesetzgebung und Rechtsverfassung, Hft. 127. Beilage, näher geprüft.

aller seiner zur Repräsentation gleichberechtigten Mitglieder erwählt hat, um an seiner Stelle wegen seiner auf dem Landtage zu erscheinen und dasselbe zu repräsentiren, etwa so, wie der Bevollmächtigte einer landständischen Corporation, oder in Art, wie ein souveraines Volk sich durch Repräsentanten in der Ausübung seiner Souverainetät repräsentiren läßt (§. 2). Die Behauptung, daß eine Repräsentation des Volks in diesem Sinne — Repräsentation im engeren Sinne, Stellvertretung — in Deutschland jemals sowohl unter der Reichsverfassung, als nach der Bundesverfassung und nach irgend einer der älteren und neueren Verfassungen Statt gehabt habe, widerspricht geradezu auf das bestimmteste der Geschichte.

Nach dem, was oben unter III. bemerkt ist, waren vielmehr die Landstände selbst das ganze stimmfähige Volk und bedurfte daher dasselbe so wenig, noch erst repräsentirt zu werden, als es noch repräsentirt werden konnte. Wer sollte noch wählen, wer gewählt werden, wer repräsentiren, wer repräsentirt werden? Nicht-Staatsbürger, Nicht-Stimmfähige, die, welche in Communal-Angelegenheiten ihres Wohnorts nicht stimmberechtigt und weder repräsentiren, noch repräsentirt werden konnten, weder wahlberechtigt, noch wahlfähig sind? Da die Landstände das ganze stimmfähige (active) Volk selbst wirklich und in der That ausmachen und selbst sind, und daher im Lande kein stimmfähiger Einwohner vorhanden ist, der nicht zu ihnen gehört und nicht entweder persönlich oder — als Mitglied einer Corporation durch deren Vertreter — Theil an der Landstandschaft hat — der Producent im Ritter- und im Bauernstande, der Gewerbetreibende im Stande der Bürger —; so giebt es im Lande keine stimmfähigen Einwohner, welche die Landstände repräsentiren können und würde daher eine solche Repräsentation keinen Gegenstand haben und noch mehr illusorisch sein, als die der eigentlichen repräsentativen Constitutionen, nach welchen das Volk wenigstens deshalb, weil es das ihm zustehende Recht in corpore nicht ausüben kann, repräsentirt werden soll, hier aber ein Volk repräsentirt werden würde, welchem nach der Verfassung selbst jenes Recht gar nicht zusteht und welches daher dasselbe überall nicht ausüben darf. Vollends auffallend würde es aber sein, in Ansehung der S. 31 ff. gedachten Gegenstände und freiwilligen Bewilligungen dieser Stände eine solche Repräsentation und daher anzunehmen, daß z. B. die Rittergutsbesitzer nur vermöge der Repräsentation ihrer Bauern und Tagelöhner und als Repräsentanten derselben ihre eigenen persönlichen Vorrechte, ihre Steuerfreiheit u. a. m. durch Bewilligung einer vom Landesfürsten geforderten Steuer aufgeben oder behaupten könnten, indem es dabei lediglich auf eigene wohlerworbene, von der Einwilligung anderer unabhängige Rechte ankommt. Es ergiebt sich daher schon aus der oberflächlichsten Kenntniß der deutschen landständischen Verfassung, daß die Ansicht, daß nach derselben das Volk in diesem eigentlichen Sinne repräsentirt werde, ungegründet sei, da nach derselben die, nach der Verfassung stimmberechtigten Mitglieder des Volks persönlich ihre Interessen wahrnehmen und vertreten, die der Mitglieder einer landständischen Corporation aber durch den Bevollmächtigten der letzteren, also nicht durch Volkswahl vertreten werden. Da nach der sogenannten repräsentativen Verfassung nur die activen Staatsbürger an der Repräsentation Theil nehmen; so besteht der Unterschied nur in der Art, in welcher die stimmfähigen Staatsbürger, die in dieser Beziehung allein das Volk bilden, an der Repräsentation Theil nehmen. Ob nach den Ständen, in welche das stimmberechtigte Volk verfassungsmäßig zerfällt, oder ohne Rücksicht auf diese Stände nach einer bestimmten Anzahl von Köpfen. Dieser Unterschied der Herstellung der Volksrepräsentation ist im Begriff und in allen Verhältnissen so groß, daß von der einen auf die andere nicht gefolgert werden kann, die erste ist landständische und die andere diejenige, welche die repräsentative im engeren Sinne genannt wird, jene die Landes-Repräsentation, diese die Volks-Repräsentation. Die letztere setzt eine Staatsverfassung voraus, nach welcher überall keine beständigen und bestimmten Repräsentanten des Landes durch die Verfassung selbst angeordnet sind und bestehen, sondern für jede Zusammenkunft der Repräsentanten von dem stimmberechtigten Volke und, da Niemand in demselben eine bevorrechtete Wahlfähigkeit hat, aus seiner Mitte gewählt werden und daher ganz eigentlich die Stellvertreter des Volks sind. Ganz verschieden verhält es sich aber in Ländern der erstgedachten Verfassung, in welchen die Stände des Landes nach und aus den verschiedenen Klassen der stimmfähigen Bevölkerung durch die Verfassung selbst für alle Zeiten angeordnet sind und daher, da der stimmfähige Theil des Volks bereits verfassungsmäßiger Repräsentant des Landes ist, nicht erst durch jedesmalige Wahl einzelner Abtheilungen des Volks besondere Repräsentanten gewählt zu werden brauchen. In diesen Ländern sind diese vermöge unmittelbarer Bestimmung der Verfassung bestehenden Landstände die Repräsentanten des Landes und nehmen daher die Stelle ein, über deren Besetzung in jenen Ländern die Verfassung nur mittelbar durch die Wahl des Volks bestimmt hat. Diese ständische Repräsentation hat seit den ältesten bis zu den heutigen Zeiten stets die Grundlage aller deutschen Verfassungen gebildet, in welchen eine Volksrepräsentation im engeren Sinne nicht den entferntesten Anhalt findet und vielmehr mit deren Geist und Verfassung durchaus in dem entschiedensten Widerspruch steht.

Der Ausdruck Repräsentation des Landes oder des Volkes wird aber auch

Zweitens in dem Sinne genommen, daß die Landstände zwar nicht Stellvertreter der ganzen und selbst der nicht-stimmberechtigten Bevölkerung des Landes, sondern vermöge eigenen Rechts Landstände, allein deshalb nicht blos auf die Vertretung ihrer eigenen und ihres Standes Rechte und Interessen beschränkt, sondern auch berufen sind, die des Landes und daher aller Einwohner zu berücksichtigen und zu vertreten — Repräsentation im weiteren und uneigentlichen Sinne, nicht Stellvertretung der ganzen Bevölkerung und vermöge deren Auftrags — sondern nur Vertretung der Rechte und Interessen derselben, vermöge des auf eigenem Rechte beruhenden Berufs die Interessen des Landes zu vertreten.

Da der stimmfähige (active) Theil der Bevölkerung sowohl nach der ständischen, als nach der repräsentativen Verfassung entweder sich allein repräsentirt oder aus seiner Mitte repräsentirt wird, so kann in Ansehung des Repräsentationsrechts selbst zwischen beiden Systemen kein Unterschied bestehen; der Unterschied würde nur in der Abtheilung nach Klassen und darin bestehen, daß sie durch die Verfassung selbst, nicht aber durch Volkswahl bestimmt würden, den Umfang ihrer Landstandschaft aber nicht beschränken. In Ansehung des nicht-stimmfähigen Theils des Volks findet aber zwischen beiden Systemen rücksichtlich der Theilnahme an der Landesrepräsentation überall kein Unterschied Statt, da dieselbe auch nach dem strengsten Repräsentativ-System dem nicht-stimmfähigen Theil des Volks nicht zusteht. Denn in keinem Staate ist die ganze Bevölkerung und nicht vielmehr nur ein Theil derselben in Ansehung der öffentlichen Angelegenheiten stimmfähig und zur Berathung derselben activ und passiv wahlfähig gewesen und hat es daher nie eine vollständige und unbeschränkte Volksrepräsentation gegeben, selbst nach den Constitutionen des republicanischen Frankreichs war sie ein Vorrecht der citoyens activs, ohne daß dies der proclamirten Gleichheit aller Franzosen entgegenstand. Die Verfassung eines jeden Staats bestimmt die zu diesem activen Staatsbürgerrecht und also zum Wahlrecht und zur Wahlfähigkeit erforderlichen Eigenschaften, und wer sie besitzt, ist daher Theilnehmer an jenen Rechten. Die Gesammtheit der zur Repräsentation des Landes berechtigten Staatsbürger bildet die États, Ordines und Stände [6]) des Landes, in Deutschland vielleicht deshalb Landstände genannt, weil sie von Seiten des Landes, im Gegensatz des fürstlichen Hofes, bei der Berathung der öffentlichen Angelegenheiten um den Landesfürsten stehen — der alt-deutsche treffende Ausdruck: — in Um-

---

[6]) Die deutsche Sprache hat auch für den einzelnen Theilnehmer den Ausdruck Stand, Landstand. In Deutschland war für die Stände in den einzelnen deutschen Ländern weder im Reichsstyl, noch in dem Territorialstyl der Ausdruck: Stände, sondern der: Landstände (z. B. die Wahlcapitulationen) und ordines provinciales (Osnabrücksche Friedensschluß), in so fern nicht der Landesherr sie als seine Stände bezeichnete, z. B. Unsere Stände oder das Land, dessen Stände sie sind, genannt war — üblich. Der Grund war, weil die Landesherren Stände des Reichs waren und in den Reichsgesetzen gewöhnlich ohne den Zusatz: Reichsstände genannt und angeführt wurden, da die kaiserlichen Kanzleien desselben ohne Beifügung: Unser und des heiligen Rom's Reichs u. s. w. sich nicht bedienten. So verwiesen und untersagten im Jahre 1655 die Herzöge von Meklenburg ihren Ständen die ungewöhnliche Redensart: „Stände", und beschieden sie auf die Entschuldigung, daß dies Wort wohl früher gebraucht und sie darunter anders nichts, als ordines verstanden, daß die Herzöge ihnen das Wort Landstände niemals verweigert, aber Stände etwas ungewöhnliches sei. Franck, Altes und Neues Meklenburg. Bd. XIV. S. 104 u. 106.

stand —; vielleicht aber auch, um sie als die verschiedenen Stände der Bevölkerung, welche nach der Verfassung nur das Landesbürgerrecht besitzen, zu bezeichnen. In dem einen, wie in dem andern Falle, die Theilnehmer an diesen Berathungen mögen aus dem einen oder dem andern Grunde, aus dem des privilegirten Grundeigenthums oder eines priviligirten Geburtsstandes oder dem eines gewissen Steuersatzes, unmittelbar durch die Verfassung oder durch Wahl einer bestimmten Bevölkerung dazu berechtigt sein, hat der Landesherr sie nicht zusammen berufen, damit sie nur eigene und ihres Standes Rechte und Interessen, sondern damit sie die des Landes, mithin des ganzen Volkes berathen und wahrnehmen. Auch in diesem Sinne würde die in der letzten Anmerkung angeführte Erinnerung der mecklenburgischen Herzöge an ihre Stände, daß sie nicht Stände, sondern Landstände sind, höchst treffend gewesen sein, wenn sie von den letzteren durch eine so einseitige Richtung veranlaßt wäre. In dieser Bestimmung stimmen alle ständischen Versammlungen, sie mögen erbliche oder Wahlstände, ständische oder streng-repräsentative sein, überein, weil auch nach der letzteren die, durch Genügung des Census und alle Künste der Wahl in Kammern gelangten Deputirte in derselben eben so wenig ihre und ihrer Berufsgenossen, der Bürger, blos der Bürger, Interessen berücksichtigen, der Interessen des Landes und der ganzen Bevölkerung, der nicht zur Wahl gekommenen activen, wie der nicht-activen aber eben so wenig unbekümmert sein sollen, als in einer ständischen Versammlung dies einem

Mitgliede aus einem bestimmten Stande gestattet ist. Es ist ein neues Blendwerk, wenn behauptet wird, eine solche Einseitigkeit sei in der repräsentativen Verfassung unmöglig, aber das Erbtheil der ständischen. In der einen, wie in der andern würde sie Pflichtwidrigkeit sein; worauf beruht die Vermuthung, daß Pflichten in dieser mehr, als in jener verletzt werden? Etwa auf der Erfahrung? Oder in der größern Gewähr gegen Einseitigkeit? Möglich und gedenkbar ist es, daß in der ständischen wie in der repräsentativen Versammlung eine Richtung, ein System, ein Zweig des öffentlichen Wohls die Mehrheit der Mitglieder für sich erhält, aber in der ständischen hat jeder dieser Zweige gleichberechtigte Mitglieder aus seiner Mitte. Vertretung der Rechte und der Interessen des ganzen Landes und der ganzen Bevölkerung desselben gehört daher in gleichem Maaße zur Aufgabe sowohl der ständischen als der repräsentativen Verfassung, weil beide die gleiche Bestimmung, das Wohl des Landes zu befördern, haben. Will man diese Bestimmung in der landständischen Verfassung eine Repräsentation nennen; so ist sie wenigstens eine sehr uneigentliche und von der, in der Repräsentativ-Verfassung vorhandenen durchaus verschiedene und beruht nicht, wie diese, auf Stellvertretung und ertheilten Aufträgen. Die Landstände bestehen aus den activen Staatsbürgern selbst, und repräsentiren sie daher nicht, sie sind mithin nicht vermöge der Wahl ihrer Mitbürger, sondern vermöge eigenen Rechts Landstände, und stehen also mit der übrigen Bevölkerung in Beziehung auf Landstandschaft überall in keinem Verhältnisse, am wenigsten sind sie aber von derselben aus ihrer Mitte gewählt, um vermöge ihrer Wahl an ihrer Stelle ihre Interessen zu wahren. Wenn die Landstände hierbei die Interessen der ganzen Bevölkerung berücksichtigten; so geschieht dies daher nicht, weil sie deren Repräsentanten sind, sondern weil dies dem Wohl des Landes gemäß ist und sie dieses zu berücksichtigen und zu vertreten haben.

Das Land und dessen Wohl ward daher bei dem Landesherrn, wie in allen, so auch in den deutschen Ländern, nicht von der ganzen Bevölkerung, sondern nur von dem dazu verfassungsmäßig bestimmten Theil derselben vertreten und würde es ein Widerspruch gewesen sein, wenn dieser zur Vertretung berechtigte Theil als Repräsentant des Vertretungsunberechtigten das Land vertreten hätte. Daher beruht die in neueren Zeiten wohl aufgestellte Behauptung, daß die deutschen Landstände, Ritterschaft und Städte, nicht als solche, sondern nur als Repräsentanten des ganzen Volks Landstände sind, gleich den, vom Volke gewählten Deputirten in der repräsentativen Verfassung, offenbar auf einem Irrthum und einer Verwechselung des Landes und des Volks und einer, diesen Verhältnissen nicht entsprechenden Auffassung des letzteren. Die Repräsentation des Landes und des Volks fällt allerdings zusammen, allein nach keiner Verfassung vertreten das ganze Volk und alle und jede Einwohner, sondern nur durch die Verfassung bestimmte, in näheren Verhältnissen zum Lande stehende Bewohner das Land und bilden mithin in dieser Beziehung und in Rücksicht auf die Vertretung des Landes allein das Volk und sind daher in öffentlichen und staatsrechtlichen Verhältnissen allein Staatsbürger und Repräsentanten des Landes bei dem Landesfürsten.

Dies war seit den ältesten Zeiten deutsche Verfassung und ist sie auch noch gegenwärtig. Eine Volksrepräsentation in dem Sinne des idealen allgemeinen Staatsrechts hat überhaupt in keinem Staate, selbst nicht in Republiken, Statt gefunden und würde in Deutschland keinen Eingang gefunden haben, weil sie mit der Verfassung der deutschen Länder unvereinbarlich ist. Daher haben ältere deutsche Publicisten eine Repräsentation dieser, damals kaum bekannten Art nicht meinen können und nicht gemeint, wenn sie die Landstände Repräsentanten des Landes und der Einwohner nannten. Wenn z. B. Moser[7]) behauptet: „Ein landständisches „Corpus stellt in Landessachen die gesammte Landes-Inwohnerschaft vor, so daß dasjenige, was man auf einem „allgemeinen Landtage beschließet, eben so angesehen wird, „als wenn die sämmtlichen Landes-Eingesessenen Mann „vor Mann darin gewilligt hätten, dahero eine allgemeine Verbindlichkeit nach sich ziehen." Offenbar ist hier unter Landes-Inwohnerschaft das Land verstanden und beruht überdem die verbindende Kraft der Beschlüsse der Landstände nicht darin, daß sie jene gesammte Einwohnerschaft repräsentiren, sondern darin, daß sie verfassungsmäßig die allein stimmfähigen und zu solchen Be-

---

7) Mosers von der teutschen Reichständen Landen. S. 716.

schlüssen berechtigten Landesbürger sind und hauptsächlich darin, daß diese Beschlüsse vom Landesherrn bestätigt worden, also in der gesetzgebenden Gewalt des letzteren. So und nicht anders haben selbst diejenigen, welche den Landständen ein vollständiges Repräsentationsrecht des Landes beilegen[8]) geurtheilt und eine Repräsentation des Volks im eigentlichen Sinne keineswegs angenommen. Wenn Pütter hiervon eine Ausnahme in Ansehung der Länder macht, in welchen der Landesherr ohne Bewilligung der Landstände auch in den landesherrlichen Ämtern und Kammergütern keine Steuern fordern oder neue Gesetze oder andere dergleichen Einrichtungen treffen kann, indem „alsdann solche „Landstände als Repräsentanten der sämmtlichen Unter„thanen eines ganzen Landes angesehen werden können“[9]); so ist auch hier Repräsentation nicht in dem engeren, sondern nur in dem weiteren Sinne als Vertretung der Interessen genommen, indem nach des Verfassers eigener Ausführung ein eigentliches Repräsentations-Verhältniß zwischen der Ritterschaft und den Städten eines Landes und den Unterthanen auf den landesherrlichen Domainen überall nicht stattfinden kann. Bestimmter spricht Leist sich hierüber dahin aus: „Obgleich die Landstände als „wirkliche Repräsentanten des gesammten Landes nicht be„trachtet werden können, wenn man auf ihre Entstehung „und das wahre Fundament ihres Stimmrechts Rücksicht

---

[8]) Z. B. A. L. Jacobi Versuchte Auflösung einiger Zweifel über die Repräsentationsrechte teutscher Landstände. Hannover, 1798. 8.

[9]) Pütters Beiträge zur teutschen Staats- und Fürsten-Recht. Th. 1. S. 182.

„nimmt; so legt ihnen doch die Praxis, welche selbst zuweilen „durch ausdrückliche Grundgesetze unterstützt wird, einen „repräsentativen Charakter dergestalt bei, daß ihre Beschlüsse „nach erhaltener Landesherrlicher Sanction der Regel nach „auch diejenigen Corporationen, Gutsherrn und Menschen „verbinden, welche weder zum Eigenthum der Prälaten und „Ritter sind, noch unter ihrer Gerichtsbarkeit stehen, noch „Mitglieder einer repräsentirten Gemeinheit sind [10])." Abgesehen davon, daß hier nur von der Repräsentation des Landes die Rede ist, würde aus der von ihm angeführten Praxis nur die verbindende Kraft der, von den Ständen mit landesherrlicher Bestätigung gefaßten Beschlüsse, allein keineswegs der repräsentative Charakter der ersteren folgen und angenommen werden können, daß ihre Landstandschaft, der Entstehung und dem wahrem Fundament, also ihrer Verfassung derselben entgegen, nicht auf eigenem Rechte, sondern nur auf Repräsentation beruhe. Einer der ausgezeichnetsten Kenner des deutschen Staatsrechts, der Professor Posse [11]), fährt in seiner lichtvollen Entwickelung der Entstehung der Landstände fort: „Der heutzutage so beträcht„liche freie Mittelstand, der weder durch die Ritterschaft, „noch durch die Städte vertreten wird, war damals nicht „vorhanden und die Bauern wurden als Zubehör der

---

[10]) J. C. Leist, Lehrbuch des teutschen Staatsrechts, §. 44 (Göttingen 1803).

[11]) in der Abhandlung: Ueber das Staatseigenthum in den deutschen Reichslanden und das Staatsrepräsentationsrecht der deutschen Landstände (Rostock und Leipzig 1794).

„Güter von ihren Gutsherrn repräsentirt. Auf diese Art „wäre durch die Landstände, ohne daß es in der Ent„stehung derselben ihre eigentliche Absicht sein konnte, „das ganze Land zufällig repräsentirt worden, wenn nicht „ein sehr beträchtlicher Theil desselben, das landesherr„liche Eigenthum, ganz außerhalb der Grenzen dieses „Vertretungsrechts gelegen hatte.“ (S. 188) „Der auf „diese Weise erwachsene Körper der Landstände hatte „eben so wenig bei seiner Entstehung, als bei seiner völ„ligen Ausbildung die Absicht, das ganze Land gegen die „Hoheit zu repräsentiren. Die landesherrlichen Kammer„güter blieben nach, wie vor von ihm unvertreten und „alle Personen, die nicht zu seinem Inbegriff gehörten „oder von ihm, dem Eigenthum nach, abhingen, hatten „an seinem Vertretungsrechte gleichfalls keinen positiven „Antheil. Er konnte freilich indirect für das allgemeine „Beste sorgen, wenn die Gesetzgebung an seine Einwilli„gung gebunden war; der nicht repräsentirte Unterthan „mußte ja dem aus der Landeshoheit entspringenden Ver„fügungen Folge leisten, sie mochten ohne oder mit der „landständischen Einwilligung gemacht sein; war nun sein „Interesse mit dem der Landstände öfters ein und das„selbe; so konnte er es sich wohl gefallen lassen, daß die „Landstände dabei mitwirkten. Zu einem völligen Ver„tretungsrecht gehört aber nach der Uebereinstimmung al„ler Rechtsgelehrten, auch die Befugniß, den Repräsen„tirten verbindlich zu machen und ihn in seinen Angele„genheiten gegen die Regierung interventionsweise in „Schutz zu nehmen. Ein solches volles oder positives

„Vertretungsrecht hatten aber die Landstände nur in Ab-
„sicht ihres Eigenthums, der Prälat für sein Stift, der
„Gutsbesitzer für seine Landfläche und der Stadt-Depu-
„tirte für die Mitglieder seiner Commune [12]). Alle übri-
„gen Corporationen, Güter und Menschen, die weder
„zum Eigenthum der beiden ersten Klassen gehörten, noch
„unter ihrer Beschirmung standen, noch Mitglieder einer
„repräsentirten Gemeinheit waren, konnten sehr natürlich
„weder an den Vortheilen, noch an den Lasten der Land-
„standschaft directen Antheil nehmen. Es hätte ein recht-
„licher Grund vorhanden sein müssen, aus dem ein Drit-
„ter sich ein solches Vertretungsrecht über sie hätte bei-
„legen können: derjenige aber, auf dem alle Landstand-
„schaft von den ältesten Zeiten beruhte, der des Eigen-
„thums, fiel in Absicht ihrer von selbst weg; ein aus-
„drücklicher Auftrag war auch nicht vorhanden und ein
„stillschweigender kann ohne Thatsachen, aus welchen er
„sich logisch richtig folgern läßt, nicht angenommen werden.“
(S. 201 ff.) „Wenn auch aus besonderen Gründen nach
„der Verfassung einzelner Länder zur Besteuerung des
„landesherrlichen Kammerguts die landständische Einwil-
„ligung erforderlich sein sollte; so kann daraus doch Nie-
„mand im Ernst folgern, daß dadurch die Landstände ein
„wirkliches Repräsentationsrecht des Kammerguts erhalten
„hätten.“ (S. 210). Wir müssen den Leser auf die
weitere gründliche Ausführung des Verfassers verweisen

---

[12]) Vergl. hierüber Möser Patriotische Phantasien, Th. IV, S. 206 ff.

und uns auf folgende Resultate derselben (S. 241 ff.) beschränken:

1) daß die Landstandschaft auf Eigenthum beruhe[13]);

2) daß es daher Länder geben kann, in welchen der gesammte Flächeninhalt durch seine Eigenthümer repräsentirt und also eine vollständige Landes-Repräsentation findet, der Gutsbesitzer erscheint für sich selbst, moralische Personen durch ihre Bevollmächtigten; Unangesessene und solche Einwohner, die für ihre Personen selbst nicht zu einer repräsentirten Genossenschaft gehören, wurden gar nicht oder doch nur in Absicht ihres Eigenthums von derjenigen Commune, zu der das letztere gehört, vertreten.

3) Eine vollständige Personalrepräsentation kann aber in den Reichsländern um so weniger vorhanden sein, als der Grund der deutschen Landstandschaft in dem Landeigenthum beruht und bei der Ausbildung der landständischen Körper nur auf die Güter und nicht auf die Personen Rücksicht genommen wird.

4) Die Definitionen von den Landständen und den Landtagen, die auf das Repräsentationsrecht derselben ge-

---

[13]) Die Prälaten erhielten daher nicht sowohl ihrer geistlichen Würde wegen, als wegen ihres Antheils an dem Eigenthum der Landesfläche Zutritt zu den Landständen und repräsentiren daher nicht die gesammte Geistlichkeit. Steck Abhandl. von der Prälatenbank auf Landtägen (in seinen Abhandlungen aus dem deutschen Staats- und Lehn-Recht — Halle, 1757. Abth. V. S. 64). — Francke de jure standi incomitiis provincialibus (Vitemb. 1787) §. 5. — Hausen Von den Prälatenrechten und Rang der Universitäten in Deutschland.

gründet sind, sind schon deshalb unrichtig, weil man von diesem Recht selbst keinen richtigen Begriff zu geben pflegte.

5) Da das Repräsentationsrecht in den deutschen Reichslanden nur real war; so kann in den Begriff, den man von demselben giebt, nichts von einer Personal-Repräsentation aller und jeder Unterthanen eingemischt werden und ist mithin die Meinung, daß nur durch die Repräsentation der Landstände die gesammten Unterthanen eben so gut verbunden wurden, als hätten sie Mann für Mann eingewilligt, falsch.

Die bedeutenden Zweifel, welchen die Folgerungen, die der Verfasser hieraus auf die Unverbindlichkeit der Beschlüsse der Landstände für die übrigen Unterthanen zieht, insofern als diese Beschlüsse vom Landesherrn bestätigt sind, und auch in anderen Beziehungen unterworfen sind, können hier auf sich beruhen bleiben, wo es nur die Ausführung gilt, daß nach deutscher Verfassung die Landstandschaft keinesweges auf der Stellvertretung des ganzen Volkes beruht und daher die Landstände nicht Repräsentanten des ganzen Volks sind.

Diese irrthümliche Repräsentation ist von Rechtsgelehrten des siebzehnten Jahrhunderts theils nach der Analogie der Decurionen und anderer römischen Institutionen, theils wegen des, damals für Landstände gebräuchlich gewordenen Ausdrucks: gemeine Landschaft aufgebracht, aber im deutschen Staatsrecht so wenig angenommen, daß man sie schwerlich in öffentlichen Verhandlungen und überhaupt gestattet findet und daß daher bekanntlich die Reuß-Gerasche Landschaft, als sie im achten Jahrzehnte des vorigen Jahrhunderts in ihren Streitigkeiten mit ihrem Landesherrn sich „Repräsentanten des ganzen Reußischen Volks“ nannte, zu fiscalischer Untersuchung gezogen ward [14]), und daß das von einem Theile der Sachsen-Coburgschen Landstände sich beigelegte Prädicat „treue Väter und Repräsentanten des Volks“ zu den vom Herzoge bei dem Reichshofrath 1805 übergebenen Beschwerden gehörte [15]).

§. 11.

Dieser Gegenstand ist hier vielleicht zu ausführlich erörtert, weil jene mit der deutschen Geschichte und Verfassung ganz in Widerspruch stehende Repräsentation in neueren Zeiten so häufig wieder geäußert worden, um dadurch die Behauptung, daß die neueren ständischen Verfassungen in Deutschland keine ständische, sondern eigentliche repräsentative in jenem sind, desto leichter zu begründen. Es liegt hierbei ein Mißverständniß der Repräsentation des Landes mit zum Grunde, indem man aus der Repräsentation des Landes folgert, daß alle Bewohner desselben an dieser Repräsentation Theil nehmen. Dies beruht aber auf einer offenbaren Verwech-

---

14) Pütter a. a. O. S. 183 Anm. 6.

15) Bericht an den Kaiserl. Reichshofrath von Seiten des regierenden Herrn Herzog von Sachsen-Coburg-Saalfeld wider die Landstände des Fürstenthums Coburg, verschiedene Beschwerden betreffend. Coburg, 1805. 8. S. 72.

selung mit der Landstandschaft, da die Repräsentation des Landes eben dieselbe Repräsentation ist, welche auch wohl Volks-Repräsentation genannt wird. Diese Benennung ist indessen nicht angemessen und daher auch dem deutschen Sprachgebrauch entgegen, weil, wie eben ausgeführt ist, die Landstände nicht das ganze Volk repräsentiren, sondern das ganze staatsbürgerliche Volk selbst sind und daher, weil sie aus den Eigenthümern der ganzen Fläche des Landes bestehen, dem Fürsten gegenüber das ganze Land repräsentiren, versteht sich, eben weil hier von dem Verhältnisse zum Landesherrn die Rede ist, mit Ausnahme des demselben selbst zustehenden Landeigenthums, welches sie, da es nicht ihr Eigenthum ist, nicht repräsentiren können. Es lag in der Sache, daß, da Steuern und andere Lastungen vorzugsweise auf Grund und Boden gelegt wurden und Schulden nur auf denselben aufgenommen werden konnten, nur die Eigenthümer des Grund und Boden denselben damit beschweren und dafür verpflichten und daher repräsentiren konnten. Daher haftet die Landstandschaft auf dem Landeigenthum und daher bezeichnen die Gesetze der einzelnen deutschen Staaten das Land und Landeigenthum, nicht aber die Bewohner, als Gegenstand der ständischen Repräsentation. So bestimmt z. B. der Mecklenburgische landesgrundgesetzliche Vergleich von 1755, §. 137: „Die Klöster und deren Güter werden von „der Ritter- und Landschaft und die Oerter des Rostock„schen Distrikts von der Stadt Rostock auf Landtagen vertreten"; und der §. 147: „daß alle und jede ein-

„gesessenen Landstände auf Landtagen Stand und „Stimme haben sollen." Daher repräsentiren auch die von den Landständen aus ihrer Mitte gewählten Landschaftscollegien oder Ausschüsse die Landstände [16]) und mithin das Land [17]), worüber die älteren und neueren Verfassungs-Urkunden in fast allen deutschen Ländern nähere Bestimmungen enthalten.

Daß die Landes-Repräsentation auf den Ständen desselben beruhe, ist daher ein sowohl nach der Reichs-Verfassung, als nach den späteren Constitutionen unbezweifelter, allgemein anerkannter Grundsatz [18]).

---

[16]) z. B. Moser von der Reichsstände Länder, S. 763 ff. Pütter, Handbuch der besonderen Staaten, Th. 1. S. 193 ff. In Oesterreich hat jede Landschaft ihren Ausschuß, welcher die Stände repräsentirt. Mecklenburgischer landesgrundgesetzlicher Vergleich, §. 178: „Diesem engeren Ausschuß soll hiermit der Begriff und das Recht eines die gesammte Ritter- und Landschaft vorstellenden Collegii beigelegt sein."

[17]) z. B. Königl. Preuß. Resolutionen an die Magdeburgischen Stände von 1714 u. 1716: „Daß die von den Ständen erwählten Membra des engeren und weiteren Ausschusses bei ihren Functionen, alles dasjenige, was zu Unserem und des Landes Besten gereichen kann, zu verrichten, zu belassen." (Moser a. a. O. S. 774). Fürstl. Schwarzburg-Rudolstadtische Constitution, 4. März 1722: „Das Landschaftscollegium soll aus einem Director, 4 Deputirten „von der Ritterschaft, desgleichen 1 Deputirter von den (vier „namentlich angeführten) Städten bestehen und in solcher „Masse das ganze Land repräsentiren, auch für das„selbe sich verbindlich machen." (Moser a. a. O. S. 386). Küchelbecker Nachrichten über Wien, Bd. 2, S. 624: „und aus „dem Corpus der Stände werden Deputirte gewählt, so das „ganze Corpus repräsentiren und in dessen Namen für die all„gemeine Wohlfahrt des Landes sorgen müssen."

[18]) z. B. Vorstellung der Calenbergschen Landschaft von 1794: „Die „Landesverfassung bringt es mit sich, daß die ganze Landes-Re-

Landes- und Volks-Repräsentation fallen, so wie Land und Leute, dem Sinne nach und in so fern nicht der einen und der andern eine besondere Bedeutung untergelegt wird, zusammen und sind daher auch stets als gleichbedeutend gebraucht, z. B. in der in der Anmerkung allein gedachten Vorstellung der Calenbergischen Landschaft. Auf der einen Seite kann das Land sich nicht selbst repräsentiren und wird nicht durch sich und allein wegen seiner selbst, sondern nur durch das Volk und auch wegen des Volks repräsentirt, auf der andern Seite ist aber die Repräsentation des Landes nur dem Theile des Volks anvertrauet, der durch feste und bleibende wesentliche Interessen dem Lande näher verbunden ist und die Lasten der Erhaltung und Vertheidigung desselben tragen muß. Diese einfache Ansicht wird aber dadurch ganz verändert, daß der Landes-Repräsentation ein viel weiterer Begriff untergelegt und sie ohne alle Rücksicht auf das Land lediglich auf die numerische Bevölkerung bezogen und nicht als Repräsentation des Landes, sondern nur der befindlichen Menschenmasse angesehen wird. In diesem Sinne steht sie der Landesrepräsentation allerdings ent-

---

„präsentation im Fürstenthum Calenberg auf gemeiner Landschaft, „das ist, den drei Ordnungen oder Curien der Stände, der Prä- „latur, der Ritterschaft und den Städten beruhet, die daher in „allen Fällen, wobei es auf, das ganze Land betreffende Verfü- „gungen, Veränderungen, Bewilligungen und Entsagungen an- „kommt, wenn solche für das Land und die Unterthanen gesetz- „liche und verbindliche Kraft erlangen sollen, bald mit ihrem „Rath und Gutachten, bald mit ihrer ausdrücklichen Zustim- „mung und Einwilligung vernommen werden müssen (Häber- „lin Staatsarchiv Bd. 11. S. 46).

gegen und hat daher auch nie in Deutschland Statt gehabt und besteht überhaupt nur in einer abstracten Theorie, in der Wirklichkeit aber nirgend.

Die nach dieser Verschiedenheit der Repräsentations-Systeme selbst in neueren Verfassungs-Urkunden angenommene Eintheilung der Landstände in erbliche und in Wahlstände ist daher nicht erschöpfend und zutreffend. Erbliche Landstände, insofern Erblichkeit als durch Erbgang übergehend genommen wird, hat es so wenig unter der Reichsverfassung gegeben, wie sie gegenwärtig anders, als vermöge besonderer Verleihung der Landstandschaft an einzelne Familien ohne Bedingung eines landtagsfähigen Grundbesitzthums, also als erbliche bloße Personalisten, vorhanden sein können, von welchen jedoch ein Beispiel nicht vorliegen dürfte. Die auf einem landstandschaftsfähigen Grundstücke haftende und mit demselben auf jeden Erwerber desselben übergehende Landstandschaft ist keine erbliche, sondern eine dingliche (Real-) Landstandschaft, so wie diejenige, welche weder erblich, noch dinglich ist, sondern lediglich durch eine, weder auf Erbberechtigte, noch auf Besitzer eines obgedachten Grundstücks nicht beschränkte, sondern auf freier Wahl beruhen, eine Wahllandstandschaft -- Wahlstände — ist. Hiernach sind nicht bloß erbliche und Wahlstände, sondern vielmehr erbliche und dingliche Stände auf der einen und Wahlstände auf der andern Seite, Gegensätze, welche sich dadurch unterscheiden, daß einmal die Landstandschaft bei der erblichen auf dem Geschlechte und bei der dinglichen auf einem dazu berechtigten Grundbesitz, bei der Wahl landstandschaft aber auf der Bevölkerung eines ohne alle Unterscheidung der Klassen der Einwohner bestimmten Wahldistrikts haftet, zweitens aber nach den beiden ersten Systemen die Anzahl Individuen und Eigenschaften der Landstände bestimmt und stets vorhanden, nach dem Wahlsystem aber veränderlich, unbestimmt und erst für jede Ständeversammlung von Neuem herzustellen sind. Ersteres ist das ständische, letzteres das repräsentative System im engeren Sinne.

Wahlstände in diesem Sinne hat es in Deutschland eben so wenig früher, als gegenwärtig gegeben, vielmehr haftet alle und jede Landstandschaft auf einem bestimmten Landeigenthum und ist daher real. Selbst die Landstandschaft der Städte steht der Stadt nur als Besitzerin eines unmittelbaren Landeigenthums wegen desselben und nicht wegen der in derselben betriebenen Gewerbe zu. Allerdings geben nach der Verfassung vieler Städte diese den Genossen der Gewerbe eine Theilnahmfähigkeit an der Ausführung der Landstandschaft der Stadt; dies betrifft aber lediglich die Verhältnisse der innern Stadt-Verfassung, nicht aber ihre Landstandschaft, welche ihr nur wegen ihres Landbesitzes, ohne welche eine Stadt nicht gedacht werden kann, zusteht. Dieser Gegenstand wird indessen unten noch näher erörtert werden, und ist in der bisherigen Ausführung des Betriebs der bürgerlichen Gewerbe in Beziehung auf Landstandschaft gedacht, so ist derselben nur als Veranlassung der Begründung der Städte und als vorzüglicher Gegenstand ihrer ständischen Rücksicht gedacht, sie aber nicht als

Gegenstand angeführt, auf welchem die Landstandschaft der Stadt haftet.

Das gesammte Grundeigenthum des Landes zerfällt aber in Beziehung auf Landstandschaft nach seinen verschiedenen Verhältnissen in mehrere von einander getrennte Theile, von welchen ein jeder aus seinen eigenen Mitteln repräsentirt wird und welche alle vereinigt das Land repräsentiren. Alle Mitglieder dieser verschiedenen Abtheilungen sind daher feste, bestimmte, geborne Stände, sie alle sind vermöge eigenen, verfassungsmäßigen Rechts Landstände und befindet sich unter ihnen kein einziger Wahlstand, man müßte denn die in einigen Ländern vom Landesherrn ernannten Mitglieder der ersten Kammer dahin rechnen wollen. Der Unterschied zwischen erblichen und Wahlständen und zwischen jus status provincialis ex jure proprio vel ex jure demandato ist daher in Rücksicht auf Deutschland durchaus unzulässig und schon Moser[19]) wirft mit Recht von einem Schriftsteller, der diesen Unterschied aufgestellt vor: „er hätte besser gethan, wenn er dafür das Recht „selbst und die Ausübung eines solchen Rechts „von einander unterschieden hätte." Denn eine Commune oder Corporation kann ihre Landstandschaft nicht selbst, sondern nur durch einen Bevollmächtigten ausüben, eben so kann eine landständische Klasse, z. B. die Besitzer bäuerlicher Güter so zahlreich sein, daß sie nicht alle ihre

---

[19]) in dem schon angeführten Werke: Von der Reichsstände Länder. S. 346.

Landstandschaft in Person, sondern nur durch eine Anzahl von aus ihrer Mitte gewählten Bevollmächtigten ausüben können; auch der Standesherr oder die Ritterstandschaft kann sie nach einigen Verfassungen durch einen Bevollmächtigten oder Vormund und oft durch einen gemeinschaftlich aus ihrer Mitte gewählten Bevollmächtigten ausüben. In allen diesen Fällen bleibt aber der Mandant der Landstand und ist der Bevollmächtigte nicht Landstand, sondern nur Stellvertreter desselben und daher nicht Wahlstand. Selbst der alternirende Theilnehmer an einer Curiatstimme ist nicht Wahlstand, sondern Mitstand ex jure proprio. Eine repräsentative Verfassung, besonders in dem §. 3 ff. gedachten engeren Sinne der Repräsentation des Volks ist mithin auch in allen diesen Fällen um so weniger vorhanden, als hier weder das Volk aus dem Volke und für das Volk, sondern der Stand aus dem Stande und für den Stand keinen Landstand, sondern nur aus seiner Mitte Abgeordnete wählt, um die Landstandschaft des Standes während eines bestimmten Zeitraums auszuüben.

Zweiter Abschnitt.
Während des Rheinbundes.
(1806 — 1813).

§. 12.

Durch den, den größten Theil von Deutschland umfassenden Rheinbund gingen die deutsche Kaiserkrone, Reichstag, Reichsgerichte und die Reichsverfassung, in welchen die Einheit Deutschlands sich bisher noch geäußert hatte (§. 9) unter, und das ohnehin schon so schwach gewordene Band zwischen den deutschen Staaten und die Einheit Deutschlands wurde vollends aufgelöset. Deutschland zerfiel in mehrere von einander völlig getrennte, gegenseitig in keinem anderen, als einem völkerrechtlichen Verhältnisse stehenden Theile, von welchen der eine aus den, unter dem Rheinbunde begriffenen deutschen Ländern, der andere aber aus den zu demselben nicht gehörigen Staaten bestand. Diese beiden Theile Deutschlands waren während dieses ganzen Zeitraums ohne alle staatsrechtliche Verbindung: Napoleon hatte das Zeitalter Karl des Großen wenigstens dadurch wieder erneuert, daß er fast ununterbrochen ein deutsches Volk gegen das andere in den Kampf führte. Den, zum Rheinbunde gehörigen deutschen Ländern war zwar durch die Rheinbundsacte eine

Einheit verheißen, aber anderswo nicht, als unter Napoleons Adlern gegeben.

Die zum Rheinbunde gehörigen deutschen Staaten bildeten daher auch unter einander in der Wirklichkeit keine Einheit, sondern standen jeder für sich und alle zu einander in dem völkerrechtlichen Verhältnisse freier und unabhängiger Staaten auch hierin völlig in dem Zeitalter der fränkischen Herrscher Clodwig und Karl des Großen, welche die einzelnen deutschen Völker, wenn sie nur Tribut und Kriegsdienste leisteten, nach Gefallen vereinzelt schalten ließen.

So viel die landständische Verfassung betrifft, so blieb sie in den, an dem Rheinbunde nicht theilnehmenden Ländern unverändert und ward auch von mehreren Fürsten, welche später zum Beitritt zum Rheinbunde genöthigt wurden, insonderheit vom Könige von Sachsen und den sächsischen und mecklenburgischen Herzogen ausdrücklich oder stillschweigend bestätigt, so wie auch in der baierschen Verfassungs-Urkunde von 1808 und der Sachsen-Weimarschen von 1809 das deutsche landständische System beibehalten wurde und nur nach den veränderten Verhältnissen des Landes einige Modificationen erhielt, wogegen die bisherige landständische Verfassung in dem Königreich Würtemberg und Großherzogthum Hessen, in den Primatischen Ländern und in dem Herzogthum Anhalt-Cöthen aufgehoben, und in den beiden letzteren durch eine neue Verfassung ersetzt ward. Durch die anhalt-cöthensche Constitution vom 28. Dec. 1810 hob der damalige Herzog „in dem Glauben, seinen Un-

„terthanen keine heilbringendere Constitution geben zu „können, als diejenige, welche der größte Gesetzgeber der „Welt, Napoleon der Große, seinen Völkern, welche er „als Vater liebt, gegeben hat“, die bisherige landständische auf und führte in deren Stelle „als Organ Unse„rer getreuen Unterthanen, Landstände von zwölf Mitglie„dern ein, von welchen acht aus der Klasse der ackerbau„treibenden Unterthanen, zwei aus der des Handelstandes „und zwei aus der des gelehrten Standes genommen“ und dem Herzoge von den vier vom Herzoge besetzten Departements-Collegien vorgeschlagen werden sollten. Es ward daher auch hier ein ständisches Princip wesentlich als Grundlage beibehalten und dagegen das repräsentative zugleich entfernt, in dem ständischen aber der Gewerbestand außer den Handelsstand übergangen und dagegen — der eben nach Cöthen als dirigirender Minister berufene Professor Dabelow war Verfasser der Constitutions-Urkunde — dem gelehrten Stande Ein Sechstheil der Landesrepräsentation durch diese, wie sie sich nannten, „constitutionellen Stände“ beigelegt. Diese Constitution ward indessen schon unterm 24. Octbr. 1812 durch den Herzog von Anhalt-Dessau als Vormund des minderjährigen neuen Herzogs suspendirt und die vorige Verfassung unter einigen Modificationen wiederhergestellt [20]).

Durch den Rheinbund waren zwei neue Länder und zwei neue Constitutionen in Deutschland entstanden. Das eine war das Großherzogthum Frankfurt. Der

---

[20]) Winkopp Rheinischer Bund Bd. XXII, S. 204.

Fürst Primas und Großherzog erließ für die zu diesem Großherzogthum gehörigen „Länder, welche die göttliche „Vorsehung und die persönlichen wohlwollenden Gesin„nungen des Kaisers Napoleon ihm anvertraut hatten, „die Constitution vom 10ten August 1810 nach dem „Muster der Verfassung des Königreichs Westphalen, da „diese unter allen Verfassungen, welche dem Kaiser „Napoleon ihr Dasein zu danken haben, die meisten „Grundsätze, die man auf das Wohl des Großherzog„thums anwenden kann, enthält und das eigene Werk „des Kaisers Napoleon und für einen teutschen Staat „bestimmt ist und sich bereits bewährt hat." Durch diese Constitutionen wurden die bisherigen Verfassungen der Provinzen aufgehoben und Stände aus 20 Mitgliedern eingeführt, deren 12 aus reichen Grundeigenthümern, 4 aus reichen Kaufleuten oder Fabrikanten und 4 aus vorzüglichen Gelehrten von den vier Departements-Collegien (deren Mitglieder von dem Großherzoge aus eben diesen Klassen ernannt wurden) vorgeschlagen und vom Landesherrn bestätigt werden sollten. Also ebenfalls eine ständische Repräsentation ohne alle Wahl des Volks, mithin entfernt von dem Repräsentativ-System im engeren Sinne, nach welchem die Stände aus der Wahl des Volks hervorgehen sollen.

Die Constitution des Königreichs Westphalen von 1807 bestimmte die Stände des Königreichs auf 100 Mitglieder, welche ebenfalls durch die Departements-Collegien ernannt wurden, nämlich 70 aus der Klasse der Grundeigenthümer, 15 unter den Kaufleuten und Fabrikanten und 15 unter den gelehrten und anderen Bürgern, welche sich um den Staat verdient gemacht hatten; die Mitglieder der Departementsräthe wurden vom Könige ernannt.

Auch in diesem Lande ständische Repräsentation und Herstellung derselben ohne alle Wahl und Mitwirkung des Volks, sondern vermöge Ernennung des Königs.

Mit dem Rheinbunde selbst erloschen diese beiden neuen Rheinbundes-Staaten und mit ihnen ihre Constitutionen; die baierische und die sachsen-weimarsche waren nicht zur Ausführung gekommen und wurden durch neue ersetzt und die anhalt-cöthensche war schon früher suspendirt und erlosch nun von selbst.

Eine Betrachtung dringt sich hier von selbst auf. In den Reclamationen nach dem sogenannten Repräsentativ-Princip und der Repräsentation des Volks durch dessen Wahl und durch Wahlstände ohne alle Rücksicht auf Klassen finden wir so oft Rückblicke auf die nach Auflösung der Reichsverfassung bis zur Bundesverfassung bestandenen sogenannten wahrhaft repräsentativen Verfassungen. Welche wären denn diese Verfassungen? Wo ist eine einzige, in welcher nicht die Repräsentation des Landes nach den Ständen auf das schärfste zugeschnitten und geordnet und die Anzahl der besonders zu repräsendirenden Stände durch einen neuen Stand, den der Gelehrten, vermehrt wäre? Der ganze Bürgerstand, in so weit er nicht Kaufmann oder Fabrikant ist, ist eben so wenig besonders berücksichtigt, als dem Bauernstande neben dem Stande der Grundbesitzer überhaupt noch eine besondere Berücksichtigung zu Theil wurde. Und nun vollends der Antheil des Volkes an den Ständen. Nach deutschem ständischen System ernennt der Landesherr keinen einzigen Stand, nach dem System der Rheinbundes-Constitutionen ernannte er sie alle, nicht einmal auf den Vorschlag des Volks, sondern einer Behörde, deren Mitglieder ebenfalls vom Landesherrn ernannt wurden. Weder nach Ständen, noch nach Kopfzahl oder Districten wählten die Staatsbürger diejenigen, welche sie bei dem Regenten vertreten sollten, sondern der Regent selbst wählte und ernannte sie. Stände waren geschaffen, die denen gleich sein würden, welche in der deutschen Verfassung vorhanden sein würden, wenn nach derselben der Landesherr eine bestimmte Anzahl von Gutsbesitzern und Bürgern ganz nach seiner Wahl als Repräsentanten des Landes zu jedem Landtage einberufen hätte.

Dritter Abschnitt.

Unter der deutschen Bundesverfassung.

Erster Titel.

Geschichte der Bundesgesetzgebung über landständische Verfassung.

§. 13.

Als Deutschland von fremder Herrschaft befreit ward, hatte in allen deutschen Staaten, mit Ausnahme der mit dem Rheinbunde von selbst zertrümmerten, die althergebrachte deutsche landständische Verfassung in ihrem Wesen und volksthümlichen Kern sich erhalten. Die, in der Nacht des zwölften Julius 1806 in den Tuillerien über einen Theil des Territorialzustandes des südwestlichen Deutschlands geworfenen Würfel hatten indessen die Elemente der landständischen Verfassung in den mehrsten Rheinbunds-Ländern so zerrüttet, daß diese Elemente einer neuen Ordnung und dieses Werk des Friedens nähere Vorarbeiten erforderten, als das dem Rheinbunde zunächst folgende eiserne Zeitalter gestattete. Die Wiederherstellung der landständischen Verfassung gehörte daher zu den Gegenständen, welche die Sorgfalt der, zur Berathung über die künftige Verfassung Deutschlands im Jahre 1815 auf dem Congresse zu Wien versammelten Fürsten beschäftigten. Unter den unbegreiflichen Erscheinungen in der Weltgeschichte würde es die ausgezeichnetste Stelle eingenommen haben, wenn diese Fürsten bei der Befestigung der Verfassung Deutschlands und ihrer einzelnen Länder die wahrhaft volksthümliche Grundlage einer Repräsentation, bei welcher ihre Völker fast ein Jahrtausend glücklich und zufrieden gewesen waren, aufgegeben und die Ruhe Deutschlands auf ein sogenanntes Repräsentativ-System gegründet hätten, welches, in sich selbst unhaltbar und ein Phantom und für Schwache ein Blendwerk, wo es angenommen war, nur kurze Zeit sich erhalten, und während derselbe Unheil und Zerrüttung jeder Art über das Land verbreitet hatte, ein Repräsentations-System, welches mit deutscher Gesinnung, Richtung und Gründlichkeit unvereinbarlich gewesen wäre. Die Behauptung, daß auf dem Wiener Fürsten-Congreß nicht die Wiederherstellung der landständischen Verfassung, sondern die Einführung der im engeren Sinne genommenen repräsentativen Repräsentation vorgeschlagen sei, verletzt gesunde Vernunft und historische Treue und Wahrheit in so colossalem Grade, daß das politische Pamphlet, welches sie zuletzt aufgestellt hat [21]), zu ihrer Begründung die Künste der Sophisterei für viel zu schwach gehal-

---

21) Das königliche Wort Friedrich Wilhelms III., eine den preußischen Ständen überreichte Denkschrift. Von Dr. Johann Jacoby. Paris 1845. — Eine Prüfung derselben unter dem Titel: Das wahre königliche Wort Friedrich Wilhelm III. dargestellt gegen die Verdrehungen des Doctors Joh. Jacoby in Königsberg (Berlin 1845) 8. (ist in den Jahrbüchern der preuß. Gesetzgebung, Hft. 127 und auch besonders abgedruckt).

ten, und zur Verdrehung und Verstümmelung eines Actenstücks des Wiener Congresses Zuflucht genommen hat. In dem, von preußischer Seite am 1. Mai 1815 auf dem Congresse vorgelegten Entwurf ist der die landständische Verfassung betreffende Artikel der Bundesacte (vergl. S. 71) dahin gefaßt:

In allen deutschen Staaten wird die bestehende landständische Verfassung erhalten oder eine neue dergestalt zu organisirende, daß alle Klassen der Staatsbürger daran Theil nehmen, eingeführt, damit den Landständen ꝛc. [22]).

Der practische Arzt Dr. Jacoby verdreht aber diesen Entwurf, nachdem er die Versicherung vorausgeschickt hat, „daß Preußen seine Meinung in folgenden Worten „abgegeben habe," dahin:

Die landständische Verfassung ist in jedem Bundesstaate so zu organisiren, daß alle Klassen der Staatsbürger daran Theil nehmen.

Diese Verstümmelung des Wiener Congreß-Actenstücks, um dem Publicum die erste Alternative des Entwurfs vorzuenthalten und die zweite als absolute Vorschrift darzustellen, macht der Verfasser zur Grundlage der thörigsten Behauptung, welche vielleicht jemals aufgestellt ist. Denn eine solche ist die, daß die in jenem Entwurf vorgeschlagene landständische Verfassung

„nicht eine ständige — (eine landständische und doch „nicht ständige!!!) — nur das Interesse ihres Standes

[22]) Klüber Acten des Wiener Congresses, Bd. II. S. 298.

„vertretende[23]), sondern eine aus allen Klassen der „Staatsbürger gewählte, mithin auch das ganze Volk „vertretende, oder mit andern Worten eine wahre „Repräsentativ-Verfassung sei.

Dem Verfasser ist nicht einmal bekannt, daß eine ständische und die von ihm bezeichnete wirkliche repräsentative Verfassung Gegensätze, und daß alle Klassen und alle Stände der Staatsbürger gleichbedeutend sind, und daß, wenn Ritterstand, Bürgerstand und Bauernstand oder großer und kleiner Landbesitzer und selbstständiger Gewerbetreibender Theil an der Repräsentation haben, dieselbe aus allen Klassen der Staatsbürger besteht. Was versteht er in staatsrechtlicher Beziehung außer denselben unter Klassen? etwa die nicht ansäßigen Adeligen, oder Aerzte, Chirurgen, die Staats- oder Kirchendiener, Schriftsteller, Künstler, Schauspieler u. s. w. Wir haben dieses Pamphlet nur erwähnt, um ein Beispiel anzuführen, welche Mittel nicht verschmäht werden, wenn es die Vertheidigung zu fixen Ideen gewordener Richtungen gilt.

So viel die Geschichte des Art. 13 der Bundesacte betrifft; so trug Preußen schon in den Präliminär-Con-

---

[23]) So wie das ganze Pamphlet ein seltenes Beispiel überraschend dreister Anschuldigungen ist, so gehört zu den letztern auch die Beschuldigung, daß ständische Landesrepräsentanten, z. B. die der Bürger- und des Bauernstandes oder der Ritterschaft, nur das Interesse ihres Standes vertreten. Wäre diese beleidigende Beschuldigung gegründet; so würde es ein unvermeidliches Unglück sein und es gar keine Stände geben können, weil alle Menschen im Staate doch zu irgend einem Stande gehören müssen.

ferenzen für den Wiener Congreß am 13. Sept. 1814 auf Feststellung des Grundsatzes an:

daß in jedem Bundesstaat eine ständische Verfassung eingeführt und aufrecht erhalten werden solle, daß allgemeine Grundsätze dieserhalb als Minimum der Rechte der Landstände festzusetzen und daß sie aus den Familienhäuptern der nun mediatisirten Reichsstände, des sonst unmittelbaren und übrigen Adels als erblichen und aus erwählten Ständen bestehen sollen [24]).

In den Artikeln, welche in der Conferenz der fünf deutschen königlichen Mächte vom 26. Octbr. 1814 zur Grundlage dienten, lautete der Artikel 11:

Der Bundesvertrag setzt die Nothwendigkeit einer (landständischen Verfassung in jedem einzelnen Bundesstaate fest und bestimmt ein Minimum der ständischen Rechte — und überläßt es den einzelnen Staaten, ihnen eine, der Landesart, dem Charakter der Einwohner und dem Herkommen angemessene Einrichtung zu geben [25]).

Die Abgeordneten der neun und zwanzig deutschen souverainen Fürsten erklärten sich unterm 16. Novbr. 1814, mit diesen Grundsätzen und insonderheit

mit der Einführung landständischer Verfassungen

---

[24]) Entwurf der Grundlagen der deutschen Bundesverfassung, vom Staatskanzler Fürsten von Hardenberg am 13. Sept. 1814 dem Staatskanzler Fürsten v. Metternich mitgetheilt (in Klübers Acten des Wiener Congresses Bd. 1, Hft. 1, S. 45); vergl. auch Klüber Uebersicht der diplomatischen Verhandlungen des Wiener Congresses, S. 201 ff.

[25]) Klübers Acten a. a. O. S. 61.

in allen deutschen Staaten, wobei den einzelnen Staaten die angemessene Eineichtung der ständischen Verfassung nach dem Charakter der Einwohner, der Localitäten und dem Herkommen überlassen bleibt,

einverstanden [26]).

In der preußischen Note vom 10. Februar 1815 wurden

landständische, durch den Bundesvertrag gesicherte, Verfassungen für einen Punct, von welchem man nicht abgehen könne,

erklärt [27]).

In dem, von Preußen am 15. Februar 1815 vorgelegten Entwurf der Verfassung des deutschen Staatenbundes waren nachstehende Grundsätze vorgeschlagen [28]):

§. 82. In allen deutschen Staaten soll entweder die schon vorhandene ständische Verfassung erhalten oder eine neue eingeführt werden.

§. 83. Die Art der Einrichtung derselben steht jedem Staate frei und richtet sich nach den Localverhältnissen und der bisherigen Verfassung jedes Landes. Es dürfen aber in Absicht der periodischen Versammlungen der Stände, des Rechts der Regierungen, sie auseinander gehen zu lassen und des, in Bezug auf die zwischen den Ständen und der Regierung nothwendigen Mittheilungen eingeführten Geschäftsganges, keine Bestimmungen gefaßt werden,

---

[26]) Klübers Acten a. a. O. S. 72.

[27]) ebend. S. 83.

[28]) ebend. S. 44, und gleichzeitig S. 62.

welche den Endzweck der Einrichtung ganz oder größtentheils vereiteln würden.

§. 85. Unabhängig von der Verschiedenheit landständischer Verfassungen in den einzelnen Ländern besitzen alle deutschen Stände folgende Rechte ꝛc.

Nachdem Napoleons unerwarteter Einfall in Frankreich den Wiener Congreß bestimmt hatte, „für jetzt nur „auf die Grundzüge der innern Angelegenheit sich zu „beschränken, die weitere Ausführung dieser Grundzüge aber „und die Abfassung der organischen Gesetze des Bundes „einer nachfolgenden Berathung zu überlassen", legte Preußen im April 1815 einen wiederholten Entwurf eines Bundes-Vertrags vor, dessen §. 9 dahin lautete:

In allen deutschen Staaten wird die bestehende landständische Verfassung erhalten oder eine neue eingeführt; — die einmal verfassungsmäßig bestimmten Rechte der Landstände werden unter den Schutz und die Garantie des Bundes gestellt [29]).

und nach wiederholter Durchsicht jenes Entwurfes am 1. Mai desselben Jahres den abermaligen Entwurf der Verfassung eines zu errichtenden deutschen Bundes [30]), dessen §. 9 bestimmt:

In allen deutschen Staaten wird die bestehende landständische Verfassung erhalten oder eine neue, dergestalt zu organisirende, daß alle Klassen der Staatsbürger daran Theil nehmen, eingeführt,

---

[29]) Klüber Acten Bd. 1, Hft. 4, S. 104; vergl. Bd. 2. S. 340.

[30]) ebend. Bd. 2, S. 298.

damit den Landständen das Recht der Bewilligung neuer Steuern, der Berathung der Landes-Gesetze, welche Eigenthum oder persönliche Freiheit betreffen, die Beschwerdeführung über bemerkte Verwaltungsmißbräuche und die Vertretung der Verfassung und der aus ihr herfließenden Rechte Einzelner zustehen. Die einmal verfassungsmäßig bestimmten Rechte der Landstände werden unter den Schutz und die Garantie des Bundes gestellt [31]). Hiermit stimmte der von Oesterreich im Mai 1815 vorgelegte Entwurf überein, dessen Art. 14 bestimmt:

> In allen deutschen Staaten wird die bestehende landständische Verfassung und persönliche Freiheit aufrecht erhalten oder, wo sie dermalen nicht vorhanden ist, jetzt eingeführt und unter Schutz und Garantie des Bundes gestellt [32]).

Dem Congresse ward in der Plenar-Versammlung vom 23. desselben Monats von dem kaiserlich österreichischen Bevollmächtigten, dem Fürsten Metternich im Einverständniß mit dem preußischen Bevollmächtigten der, in Grundlage der vorgedachten Verhandlungen abgefaßte Ent-

---

[31]) Dieser preußische Vorschlag scheint zur Veränderung und Umformung der Fassung verurtheilt zu sein. Denn der Verfasser der Schrift: Die preußische Verfassungsfrage und das nordische Princip von einem Oesterreicher (Jena 1845) datirt diesen Vorschlag irrthümlich vom 8. Mai 1815 und giebt ihn dahin an: „daß die Verfassungen der Bundesstaaten so einzurichten, daß alle Klassen der Staatsbürger lebendig (?) vertreten werden." Was soll dieser falsche Einschiebsel? was ist todte, was lebendige Vertretung?

[32]) Klüber Bd. II. S. 308.

wurf zu der Grundlage der Verfassung des deutschen Staatenbundes[33]) vorgelegt, dessen Artikel dahin lautete:

In allen deutschen Staaten soll eine landständische Verfassung bestehen.

In den, in eben dem Monat ferner gehaltenen Plenar-Conferenzen ward beschlossen, die deutsche Föderation in ihren Grundzügen festzustellen, deren nähere Entwickelung aber dem Bundestage selbst vorzubehalten und in Ansehung der landständischen Verfassung die von Oesterreich vorgeschlagene Fassung angenommen, der von den Bevollmächtigten der Fürsten beantragte Zusatz: „wodurch den „Ständen auch in den schon bestehenden Verfassungen die „bereits wohlerworbene Gerechtsame gesichert werden, in „Betracht der Schwierigkeiten, schon jetzt in das Detail „der von den Localitäten zum Theil abhängenden Be„stimmungen der einzelnen Vorrechte der Stände hinein„zugehen" aber abgelehnt und beschlossen, vorerst und bis man sich über eine zweckmäßige Redaction vereinigen könnte, den Artikel nur ganz kurz und mit diesen Worten: „In „allen deutschen Staaten wird eine landständische „Verfassung Statt finden[34])" zu fassen. In dieser Fassung ward der Art. 13 in die deutsche Bundesacte aufgenommen[35]) und diese am 8. Juni 1815 vollzogen.

Es geht aus den Verhandlungen und aus dem Beschlusse des Wiener Congresses sowohl aus deren Worten, als

---

[33]) Klüber, Bd. II. S. 314; vgl. S. 339 ff.

[34]) ebend. S. 339, 358, 378, 384 u. 424; vgl. S. 425, 432, 433.

[35]) ebend. S. 479, 500, 529, 530, 534.

aus deren Absicht und Geist auf das aller unzweideutigste unwidersprechlich hervor, daß auf demselben kein anderes Princip der Landes-Repräsentation in den deutschen Bundesstaaten, als das bisherige Landständische angenommen und das fernere Bestehen desselben als Bundesgrundgesetz beschlossen worden. Aus den Verhandlungen ergiebt sich, daß die deutschen Fürsten überhaupt von dem Grundsatz ausgingen, die deutsche Verfassung, so weit das bei der Auflösung der bisherigen Reichs-Verfassung möglich war, insonderheit aber die landständische Verfassung in den einzelnen deutschen Staaten, so weit veränderte Verhältnisse es irgend zulassen, aufrecht zu erhalten und den Landständen ihre Verfassung zu sichern [36]). Was hätte auch wohl die Fürsten bewegen können, die alte, aus den deutschen volksthümlichen Zuständen hervorgegangene durch so viele Jahrhunderte bewährte und sorgfältig bewahrte deutsche Verfassung umzustoßen? Doch schwerlich, um allen Klassen ihrer Unterthanen erst die Vortheile einer Landes-Repräsentation zu gewähren, da diese schon nach der ständischen Verfassung allen Klassen der Staatsbürger längst gewährt sind und ferner Grundsatz der landständischen Verfassung bleiben sollen? Oder etwa um alle und jede Landes-

---

[36]) Note des Fürsten Metternich auf dem Wiener Congresse vom 22. Nov. 1814: Der Zweck der großen Allianz ist feierlich und öffentlich ausgesprochen: Aufhebung des Rheinbundes und Wiederstellung der deutschen Freiheit und Verfassung unter gewissen Modificationen. Klüber, Bd. I. S. 168.

einwohner, auch die, welche keine staatsbürgerlichen Rechte haben, selbst diejenigen, welche die revolutionairen Constitutionen Frankreichs von der Repräsentationsfähigkeit ausschlossen, zu derlei Landtagen zu berufen? Welcher Grund hätte stark genug sein können, um die deutschen Fürsten zu vermögen, die Stiftung des deutschen Bundes und die gesetzliche Anerkennung und den ersten Act ihrer Souverainetät durch einen Beschluß zu bezeichnen, welche bewiesen haben würde, daß mit der Niederlegung der deutschen Kaiserkrone auch deutsche Treue und Gerechtigkeit abgelegt worden, denn eine Verletzung derselben würde es gewesen sein, wenn die deutschen Fürsten die Ordnung der allgemeinen Angelegenheiten des wieder befreiten Deutschlands hätten benutzen können, um das fast tausendjährige, zwischen ihnen und ihren Landständen bestehende, von ihnen beiden so vielfältig beschworene Band zu zerreißen und die landständischen Verfassungen und die darauf gegründeten Rechte, selbst die in eben der Bundesacte dem erlauchten und dem niederen Reichsadel zugestandenen Rechte zu vernichten? Welche Veranlassung hätte der Wiener Congreß ihnen dazu geben können? Sie hatten sich auf demselben versammelt, um die Verfassung Deutschlands, so weit sie noch bestand, zu bewahren, und hätten sie in den einzelnen deutschen Staaten niederreißen wollen? Sie hatten Deutschland kaum von den Zerstörungen befreit, welche das Princip der Volkssouverainetät und Volksrepräsentation auch über Deutschland verbreitet hatte und hätten die ersten Grundsätze der letzteren einführen wollen? Eine Erkräftigung der Staatsgewalt war das Princip der deutschen Conföderation und die erste Bedingung ihres Bestandes, und doch hätten sie eine Verfassung einführen wollen, deren Princip derselben entgegengesetzt ist und noch nirgend anders, als durch Kampf gegen die Staatsgewalt und um deren Beschränkung und um Volkssouverainetät sich geäußert hat? Den deutschen Fürsten eine solche Absicht unterzulegen, ist eben so unverantwortlich, als unerklärbar und Geschichte und Erfahrung geradezu verhöhnend. Wer wären denn die deutschen Fürsten gewesen, welche den Wiener Congreß benutzt hätten, um der landständischen Verfassung sich zu entledigen und dafür eine repräsentative im engeren Sinne einzuführen? Etwa der Kaiser von Oesterreich und die Könige von Preußen, Sachsen, Würtemberg und Hannover und alle (29) Großherzöge, Herzöge und Fürsten Deutschlands, die sämmtlich hiezu den Wiener Congreß abzuwarten nicht nöthig gehabt hätten, aber die landständische Verfassung ihrer Länder in Kraft und Ehren ließen und, wo sie eingegangen war, dieselbe herzustellen, noch vor der Bundesacte verhießen und auf die Wiederherstellung und Erhaltung der landständischen Verfassung antrugen? Etwa der König von Westphalen und der Fürst Primas? die waren aber nicht mehr in Deutschland und würden schwerlich für eine Repräsentation des Volks gestimmt haben, da sie die Wahl der Stände durch ihre Constitutionen sich selbst beigelegt hatten. Der König von Baiern hatte schon 1808 eine nach Landeigenthum und Gewerben classificirte und daher ständische Repräsentation angeordnet und durch das Edict von 1811 die Majoratsherrn und adligen Lehnsbesitzer für geborne Repräsentanten erklärt, und schon vor dem Wiener Congreß eine landständische Verfassung beschlossen und das Letztere war auch von Seiten des Königs von Würtemberg geschehen.

Welche hätten denn die Fürsten sein können, welche auf dem Wiener Congresse eine repräsentative Verfassung im engeren Sinne hatten einführen wollen und sie unter dem Ausdruck landständische Verfassung verstanden hätten? Welche von ihnen oder ihren Abgeordneten hätten den Unterschied zwischen beiden nicht gekannt? In den Acten des Congresses ist darüber auch nicht die leiseste Andeutung vorhanden, vielmehr herrschte über die Aufrechthaltung der landständischen Verfassung, und zwar, so viel die Verhältnisse des Landes, die Localitäten, es irgend gestatten, der bisherigen landständischen Verfassung eines jeden Landes — und über die „Nothwendigkeit derselben" nur eine entschiedene Uebereinstimmung und ward daher der Art. 13 der Bundesacte dahin abgefaßt:

> In allen deutschen Staaten wird eine landständische Verfassung bestehen.

Es bedarf nicht erst der Bemerkung, daß der in dieser Fassung enthaltene Ausdruck „wird" hier in sensu praeceptivo genommen ist, weshalb auch der Art. 54 der Wiener Schlußacte erklärt: „Da nach dem Sinne des XIII. Artikels der Bundes-Acte und den darüber erfolgten späteren Erklärungen in allen Bundesstaaten landständische Verfassungen Statt finden sollen; so hat die

„Bundesversammlung darüber zu wachen, daß diese Be-„stimmung in keinem Bundesstaate unerfüllt bleibe.“

Aus den Congreß-Verhandlungen ergiebt sich auf das bestimmteste, daß, wenn die Beibehaltung oder Wiederherstellung der bisherigen landständischen Verfassung in allen Ländern nicht unbedingt vorgeschrieben worden, dies lediglich deshalb nicht hat geschehen können, weil die Verhältnisse der mehrsten Länder durch Erweiterungen, Zerstückelungen und andere Ereignisse so verändert waren, daß die bisherige Verfassung erst nach ihrem gegenwärtigen Zustande näher eingerichtet werden mußte.

§. 14.

Die landständische Verfassung gehörte so sehr zu den grundgesetzlichen Bestimmungen des deutschen Bundes, daß derselbe sie durch ein zweites Bundesgesetz [37]) näher feststellte und sicherte. Diese Feststellung ging in zwei Richtungen:

I. Die erste betraf den Sinn und Begriff der landständischen Verfassung. Es hatten sich in Deutschland Theorien und Bestrebungen kund gethan, die mit dem Sinn des 13. Artikels der Bundesacte in offenbarer Opposition standen und auf die Untergrabung des richtigen Sinnes desselben und auf Einführung einer Volksrepräsentation, in deren §. 2 gedachten Umfange gerichtet waren. Um den wahren Sinn des Art. 13 auch auf dem Wege näherer Fortbildung der conföderativen

[37]) Schlußacte der über Ausbildung und Befestigung des teutschen Bundes zu Wien gehaltenen Ministerial-Conferenzen ꝛc Wien, den 15 Mai 1820.

Constitution zu befestigen, erließ der deutsche Bund durch die Schlußacte vom Jahr 1820 über die landständische Verfassung in den deutschen Staaten folgende grundgesetzliche Bestimmungen:

1. Da nach dem Sinne des dreizehnten Artikels der Bundesacte und der darüber erfolgten späteren Erklärung, in allen Bundesstaaten landständische Verfassungen Statt finden sollen; so hat die Bundesversammlung darüber zu wachen, daß diese Bestimmung in keinem Bundesstaat unerfüllt bleibe (Art. 54).

2. Den souverainen Fürsten der Bundesstaaten bleibt überlassen, diese innere Angelegenheit mit Berücksichtigung sowohl der früherhin gesetzlich bestandenen ständischen Rechte, als der gegenwärtig obwaltenden Verhältnisse zu ordnen (Art. 53).

3. Da der deutsche Bund, mit Ausnahme der freien Städte, aus souverainen Fürsten besteht; so muß den hiedurch gegebenen Grundbegriffen zufolge, die gesammte Staatsgewalt in dem Oberhaupte des Staats vereinigt bleiben und der Souverain kann durch eine landständische Verfassung nur in der Ausübung bestimmter Rechte an die Mitwirkung der Stände gebunden werden (Art. 57).

In dem Bundesbeschluß — den sogenannten sechs Artikeln — vom 28. Juni 1832 [39]) ward dieser Art. 57

---

[39]) In Pölitz: Die europäischen Verfassungen seit dem Jahre 1789 bis auf die neueste Zeit. Bd. I. Abtheil. 1. S. 35. Auch in der Gesetzsammlung für die preußischen Staaten, Jahrgang 1832, S. 35.

„für den ganzen deutschen Staatenbund gültig“ und dahin ergänzt und erläutert:

I. Da nach dem Art. 57 der W. S. A. die gesammte Staatsgewalt in dem Oberhaupte des Staats vereinigt bleiben muß und der Souverain durch eine landständische Verfassung nur in der Ausübung — — werden kann; so ist auch ein deutscher Souverain, als Mitglied des Bundes, zur Verwerfung einer hiermit im Widerspruch stehenden Petition der Stände nicht nur berechtigt, sondern die Verpflichtung zu dieser Verwerfung geht aus dem Zwecke des Bundes hervor.

4. Die im Bunde vereinten souverainen Fürsten dürfen durch keine landständische Verfassung in der Erfüllung ihrer bundesmäßigen Verpflichtungen gehindert oder beschränkt werden (Art. 58).

Der Bundesbeschluß vom 28. Juni 1832 ergänzte diese Bestimmung durch folgende Artikel:

II. Da gleichfalls nach dem Geiste des eben angeführten Art. 57 der Schlußacte und der hieraus hervorgehenden Folgerung, welche der Art. 58 ausspricht, keinem deutschen Souverain durch die Landstände die zur Führung einer den Bundespflichten und der Landesverfassung entsprechenden Regierung erforderlichen Mittel verweigert werden dürfen; so werden Fälle, in welchen ständische Versammlungen die Bewilligung der zur Führung der Regierung erforderlichen Steuern auf eine mittelbare oder unmittelbare Weise durch die Durchsetzung anderweiter Wünsche und Anträge bedingen wollten, unter diejenigen Fälle zu zählen sein, auf welche die Artikel 25 und 26 der Schlußacte in Anwendung kommen müßten [33]).

Der Bundesbeschluß vom 28. Juni 1832 ergänzt die Schlußacte noch

---

[33]) Wiener Schlußacte:

Art. 25. Die Aufrechthaltung der innern Ruhe und Ordnung in den Bundesstaaten steht den Regierungen allein zu. Als Ausnahme kann jedoch in Rücksicht auf die innere Sicherheit des gesammten Bundes und in Folge der Verpflichtung der Bundesglieder zu gegenseitiger Hülfsleistung die Mitwirkung der Gesammtheit zur Erhaltung oder Wiederherstellung der Ruhe, im Falle einer Widersetzlichkeit der Unterthanen gegen die Regierung, eines offenen Aufruhrs oder gefährlicher Bewegungen in mehreren Bundesstaaten Statt finden.

Art. 26. Wenn in einem Bundesstaate durch Widersetzlichkeit der Unterthanen gegen die Obrigkeit die innere Ruhe unmittelbar gefährdet und eine Verbreitung aufrührerischer Bewegungen zu fürchten oder ein wirklicher Aufruhr zum Ausbruch gekommen ist, und die Regierung selbst nach Erschöpfung der verfassungsmäßigen und gesetzlichen Mittel, den Beistand des Bundes anruft, so liegt der Bundesversammlung ob, die schleunigste Hülfe zur Wiederherstellung der Ordnung zu veranlassen. Sollte im letztgedachten Falle die Regierung notorisch außer Stande sein, den Aufruhr durch eigene Kräfte zu unterdrücken, zugleich aber durch die Umstände gehindert werden, die Hülfe des Bundes zu begehren; so ist die Bundesversammlung nichts desto weniger verpflichtet, auch unaufgerufen zur Wiederherstellung der Ordnung und Sicherheit einzuschreiten. In jedem Falle aber dürfen die verfügten Maaßregeln von keiner längeren Dauer sein, als die Regierung, welcher die bundesmäßige Hülfe geleistet ward, es nothwendig erachtet.

5. durch die Bestimmung des Art. III.: die innere Gesetzgebung der teutschen Bundesstaaten darf weder dem Zwecke des Bundes, wie solcher in dem Art. 2 der Bundesacte [40]) und in dem Art. 1 der Schlußacte [41]) ausgesprochen ist, irgend einen Eintrag thun, noch darf dieselbe der Erfüllung sonstiger bundesverfassungsmäßiger Verbindlichkeiten gegen den Bund und namentlich der dahin gehörigen Leistung von Geldbeiträgen hinderlich sein.

Der deutsche Bund sicherte aber die landständischen Verfassungen auch

II. Durch Bestimmungen zur Erhaltung derselben und zwar sowohl gegen Regierungen, welche aus mißverstandener Souverainetät [42]) die ständische Verfassung ganz aufheben oder aus Neuerungssucht oder mißverstandener Popularität das bundesgemäße landständische Princip dem volksrepräsentativen aufopfern möchten, als gegen Stände und Unterthanen, welche in Verletzung ih-

---

[40]) Bundesacte §. 2: Der Zweck des teutschen Bundes ist die Erhaltung der äußeren und inneren Sicherheit Teutschlands und der Unabhängigkeit und Unverletzbarkeit der einzelnen teutschen Staaten.

[41]) Schlußacte. Art. 1: Der teutsche Bund ist ein völkerrechtlicher Verein der teutschen souverainen Fürsten und freien Städte, zur Bewahrung der Unabhängigkeit und Unverletzbarkeit ihrer im Bunde begriffenen Staaten und zur Erhaltung der inneren und äußeren Sicherheit Teutschlands.

[42]) Der Fürst Metternich erklärte sich auf dem Wiener Congresse zum Protocoll vom 22. Oct. 1814 gegen den Gebrauch des Ausdrucks Souverainsrecht: „Da in neueren Zeiten despotische Rechte, der- „gleichen man nicht begehren kann, mit dem Worte: Souverai- „netätsrechte confundirt worden, da doch letztere nur Regierungs- „rechte enthielten.“ Klüber a. a. O. Bd. II. S. 109.

res Berufs, bei dem Regenten die bestehende Verfassung zu vertreten und ihres, auf sie geleisteten Eides vergessend, eine Veränderung der Verfassung auf verfassungswidrigem Wege zu bewirken sich bestreben und die Schranken ihrer Befugnisse überschreiten könnten. Außer den, in den Art. 25 u. 26 der Wiener Schlußacte und in anderen Bundesgesetzen besonders in letztgedachter Beziehung enthaltenen Bestimmungen und den oben angeführten Vorschriften gehören hierher insonderheit folgende:

1. Die der Bundesversammlung übertragene Wachsamkeit, daß in allen Bundesstaaten landständische Verfassungen Statt finden (Art. 34), nach welcher daher keine andere, als landständische Statt haben kann;

2. die Bestimmung, daß die souverainen Fürsten die landständischen Verfassungen zwar ordnen, dabei aber neben den gegenwärtig obwaltenden Verhältnissen auch die früherhin gesetzlich bestandenen ständischen Rechte berücksichtigen sollen (Art. 35);

3. Die Bestimmung, daß die in anerkannter Wirksamkeit bestehenden landständischen Verfassungen nur auf verfassungsmäßigem Wege wieder abgeändert werden können (Art. 56) [43]).

---

[43]) Zur Erläuterung dieses Artikels dienen die Verhandlungen der Bundesversammlung über die Berufung der holsteinischen Stände auf diesen Artikel, besonders der Beschluß vom 27. Novbr. 1823 (Protocolle der Bundesversammlung Bd. XV. Seite 536), und die Verhandlungen über die Verfassungsurkunde für das Königreich Sachsen, so wie die ferneren Beschlüsse, daß unter solcher Verfassung nur die zur Zeit des Wiener Congresses bestehenden verstanden sind.

Zweiter Titel.

Landständische Verfassung in den deutschen Bundes-Staaten.

§. 15.

I. In den Bundesstaaten findet eine landständische und nicht eine repräsentative Verfassung Statt.

Obgleich dieser Gegenstand schon in den §§. 3 u. 10 erörtert worden; so dürfte doch der Ausführung des hier aufgestellten Grundsatzes noch eine nähere Feststellung des Begriffs der repräsentativen Verfassung in der Bedeutung, in welcher von ihr hier die Rede ist, vorauszuschicken sein.

Es ist bereits S. 33 ff. bemerkt, daß der Ausdruck Repräsentation eine zwiefache Beziehung hat, einmal die auf Bildung und Zusammensetzung der Stände eines Landes, und zweitens auf die Vertretung der Interessen des Landes und seiner Einwohner. Beide Bedeutungen sind sehr verschiedener Art; die letztere liegt in der Natur einer jeden Stände-Verfassung ohne Rücksicht auf die erstere uud kann daher kein Gegenstand einer Discussion sein.

Hier ist nur von der Repräsentation in der ersten Bedeutung die Rede.

Wenn nach der Verfassung eines Landes das Volk zur Berathung über die Ausübung gewisser Hoheitsrechte des Landesfürsten zugezogen werden muß; so ergiebt sich von selbst, daß nicht das ganze Volk, sondern nur ein Theil desselben an diesen Berathungen Theil nehmen kann und daß der letztere durch die Verfassung bestimmt werden muß. Daß dahin nur diejenigen, welche nach der Verfassung überhanpt stimmfähige Genossen des Volks und Staatsbürger sind, gehören, ergiebt sich eben so von selbst, als daß alle Staatsbürger gleich fähig und berechtigt zur Theilnahme an dieser Berathung sind, sie mag mit dem ganzen Volk oder mit einem Ausschusse desselben Statt finden. Das Moment, auf welches es hier ankommt, ist das System, nach welchem anstatt des ganzen Volks nur ein Theil desselben zu jener Mitwirkung bei Angelegenheiten des Landes bestimmt und berufen ist. Es ist hierbei ein zweifaches System und eine zweifache Verfassung dieser Stellvertretung des Volks möglich.

Nach dem einen wird zwar auch die ganze Nation, aber nicht in Masse, sondern nach den verschiedenen wesentlichen Ständen oder Klassen, in welche ein jedes civilisirtes Volk zerfällt, dergestalt vertreten, daß jeder derselben aus seiner Mitte, und dadurch, daß unter diesen verschiedenen Ständen das ganze Volk enthalten ist, letzteres vertreten wird — das ständische Repräsentationssystem und landständische Princip.

Nach dem andern System werden die Stellvertreter des Volks aus der ganzen Masse desselben, ohne Rücksicht auf die verschiedenen Stände, in welche es auch in solchen Staaten verzweigt ist, sondern nach unbestimmten numerären Bevölkerungsmassen oder geographischen Bezirken von der dazu gehörigen Bevölkerung gewählt — eigentliche Volks-Repräsentation, Repräsentativ-System und Repräsentativ-Princip im engeren Sinne. — Es ist bereits angeführt, daß das erste System von allen europäischen Staaten angenommen und das letzte nur ein Gebilde der Theorie ist, was in Frankreich selbst sich nicht unverändert hat erhalten können. Beide Systeme unterscheiden sich daher nur in dem Princip und in der Bildung und Zusammensetzung der Landes-Repräsentation und sind daher zwei verschiedene, einander entgegengesetzte Gattungen der Bildung und Verfassung der Landesvertretung. Jede derselben hat ihren sehr bestimmten, sie wesentlich und scharf unterscheidenden, sofort erkennbaren Charakter und sie können daher mit einander nicht verwechselt werden. Beide Gattungen der Vertretung unterscheiden sich überall nicht in dem Wesen der Vertretung der Interessen des Landes selbst — in der Repräsentation der oben gedachten zweiten Bedeutung — indem diese der landständischen in gleichem Maaße, wie der repräsentativen zusteht oder obliegt und daher eine im Wesen der Landstandschaft überhaupt liegende und daher allen Ständen gemeinschaftliche Attribution ist. Sie ist mithin kein Unterscheidungsmerkmal der verschiedenen ständischen Verfassungen, und würde dasselbe erst dann werden, wenn zwei neue Gattungen der landständischen Verfassungen, die eine mit dem Recht, die Interessen des Landes zu vertreten, die andere aber nur mit dem Recht, die eigenen Standes-Interessen zu besorgen, eingeführt würden, letztere eine Verfassung, die bis heute der Welt noch unbekannt ist.

Die verschiedenen Bedeutungen des Ausdrucks und des Begriffs der Repräsentation werden daher durchaus mißverstanden, verwechselt und durcheinander geworfen und selbst gemißbraucht, wenn aus der Vertretung und der Repräsentation der Interessen und Rechte des Landes und des Volks überhaupt, also von der Repräsentation in der zweiten Bedeutung, auf eine Repräsentation in der ersten Bedeutung, auf die eigentliche repräsentative Verfassung und wegen einer gemeinschaftlichen wörtlichen Bezeichnung von einer gemeinschaftlichen Attribution aller Stände auf Gleichheit ihrer Verfassung gefolgert und daher die ständische Vertretung, weil die Repräsentation auch ihr zusteht, für eine repräsentative Vertretung in strengerem Sinne ausgegeben wurde. Der Ausdruck „Repräsentation und repräsentativ" ist überhaupt an sich dem Systeme, was dadurch gewöhnlich bezeichnet wird, keineswegs eigenthümlich und ausschließlich, sondern in diesem beschränkten Sinne erst in sehr neueren Zeiten in dasselbe hineingelegt, da das Land durch Landstände nicht minder, als durch sogenannte repräsentative Stände repräsentirt wird, insofern nicht diesem Ausdruck überhaupt ein verfassungswidriger, auf die vermeintliche Volkssouverainetät hindeutender Sinn beigelegt wird, in welchem er Ständen jeder Verfassung gleich unerlaubt und verwerflich ist. Repräsentativ-Verfassung ist überhaupt stets allgemein für jede Verfassung, in welcher das Land bei dem Fürsten repräsentirt wird, ohne Unterschied auf die Zusammensetzung der Stände, mithin nur in Beziehung auf die Staats-, nicht aber auf die Stände-Verfassung, gebraucht. Die Vertretung des Landes und des Volkes kann daher nicht einmal in eine active und passive getheilt werden, nach welcher das Volk die erstere selbst ausübt, ihm die zweite aber durch andere zu Theil wird, weil die landständische Versammlung in eben dem Maaße, wie die repräsentative aus allen Ständen des Volks, mithin aus dem letzteren und nur auf andere Art hervorgeht und die ständischen Repräsentanten nicht minder, als die gewählten, zum Volke gehören.

Es ist folglich ein recht gewaltiger Fehlschuß und ein recht grober Irrthum, wenn die, in vielen seit dem Jahre 1815 in den Bundesstaaten erlassenen Verfassungsurkunden und ständischen Gesetze und öffentlichen Verhandlungen vorkommende Ausdrücke: Repräsentation und Vertretung des Volks, repräsentative Verfassung u. s. w. in dem diesen Ausdrücken von einer neueren Theorie und Schule beigelegten engeren Sinne genommen werden und von denselben auf Volksrepräsentation und eine repräsentative Verfassung geschlossen wird. Es liegt klar vor, daß unter diesen Ausdrücken keine andere, als die Repräsentation in jenem weiteren — dem zweiten Sinne — die Vertretung der Interessen und Rechte des Landes und des Volks, keineswegs aber die Volks-Repräsentation in der engeren Bedeutung verstanden ist und möglicher- und gedenkbarerweise hat verstanden werden können. Wer könnte behaupten, daß alle Bundesfürsten, die, ihren Völkern gegebenen Constitutionen und landständischen Verfassungen und die darin enthaltenen genauen Bestimmungen über die Theilnahme der verschiedenen Stände, selbst über die verschiedenen Abtheilungen derselben, und überhaupt die vollständigsten und ausführlichsten landständischen Verfassungen durch die darin enthaltene Anweisung, daß die Landstände die Interessen des Landes und des Volks vertreten und repräsentiren sollen, mithin durch einen Ausdruck vernichtet und in eine streng repräsentative verwandelt hätten und daß sie von den Bedeutungen des Ausdrucks: Repräsentation und Vertretung, nicht die, in der von ihnen gegebenen Verfassung liegende und derselben entsprechende, sondern diejenige angenommen hätten, wodurch nicht allein alle Staatsverfassungs-Urkunden, sondern auch die ständischen Gesetze selbst im Ausdruck und ganzen Text in allen ihren Hauptbestimmungen, die letzteren ganz abgeändert werden? Und doch wären diese Verfassungen publicirt und seit Jahrzehnten ins Leben getreten? Weder die Fürsten, noch die Stände hätten bemerkt, daß die gegebene landständische Verfassung gar keine landständische, sondern eine repräsentative sei und daß die Landstände eigentlich nicht die verfassungsmäßigen sein, sondern daß sie nach dem Sinne der Verfassung vom Volke aus seiner Masse hätten gewählt werden müssen! Die Fürsten hätten vergessen, für eine solche Repräsentativ-Verfassung Wahlgesetze vorzuschreiben, sondern sie nur für ständische Verfassung erlassen. Soll man solche Ansichten Sprach- oder Geistesverwirrung oder beide nennen? Aus beiden entspringt auch die Behauptung, daß eine von mehreren Bundesfürsten ihrem Volk verheißene landständische Repräsentation und Vertretung kein Beweis und Unterpfand des Vertrauens und der Fürsorge, ja ohne Sinn und ohne Werth sein würde und daher folgerecht darunter von den Fürsten selbst keine andere, als die Repräsentation im engeren Sinne habe verstanden sein können. Es ist also ohne Werth, wenn der Fürst eines Landes, das bisher ohne Landstände war oder in welchem sie außer Uebung gekommen waren, seinen Unterthanen verheißt, aus allen Ständen derselben eine Versammlung anzuordnen, welche berechtigt ist, unmittelbar bei ihm ihre Rechte, Interessen, Bedürfnisse und Wünsche und ihre Beschwerde anzubringen und zu vertreten, über neue Gesetze und Abgaben auch Namens des Landes sich zu äußern; dies alles, das Petitionsrecht, ja die ganze landständische Verfassung hätte also für die Unterthanen keinen Werth, wenn nicht zugleich dies Repräsentationsrecht dem ganzen Volke selbst gegeben würde? Wer hat denn dasselbe anders, als das Volk, oder werden die Mitglieder der Ständeversammlungen vom Könige ernannt und gehören nicht zum Volke? Sind es nicht diejenigen, die vorzugsweise dem Lande angehören und aus welchem das stimmfähige eigentliche Vvolk besteht? Dennoch soll durch die landständische Verfassung die Vertretung der Interessen des Volks dem Volke nicht anvertraut und daher für dasselbe ohne Werth sein. Man würde solche Behauptungen nicht begreifen, wenn nicht aus denselben deutlich genug hervorginge, was die Vertheidiger derselben unter Volk nnd unter Repräsentation eigentlich verstehen. Ein redlicher Manu unter ihnen ist indessen vor Kurzem aufrichtig genug gewesen, dies ohne allen Rückhalt anzugeben [44]). Unter der Repräsentation des Volks, dessen Bildung ein Fürst anordnet, ist, wie derselbe behauptet, keineswegs eine Repräsentation, selbst nicht einmal eine Volks-Repräsentation im engsten Sinne, sondern „ein constitutionel-„les Mitregierungsrecht" verstanden, und auch selbst durch dasselbe allein würde der Fürst das Versprechen einer Repräsentation des Volks noch nicht erfüllen, wenn er nicht, was das geringste und billigste ist, der Ansicht dieses Mitregenten stets die seinige und sich unterwürfe und daher bei demselben eine Art von Landstand würde. Ein solches Mitregierungsrecht wäre also das eigentliche Ziel des mit dem Ausdruck „Repräsentation" getriebenen Wortspiels und der Vermeidung der näheren Prüfung desselben und der Durcheinanderwürfelung seiner verschiedenen Bedeutungen. In verbis simus faciles findet leicht Eingang, aber verba valent sicut nummi ist nicht minder wahr; hat ein falscher nummus nur erst Cours an der Börse erhalten, so gilt er gleich dem ächten. Ist der mit dem Ausdruck „Repräsentation des Volks" verbundene falsche Sinn nur erst einmal allgemeiner und allein gültiger in der in den §§. 3 — 6 gedachten Bedeutung geworden; so ergeben die daraus hervorgehenden und dort angeführten Folgerungen als Axiome sich ganz von selbst und würde nach der eben angeführten Logik selbst das, neben der französischen Volksrepräsentation doch noch bestandene Veto des Regenten nicht einmal zulässig sein. Es

---

[44]) Vergl. die Brochüre: Die preußische Verfassungsfrage (angeblich) von einem Oesterreicher (Jena 1845. 8.)

handelt sich daher hier nicht um bloße verba, sondern um die wesentlichste Grundlage der Verfassung und des Wohls des Staats.

Die Volksrepräsentation, führt man an, wird durch Zeitgeist und Volksthümlichkeit gefordert. Allerdings wahr, nicht erst in neueren Zeiten, sondern seit Jahrhunderten, nicht erst aus Theorien, am wenigsten den neueren, sondern aus dem vereinigten Wohle des Fürsten und des Landes und den Verhältnissen und Bedürfnissen beider hervorgegangen; sie ist älter, wie alle Theorien. Aber nicht die in der neueren Theorie gebildete, von der ganzen Masse des Volks von Zeit zu Zeit gewählte Volks-Repräsentation, sondern die ständische Vertretung ist die von Zeitgeist und Volksthümlichkeit geforderte Repräsentation. Beide, Zeitgeist und Volksthümlichkeit, bilden sich in der Zeit, im Leben und im Volke und verkündigen sich durch alle drei, haben aber, ephemerische revolutionäre Zeiten in Frankreich und England abgerechnet, nie und nirgend anders, als für ständische Repräsentation sich ausgesprochen (§. 1). So lange Deutschland uns bekannt ist und es deutsche Verfassungen giebt, war dies ganz besonders in Deutschland der Fall und ständische Verfassung wesentlich deutscher Zeitgeist und deutsche Volksthümlichkeit (§. 8 ff.) und haben diese in keinem Abschnitte der deutschen Geschichte bestimmter und entschiedener sich ausgesprochen, als in dem neuesten, in welchem unrichtige, gefahrvolle Theorien und Richtungen, deutsche Volksthümlichkeit durch ausländische zu verdrängen, Abneigung gegen die erstere und Vorliebe für die letztere sich geltend zu machen droheten, in diesem denkwürdigen Zeitabschnitt, in welchem Deutschland, nachdem es zu einem freien und selbstständigen Deutschland sich wieder erhoben hatte, seine Verfassung einer ernsten, vielseitigen Prüfung, gleichsam einer Revision und neuen Feststellung unterwarf. Wie und wo haben hierbei jener vorgespiegelte Zeitgeist und jene vom Auslande erborgte, untergeschobene und für deutsche ausgegebene Volksthümlichkeit sich ausgesprochen? Etwa von Seiten der deutschen Fürsten[45]) und in dem Bundesvertrage und anderen Bundesgesetzen oder in einer einzigen der ihren Ländern gegebenen Verfassungen oder in den von den deutschen Fürsten zum Schutz der deutschen Verfassung vor den eben erwähnten, sie bedrohenden falschen Theorien mehrfach gefaßten Beschlüssen? Oder etwa von Seiten der Stände in den einzelnen deutschen Staaten nnd vom deutschen Volke selbst? Ist aber überhaupt in Deutschland und im deutschen Volke ein Zeitgeist und eine Volksthümlichkeit gedenkbar, die unmittelbar und schroff geradezu gegen die bestehende Verfassung und die Fürsten und Gesetze gerichtet ist? Ist es denkbar, daß dem deut-

---

[45]) Etwa von Seiten des erhabenen königl. Bundesfürsten, welcher auf dem Wiener Congresse der Befestigung der ständischen Verfassung vorzüglich seine Sorgfalt widmete und in dem für seine Staaten erlassenen Gesetz sehr bestimmt aussprach, welche Verfassung er darunter verstand, nämlich: „Provinzialstände im Geiste der älteren deutschen Verfassungen (König Friedrich Wilhelm des III.: Allgemeines Gesetz wegen Anordnung der Provinzialstände vom 5. Juni 1823 — in Pölitz Europäische Constitutionen Bd. I. S. 56).

schen Volke das von jenen Verfassungen verbreitete Unheil so unbekannt geblieben sein könnte, daß das Verlangen nach solcher Verfassung zu seiner — der deutschen — Volksthümlichkeit gehören könnte?

Dennoch — diese Digression kann, so betrübend auch ihr Andenken ist, in der Geschichte der deutschen Verfassung nicht ganz vermieden werden — wurden jene Richtungen gegen die Befestigungen deutscher Landesverfassungen und für die Begründung fremder in dem Maaße allgemeiner und kühner, in welchem die Bestimmungen der Bundesgesetze ihrer Ausführung sich näherten. Die in der Geschichte aller Zeiten tief begründete, so oft nicht berücksichtigte Erfahrung, daß die Grenzen einer unbeachteten Aufregung unberechenbar sind, dürfte, nach den in der deutschen Geschichte unerhörten Ereignissen des Jahres 1832, ohne die Weisheit unserer Fürsten, sich auch hier bewährt haben. Die durch Schriften [46]) und Handlungen, durch Einzelne und durch Verbindungen bewirkte Aufregung ward Gegenstand der Aufmerksamkeit aller Regierungen und der Bundesversammlung. Die Eröffnung, welche Oesterreich im Einverständniß mit Preußen durch den Bundespräsidial-Gesandten der Bundesversammlung

[46]) Der Bundesgesandte von Gagern äußerte darüber 1818 in der Bundestags-Versammlung: „Theorien und politische Metaphysik werden ewig Gegenstand der Controvers bleiben. „Bereits lachen wir über die Menschen und die Zeit, wo man „ganze Schubladen von Constitutionen, ganze Reihen von droits „de l'homme in steter Bereitschaft hatte.

am 20. Sept. 1819[47]) darüber machen ließ, kann hier um so weniger übergangen werden, als sie eine wichtige Urkunde über den Sinn des 13. Artikels der Bundesacte ist.

„Se kaiserl. Maj. fordern die Bundesversammlung auf — dies ist ihr wörtlicher Inhalt — „ihre ganze Aufmerk„samkeit auf die in einem großen Theil von Deutschland „herrschende unruhige Bewegung und Gährung zu rich„ten, die Ursache dieser unverkennbaren Symptome liegt „in den Mißdeutungen und Verdrehungen des 13. Artikels „der Bundesacte[48]). Nie haben — wird ferner in dieser Eröffnung erklärt — „die Stifter des deutschen Bundes voraus„setzen können, daß dem 13. Artikel Deutungen, die mit den „klaren Worten desselben in Widerspruch ständen, gegeben „oder Folgerungen daraus gezogen werden sollten, die „nicht nur den 13. Artikel, sondern den gan„zen Text der Bundesacte in allen seinen Haupt„bestimmungen aufheben und die Fortdauer „des Bundesvereins selbst höchst problematisch

---

47) Protokolle der deutschen Bundesversammlung. Achter Band (1810. 4). Protokoll der 35. Sitzung, §. 220, S. 268; vergl. Pölitz europäische Constitutionen, Bd. I, S. 22.

48) „Erfreulich wird Ihnen die Versicherung sein, daß bisher kein „Hannoveraner als Theilnehmer an den Umtrieben zur Anzeige „gekommen ist, deren mannigfaltige Verzweigungen den deut„schen Bund zu gemeinsamen Maaßregeln veranlaßt haben. „Vereinigen Sie ihre Bestrebungen mit denen der Regierung „um diese Stimmung zu erhalten, damit unter den Segnungen „einer ungestörten Ruhe und Ordnung die Wohlfahrt des „Ganzen und der Einzelnen von Tage zu Tage sich mehre." Rede des Herzogs von Cambridge bei der Eröffnung der Ständeversammlung in Hannover am 28. Dec. 1819.

„machen würden. Nie haben sie voraussetzen können, „daß man das nicht zweideutige landständische „Princip, auf dessen Befestigung sie einen sol„chen Werth legten, mit rein democratischen „Grundsätzen und Formen verwechseln und auf „dieses Mißverständniß Ansprüche gründen „würde, deren Unvereinbarkeit mit der Exi„stenz monarchischer Staaten, die (mit unerheb„licher Ausnahme der freien Städte) die einzigen Be„standtheile des Bundes sein sollen, entweder sofort ein„leuchten oder doch in ganz kurzer Zeit offenbar werden „mußte. Eben so wenig schien die Besorgniß gegründet, „daß man irgendwo in Deutschland dem Gedanken Raum „geben würde, durch die den landständischen Verfassungen „zu verleihende Form die wesentlichen Rechte und Attri„bute des Bundes selbst zu beschränken oder, wie wirklich „bereits versucht worden, unmittelbar anzugreifen. Gleich„wohl haben sich alle diese schweren Mißverständnisse und „Irrthümer in dem letztverflossenen Jahre nicht nur ent„wickelt, sondern durch eine unglückliche Verkettung der „Umstände der öffentlichen Meinung so sehr bemächtigt, „daß man den wahren Sinn des 13. Artikels „fast gänzlich aus dem Gesichte verloren hat. „Die täglich überhand nehmende Neigung zu „unfruchtbaren oder gefahrvollen Theorien, der „Einfluß selbst irregeführter oder jedem Volks„wahn schmeichelnder Schriftsteller, das eitle „Verlangen, die Verfassungen fremder Län„der, deren heutige politische Gestalt der von

„Deutschland eben so unähnlich ist, als ihre „ganze frühere Geschichte der unsrigen, auf „deutschen Boden zu verpflanzen — diese und viele „andere mitwirkende, zum Theil noch bejammernswürdi„gere Ursachen haben jene allgemeine politische „Sprachverwirrung erzeugt, in welcher diese große, „edle, sonst durch Gründlichkeit und tiefen Sinn „so rühmlich ausgezeichnete Nation sich zu verzeh„ren bedroht ist, sie haben sogar in den Augen „vieler Mitglieder ständischer Versammlungen „den Standpunkt, auf welchen sie verfassungs„mäßig gestellt waren, dergestalt verdunkelt „und die Grenze ihrer rechtmäßigen Wirksam„keit dergestalt verrückt, daß dadurch die Re„gierungen selbst in der Erfüllung ihrer we„sentlichsten Pflichten gestört und gehindert „werden müßten. Die Gründe, welche die Bundes„Versammlung früher bestimmt hatten, auf das Verfas„sungswesen einzelner Bundesstaaten nicht unmittelbar „einzuwirken, müßten jetzt höheren Rücksichten Platz machen „— und muß, wenn der deutsche Bund nicht zerfallen „und Deutschland nicht allen Schrecknissen innerer Spal„tung Preis gegeben werden soll, es für die wichtigste „seiner Angelegenheiten, für die Bildung sei„ner künftigen Verfassungen, eine feste gemein„schaftlich anerkannte Grundlage gewinnen. „Es muß daher eins der dringendsten Geschäfte der Bun„desversammlung sein, zu einer gründlichen, auf „alle Bundesstaaten, in welcher Lage sie sich

„auch gegenwärtig befinden mögen, anwend„baren, nicht von allgemeinen Theorien oder „fremden Mustern, sondern von deutschen Be„griffen, deutschem Rechte und deutscher Ge„schichte abgeleiteten, vor allen aber der Auf„rechthaltung des monarchischen Princips, dem „Deutschland nie ungestraft untreu werden „darf, und der Aufrechthaltung des Bundes„Vereins, als der einzigen Stütze seiner Un„abhängigkeit und seines Friedens, vollkom„men angemessenen Auslegung und Erläuterung „des 13. Artikels der Bundesacte zu schreiten."

Die im §. 13 angeführte Schlußacte enthält die Resultate der Berathungen des Bundes und die Bundesbeschlüsse von 1832 wider die gewaltsamen neueren Ausbrüche der Reaction gegen deutsche Verfassung.

§. 16.

Die deutschen Fürsten hatten inzwischen zum Theil schon vor der Vollziehung der Bundesacte die Befestigung und Wiederherstellung der ständischen Verfassung in ihren Ländern angeordnet und seitdem unausgesetzt zum Gegenstand besonderer Aufmerksamkeit und Sorgfalt gemacht, der seit 1816 eben so sehr die Bundesversammlung beschäftigte[40]). Die durch die in Folge der letzten Jahrzehnte eingetretenen Territorial-Veränderungen und Zerstükkelungen und die übrigen in den Protokollen der Bundesver-

---

[40]) Protokolle der Bundesversamml. Bd. V. S. 126; und Pölitz a. a. O. Bd. I. S. 20.

sammlungen angeführten Schwierigkeiten waren indessen so groß, daß, da das Zerhauen des Gordischen Knotens mit deutscher Gerechtigkeit und Gründlichkeit unvereinbar ist, der eigene dringende Wunsch der Bundesfürsten, den 13. Artikel der Bundesacte bald ausgeführt zu sehen, nur in wenigen kleineren und von neuen Zeitereignissen nicht berührten Ländern erfüllt werden konnte. Alle Bundesfürsten nahmen an der Beförderung dieser Angelegenheit fortdauernd den lebhaftesten Antheil; im Verfolge werden wir Abstimmungen mehrerer Fürsten anzuführen Veranlassung haben und heben hier das kaiserlich österreichische Bundestags-Votum vom 6ten April 1818 aus: „Als zur Zeit der Wiener Congreß-Verhandlungen die „im Laufe der Zeitereignisse und vielfältiger Territorial-„Veränderungen bewirkte Auflösung der einzelnen ständischen Verfassungen in Deutschland in Anregung „kam, erklärten sich schon damals Se. Maj. der Kaiser über „diesen Gegenstand auf eine Weise, welche über Allerhöchst-„dero Ansichten keinem Zweifel Raum lassen konnte. Der „Art. 13 der Bundesacte war eins der Resultate der „der damaligen Vereinigung der Fürsten und freien Städte. „Er besteht: er muß demnach ausgeführt werden, „d. h. es sollen, es müssen in allen deutschen „Staaten ständische Verfassungen bestehen und „folglich da, wo es deren keine giebt, einge-„führt werden. Es unterliegt daher keinem „Zweifel, daß die Vorschrift des Art. 13 in „allen den Staaten, wo landständische Ver-„fassungen noch nicht eingeführt, oder die frü-

„der bestandenen eingegangen sind, in ihrem „Sinn und Zweck vollzogen werden muß."

Durch so angestrengte Bemühungen ward in allen deutschen Bundesstaaten nach und nach die ständische Verfassung nach dem Wort und nach dem Sinn und Geiste der Bundesacte und der sie ergänzenden übrigen Bundesgesetze hergestellt und dadurch das von den deutschen Fürsten sich gegenseitig gegebene fürstliche Wort [50]), daß in ihren Ländern eine ständische Verfassung bestehen und daher denselben von ihnen gegeben werden solle, erfüllt [51]).

50) So erklärte Dänemark wegen Holstein und Lauenburg am 6. Februar 1818 in der Bundesversammlung: „So wie sämmt„liche Mitglieder des Bundes in dem Grundgesetze ihres Ver„trages sich gegenseitig das Versprechen gegeben ha„ben, in ihren, zu dem deutschen Bunde gehörigen Ländern „eine landständische Verfassung Statt finden zu lassen; „so hat auch der König durch seinen Beitritt zu diesem Staa„tenbunde sich gegen sämmtliche Bundes-Mitglieder „anheischig gemacht, die zum Bunde gehörigen Herzog„thümer Holstein und Sachsen-Lauenburg Theil an der Be„stimmung des 13. Artikels jenes Grundgesetzes nehmen zu „lassen." Die großherzoglich und herzoglich sächsischen Häuser erklärten sich in eben der Sitzung bereit, dahin mitwirken zu wollen, daß man sich über gewisse allgemeine Grundsätze, als Basis aller landständischen Verfassungen vereinige (erfolgte durch die Schlußacte von 1820 — Protokolle der Bundesversammlung, Bd. IV. S. 235 u. 237). Lippe-Detmoldsche Erklärung auf dem Bundestage 1819: „Der Artikel 13 der Bundesacte verpflichtet Ihre Durchlaucht gegen die Mitcontrahenten dem Lande eine landständische Verfassung zu geben." (ebend. Bd. VIII. S. 237.

51) So erklärte Baiern dem Bundestage 1818, daß der König durch die Verfassungsurkunde eine ständische Verfassung ge-

Als landständische Verfassungen haben alle diese Verfassungen in den Bundesgrundgesetzen und in der

---

geben und hierdurch dem Art. 13 der Bundesacte Genüge geleistet habe. — Hannover in dem Patent vom 7. Dec. 1819: mit Beachtung der durch die Wiener und teutsche Bundesacte rc. — Der König von Sachsen in der Erklärung an die Stände v. 1831: „Eingedenk der Bestimmungen der teutschen Bundesgesetze rc. — Würtemberg in der Verfassungsurkunde 1819: „Um der Uns als einem Gliede des „teutschen Bundes obliegenden Verbindlichkeit zur Erfüllung „des 13. Art. der Bundesacte zu entsprechen rc." — Dänemark wegen Holstein und Lauenburg (s. Anmerk. 49). — Großherzogthum Hessen 1819: „Besondere Verhältnisse „haben es bisher nicht erlaubt, zur Erfüllung des 13. Artikels „der Bundesacte vorzuschreiten — Wir gehörten zu den Für„sten Teutschlands, welche freiwillig in Wien den ersten Wil„len erklärten, ihren Völkern das Geschenk einer ständischen „Verfassung zu geben." — Baden 1818: „daß der Großherzog, in Gemäßheit der durch den Artikel 13 der Bundesacte „übernommenen Verbindlichkeit, eine landständische Verfassung „zu ertheilen." — Sachsen-Weimar 1816 haben: „Einge„denk der Vorschrift und des Sinnes des teutschen Bundes„Vertrags eine neue landständische Verfassung rc." — Sachsen-Hildburghausen 1818: „Eingedenk der bei dem Wie„ner Congreß von Uns gleich andern teutschen Fürsten über„nommenen Verpflichtungen rc." — Sachsen-Coburg-Saalfeld, Rescr. vom 16. März 1816: „Die Bundesacte „spricht im 13. Artikel den allgemeinen Willen der Fürsten „dahin aus, daß in allen deutschen Bundesstaaten eine land„ständische Verfassung Statt finden werde, Wir erklären „daher Unsern Unterthanen, daß Wir eine ständische Verfassung „zu begründen und zwar dergestalt besorgt sein werden, daß „die Stände als Vertreter der sämmtlichen Unterthanen und „Bürger der Aufrechthaltung der herzustellenden Verfassung „eingesehen und gehalten werden sollen." — Nassau 1818: „... ständische Verfassung und dadurch die Bestimmung des „Art. 13 der Bundesacte erfüllt habe." — Schwarzburg-Rudolstadt Verfassungs-Urkunde v. 1816: „Um den Bestim-

Bundesversammlung den Schutz, den sie früher in den Reichsgerichten hatten, theils auch die Quelle ihrer Wiederherstellung wiedergefunden als landständische Verfassungen. Diese Verfassungen in Gemäßheit der Bundes-

---

„mungen des teutschen Bundesvertrags Genüge zu leisten." Schwarzburg-Sondershausen, Verfassungs-Urkunde von 1830 u. 1841: „Eingedenk der Bestimmung der deutschen Bun„desacte, Unserm Fürstenthum eine landständische Verfassung „zu geben." — Lippe-Detmold Verf.-Urk. v. 1819: „Die „Erfüllung des 13. Artikels der teutschen Bundesacte und An„zeige in der Bundesversammlung, daß die Fürstin-Regentin „mit voller Beistimmung des künftig regierenden Fürsten dem „Fürstenthum eine landständische Verfassungs-Urkunde er„theilt und dadurch den 13. Artikel der Bundesacte erfüllt „habe." — Schaumburg-Lippe Verf. Urk. v. 15. Januar 1816: „... und in dem deutschen Bundesvertrage der Grund„satz angenommen rc." — Waldeck Landesvertrag vom 19. April 1816: „Der Art. 13 der teutschen Bundesacte verordnet „die Einführung einer ständischen Verfassung rc." — Lichtenstein in der Einleitung der landständische Verfassungs-Urkunde: „... in Erfüllung des 13. Artikels der teutschen Bundesacte „eine landständische Verfassung ein rc." — Nachdem Preußen durch die Gesetze v. 1823 die Provinzialstände angeordnet hatte, erklärte der preußische Bundesgesandte der Bundesversammlung in der Sitzung vom 27. Nov. 1823: „Mit Bezug „auf den 54. Artikel der Wiener Schlußacte hat der königl. „preuß. Gesandte der hohen Bundesversammlung anzuzeigen, „daß Se. Maj. der König die Begründung der ständischen „Verhältnisse in der Monarchie mittelst eines unterm 5. Juni „d. J. erlassenen allgemeinen Gesetzes der Anordnung der „Provinzialstände verfügt haben, worin der von den „erhabenen Stiftern des deutschen Bundes nach Ar„tikel 13 der Bundesacte gemeinsam gefaßte und „durch Artikel 55 der Schlußacte näher erklärte Be„schluß seine Vollziehung findet (Protocoll der deut„schen Bundesversamml. Bd. XV. S. 515). Vergl. die preußische Erklärung vom 5. Febr. 1818 unten S. 105, Anm. 53.

acte bestehen zu lassen und wiederherzustellen, haben die Fürsten selbst als Verbindlichkeit ihren Mitfürsten gegenüber anerkannt und gegenseitig auf fürstliches Wort sich gelobt und dies ihren Unterthanen verkündigt; als landständische Verfassung würden Unterthanen deutscher Fürsten überhaupt nur eine Vertretung und keine andere als eine landständische in Anspruch zu nehmen berechtigt sein. Der Grundsatz, daß durch Verträge zwischen Fürsten, also auch durch den mit Napoleon geschlossenen Rheinbund, die Rechte der Unterthanen nicht aufgehoben werden können, ist allerdings sehr gegründet, allein eine landständische Verfassung und keine andere gehörte zu ihren Rechten. Wollte man aber die bisherigen Rechte und Verfassungen für aufgehoben halten und keine Berufung auf sie gestatten; so würde es an jedem Fundament, eine Vertretung in Anspruch zu nehmen, fehlen. Worauf könnte vollends in den deutschen Ländern, die nicht zum Rheinbunde gehörten, ein Anspruch auf Veränderung der bestehenden Verfassung von Seiten sowohl der Fürsten, als der Unterthanen gegründet werden? Welche Veränderung wäre eingetreten, auf welche dieser Anspruch gegründet werden könnte? Keine andere als die Auflösung der deutschen Reichsverfassung und die daraus hervorgegangene Souverainetät der Fürsten, aus welcher wenigstens nicht auf Beschränkung der landesfürstlichen Macht gefolgert werden kann, wohl aber, den Begriff der Souverainetät auch in dem beschränktesten Sinne genommen, eine Erweiterung derselben unläugbar folgt, und während der Rheinbundes-Verfassung von den damaligen Publicisten, z. B. Zintel, Behr, Zachariä und später auch von andern Schriftstellern, von vielen in Erwartung repräsentativer Verfassungen und um denselben den Eingang zu erleichtern, die Auflösung der bisherigen landständischen Verfassungen gefolgert wurde. Die Fürsten des deutschen Bundes, deren Souverainetät durch Aufhebung des ausländischen Protectorats und des in demselben aufkeimenden Kaiserthums über Deutschland nicht beschränkter geworden war, hatten indessen andere Ansichten von ihrer Souverainetät und unterwarfen sie aus höheren und würdigeren Rücksichten auf das Wohl Deutschlands und ihrer Unterthanen Beschränkungen, welchen sie zum Theil selbst unter der Reichsverfassung nicht unterlagen (z. B. Bundesacte Art. 18), und insonderheit der Verbindlichkeit, die landständischen Verfassungen aufrecht zu erhalten und bestehen zu lassen. Da die Fürsten durch den deutschen Bund Verbindlichkeiten übernahmen und ihrer Souverainetät Grenzen setzten; so ist allerdings mit Recht behauptet, daß jene Verbindlichkeiten ihnen, als Bundesmitgliedern, und ihren Ländern und Unterthanen, als Bundesstaaten und Unterthanen derselben, die in dem Bundesgesetze bestimmten Rechte und Verbindlichkeiten zustehen und obliegen[52]). Es ergiebt sich

---

[52]) z. B. Hannoversche Verf.-Urk. v. 1840, §. 2 das Königreich Hannover macht einen Theil des deutschen Bundes aus und theilt als solcher alle aus der Bundesverfassung entstehenden Rechte und Verbindlichkeiten. Königl. Hannoversche Declaration v. 11. Mai 1832: „Es ist Unser unabänder-„licher Wille, daß der Grundsatz ausgesprochen und befolgt „werde, daß Unser Königreich, als Glied des deutschen

hieraus von selbst, daß, wenn ein deutscher Fürst mit seinem in Deutschland belegenen Lande dem deutschen Bunde nicht beigetreten wäre, er und seine Unterthanen an den darin bestimmten Rechten und Verbindlichkeiten nicht Theil nehmen und insonderheit letztere keinen Anspruch auf Aufrechthaltung der landständischen Verfassung haben, sondern allen in unbeschränkter Souverainetät enthaltenen Rechten des Souverains unterworfen sein würden. Diejenigen, welche die Ansprüche deutscher Unterthanen auf Repräsentation nicht aus dem 13. Artikel der Bundesacte, sondern aus schwankenden und unbestimmten Philosophismen eines noch schwankenderen sogenannten allgemeinen Staatsrechts ableiten, berathen daher die Unterthanen sehr übel, indem sie dadurch der landständischen Verfassung die Grundlage und Gewährung des Bundes und den Grundsatz, daß dem Fürsten als Souverain die in der Souverainetät enthaltenen Rechte, insofern er, als Bundesmitglied, darin beschränkt ist, nicht zustehen, entziehen. Dieser Grundsatz ist ein Fundamental-Grundsatz des deutschen Staatenbundes, also auch in den dazu gehörenden Staaten gleich verbindlich für die Fürsten, als für die Unterthanen, von welchen daher die letzteren von der in den Bundesgesetzen bestimmten landständischen Verfassung abzugehen und anstatt derselben eine

„Bundes, alle aus demselben herfließende Verpflichtungen „theile." — Würtembergische Verf.-Urk. v. 1819: „.. um „der Uns, als einem Gliede des deutschen Bundes, „obliegenden Verbindlichkeit zu entsprechen." Der Bundesschluß vom 28. Juni 1832, Art. I. erwähnt daher: „ein deut„scher Souverain, als Mitglied des Bundes" (S. 79).

repräsentative in dem ihr beigelegten Sinne zu fordern, selbst wenn sie vorher bestanden hätte, eben so wenig berechtigt sind, als die Fürsten berechtigt wären, jede andere landständische Verfassung, z. B. die frühere ausschließliche Landstandsfähigkeit des Adels, aufzuheben, und eine rein aristokratische einzuführen, das Emigrationsrecht zu beschränken, das Recht der Nachsteuer wieder geltend zu machen u. s. w., oder die Mediatisirten, ihre Landeshoheit, und die privilegirten Stände, ihre Steuerfreiheit oder Vorrechte in der Landstandschaft zurückzufordern. Alle diese Rechte sind in der Grundverfassung des Bundes untergegangen und durch dieselbe anders gestaltet und kann daher gegen dieselbe so wenig eine frühere aristokratische, als eine repräsentative, selbst wenn sie früher bestanden hätte, noch weit weniger aber eine, aus Idealen hervorgegangene, erst einzuführende, angeführt werden.

Ausdrücklich als landständische Verfassungen sind daher auch alle in den Bundesstaaten aufrecht erhaltenen, verbesserten und eingeführten ständischen Verfassungen den Unterthanen, insofern die Bekanntmachung, daß die ständische Verfassung wiederhergestellt werden solle, ein Versprechen ist, versprochen [53]), wo eine Ver-

---

[53]) z. B. Die Königl. Preußische Verordnung v. 22. Mai 1815 — Provinzialstände — und die darüber unterm 5. Febr. 1818 auf dem Bundestage abgegebene Königl. Erklärung: „Seine Maj. haben, noch ehe die Bundesacte den Grundsatz „für alle deutsche Staaten aufgestellt, eine ständische Ver- „fassung der Lage ihres Staats für angemessen erkannt und „die Einführung einer solchen durch die Verordnung v.

handlung mit den Landständen eingetreten ist, verhandelt und den Unterthanen publicirt [54]) und von denselben und dem ganzen Lande mit Dank aufgenommen und längst in voller Wirksamkeit.

Aber von Ausdrücken abgesehen, stellen diese Verfas-

„22. Mai 1815 Ihren Landen verkündigt. Protokoll der Bundesversammlungen, Bd. IV. S. 231. Vergl. auch §. 17.

[54]) Baiern (s. die vorige Anmerk.). Königl. sächsische Verfassungs-Urkunde vom 1831 §. 3: „die Regierungsform ist monarchisch und es besteht eine landständische Verfassung." Hannoversche Verfassungs-Urkunde v. 1840, §. 3: Die Regierungsform des Königreichs ist erblich monarchisch. §. 4: Es besteht im Königreiche eine landständische Verfassung. Würtembergsche Verfassungs-Urk. v. 1819 — Landstände Sachsen-Weimar 1816 — Landständische Verfassung, landständische Verfassungs-Urkunde, Landstände. Sachsen-Hildburghausen 1818 — Landständische Verfassung, Repräsentationsrecht, u. 1831 Landstände, Landständische. Sachsen-Coburg-Saalfeld 1816: Ständische Verfassungs-Landstandschaft v. 1820, Ständische, Stände-Verfassung, und 1821 Landstände, Landständische Gesetze. Holstein und Schleswig 1831, Ständische Verfassung, Provinzialstände, ständische Versammlungen. Baden 1818, Ständische Verfassung, Landstände. Chur-Hessen-Cassel, 1831, Landständische Verfassung, Landstände. Hessen-Darmstadt, 1820, Landständische Verfassung, Landstände. Braunschweig 1820, Landschaft, Stände, ständ. Versammlung; 1832, Landstände. Nassau, 1814, Landstände. Oldenburg, 1830, Landständische Verfassung. Schwarzburg-Rudolstadt, 1816 u. 1821, Landstände. Schwarzburg-Sondershausen, 1830, Landständische Verfassung, Landstände. Hohenzollern-Hechingen, Landstände. Hohenzollern-Sigmaringen, 1833, Landstände. Lippe-Detmold, 1819, Landstände. Schaumburg-Lippe, 1816, Landstände. Waldeck, 1816, Ständische Verfassung. Reuß, Landstände. Lichtenstein, 1818, Landstände.

sungen durch ihren ganzen Inhalt sich auf das bestimmteste als rein landständische dar, und sind wesentlich auf dem Princip derselben gegründet und durchgeführt und ist daher die Behauptung, daß sie wesentlich repräsentative Verfassungen der neueren Theorie sind, ein Beweis, zu welchen Verirrungen vorgefaßte Ansichten verleiten, da sie nicht allein nicht ein einziges der Elemente und der inneren Einrichtungen, so wie der zu ihrer Ausführung nothwendigen Bedingungen enthalten, sondern auch mit den gegebenen Verfassungsgesetzen in dem geradesten Widerspruche stehen und ganz unausführbar sein würden. Dies landständische Princip sollte von den deutschen Fürsten vernichtet werden, nachdem es nie eine glänzendere Anerkennung erhalten hatte, als durch diese Fürsten selbst! Viele Jahrhunderte hatte es, wie in allen Ländern germanischer Bevölkerung, so auch in Deutschland bestanden, als die, in einem jener Länder aus dem Umsturze dieses Princips und einem neugebildeten entgegengesetzten Princip hervorgegangenen Zerstörungen nicht manche abschreckten, auch für Deutschland den Umsturz des ständischen und die Annahme des entgegengesetzten neuen Princips vorzuschlagen, Deutschland mit Tadel des ersteren und mit Lobpreisungen des letzteren Systems unermüdlich zu überschwemmen und zwischen beiden Systemen gleichsam einen Prozeß und die sorgfältigste und aufs ernste wiederholte und vielseitigste Prüfung beider zu veranlassen. Aber nirgend, weder auf dem Congreß der deutschen Fürsten, noch in einem einzelnen deutschen Lande, noch in irgend einem Rathe der Fürsten, noch in irgend einer ständischen Versammlung, weder von einem Staatsmanne, noch von einem Staatsrechtskundigen Gelehrten erhob sich eine Stimme für das neue ausländische Princip, sondern sprach sich vielmehr die entschiedenste Ueberzeugung aus, daß die landständische Verfassung die für deutsche Staaten allein angemessene und gerechteste, die andere aber ein ideales und unausführbares Traumbild und, wenn es ausführbar wäre, ein verderbliches und verwerfliches System sei. Dieß einhellige Urtheil der deutschen Fürsten ist durch die von ihnen erlassenen Verfassungs-Urkunden und gefaßten Bundesbeschlüsse durch die bestimmtesten Aeußerungen ausgesprochen; das Urtheil des Kaisers von Oesterreich ist bereits Seite 94 angeführt. So eröffnete der Prinz-Regent von England und Hannover dem hannoverschen Landtage unterm 5. Januar 1809: „daß es nicht im Plane liege, Haupt-„veränderungen in der Constitution eintreten zu lassen, „denn theils habe die Erfahrung den Nutzen dieser alten „Landesverfassung bewährt, theils würden die nach bloß „theoretischen Grundsätzen eingeführten Verfassungen nie „den Nutzen derer gewähren, die nach den Bedürfnissen „des Staats sich allmälig ausgebildet hätten, und daß „daher aus der alten Landesverfassung auch die durch die „Vereinigung aller Provinzen in Ein Ganzes jetzt noth-„wendig gewordene allgemeine Landesverfassung gebildet „werden müsse"; so wie der König Wilhelm IV. in der bei Publication der Hannoverschen Constitution unterm 11. Mai 1832 erlassenen Declaration: „Da der Frieden „und das Glück Unserer Unterthanen erfordert, daß eine „kräftige Regierung vorhanden sei, welche, über den Par-

„theien-Leidenschaften des Augenblicks erhaben, jederzeit
„in Stande ist, die Rechte und Freiheiten Aller zu
„schützen und zu erhalten; so wollen Wir, daß Uns und
„Unsern Nachfolgern die Uns zustehenden landesherrlichen
„Rechte gesichert bleiben, und sind zum eigenen Besten
„Unserer Unthanen fest entschlossen, nicht zu gestatten,
„daß Unser Thron mit solchen Staatseinrichtungen um-
„geben werde, welche nur in Freistaaten passen und
„mit einer monarchischen Verfassung unvereinbar sind.
„Gleichwie Wir solchergestalt die Uns und Unsern Nach-
„folgern zustehenden Rechte gegen Zweifel und Angriff
„geschützt wissen wollen, also halten Wir auch Unsern
„landesväterlichen Absichten entsprechend, die Unsern Un-
„terthanen zukommenden Rechte und Freiheiten offen an-
„zuerkennen und durch das Grundgesetz gegen jede Ver-
„letzung sicher zu stellen."

Ist es möglich, einen Ausdruck für die Behauptung zu finden, die deutschen Fürsten, die Bundesacte und alle Bundesgesetze, alle Verfassungs-Urkunden, alle Landstände haben keine landständische, sondern ideale repräsentative Verfassungen gewollt, bezweckt, beschlossen und bekannt gemacht?

§. 17.

Alle diese Bestimmungen und Aeußerungen vermochten indessen um so weniger, den Bestrebungen der Anhänger des neuen Volksrepräsentativ-Systems und der Gegner des deutschen landständischen Systems Grenzen zu setzen, je oberflächlicher die Kenntnisse in der Geschichte derjenigen waren, welche in den Wahn verfielen, über diesen Gegenstand ihre Stimme erheben zu müssen. Gründlich und wissenschaftlich konnten sie diese Reaction gegen die landständische Verfassung nicht begründen; sie verdrehten daher den Sinn derselben und legten in einzelne Ausdrücke der Urkunden eine entgegengesetzte Bedeutung. Die Gelegenheit dazu boten

I. Die in mehreren Verfassungs-Urkunden vorkommenden Ausdrücke „Repräsentation und Repräsentanten, Vertretung und Vertreter des Volks" und

II. Die nach den mehrsten dieser Verfassungen stattfindende Wahl des größten Theils der Mitglieder der Ständeversammlungen.

Die aus diesen Ausdrücken abgeleiteten Schlüsse auf eine repräsentative Verfassung beruhen indessen auf einem so hohen Grade von Sophisterei und Unwissenheit, daß sie schwerlich irgend jemand bethören können.

Denn so viel den ersten Gegenstand betrifft; so ist es zuvörderst auffallend, daß diejenigen, die den Ausdruck „landständische Verfassung", da er ein bloßer Ausdruck ist, nicht für den Beweis derselben halten, aus dem Ausdruck „Repräsentation" auf repräsentative Verfassung schließen; es ist auffallend, daß diejenigen, welche bisher behaupteten, Repräsentation des Volks durch die Stände habe seit der deutschen Urzeit in Deutschland bestanden, nun annehmen, sie sei ein ausschließliches Kennzeichen der in der Theorie erst jetzt gebildeten Repräsentativ-Verfassung und, der urdeutschen Verfassung fremd, dennoch bei derselben vorhanden gewesen. Es ist auffallend, daß sie aus den mannigfaltigen Bedeutungen (S. 87) des Ausdrucks „Repräsentation" und „repräsentative Verfassung" diejenige wählen, welche in diesem destructiven Sinne, als die Bundesacte und die Verfassungen erlassen wurden, kaum erfunden war, und wäre sie damals schon bekannt gewesen, durch jene Gesetze um so mehr verworfen worden wäre, als sie diese Gesetze von Grund aus umgeworfen haben würde.

Die Behauptung, daß, wenn die Fürsten landständische Verfassungen und in denselben Repräsentation und Volksvertretung verheißen, angekündigt oder sonst ihrer erwähnt haben, unter den letzteren diese neue Art der Volks-Repräsentation und repräsentativen Verfassung verstanden werden könne, ist daher ein offenbarer, Verfassung, Geschichte und Logik gleich stark verletzender Trug-Schluß.

Die Landstände in Deutschland haben zu allen Zeiten das Land und das Volk bei ihren Fürsten in dem wohlverstandenen und richtigen Sinne vertreten und repräsentirt (S. 34 ff.)[55]), in dem Sinne, in welchem diese Repräsentation stets verstanden, und welcher durch die neuen Verfassungen sehr deutlich bestimmt und befestigt, und wodurch den Ständen die gewissenhafte Erfüllung ihrer Repräsentations-Verhältnisse auferlegt worden. Nicht ohne Ver-

[55]) „Ein Repräsentationssystem ist in Teutschland von den ältesten Zeiten her Rechtens gewesen." Votum der königl. hannov. Gesandten auf dem Congreß zu Wien v. 21. Octbr. 1814 (Klüber Acten, Bd. I. Hft. 1, S. 68.

wirrung der Begriffe kann angenommen werden, daß, als die Fürsten jener Ausdrücke sich bedienten, sie mit denselben einen das ganze Gesetz destruirenden Sinn, den Sinn derjenigen Bestrebungen verbunden haben, gegen welche sie wiederholentlich die nachdrücklichsten Maaßregeln nahmen. Ein Gebot der gesunden Vernunft ist es, daß Ausdrücken nur der Sinn beigelegt werden kann, welchen sie, als sie gebraucht wurden, hatten, und welchen, die sich derer bedienen, mit ihnen verbunden haben. Es bedarf aber nur der Einsicht der Urkunden, in welchen die Fürsten des Ausdrucks „Repräsentation" und „repräsentative Verfassung" sich bedienten, um zu zeigen, daß darunter nur eine landständische verstanden sei.

Dies tritt zunächst in Ansehung der Bundesacte ein. Dieselbe erwähnt zwar in ihrer kurzen Fassung der Repräsentation eben so wenig, als der, in der Landstandschaft enthaltenen Attributionen, um so weniger, als sie, wie diese, in deren Begriff liegt, erwähnt dieselben aber ausdrücklich in den Verhandlungen über die Bundesacte [56]).

---

[56]) z. B. Erster preußischer Entwurf der Grundlage der teutschen Bundes-Verfassung vom 13. Septbr. 1814; §. 1: In jedem zum Bunde gehörenden Staat soll eine landständische Verfassung eingeführt werden — Stände, ihre Befugnisse sollen sein — Vertretung der Verfassung bei dem Landesherrn und dem Bunde. Preuß. Entwurf von 1815, §. 82: Ständische Verfassung — Die Stände besitzen folgende Rechte — das der Schützung und Vertretung der eingeführten Verfassung und der durch dieselbe und den Bundesvertrag gesicherten Rechte der Einzelnen bei dem Landesherrn und bei dem Bunde.

Wenn daher das Sachsen-weimarsche Grundgesetz über die landständische Verfassung von 1816

> Die Landstände (die drei Landstände: Rittergutsbesitzer, der Stand der Bürger und der Stand der Bauern, und in ihnen sämmtliche Staatsbürger) und Volksvertreter ꝛc.

und die Sachsen-hildburghausensche landschaftliche Verfassungs-Urkunde von 1818

> Die Vertretung des ganzen Landes und sämmtlicher Unterthanen durch die Landschaft — die Repräsentanten und Repräsentirten, Repräsentations-Recht, Landes-Repräsentanten, Landes-Deputirte

anführt, und das herzogl. Sachsen-meiningensche Decret von 1816 bemerkt:

> Die Bundesacte spricht im 13. Artikel den allgemeinen Willen der Fürsten dahin aus, daß in allen Bundesstaaten eine landständische Verfassung Statt finden soll und daher die näheren Grundsätze und Bestimmungen, auf welche die landständische Verfassung der teutschen Staaten im Allgemeinen errichtet werden soll, zu erörtern, damit das Besondere dem Allgemeinen nicht widerspreche; — Wir wollen vorläufig Unsere Gesinnungen im Allgemeinen mittheilen und erklären daher Unsern Unterthanen, daß Wir eine ständische Verfassung zu begründen und zwar dergestalt besorgt sein

werden, daß die Stände als Vertreter der sämmtlichen Unterthanen angesehen werden sollen;

und das 1820 publicirte Edict über die ständische Verfassung, und die Urkunde von 1821 über die landständische Verfassung:

Abgeordnete des Landes

erwähnt, und das Grundgesetz über die landständische Verfassung von 1824 anführt:

Durch die drei Stände, Rittergutsbesitzer, Bürger und Bauern werden sämmtliche Staatsbürger vertreten — Volksvertreter — Vertreter aller Staatsbürger — Landesvertretung aus allen Klassen Unserer Unterthanen;

so wie das Grundgesetz über die vereinigte landschaftliche Verfassung von 1829:

Abgeordnete des Landes um die Rechte und Befugnisse zu vertreten, welche dem Volke in seiner Gesammtheit im Verhältniß zur Regierung zustehen ꝛc.

und in dem Sachsen-altenburgischen Grundgesetz von 1831 angeführt ist:

Die Landstände sind das verfassungsmäßige Organ der Gesammtheit der Staatsbürger und Unterthanen in dem grundgesetzlichen Verhältnisse zur Staatsregierung — die Landstände sind im Allgemeinen verpflichtet, die Interessen aller Klassen und Stände der Unterthanen zu vertreten, und endlich die königl. sächsische Verfassungs-Urkunde von 1831 ausspricht:

> Die Stände sind das gesetzmäßige Organ der Gesammtheit der Staatsbürger und Unterthanen und als solches berufen, deren auf der Verfassung beruhenden Rechte in dem durch selbige bestimmten Verhältnisse zu der Staatsregierung geltend zu machen und das unzertrennliche Wohl des Königs und des Landes mit treuer Anhänglichkeit an die Grundlage der Verfassung möglichst zu befördern;

so sind alle diese Bestimmungen bekannte Grundsätze der landständischen Verfassung und keinesweges Eigenthümlichkeiten und also auch keine Kennzeichen der repräsentativen.

Wenn ferner der Kaiser Franz die unter der baierschen Regierung aufgehobene landständische Verfassung 1816 wiederherstellte und den Ausschuß-Congreß für die gewöhnliche und ordentliche

> Repräsentation, welche über alle Gegenstände im Namen des Landes Beschlüsse zu fassen berechtigt ist,

erklärte; der König von Baiern, die auf Repräsentation der Stände gegründete Verfassung von 1808

> eine das ganze Königreich vertretende National-Repräsentation[57])

nannte, und die würtembergische Verfassungsurkunde bestimmte:

---

[57]) Vergl. S. 15.

Die Stände sind berufen, die Rechte des Landes geltend zu machen;

oder Baden schon 1808

eine ständische Landesrepräsentation

verhieß und in der Verfassungs-Urkunde von 1818

eine ständische Verfassung

angeordnet wurde; wenn in den Chur-hessischen Entwurf einer Verfassungs-Urkunde von 1816 der Grundsatz

Besondere Repräsentation der Prälaten, der Ritterschaft, der Städte und Bauern hören auf; sämmtliche Landes-Deputirte zusammen machen die Stände aus, und jeder Landtags-Deputirte repräsentirt die Unterthanen ohne Unterschied des Standes

aufgenommen und in der Resolution von 1816

eine landständische Repräsentation,

und in der braunschweigischen erneuerten Landschafts-Ordnung von 1820 bestimmt ward:

Die Stände repräsentiren die Gesammtheit der Einwohner ohne besondere Beziehung auf die verschiedenen Klassen, denen sie angehören und haben dieselbe auf den Landtagen zu vertreten und deren Interessen und Rechte zu vertreten — nur auf Landtagen können die Stände die Vertretung des Landes ausüben;

so wie in der neuen Landschafts-Ordnung vom 12. Oct. 1832 festgesetzt ward:

Die Stände des Herzogthums vertreten in dem

grundgesetzlichen Verhältniß zu der Landesregierung die Gesammtheit der Landeseinwohner und sind daher berechtigt und verpflichtet, deren verfassungsmäßige Rechte und allgemeine Interessen wahrzunehmen und auf die gesetzlich vorgeschriebene Weise geltend zu machen;

oder das Schwarzburg-Rudolstädtische Edict von 1816 festsetzt:

Es soll eine Repräsentation des Volks gebildet werden; die Volksrepräsentation soll aus 18 durch freie Wahl zu ernennenden Landesrepräsentanten (6 Rittergutsbesitzer, 6 Einwohner von Städten und 6 im Landeigenthum angesessene Unterthanen, welche weder Rittergutsbesitzer, noch ständische Bürger sind); wenn Repräsentanten abgehen, wird die Volksrepräsentation nicht unterbrochen;

und die landständische Verfassungs-Urkunde von Schwarzburg-Sondershausen von 1830

eine landständische Verfassung anordnet — auch drei Stände, welche Abgeordnete erwählen, welche die Gesammtheit der Unterthanen in der landständischen Versammlung vertreten;

und die von 1841 erklärt:

es besteht eine landständische Verfassung. — Zur Vertretung des Landes sollen aus allen Theilen desselben und aus den verschiedenen Klassen der Unterthanen Abgeordnete erwählt werden. Diese

Abgeordnete sollen aus Abgeordneten der Ritter- und Freigutsbesitzer, der Städte und der bäuerlichen Grundbesitzer, des Gelehrten- und des Handelsstandes bestehen. — Die Landstände sind das gesetzmäßige Organ der Gesammtheit der Unterthanen;

wenn die Lippe-Detmoldische landständische Verfassungs-Urkunde von 1819 anführt:

Vertretung aller Landesinwohner — Diese Volksvertretung ruht auf Grundeigenthum und bildet sich aus den drei Klassen: der Gutsbesitzer, des Bürgerstandes und des Bauernstandes und vertreten die Gesammtheit des Lippeschen Landes — Vertreter des Landes — Landes-Abgeordnete,

so wie der Waldecksche Landesvertrag von 1816:

Repräsentation der Unterthanen wird bewerkstelligt durch die Ritterschaft, Bürgerstand und Bauernstand — Repräsentanten, Landesrepräsentanten;

so beweisen alle diese Urkunden, daß die Repräsentation und Vertretung natürliche Folgen der Landstandschaft überhaupt und auch der nach den verschiedenen Ständen geordneten landständischen Verfassung sind und als solche von den Bundesfürsten angesehen worden sind, und ist daher unter denselben nur landständische Repräsentation und Vertretung, wie sie stets in der deutschen landständischen Verfassung enthalten war, verstanden worden, und mithin überall kein Kennzeichen der neueren repräsentativen Verfassung ist.

Diese — warum sie nicht beim rechten Namen nennen? — rabulistische Auslegung wird auch auf Verheizungen landständischer Verfassung und auf den darin vorkommenden Ausdruck „Repräsentation" angewandt.

Mehrere deutsche Fürsten waren schon während des Wiener Congresses entschlossen, die auf demselben beschlossene Wiederherstellung und Verbesserung ihrer landständischen Verfassung so bald als möglich auszuführen und ordneten daher die dazu erforderlichen Vorarbeiten und übrigen Einleitungen schon während des Congresses an. Zu diesen Fürsten gehörten insonderheit die Könige von Würtemberg und von Preußen.

Der König Friedrich von Würtemberg eröffnete seinen Unterthanen durch das Manifest vom 11. Januar 1815 [58]),

> daß gebieterische politische Verhältnisse seinem Entschlusse, dem Königreiche eine, seiner innern und äußern Lage, den Rechten der Einzelnen und den Bedürfnissen des Staats angemessene Verfassung und ständische Repräsentation zu geben, früher entgegengestanden hätten, und daß er diesen Entschluß schon gleich nach dem Pariser Frieden ausgeführt haben würde, wenn er nicht gewünscht hätte, die Resultate des Wiener Congresses abzuwarten, dem er seinen festen Entschluß und Absicht der Einführung einer Ständeverfassung erklärt habe. Da aber jene Endresultate nicht so bald herbeigeführt werden könnten; so finde der König sich bewogen, seinem Volke diese demselben bestimmte Wohlthat nun nicht länger

---

[58]) in Pölitz a. a. O. Bd. I. S. 362.

vorzuenthalten und öffentlich seine feste Ueberzeugung von dem Bedürfnisse einer angemessenen ständischen Verfassung für das wesentliche Interesse des Staats auszusprechen. Der König habe zu dem Ende die Grundzüge einer solchen Verfassung, worin die Zusammensetzung der Stände bestimmt sei, entworfen und eine Commission beauftragt, das Ganze in sorgfältige Berathung zu ziehen und den hiernach reiflich ausgearbeiteten Entwurf einer Repräsentativverfassungs-Urkunde für das Reich dem Könige vorzulegen. Die vom Könige sanctionirte Verfassungs-Urkunde werde der König sodann der ständischen Repräsentation, welche er zu versammeln gedenke, übergeben, sie beschwören und in volle Ausübung setzen lassen.

Der König erklärte in einer am 11. desselben Monats im Staatsrathe gehaltenen Rede [59]):

Die Aufhebung der früheren Landstände sei durch die freiwillige unbedingte Huldigung der Volksrepräsentanten bestätigt. Die Erfahrung und vaterländische Geschichte, die einzige und sicherste Führerin der Regenten, habe aber die Nothwendigkeit einer den Rechten der Einzelnen und den Bedürfnissen des Staats angemessenen, auf ständische Repräsentation gegründeten Verfassung erwiesen und habe der König seinen festen Entschluß der Einführung einer ständischen Verfassung er-

---

[59]) in Pölitz a. a. O. Bd. I. S. 363.

klärt und sich mit Entwerfung der Grundzüge einer ständischen Verfassung beschäftigt — jene Grundzüge einer ständischen Repräsentation betreffen vorzüglich die Bildung der ständischen Repräsentation. Bei der Bildung der Repräsentation glauben Wir die Anforderungen und das Interesse der vorzüglichsten Begüterten beachten zu müssen. Die Geschäftsführung sichert den Vertretern des Volks rc.

Auch in der Rede, mit welcher der König am 15. März 1815 die Ständeversammlung eröffnete, äußerte derselbe: „die Nation wird durch Stellvertreter" — „Für„sten, Grafen, Edle, Diener der Religion, gewählte „Stellvertreter des Volks"; in den Grundzügen der Verfassung werden die verschiedenen Klassen der Unterthanen, aus welchen „die Repräsentation des „Königreichs — die ständischen Repräsentanten" bestehen soll, bestimmt — die Häupter der vormals reichsunmittelbaren Fürsten und Grafen, die Inhaber der Kronämter, im Königreich begüterte Fürsten, Grafen und Edelleute, welchen der König Sitz und Stimme verleihet, alle nicht mit eigener Stimme begabte Gutsbesitzer und der Deputirten der Städte, die das Prädicat „gute" haben, von jeder ein Deputirter.

Repräsentative Verfassung, Repräsentation und Vertretung des Landes und des Volks, Volks-Repräsentanten und Vertretung des Volks aus allen Klassen werden hier wiederholentlich ausgesprochen, aber offenbar nicht in dem Sinne des repräsentativen Systems, sondern lediglich in dem des ständischen, und die repräsentative Verfassung sowohl ihrem Inhalt nach, als durch Worte als eine rein ständische ausdrücklich bezeichnet und beide Ausdrücke als gleichbedeutende gebraucht und verstanden. Es fehlte freilich schon damals in Deutschland nicht an Bestrebungen, die deutsche Ständeverfassung aufzuheben und dagegen eine reine Volksrepräsentation einzuführen und an darauf gerichteten Erwartungen vom Wiener Congresse. Bei den, demselben unmittelbar voraufgegangenen und unmittelbar nachfolgenden Ergeignissen war jedoch der Umfang und das Interesse jener Bestrebungen beschränkt und Ausflüsse der damaligen Neigung Constitutionen zu entwerfen. Mit der Bundesacte war ein Feld für diese Neigung zur L e g i s l a t i o n geschlossen, dagegen aber das für die S p e c u l a t i o n und s t a a t s r e c h t l i c h e P h i l o s o p h i e erweitert und auf dasselbe auch der Sinn gebracht, in welchem der Ausdruck „Repräsentation", „repräsentative Verfassung" und „Volksvertretung" gebraucht und welcher in denselben wohl gelegt werden könnte. Da die Verhandlungen über die würtembergische ständische Verfassung noch während des Wiener Congresses erfolgten, so verirrten die heftigsten Aeußerungen des Partheigeistes über den vorgelegten Entwurf der Verfassung damals sich noch nicht so weit, daß sie die angeführten Ausdrücke nicht als Bezeichnungen und Kennzeichen der landständischen Verfassung, sondern als Andeutungen uud Verheißung einer rein-repräsentativen im neueren Sinne angesehen und auf diese gedeutet hätten. Eine solche Mißdeutung erfolgte später aus Veranlassung einer andern königlichen Verkündigung einer landständischen Repräsentation.

Auch der König Friedrich Wilhelm III. von Preußen, der die Befestigung und Wiederherstellung der ständischen Verfassung in Deutschland zum Gegenstande seiner besondern Fürsorge auf dem Wiener Congresse gemacht hatte, verordnete noch während des Congresses von Wien aus die Vorarbeiten zur Organisation der ständischen Verfassung in seinen Staaten durch den, an den Staatskanzler unterm 22. Mai 1815 erlassenen Befehl[60]:

> daß eine Repräsentation des Volks gebildet werden soll und zu diesem Zwecke a. die Provinzialstände da, wo sie mit mehr oder minder Wirksamkeit noch vorhanden sind, herzustellen und den Bedürfnissen der Zeit gemäß einzurichten; b. wo gegenwärtig keine Provinzialstände vorhanden sind, sie anzuordnen sind; aus den Provincialständen wird die Versammlung der Repräsentanten-Kammer gewählt, die in Berlin ihren Sitz haben soll und deren Wirksamkeit sich auf ꝛc. erstreckt; es soll eine Commission a. mit der Organisation der Provincialstände, b. mit der Organisation der Landes-Repräsentation, c. mit der Ausarbeitung einer Verfassungs-Urkunde nach den aufgestellten Grundsätzen sich beschäftigen.

Demnächst führte der König durch das Gesetz vom

---

[60]) Pölitz a. a. O. Bd. I. S. 55.

3. Juni 1825 wegen Anordnung der Provincialstände dieselben „im Geiste der älteren deutschen „Verfassungen" ein, behielt der Zusammenberufung allgemeiner Landstände, die aus den Provincialständen hervorgehen sollten, wenn sie erforderlich sein würden, die weiteren Bestimmungen seiner landesväterlichen Fürsorge vor[61]) und erließ unmittelbar darauf für jede Provinz der Monarchie ein besonderes Gesetz wegen Anordnung der Provincialstände[62]).

Obgleich es in die Augen springt, daß hier lediglich von landständischen Verfassungen und zwar „im „Geiste älterer deutscher Verfassungen" die Rede ist, und obgleich der König sie wiederholentlich in der Bundesversammlung für die, in Gemäßheit des 13. Artikels der Bundesacte gegebenen, landständischen Verfassungen erklärt hat; so haben doch in neueren Zeiten Unkundige die Verordnung vom 22. Mai 1815 aus allen deutschen ständischen Gesetzen herausgehoben, um ihre gänzliche Unkenntniß der grammatikalischen[63]), logischen, historischen und rechtlichen Bedeutung des Ausdrucks „Repräsentation des Volks" durch

---

[61]) Pölitz a. a. O. Bd. I. S. 56.

[62]) Ebend. S. 57.

[63]) Wie der Ausdruck „Repräsentation" und selbst der „National-Repräsentation" verstanden, erläutert, daß die 1811 zur Berathung über Abgaben-System nach der Verschiedenheit der Stände einberufenen Deputirten National- und Landes-Repräsentation, National-Repräsentation genannt wurde, obwohl sie überall keinen ständischen Charakter hatte.

die Behauptung, daß in jener Verordnung eine eigentliche Repräsentativ-Verfassung verstanden sei, zu beurkunden.

Dieser Gegenstand wird indessen noch in einer besonderen Abhandlung näher erörtert werden.

Zum Schlusse verdient noch erwähnt zu werden, daß der König von Sachsen den Ständen in dem Mandat vom 5. Oktober 1830 eröffnete:

> daß bereits die Bearbeitung eines Plans für Landes-Verwaltung und Repräsentation angeordnet worden,

und durch Decret vom 1. März 1831:

> daß eine zeitgemäße, auf Repräsentation des Volks gegründete und den in andern Bundesstaaten bereits gegebenen Beispielen sich anschließende Verfassung nochmals erwogen werden solle, und daß der König, was den Verfassungs-Entwurf betrifft, in Bezug auf die künftige Repräsentation des Landes die Bildung zweier Kammern beschlossen habe.

Die Verfassungs-Urkunde bestimmt indessen im §. 64:
„Für das ganze Königreich Sachsen besteht eine allge-
„meine, in zwei Kammern abgetheilte Ständeversamm-
„lung und ist dieselbe nach den verschiedenen Ständen
„zusammengesetzt."

Wir führen diesen Fall um so mehr an, als der in der preußischen Verordnung vom 22. Mai 1815 enthal- Ausdruck „Repräsentation des Volks" auch in dem sächsischen Mandat vom 8. Okt. 1831 sich befindet, in der

Verfassungs-Urkunde aber als ständische angeführt wird, ohne daß es jemandem in Sachsen eingefallen wäre in dem Decret vom 1. März 1831 das Versprechen einer eigentlichen Volksrepräsentation zu finden.

Alle diese Fälle bestätigen, daß der Ausdruck „Repräsentation des Volks“ und „repräsentative Verfassung“ eine Verfassung bezeichnet, vermöge deren die Interessen und Rechte des Landes und des Volks durch die Stände vertreten werden, und daß unter dem Ausdruck „Repräsentation“ diese ständische Vertretung jener Interessen und Rechte verstanden worden.

§. 18.

Auch der aus der Wahl der Landstände hergenommene Grund für die Statthaftigkeit der repräsentativen Verfassung (§. 17) beruht auf mannigfachem Irrthum.

Wahl der Mitglieder der Ständeversammlung ist überhaupt kein Kennzeichen der repräsentativen Verfassung. Wenn der Adel, selbst ohne Rücksicht auf Grundbesitz, sondern als Geburtsstand, der *einzige* Landstand wäre, aber wegen der großen Anzahl seiner Mitglieder die Landstandschaft durch eine mittelst Wahl bestimmte Anzahl derselben ausüben ließe; so würde dadurch die Repräsentation nicht aufhören, eine rein aristokratische zu sein und nicht in eine sogenannte repräsentative verwandelt werden. Der Charakter der letzteren ist, daß die Repräsentation nicht auf Ständen beruhet, nicht von und nach Ständen, sondern ohne Rücksicht auf letztere lediglich durch die *Wahl* des *Volks* gebildet wird.

Diese Wahl des Volks findet aber in keiner einzigen deutschen Verfassung so wenig gegenwärtig Statt, als sie jemals in Deutschland Statt gehabt hat; die Wahl der Mitglieder der Ständeversammlnngen nach den älteren und den heutigen deutschen Verfassungen ist vielmehr von der Volkswahl in allen Beziehungen durchaus verschieden. Aus diesen Beziehungen sind hier folgende zu erwähnen:

I. Nach ständischer Verfassung werden nicht, wie in der repräsentativen, die Landstände selbst, sondern nur die Abgeordneten und Stellvertreter derselben erwählt. In einer repräsentativen Verfassung giebt es keine eigene und besondere repräsentirende Stände; der Charakter der ständischen Repräsentation beruht aber gerade in solchen Ständen und darin, daß die Repräsentation des Landes in ihnen ruhet. So lange die Besitzer des größeren Landeigenthums allein die Interessen des Landes vertraten (S. 3 u. 30), konnte von keiner andern, als der eigenen Vertretung die Rede sein. Nachdem aber auch geistliche und weltliche Corporationen die Landstandschaft erhalten hatten, konnten dieselben sie nur durch Bevollmächtigte aus ihrer Mitte ausüben; allein dadurch hörten, wie bereits Seite 55 bemerkt ist, so wenig diese Corporationen auf, die Landstände zu sein, als die Landstandschaft auf ihre Deputirten überging; die auf dem persönlichen Stande oder auf dem Besitz eines Grundstücks haftende Landstandschaft konnte und durfte aber nur persönlich und nicht durch Bevollmächtigte ausgeübt werden; nur ausnahmsweise, z. B. bei dem ungetheilten Besitz eines Guts oder während der Minderjährigkeit des Landstandes oder vermöge eines dem Herrnstande zustehenden Vorrechts, allein in allen diesen Fällen war der zur Ausübung der Landstandschaft von den Miteigenthümern bevollmächtigte Miteigenthümer, der Vormund und der Bevollmächtigte des Standesherrn nicht Landstand, sondern nur der Abgeordnete und Stellvertreter desselben. Als die Landtage häufiger und von längerer Dauer geworden und durch die Theilungen der Güter die Anzahl ihrer Besitzer sich vermehrt hatte, hielten weder die Fürsten, noch die Rittergutsbesitzer selbst auf die Erscheinung aller der letzteren, sondern begnügten sich mit einer angemessenen Anzahl derselben[64]), und dies um so mehr, als in Collisionsfällen mit andern Ständen einem jeden das jus eundi in partes zustand. In weiterer Entwickelung der landständischen Verfassung bildete sie in vielen Ländern sich dahin aus, daß überhaupt nicht alle Mitglieder der Ritterschaft einzeln ihre Landstandhaft ausübten, sondern letztere dieselbe durch eine Anzahl gewählter Abgeordneter aus ihrer Mitte ausüben ließen. Diese Einrichtung ist in den mehrsten neueren ständischen Verfassungen beibehalten oder angenommen und findet eine Ausnahme von derselben nur in Ansehung derjenigen Statt, welchen eine Virilstimme beigelegt ist. Mit Ausnahme der letzten besteht daher gegenwärtig die ritterschaftliche Repräsentation in den Ständeversammlungen nicht mehr aus den Landständen

[64]) So wird z. B. in Mecklenburg die Anwesenheit von mindestens hundert Landständen, wenigstens zur feierlichen Eröffnung des Landtags, erfordert.

selbst, sondern aus ihren Abgeordneten und daher die Ständeversammlung überhaupt nur aus Abgeordneten, welche nach bestimmten Vorschriften und in bestimmter Anzahl für jede landständische Versammlnng der Stand aus seiner Mitte wählt und bevollmächtigt.

Es liegt daher ohne weitere Ausführung vor, daß die Abgeordneten, wie bei den ständischen Corporationen, stets, und in den Ländern, in welchen die Ritterschaft schon früher ihre Landstandschaft durch Deputirte ausübte, schon früher der Fall war, keineswegs die wirklichen Landstände selbst, sondern nur die Abgeordneten derselben sind, durch welche die Stände ihre Rechte ausüben.

Dies folgt nicht allein aus Begriffen und aus der Geschichte und Verfassung, sondern ist auch in den verschiedenen Gesetzen über die ständische Verfassung bestimmt ausgesprochen. Denn in denselben werden in der Bestimmung der einzelnen Stände, aus welchen das corpus der Landstände besteht, keineswegs die Abgeordneten, sondern die Stände selbst als zur Landstandschaft Berechtigte und daher als Stände und die Abgeordneten nur als deren Abgeordnete oder Deputirte bezeichnet[65]).

---

[65]) z. B. sämmtliche preußische Gesetze wegen Anordnung der Provincialstände von 1823: Die Stände bestehen und zwar I. der erste Stand aus a. den Standesherrn oder dem Herrnstande, b. aus der Ritterschaft; II. der zweite Stand aus den Städten; III. der dritte Stand aus den übrigen Gutsbesitzern, Erbpächtern und Bauern. Sachsen-weimarsches Grundgesetz von 1816, §. 2: Drei Stände sind in dem Großherzogthum als Landstände anerkannt: der Stand der

Eben dieses ist der Fall bei der Anführung der den Ständen zustehenden Gerechtsame und obliegenden Verbindlichkeiten, indem sie übereinstimmend als den Ständen, nicht aber den Abgeordneten zustehend oder obliegend angeführt und die Abgeordneten nur als diejenigen bezeichnet werden, durch welche die Stände die ihnen nach der Verfassung zustehende Gerechtsame ausüben[66]).

Die neueren Verfassungs-Urkunden beobachten diesen Grundsatz mit einer solchen Consequenz, daß sie die Abgeordneten nie in der Anführung der Stände, sondern nur in der Bestimmung der Mitglieder der Stände-Versammlung, insonderheit der zweiten Kammer, an-

---

Rittergutsbesitzer, der Stand der Bürger und der Stand der Bauern.

[66]) Sachsen-weimarsches Grundgesetz von 1816, §. 2: „Drei „Stände sind in dem Großherzogthume als Landstände aner„kannt: der Stand der Rittergutsbesitzer, der Stand der Bür„ger und der Stand der Bauern.“ §. 3: „Diese drei Land„stände und in ihnen sämmtliche Staatsbürger werden durch „Männer vertreten, welche aus ihrer Mitte durch freie Wahl „als landständische Abgeordnete hervorgehen.“ §. 4: „Alle „den Landständen zukommende Rechte können nur durch diese „gesetzlich erwählten Vertreter ausgeübt werden.“ §. 5: „Es „stehen den Landständen zur Ausübung durch ihre Vertreter „folgende rc. — Sachsen-hildburghausensche landständische Verfassung von 1818: §. 1. „Alte Rechte und Be„fugnisse, welche dem Volke in seiner Gesammtheit im Ver„hältnisse zur Regierung zustehen, können nur auf diesem Wege „(durch verfassungsmäßige Abgeordnete) ausgeübt werden.“ §. 3: „Zur Ausübung dieser Rechte sind vornehmlich Ver„sammlungen sämmtlicher Landes-Abgeordneten (Landtag) be„stimmt.“

führen, welche in den mehrsten Ländern nicht aus den Ständen selbst, sondern nur aus deren Abgeordneten bestehen, und auch hier unterscheiden sie sorgfältig die nicht durch Abgeordnete, sondern viritim erscheinenden Stände von den Abgeordneten der übrigen (der Curiat-) Stände [67]). Durch diese Bestellung der Abgeordneten

---

[67]) z. B. Baiersche Verfassungs-Urkunde von 1818: Die zweite Kammer besteht aus 1) den Grundbesitzern, 2) den Abgeordneten der Universitäten, 3) aus Geistlichen, 4) aus Abgeordneten der Städte und Märkte. — Königl. Sächsische Verfassungs-Urkunde von 1831: Zu der ersten Kammer gehören 1) die Besitzer der Herrschaften W. N. N. ꝛc. 2) Zwölf auf Lebenszeit gewählte Abgeordneten der Rittergutsbesitzer, 3) Zehn vom Könige auf Lebenszeit ernannte Rittergutsbesitzer. Die jede einzelne Klasse betreffende Zahl von Abgeordneten, in der ersten Kammer: — — 2) das Hochstift Meißen, 3) der Besitzer der Herrschaft W., 4) die Besitzer der Receßherrschaften durch einen ihres Mittels, — — 13) zwei auf Lebenszeit gewählte Abgeordnete der Rittergutsbesitzer, 14) 10 vom Könige auf Lebenszeit ernannte Gutsbesitzer, 15) Magistratspersonen von 6 benannten Städten; die zweite Kammer besteht aus Abgeordneten der Rittergutsbesitzer, der Städte und des Bauernstandes in einer für jeden Stand bestimmten Anzahl: — fünf Rittergutsbesitzer und acht Abgeordnete der Städte und des Bauernstandes. — Die Abgeordneten haben keinen ausgeschiedenen Stand oder Klasse, sondern alle Unterthanen zu vertreten, keine Instruction von ihren Wahlbezirken oder Klassen zu übernehmen. — Auch die Hannoversche Landes-Verf. von 1840 unterscheidet die gewählten Mitglieder der Kammer, die Deputirten der Ritterschaften und der Städte von den Wählenden; eben dieses ist in der Würtembergschen Verfassungs-Urkunde von 1819 der Fall. — Sachsen-Weimarsches Grundgesetz von 1816: §. 3. „Diese drei Landstände werden durch Männer vertreten, „welche aus ihrer Mitte durch freie Wahl als landständi-

zur Vertretung der Landstandschaft eines Standes hören daher die übrigen Mitglieder des letzteren nicht auf, Landstände zu sein [68]).

Demnächst werden aber

II. In allen deutschen Staaten die Abgeordneten weder von dem ganzen, noch aus dem ganzen Volke, sondern nach den verschiedenen Ständen und von jedem derselben aus denselben gewählt, zu welchem Zweck die zur Wahl berechtigten Mitglieder eines jeden Standes in eigene Wahldistrikte getheilt sind. Die die Landstandschaft ausübenden Mitglieder oder Abgeordneten eines jeden Standes sollen zwar das Interesse des ganzen Landes berücksichtigen und sind daher Vertreter desselben, allein nichts desto weniger sind sie Abgeordnete und

---

„sche Abgeordnete hervorgehen." §. 4. „Alle den Land-„ständen zukommenden Rechte können nur durch ihre Ver-„treter ausgeübt werden." §. 6: „Es werden 31 Abgeord-„nete erwählt, 11 von dem Stande der Rittergutsbesitzer, „10 von dem Stande der Bürger und 10 von dem Stande „der Bauern — ein jeder der drei Landstände hat die sei-„ner Wahl überlassenen Abgeordneten aus seiner Mitte zu „erwählen." — Chur-Hessische Verordnung wegen der Landstände vom 27. Decbr. 1814: „Da die Gründe weg-„fallen, welche in vergangenen Jahrhunderten den Stand der „Bauern von jedem Antheil an landschaftlichen Verhandlun-„gen ausschlossen, so wird dieser Klasse Unserer Unterthanen „das Recht eingeräumt, zu dem Landtage Deputirte zu wählen." 1816: „Die auf dem Landtage erschienenen Stände und „Deputirten" (Pölitz, Bd. I. S. 567—570). — Braunschweigische neue Landschafts-Ordnung von 1832: „Abgeordnete der drei Standes-Klassen: Abgeordnete der „Ritterschaft, der Städte, ländliche Abgeordnete.

[68]) Vgl. Sachsen-Weimarsche Constitution von 1809, §. 22.

Repräsentanten ihres Standes und werden in den Gesetzen als solche, z. B. als Abgeordnete der Rittergutsbesitzer, der Städte und des Bauernstandes bezeichnet, haben in der Ständeversammlung den Rang nach dem ihres Standes und werden nach demselben als erster, zweiter und dritter, auch wohl vierter Stand bezeichnet und sind selbst zu der ilio in partes berechtigt.

Die Eintheilung in geborne nnd erwählte Stände ist daher, wie schon S. 56 ff. angeführt ist, auch wenn man den Ausdruck „geborne" für angemessen halten wollte, doch nicht ganz zutreffend, da es in Deutschland keine erwählte Stände, sondern nur erwählte Abgeordnete derselben giebt. Selbst die Vorsteher oder Bevollmächtigten der landständischen geistlichen Stifter und der weltlichen Corporationen sind keine erwählte Landstände, weil die Landstandschaft nicht auf ihnen, sondern auf dem Stift oder der Corporation hafte und sie dieselbe nur als Bevollmächtigte derselben ausüben. Eben so wenig giebt es geborne Stände, da der Ritterstand nicht vermöge seiner Geburt, sondern seines Grundeigenthums die Landstandschaft besitzt; geborne Landstände würden daher allenfalls nur diejenigen sein, welchen ohne Rücksicht auf Grundbesitz Landstandschaft zusteht [Personalisten] [69]).

---

[69]) Das wegen Einführung der landständischen Verfassung erlassene herzogl. Sachsen-Coburgsches Decret v. 16. März 1816 enthält darüber Folgendes: „Was die Rittergüter betrifft, auf welchen „von alten Zeiten her die Landstandschaft geruht, so sind Wir „gemeint, solchen Vorzug bei denselben zu belassen. Wir neh„men an, daß schon der Gedanke, daß auf einem solchen Gute „von den Altvordern zum Besten des Vaterlandes gerathen

Es liegt hiernach vor, daß die nach den deutschen Verfassungen stattfindenden Ständewahlen und landständischen Abgeordneten der einzelnen Landstände von Volkswahlen und Volks-Abgeordneten durchaus verschieden sind.

Die Unterschiede zwischen wirklichen Ständen und ihren Abgeordneten sind daher so wesentlich, als die zwischen Mandanten und Mandatarien; jene sind selbstständige und beständige Landstände, diese aber bloße Stellvertreter derselben und zwar vermöge deren Wahl und nur auf den in den Gesetzen bestimmten Zeitraum und scheiden auch noch vor dessen Ablauf aus, wenn sie aufhören, persönlich zu dem Stande zu gehören, der sie gewählt hat; auch sind die persönlichen Erfordernisse zwischen beiden verschieden und erhalten Abgeordnete, nicht aber die Stände selbst Diäten.

Die im §. 17 erwähnten Argumente, durch welche versucht wird, die landständische Verfassung in die ideale repräsentative umzukehren, sind daher in jeder Beziehung ungegründet.

„worden ist, einen Reiz auf den Besitzer bringen muß, ferner „nach bester Einsicht für das gemeine Wohl mitzuwirken. Und „darum theilen Wir Unsere Stände in geborne und gewählte. Zu den ersteren rechnen Wir diejenigen, die mit „einem Rittergut begabt sind. — Die gewählten Stände bestehen theils aus den Gliedern der Magistrate und Stadträthe, theils aus dem Bürger- und Bauernstande" (Pölitz, Bd. I. S. 796).

§. 19.

II. Die zur Landstandschaft berechtigten Stände.

Da in Ansehung derselben die bisherigen Grundsätze der älteren Verfassung wesentlich beibehalten sind; so bedarf es über diesen Gegenstand nur einiger Bemerkungen. So viel zunächst

I. Den Grund der Landstandschaft betrifft; so beruht dieselbe, wie bisher, auf Grundeigenthum[70]), und giebt es kein Grundeigenthum im Lande, was nicht auf dem Landtage vertreten würde und keinen Grundeigenthümer, der nicht an der Vertretung mittelbar oder unmittelbar Theil nehme. Das Grundeigenthum des Landes ist seit den ältesten Zeiten das Fundament der Landstandschaft gewesen und die Verschiedenheit desselben das Princip der verschiedenen Stände, worin seine Besitzer mit Rücksicht auf ihren persönlichen Stand zerfielen.

Der ländliche größere Grundbesitz war die Grundlage und das Erforderniß des Herrenstandes, des Prälatenstandes und des Ritterstandes. Diese drei Stände sind auch nach den neueren Ständeverfassungen

---

70) z. B. Preußische landständische Gesetze von 1823: Das Grundeigenthum ist Bedingung der Landstandschaft. Baiersche Verfassungs-Urkunde von 1818: Eine Standschaft hervorgehend aus allen Klassen der im Staate ansäßigen Staatsbürger — Jeder Abgeordnete muß ein selbstständiger Staatsbürger sein und den freien Genuß eines im betreffenden Bezirk oder Orte gelegenen Vermögens besitzen, welches die im Edict festgesetzte jährliche Versteuerung rc. — Königl. sächsisches Wahlgesetz von 1831: Zur Stimmenberechtigung in allen drei Klassen wird Ansäßigkeit vorausgesetzt.

Landstände und ist der erste durch die ehemals reichsständischen Standesherrn vermehrt. Das kleine Landeigenthum wurde früher nur in den Ländern, in welchen dasselbe Eigenthum des Bauern war, sonst im Ritterstande durch den Gutsherrn vertreten; in der neueren ständischen Verfassung ist, nachdem der Bauer, keineswegs in Folge derselben, sondern der schon früher erlassenen landesherrlichen Gesetze, fast allgemein das Eigenthum erworben hat, der Bauernstand als eigener Landstand hinzugekommen und umfaßt nach mehreren Verfassungen auch diejenigen ländlichen Grundeigenthümer, die weder zu einem der vorgedachten Stände, noch zu ständischen Grundbesitzern gehören.

Das städtische Grundeigenthum ist das eigentliche Fundament der Landstandschaft der Städte. Dasselbe wird gewöhnlich hauptsächlich in die Vertretung der bürgerlichen Gewerbe und selbst der in den Städten besonders gepflegten Wissenschaften gesetzt, und ist diese Ansicht in der vorläufigen Uebersicht S. 3 zwar angeführt, allein keineswegs getheilt. Allerdings haben die bürgerlichen Gewerbe zum Flor und Reichthum der Städte und zu dem Gewichte ihrer Landstandschaft viel und meistens mehr als ihr Grundeigenthum beigetragen, allein den Grund ihrer Landstandschaft bildeten sie keineswegs, sondern ihr Grundeigenthum. Die Städte waren schon unter den Landständen, als in ihnen weder Handel, noch Gewerbe blüheten und sind es geblieben, ungeachtet diese nie in ihnen blüheten und sie bloße Ackerstädte blieben. Bei jener Ansicht wird ganz übersehen, daß der Betrieb des Handels und der Gewerbe in den Städten früher das Bürgerrecht und dieses Grundeigenthum in der Stadt oder von der Feldmark erforderte; jene haben daher den Städten zwar ihren Glanz und Flor, aber nicht ihre Landstandschaft gegeben, obgleich sie für die letztere vorzugsweise Gegenstand der Vertretung waren.

So bestehen die Landstände der ältesten deutschen Zeit und der Grund ihrer Landstandschaft auch nach den deutschen verjüngten landständischen Verfassungen mit der einzigen Ausnahme, daß der Bauernstand aus dem erworbenen freien Eigenthum als besonderer Stand hervorgegangen ist. Diese Stände sind diejenigen, welche nicht allein den ganzen Grund und Boden des Landes, mit Ausnahme der landesherrlichen Domainen, von welchen hier die Rede nicht sein kann (Seite 51), besitzen, und von welchen ein jedes Mitglied Besitzer oder Mitbesitzer eines Theils desselben ist und daher alle vereinigt die Besitzer des Grund und Bodens des Landes sind und das gesammte *ansäßige Volk* bilden und deshalb im eigentlichen Sinne die *Vertreter des ganzen Landes und Volks* um so mehr sind, als in dem nicht-ansäßigen Theil des letzteren keiner ist, der nicht zu den Hintersassen eines jener Stände gehörte und in einem derselben auch Genosse seines persönlichen Standes wäre.

Die ältere ständische Verfassung ist indessen in mehreren deutschen Ländern nach deren besonderen Verhältnissen durch einige neue Stände vermehrt.

Dahin gehört die aus den wichtigsten und bewährtesten höheren Gründen auch in den mehrsten deutschen Staaten bei der Bildung allgemeiner Stände erfolgte Einführung der in anderen Staaten, selbst in Freistaaten bestehenden ersten Kammer.

Der geistliche Stand, dessen Landstandschaft früher auf Grundbesitz beruhete, hat dieselbe in späteren Zeiten, als geistlicher Stand und auch ohne Grundbesitz in Anspruch genommen, sie jedoch nur in einigen Ländern erhalten, wohl aber sind in verschiedenen Ländern einige der höheren Kirchendiener als Mitglieder der ersten Kammer bestimmt. [71])

Gleicher Anspruch auf Vertretung der Wissenschaften durch Universitäten und durch Gelehrte ist zwar ebenfalls erhoben, den Universitäten indessen nur in einigen Ländern, zum Theil wegen ihres Grundbesitzes, dem Gelehrten-Stande jedoch wahrscheinlich wegen der Indefinibilität desselben nur in einigen, nicht zur Ausführung gekommenen Constitutionen [72]) eine Stelle unter den Ständen zugestanden.

Handel und Gewerbe haben wahrscheinlich in der Voraussetzung, daß sie in den Deputirten der Städte und der ländlichen Grundbesitzer hinreichende Vertretung finden werden, nur in einigen ständischen Gesetzen eine besondere

---

[71]) Vergl. oben S. 48, so wie Schweitzer Oeffentliches Recht des Großherzogthums Sachsen-Weimar (Weimar 1825) Th. I. S. 50.

[72]) In der Großherzogl. Frankfurtsche Verf.-Urkunde von 1810 (S. 61) und die Anhalt-Köthensche von 1810 (S. 60) und in dem Waldeckschen Verfassungs-Decret vom 28. Jan. 1814, durch welches für das Fürstenthum Pyrmont eine Repräsentation von 4 Personen — 2 aus den Gutsbesitzern, 1 aus dem

Stelle unter den Ständen erhalten, z. B. im Königreich Sachsen und in Frankfurt.

So viel

II. Die Ausübung der Landstandschaft betrifft; so ist

A. im Stande der Rittergutsbesitzer die Repräsentation durch Abgeordnete fast in allen deutschen Ländern eingeführt und Virilstimme ein Vorrecht geworden. Die ursprünglich nur dem Adel zustehende Landstandsfähigkeit im Ritterstande war in vielen Ländern bereits früher auch den Rittergutsbesitzern nicht-adligen Standes bewilligt worden und ward durch die neueren landständischen Gesetze jedem Besitzer eines landtagsfähigen Ritterguts ohne Rücksicht auf Geburtsstand zugestanden und dadurch nicht mehr ein Vorrecht des Adels, obgleich demselben die, der Landstandschaft aller Rittergutsbesitzer unnachtheiligen übrigen Vorrechte ungekränkt verblieben und in den Verfassungs-Urkunden anerkannt und bestätigt wurden, z. B. der Sitz einer bestimmten Anzahl adliger Rittergutsbesitzer in der ersten Kammer [73]), die den adligen

---

Gewerbestande und 1 aus der Gelehrten-Klasse — angeordnet ward; dieses Decret, welches bei Pölitz a. a. O. Bd. I. S. 1106 zu vergleichen sein dürfte, kam jedoch nicht zur Ausführung, dagegen aber der Landesvergleich von 1816, in welchem zu den nothwendigen Eigenschaften der Repräsentanten der Unterthanen erfordert wird, daß sie „Geschriebenes lesen und „ihre Gedanken gehörig niederschreiben können."

[73]) z. B. Baiersche Verf.-Urk. v. 1818: „Die erbliche Reichs„rathswürde wird nur den adligen Gutsbesitzern rc. verliehen." Hannoversche Verf.-Urk. von 1840: „Die Mitglieder des „Schatz-Collegiums, welche adlige Mitglieder einer Ritterschaft

und den bürgerlichen Gutsbesitzern besonders zugetheilte Anzahl von Stimmen in der zweiten Kammer [74]), welches indessen als ein Vorrecht da nicht anzusehen sein dürfte, wo eben dieses auch den bürgerlichen Rittergutsbesitzern in Ansehung ihrer Stimmen zusteht; das Vorrecht der adligen Gutsbesitzer, in Ansehung des Vorsitzes auf Landtagen, theils durch das erbliche Landmarschallsamt, theils vermöge besonderer Bestimmungen [75]).

„sind, haben Sitz in der ersten Kammer, die bürgerlichen Stan„des aber in der zweiten.“ Würtembergsche Verf.-Urk. v. 1819: „Zu erblichen Mitgliedern wird der König nur solche „Grundbesitzer aus dem standesherrlichen oder ritterschaftlichen „Adel ernennen rc.“ Badensche Verf.-Urk. von 1818: „In „der ersten Kammer 8 Abgeordnete des grundherrlichen Adels — „Die Häupter der adligen Familien, welchen der Großherzog „die Würde des hohen Adels verleihet“ — „Adligen Güter„besitzern kann der Großherzog die Stimmfähigkeit beilegen.“ Churhessische Verf.-Urk. v. 1831: „Ein Abgeordneter aus „dem ehemals reichs-ritterschaftlichen Adel.“ Nassausches Patent v. 3. Nov. 1815: „Die gesammten adeligen Gutseigen„thümer haben sechs Virilstimmen bei der Herren-Bank, welche „sie durch eben so viele aus ihrer Mitte erwählte Deputirte „des Adels vertreten lassen.“

[74]) z. B. Baiern (Verf.-Urk. v. 1818): „Klasse der adligen Guts„besitzer.“ Würtembergsche Verf.-Urk. von 1819, §. 133: „13 Mitglieder des ritterschaftlichen Adels, welche von diesen „aus ihrer Mitte gewählt werden.“ Badensche Verf.-Urk. von 1818. Großherzogl. Hessesche Verf.-Urk. von 1820 „Zweite Kammer — 6 Abgeordnete, welche der mit Grund„eigenthum angesessene Adel aus seiner Mitte wählt. — An „den Wahlen des Adels nehmen alle adelige Grundeigenthü„mer, welche 300 Thlr. directe Abgaben entrichten, Theil.“

[75]) z. B. nach der Würtembergschen Verf.-Urk.. von 1819: „Ritterschaftliche Abgeordnete.“ Sachsen-Hildburghausensche Verf. von 1818, §. 38: „Im Verhinderungsfalle des „Landtags-Directors ein ritterschaftlicher abgeordneter Vice-

B. Die Ausübung der Landstandschaft der Städte, welche fast allgemein durch einen der Vorsteher der Stadt erfolgte, ist hin und wieder durch die neueren landständischen Gesetze mehrfach verändert. In einigen Ländern ist die ältere Verfassung beibehalten oder in größeren Städten neben dem Magistrat auch der Bürgerschaft ein besonderer Landtags-Deputirter bewilligt; in andern, jedoch wenigen Ländern aber die Ernennung des städtischen Landtags-Abgeordneten der zwiefachen Wahl der Stadtgemeine überlassen; dagegen sind aber die zu der activen und passiven Wahlfähigkeit, sowohl zum Wahlmann, als zum Landtagsmitglied erforderlichen Eigenschaften näher bestimmt, allgemein in allen Ländern dahin, daß dazu das volle Staatsbürgerrecht und die Eigenschaft eines Mitgliedes der Gemeine erforderlich, verschieden jedoch darin, ob dazu auch die Ansässigkeit mit einem Grundstücke erforderlich, oder schon der wesentliche Betrieb eines städtischen Gewerbes genügt.

„Director." Königl. Preußische landständische Edicte von 1823 (für alle Provinzen). Ueberhaupt in allen Ländern, in welchen die Landstände ständeweise erscheinen, geordnet sind, stimmen, unterzeichnen und ihren Sitz haben, weil es unschicklich sein würde, daß der zweite Stand über den ersten und der dritte über den vierten das Directorium haben sollte; daher ist es in Deutschland stets hergebracht, daß in Zusammenkünften der Landstände ohne das Landtags-Directorium der erste Stand und, wenn in demselben ein Rang Statt hat, der in Gemäßheit desselben erste, z. B. der aus dem ersten Kreise, den Vorsatz hat. Die Ständeversammlungen glaubten auch in Beobachtung der Grundsätze des Anstandes und der allgemeinen Ueblichkeit, so wie in Vermeidung der Unbescheidenheit und des Vordringens allen andern Zusammenkünften Vorbild sein zu müssen.

C. Die Ausübung der Landstandschaft des Bauernstandes erfolgt durch von diesem Stande aus seiner Mitte erwählte Abgeordnete.

Die Ausübung der Landstandschaft ist in den größeren Ländern der, selbst in republicanischen Repräsentationen, z. B. der französischen, italienischen, batavischen Republik, für nothwendig erkannten Bedingung eines langen Besitzes der Landtagsfähigkeit [76]) und daher des Besitzes des Grundeigenthums oder des Gewerbes sowohl im Ritterstande, als im Stande der Städte und der Bauern [77]) unterworfen und außerdem von einem bestimmten Werthe oder Ertrage des Grundstücks oder bestimmter unabhängigen Einkommen abhängig gemacht.

§. 20.

III. Landtage.

Diese Stände bilden zwar zusammen die anerkannte mo-

---

[76]) z. B. Baiern: Grundeigenthum oder bürgerliche Gewerbe, und solche wenigstens schon 3 Jahre in Besitz haben. — Königreich Sachsen: — 3 Jahre. — Hannoversche Verfassungs-Urkunde von 1840: — Grundbesitz oder ein Kapital, welches, wenn nicht durch Erbschaft, wenigstens ein Jahr vor der Wahl erworben sein muß, oder wenn jährliche Diensteinnahme als Gemeindebeamter, oder von ihrer Wissenschaft, Kunst oder Gewerbe ein jährliches Einkommen von 1000 Thlr., auch selbst bereits 3 Jahre vor der Wahl gehabt haben. — Alle Preußische landständische Verfassungs-Urkunden v. 1823. — Herzogthum Braunschweig 5 Jahre u. a. m.

[77]) Baiern, s. die vorige Anm. — Hannoversche Verf.-Urk. v. 1840: — Grundbesitz oder ein wenigstens ein Jahr vor der Wahl erworbenes im Königreich belegenes Grundvermögen von jährlich reinem Einkommen von 300 Thlr. — Preußische Gesetzg. von 1823: — 1 Jahr.

ralische das Land vertretende Person (die Stände-Versammlung, der Landtag); dieser Einheit ungeachtet ist indessen die, seit der ältesten Zeit in allen europäischen Staaten und auch in der deutschen Reichs- und Landes-Verfassung übliche Trennung dieser Versammlung in verschiedene Abtheilungen in den neueren Verfassungen nicht allein beibehalten, sondern erweitert. Das Ein-Kammer-System, dessen Gefahren und Nachtheile schon die dritte demagogisch-republicanische Constitution Frankreichs durch Einführung des Raths der Alten und des Raths der Fünfhundert anerkannte und abstellte, gehörte allerdings zu den Gegenständen, welche, obwohl sie in keinem Lande in Europa anerkannt waren, als Forderung des Geistes der Zeit ausgegeben wurden und in Deutschland eingeführt werden sollten. Eine Eintheilung nach verschiedenen Ständen würde, ward sogar behauptet, Einseitigkeit befördern, anstatt daß gerade durch Vielseitigkeit der Berathungen Vielseitigkeit der Ansichten befördert wird. Die deutschen Fürsten erhielten daher nicht allein in Uebereinstimmung mit den Landständen und der sachkundigen öffentlichen Meinung die auf historischem Boden beruhende Abzweigung der Stände-Versammlungen nach den verschiedenen Ständen[78]) aufrecht, sondern

---

[78]) z. B. Hannoversche Declar. v. 11. Mai 1832: Was die erste Kammer betrifft, so halten Wir es für nöthig, daß sie auf anderen Grundlagen beruhe, als die zweite und müssen der Meinung sein, daß erblicher Besitz eines umfassenden Grundeigenthums und lebenslänglicher Ernennung sich hiezu um so mehr eignen, als diese neben einer allseitigen Berathung der vorkommenden Gegenstände zugleich die Festigkeit der Grundsätze mehr

bildeten durch die erste Kammer noch eine neue Abtheilung. Die bisherige Ständeversammlung blieb in ihren Mitgliedern und in ihren nach Ständen verschiedenen Abtheilungen — beide als zweite Kammer — und bestand daher aus den alten ursprünglichen deutschen Landständen — Ritterschaft und Städten — und dem neu entstandenen Bauernstande. Die Ueberbleibsel des Prälatenstandes, die Standesherrn, die ausgezeichnetesten übrigen Grundbesitzer und die neu gestifteten Landstandschaften wurden theils in die erste[79]), theils in die zweite Kammer[80]) versetzt.

---

sichern, als in einer Wahlkammer der Fall sein kann, deren Mitglieder öfter wechseln. Daher scheint es Uns nothwendig, daß von dem der Krone bereits zustehenden Rechte der Verleihung eines erblichen Stimmrechts an Majoratsbesitzer ein ausgedehnterer Gebrauch als bisher gemacht werde und deshalb die Summe der erforderlichen Einkünfte von solchem Majorate auf 4000 Thlr. jährlich herabgesetzt werde und daß bis dahin daß Majorate in hinreichender Anzahl gestiftet sein werden, Uns das Recht zustehe, den im Königreich angesessenen, mit einem umfassenden Grundvermögen versehenen Rittergutsbesitzern Virilstimmen zu verleihen.

[79]) So z. B. in Baiern die beiden Erzbischöfe und ein vom Könige ernannter Bischof; im Königreich Sachsen das Hochstift Meißen, die Standesherrn, die Universität Leipzig, mehrere Dom- und Collegialstifter und die ersten Magistrats-Personen in acht Städten; im Königreich Hannover die Standesherrn, die Aebte einiger Stifte, der katholische Bischof; in Baden der Landesbischof, ein Prälat und die Universitäten; in Churhessen die Standesherren, die beiden adligen Stifter, die Landes-Universität.

[80]) So sind in Baiern Geistliche und Abgeordnete der Universitäten und die zweite Kammer in Hannover ein angesehener evangelischer Geistlicher in die erste, mehrere Stifter, ein De-

§. 21.

Wir würden diesen Abschnitt der vorliegenden Abtheilung sehr kurz haben fassen können, wenn nicht in neueren Zeiten in den Ausdruck Repräsentation des Landes und des Volkes und Repräsentativ-Verfassung ein neuer, den wahren, rechtsbegriffsmäßigen und historischen geradezu umwerfender Sinn gelegt und ihn geltend zu machen gestrebt wäre. Daß die deutschen Landstände innerhalb der Grenzen der Landes-Verfassung das Land und dessen Bevölkerung bei ihrem Fürsten vertreten, und daß daher in den deutschen Ländern keine umumschränkte, sondern eine repräsentative Verfassung Statt finde, das hat bisher wohl schwerlich irgend Jemand in Abrede stellen können. Alles dies gehört zu den ausgemachtesten, allbekanntesten Wahrheiten, seit vielen hundert Jahren allenthalben und bei jeder Veranlassung von den Fürsten anerkannt und in ihren Segnungen von den Unterthanen empfunden, aber eben deshalb kaum genannt, angeführt und theoretisirt. Aus unheilvollen und falschen Theorien entstand ein neuer Begriff der Repräsentation des Volks und der Repräsentativ-Verfassung, nach welcher die Souverainetät im Volke selbst ruhet, und dasselbe zwar eine mäßige Theilnahme an der Ausübung derselben und besonders die Ausführung seiner Beschlüsse dem Regenten übertragen, die Souverainetät selbst aber behalten hat und durch seine Repräsen-

putirter der Universität in die zweite Kammer; in Würtemberg die 6 protestantischen General-Superintendanten und der Kanzler der Universität in die zweite Kammer.

tanten ausüben und durch sie auch den Regenten controlliren und nöthigenfalls zur Verantwortung ziehen läßt. Dies ist die Repräsentativ-Verfassung, die man, seitdem die Demagogen in Frankreich sie andern Gräueln vorangehen ließen, für die ursprüngliche und eigentliche deutsche ausgiebt: Karl der Große und Otto der Große und alle deutschen Kaiser haben nur auf diese Art über Deutschland geherrscht, alle deutsche Fürsten haben ihre Länder nicht vom Kaiser zu Lehn erhalten, Albrecht dem Bär sind die executiven Theile der Herrschaft über die Mark Brandenburg durch das souveraine Volk der Wenden nach der vom Abbé Sieyes 1791 entworfenen Constitution unter repräsentativer Verfassung übertragen'! Auf eben diesem constitutionsmäßigen Wege sind die Habsburger, die Guelphen, die Wettiner und Wittelsbacher zu ihren Thronen gelangt, so und anders nie ist der Ausdruck „Repräsentation" in Deutschland verstanden. Ob unter denen, die diese Behauptungen aufstellen, wohl Einer, ist, der sie gewissenhaft für wahr hält? der die Thoren nicht verlacht, die unverständig genug, sich so verführen lassen? Dennoch aber das fortgesetzte Streben, diese Ansichten zu verbreiten! Ein weites Feld zu diesen Versuchen gewährten diesen Verbreitern die in den, seit dem Jahre 1815 von den Fürsten gegebenen Verfassungen oder Ankündigungen derselben vorkommenden Ausdrücke „Repräsentation", „Repräsentanten" und „Repräsentativ-Verfassungen"; alles Ausdrücke, welche mit einer gleich beispiellosen Dreistigkeit und Unwissenheit als Versprechen oder Verleihung dieser neu erfundenen Repräsentation sophistisirt und ausgegeben werden. Dieser Sinn würde zwar neben den Bundes-Grundgesetzen ein reiner Unsinn sein, allein das hinderte nicht: die Bundes-Grundgesetze waren unrichtig; wir haben ja auf der Tribüne in einer zweiten Kammer einen Abgeordneten gesehen, der, ungeachtet er in seinem Deputirten-Eide die Aufrechthaltung der Staats-Verfassung beschworen hat und zu derselben die organischen Bundesbeschlüsse auch gehören, auf Annullation der mit seinen Ansichten nicht übereinstimmenden Bundesgesetze und Bestrafung der Theilnehmer an ihrer Erlassung angetragen hat.

Wegen dieser sophistischen Uebertragung dieses, den gesunden deutschen Sinn verletzenden Ausdrucks „Repräsentation" auf unsere deutsche ständische Repräsentation schien es rathsam, aus Geschichte, Verfassung und Urkunden den Sinn zu entwickeln, in welchem diese Ausdrücke in Deutschland stets und zu allen Zeiten verstanden und genommen worden und nach deutscher Geschichte und Verfassung möglicher- und irgend vernünftigerweise nur genommen werden kann, es mithin einen Unverstand sondergleichen beurkundet, darunter die Gattung von Repräsentation zu verstehen, die eine gänzliche Umstaltung der ganzen gegenwärtigen Staatsverfassung, aller unserer bürgerlichen Einrichtungen und Verhältnisse, so wie aller unserer practischen und wissenschaftlichen Ansichten von Staats-Verfassung, Staatsrecht und Staatsverwaltung nothwendig bewirken müßte. Und diese Umstürzung wäre, meinen jene Männer, die Absicht der Fürsten auf dem Congresse in Wien bei der Befestigung der innern Ruhe in Deutschland gewesen und daher hätten sie den Ausdruck „Repräsentation“ auch nur iu diesem destruirenden umwälzenden Sinne verstehen können!

Die Aeußerungen einiger der ausgezeichnetsten Staatsmänner des Wiener Congresses dürften hierbei nicht uninteressant sein. „Indem deutsche Fürsten den „Ausdruck „landständische Verfassungen“ wähl„ten, bemerkte sehr treffend der hannoversche Staats-Minister, Graf Münster, auf dem Carlsbader Congreß, „deuteten sie ausdrücklich auf vaterländische „Institutionen, auf Erhaltung bestehender oder „durch bloße Gewalt zerstörter Rechte, in so „fern sie sich den neuen Staatsverhältnissen „anpassen ließen, nicht auf Repräsentativ-Sy„steme, die das Ausland auf den Umsturz alles „vorher Bestandenen und auf die Idee einer „Theilung der Souverainetät des Volks mit dem „Fürsten oder auf deren constitutionelle Uebertra„gung an denselben hat gründen wollen [81]).“

„Die einfache Vorschrift des Art. 13 der Bundesacte — äußerte ein anderes ausgezeichnetes Mitglied des Wiener Congresses, der mecklenburgische Minister v. Plessen, auf dem Congreß zu Carlsbad [82]) — „enthält durch seine dop„pelte (landständische Verfassung) Bestimmung einmal dem „Wesen nach, daß die Souverainetät im Innern durch

[81]) Klüber, Wichtige Urkunden für den Rechtszustand der deutschen Nation (Mannheim 1845) S. 258.

[82]) Ebend. S. 262.

„eine Verfassung geregelt sein muß, deren Elemente „also verschieden nach der Beschaffenheit der einzelnen „Bundesstaaten, jedoch um nicht ein bloßer Act der Will= „kür zu sein, nur auf den bisherigen vorhandenen „Rechtszustand begründet sein können; ferner der Form „nach, daß diese Verfassung aus Landständen bestehen „soll, also nach dem alleinigen Begriff des Wortes, daß „darin die einzelnen Stände oder Glieder, wie die ei= „gentlichen Elemente, woraus der Staat besteht, also „solchen repräsentiren und die Gesammtvertretung „bilden sollen. Dergleichen Stände setzen schon einige „vorherige Organisation nach einzelnen Körperschaften und „Klassen und zum wenigsten eine Sonderung derer, die „durch ein größeres Besitzthum ein vorzügliches Interesse „haben, das Bestehende im Staate aufrecht zu halten, vor= „aus. Die allgemeine Wohlfahrt und Sicherheit wird auf „diese Weise practisch befördert, indem für alle in sich „repräsentirte Theile des Staats und durch das „entstehende Gleichgewicht jeder Willkür die gehörige „Grenze gesetzt und die Rechte eines jeden Theils ge= „sichert und gehandhabt werden. Das demokratische „Princip verträgt daher nicht einmal eine an= „dere Mischung mit dem monarchischen, als in „der Anwendung des Grundsatzes, daß alle „Stände im Staate, als solche, vertreten sein „müssen. Wenn man hierbei weiter geht; so „werden die Ständeversammlungen demagogi= „scher Natur, sie haben kein eigenes Fundament „mehr, und indem sie ihre individuellen Meinungen für die

„allgemeine Volksstimme auszugeben suchen, werden sie in „neue Partheien zerfallen, welche durch demagogische Künste „und Anreizungen auch im Volke sich die meisten An= „hänger zu verschaffen bemühen.“

Gleich interessant sind auch die Verhandlungen des Carlsbader Congresses von 1819, in deren Folge die Bundesbeschlüsse von 1820 erfolgten. Da, wie schon S. 93 angeführt ist, der Unfug der Unterschiebung des falschen Begriffs der Repräsentation auch in Deutschland Unheil aller Art verbreitet hatte; so wurde auch dieser Gegenstand in Carlsbad einer näheren Erörterung unterworfen. Wir heben aus dem vom Hofrath von Gentz auf dem Congresse erstatteten ausführlichen Vortrage[83]) folgende Stelle aus:

„Das Wort „landständische Verfassung“ hat, „so lange es eine deutsche Sprache und Geschichte giebt, „nie eine andere Bedeutung gehabt, und es konnte daher „auch im 13. Artikel der Bundesacte keine andere gemeint „sein. Repräsentativ=Verfassungen hingegen sind „solche, wo die zur unmittelbaren Theilnahme an der „Gesetzgebung ꝛc. bestimmten Personen nicht die Gerecht= „same und das Interesse einzelner Stände oder doch diese „nicht ausschließend zu vertreten, sondern die Gesammt= „masse des Volks vorzustellen berufen sind. In einer „landständischen Verfassung giebt es allerdings Repräsen=

---

[83]) Klüber, Wichtige Urkunden, S. 214 ff. Der Hofrath v. Gentz wohnte bekanntlich den Conferenzen des Wiener Congresses bei und führte in denselben das Protocoll.

„tation, und man würde sie eine Repräsentativ-„Verfassung nennen können, wenn diesem „Worte nicht in der neuesten Zeit eine ganz ei-„gene, auf landständische Verfassungen nicht „mehr anwendbare Bedeutung beigelegt worden „wäre. Nur in dieser jetzt herrschend gewordenen Bedeu-„tung besteht der Unterschied oder vielmehr der Gegen-„satz zwischen landständischer und Repräsentativ-Verfassung. „Landständische Verfassungen ruhen auf der natürlichen „Grundlage einer wohlgeordneten bürgerlichen Gesell-„schaft, in welcher ständische Verhältnisse und ständische „Rechte aus der eigenthümlichen Stellung der Klassen „und Corporationen, auf denen sie haften, hervorge-„gangen und, im Laufe der Zeiten gesetzlich modificirt, „ohne Verkürzung der wesentlichen landesherlichen Rechte „bestehen. Repräsentativ-Verfassungen sind stets in letz-„ter Instanz auf den verkehrten Begriff von einer ober-„sten Souverainetät des Volks gegründet und führen auf „diesen Begriff, wie sorgfältig er auch versteckt werden „mag, nothwendig zurück. Daher sind landständische „Verfassungen ihrer Natur nach der Erhaltung aller „wahren positiven Rechte und aller wahren im Staate „möglichen Freiheiten günstig. — Landstände entspringen „aus den für sich bestehenden, nicht von Menschenhänden „geschaffenen Grundelementen des Staats, entwickeln sich „mit der Entwickelung derselben und können und müssen „ohne gewaltsame Verletzung vorhandener Rechte auf dem-„selben Wege, auf welchem sie sich gebildet haben, zur „fortschreitenden Vervollkommnung gelangen. Repräsen-

„tativ=Verfassungen sind die Früchte der äuße=
„ren Gewalt oder Willkür."

Auch der preußische bevollmächtigte Minister auf dem Carlsbader Congresse, Staats=Minister Graf von Bernstorff äußerte: „Es ist ein schwerer Mißverstand, wenn „man, wie solches häufig geschehen, auf den 13ten „Artikel der Bundesacte Hoffnungen gegründet und An= „sprüche gemacht hat, welche nicht nur mit dem Sinn und „dem Zweck desselben nicht übereinstimmend sind, sondern „vielmehr damit im auffallendsten Widerspruche stehen. „Als die erlauchten Stifter des Bundes in der Epoche „der politischen Wiedergeburt Deutschlands ihren Völkern „in der Erhaltung oder Wiedereinführung alter deutscher „ständischer Verfassungen ein Pfand der Liebe und „des Vertrauens zu geben beschlossen, sind sie „weit entfernt gewesen, einer nach neu erson= „nenen Theorien zu bildenden, mit der Natur „und dem Zweck ihres Bundes unverträglichen „Volksvertretung den Weg bahnen zu wollen. „Sie haben vielmehr durch die Annahme nnd „ausdrückliche Bezeichnung des einen Systems, „das andere geflissentlich ausgeschlossen. Nichts „ist verschiedener, als die beiden sich schroff ge= „genüberstehenden Verfassungsprincipien. Das „erste setzt der Willkür Schranken, sondert und sichert „das Interesse und die Rechte jeder Klasse des Volks, „ohne die Einheit der Verfassung zu stören; das zweite „zersplittert und lähmt alle Gewalt, gewährt unfruchtbare, „mißverstandene, leicht mißbrauchte Rechte und vermischt alle

„besondere Interessen in unbestimmter, oft verworrener „Allgemeinheit[84]).“

Welch einen Ausdruck giebt es für diejenigen, welche gegen diese in dem Rath der Fürsten in Wien und in Carlsbad und nachher in Frankfurt so bestimmt ausgesprochenen Erklärungen nicht allein fortgesetzt behaupten, daß die Bundesfürsten dennoch unter dem Ausdruck „Landständische Verfassung“ jene revolutionäre Repräsentation verstanden haben, sondern sich auch bestreben, die unkundige Menge durch diese Behauptung zu bethören und zu hintergehen.

Es ergiebt sich daher aus der Geschichte und der Verfassung aller Jahrhunderte, daß die deutschen Landstände allerdings das Land und das Volk bei ihrem gemeinschaftlichen Fürsten und also die Regierten bei dem Regierenden, das Volk als Unterthanen vertreten, nicht aber das Volk als Mitsouverainen oder vollends als den eigentlichen Souverain repräsentiren und daß daher die landständische Repräsentation lediglich eine Repräsentation der Regierten, nicht aber die monstruose Repräsentation des rein repräsentativen Systems ist. (Vgl. oben S. 16).

---

[84]) Klüber a. a. O. S. 255.

Dritte Abtheilung.

Bemerkungen über einzelne Gegenstände der landständischen Verfassung.

§. 22.

I. Sie ist wesentlich die bisherige landständische Verfassung.

Wenngleich eine ausführliche Darstellung der landständischen Verfassung außer dem Zweck dieser Abhandlung liegen würde; so können wir sie doch nicht ohne Erörterung einiger Grundlagen dieser Verfassung schließen.

Es geht zuvörderst aus der bisherigen Ausführung hervor, daß die landständische Verfassung in den deutschen Staaten überall keine neue, sondern die seit den ältesten Zeiten in Deutschland bestandene ständische Verfassung ist. Auch in den wenigen Ländern, in welchen sie erst neu begründet worden, ist sie diese alte deutsche, die jetzt auch dort eingeführt ist. Die deutschen Fürsten haben auf dem Wiener Congreß die Erhaltung der bestehenden landständischen Verfassungen, die Wiederherstellung der eingegangenen und die Errichtung der landständischen Verfassung mit möglichster Rücksicht auf die bisherige beschlossen und wiederholentlich erklärt, daß die eingeführten Verfassungen keine neue, sondern lediglich die, nach den veränderten Verhältnissen modificirten Verfassungen sind. Welcher Grund hätte sie auch vermögen können, die bestehende landstandische Verfassung umzustoßen und eine neue einzuführen; sie haben daher bei jeder Veranlassung erklärt, daß sie diese Absicht überall nicht haben und nicht gehabt haben. Es sind auch die gegebenen landständischen Verfassungen keine neuen; weder die Basis und die Grundsätze, noch die Attributionen, noch die vertretenden Klassen sind durch diese Verfassungen verändert, weil die Befähigung des Bauernstandes schon vor der Erlassung der neuen ständischen Gesetze erfolgt war; die ständische Verfassung wurde daher nur den veränderten Verhältnissen angepaßt, da wo sie mehr oder minder außer Uebung gekommen war, wieder belebt und auf erworbene Landestheile erweitert, und dasjenige, was bisher auf alter Sitte beruhte, schriftlich abgefaßt und näher bestimmt, und eine feste Ordnung der Wahlen und der Verhandlungen in den landständischen Versammlungen vorgeschrieben. Die Befugnisse der Landstände wurden in den Verfassungs-Urkunden genauer ausgedrückt, sind aber nur diejenigen, welche ihnen nach deutscher Verfassung stets zugestanden hatten, wenn man von den, auf besonderen Verabredungen beruhenden, ganz außer dem Wesen der Landstandschaft liegenden und ihr vielmehr widerstrebenden und auch nur aus den besonderen Verhältnissen einzelner Länder hervorgegangenen Bestimmungen wegen der Domainen und des sogenannten Civil-Etats abstrahirt. Die heutige Landstandschaft und die heutigen Landstände sind daher eben so wenig neue Landstandschaft und neue Landstände, als die in den deutschen Staaten seit einer Reihe von Jahrhunderten erblich herrschenden Dynastien ihre Kronen erst dadurch erhalten haben, daß in einigen neueren Verfassungs-Urkunden die allerfesteste, bekannteste und unbezweifeltste aller unbezweifeltsten und bekanntesten Thatsachen, daß in ihnen die Krone erblich ist, angeführt ist.

Die heutige landständische Verfassung ist daher keine neue, sondern die im alten ehrwürdigen deutschen Geiste erhaltene alte deutsche landständische Verfassung.

War sie gleich kein unmittelbarer Ausfluß der Reichsverfassung, so hatte sie doch in derselben, in den Reichsgesetzen und in den Reichsgerichten ihren Schutz. Mit der Reichsverfassung zerfiel auch sie, und des Kaisers Souverainetät ging auf die deutschen Fürsten über [85]).

Die landständische Verfassung wurde in den, zum Rheinbunde gehörigen Staaten mehr oder minder für unvereinbarlich mit der Souverainetät und durch sie für aufgehoben gehalten und theils aufgehoben, theils verändert,

---

[85]) **Königl. hannoversches Patent** vom 7. Dec. 1819: „Nach „Aufhebung des römisch-deutschen Reichs ging an die Fürsten „desselben das Souverainetätsrecht über. **Votum des Grafen Münster auf dem Carlsbader Congresse** vom 1819: „In Deutschland ist die vormals durch Kaiser und Reich im „Innern beschränkte Souverainetät des Landesherrn auf die „Fürsten übergegangen, die Fürsten haben ꝛc.“ (**Klüber wichtige Urkunden**, S. 258).

theils ignorirt; und überhaupt die, aus der Auflösung der Reichsverfassung für die Fürsten allerdings hervorgegangene Souverainetät hin und wieder so weit ausgedehnt, daß das S. 81 angeführte Urtheil des Fürsten Metternich eben so erhebend, als begründet ist.

Die zur Befreiung Deutschlands vereinigten Monarchen, der Kaiser Franz und der König Friedrich Wilhelm III., waren in dem Kampfe für die Freiheit Deutschlands entschlossen, dem deutschen Vaterlande nicht bloß die äußere, sondern auch die innere Ruhe und den innern Frieden, also auch Sicherheit gegen Verfassungen und Grundsätze zu begründen, die seit länger, als einem Vierteljahrhundert den größten Theil von Europa verheert und verwüstet hatten, und daher in Deutschland eine die Ruhe und das Glück Deutschlands begründende Verfassung zu vermitteln, eine Verfassung, welche dem Deutschen das, was er in der Reichsverfassung verloren hatte, ersetzte und das, was der Rheinbund ihm entzogen hatte, wiederherstellte und gleichzeitig das deutsche Volk vor der unbegrenzten Souverainetät der Fürsten und vor dem Princip der Volks-Souverainetät und der darauf gegründeten die bürgerliche Ordnung umstürzenden repräsentativen Verfassung neuerer Erfindung bewahrte, dagegen aber die ständische Verfassung sicherte. Der Fürst Metternich erklärte auf dem Wiener Congresse: „Der Zweck der großen Allianz ist „feierlich und öffentlich ausgesprochen: Aufhebung des „Rheinbundes und Wiederstellung der deutschen „Freiheit und Verfassung unter gewissen Modifi„cationen“ (Seite 73), und sowohl der Kaiser als der

König von Preußen hatten daher andere deutsche Fürsten nur unter der Bedingung des Beitritts zu den vorgedachten Grundsätzen in ihren Bund aufgenommen [86]).

Nachdem der Wiener Congreß zur Feststellung der neuen deutschen Verfassung auf den 1. Nov. 1814 festgestellt war, theilte der preuß. Staatskanzler Fürst von Hardenberg am 13. Sept. 1814 in einer Conferenz zu Baden dem österreichischen Staatskanzler Fürsten von Metternich den schon S. 68 angeführten Entwurf der Grudlage der deutschen Bundes-Verfassung mit, der in seinem ganzen Geist und in seinen 41 Artikeln die lieberalsten Schranken der Souverainetät, oder, wie sie in diesem Entwurf genannt wird, Landeshoheit vorschlägt und daher, als Basis des deutschen Bundes annimmt, daß die souverain gewordenen Fürsten einer Beschränkung ihrer Souverainetät sich unterwerfen müssen.

Dieser Grundsatz wurde in den, im Namen der Höfe von Wien, Berlin und Hannover in der Conferenz der fünf deutschen königlichen Mächte (Oesterreich, Preußen, Baiern, Hannover und Würtemberg) vorgelegten Arti-

[86]) So wurde in dem mit dem Churfürsten von Hessen am 2ten Dec. 1813 zu Troppau geschlossenen Vertrage bestimmt: S. A. Electorale s'engage à rétablir les états de son pays dans les institutions et privilèges dont ils jouissaient en 1806. Auch die zwischen den verbündeten Monarchen und den meisten deutschen Fürsten im November und December 1813 geschlossenen Verträge bestätigten denselben ihre Souverainetät mit der Clausel: „daß sie sich alle die Modificationen gestatten lassen „müssen, welche die künftige Verfassung Teutsch„lands nöthig machen werde." (Klüber Acten des Wiener Congresses, Bd. I. S. 98.

keln, die bei der Conferenz zur **Grundlage** gedient haben [87]), ausdrücklich dahin ausgesprochen:

Art. 3. Indem die Bundesglieder zu Erreichung dieses auf das Wohl des gemeinsamen Vaterlandes gerichteten Endzwecks (Art. 2: Erhaltung der äußern Ruhe und Unabhängigkeit und die innere Schonung der verfassungsmäßigen Rechte jeder Classe der Nation) zusammentreten, behalten sie, alle und jede, den vollen und freien Genuß ihrer Regierungsrechte [88]), in so weit dieselben nicht durch den im vorigen Artikel bestimmten Zweck eingeschränkt und diese Einschränkungen in der Bundes-Urkunde namentlich ausgedrückt sind.

Die übrigen deutschen Fürsten und die freien Städte treten unterm 16. Nov. 1814 (**Klüber** a. a. O. S. 72) „denjenigen Einschränkungen ihrer Souverai-

---

[87]) **Klüber** a. a. O. S. 57. Einen trefflichen Commentar dieser Artikel enthält das schriftliche Votum der hannoverschen Congreß-Gesandten Grafen **Münster** und Grafen **Hardenberg** (das. S. 68). Vergl. auch die Note des kaiserl. russischen Ministers vom 11. November 1814 (das. S. 61) und **Klüber** Uebersicht der diplomatischen Verhandlungen des Wiener Congresses S. 129 u. 244 ff.

[88]) Es ward von anderer Seite anstatt dieses Ausdrucks der Ausdruck Souverainetätsrechte vorgeschlagen, allein der Fürst Metternich lehnte denselben ab, „weil in neueren Zeiten despotische „Rechte, dergleichen man nicht begehren könne, mit dem Worte „Souverainetätsrechte confundirt worden." **Klüber** Acten des Wiener Congresses, Bd. II. S. 107.

„netät bei" und legten mit Beibehaltung dieses Grundsatzes im Anfange des Aprils 1815 den Entwurf eines Bundesvertrags vor.

So wie jeder Bund unabhängiger Staaten die Unabhängigkeit eines jeden derselben beschränkt; so beschränkt auch der deutsche Bund die Unabhängigkeit der deutschen Staaten und die Souverainetät ihrer Regenten. Wenn die Fürsten den deutschen Bund nicht geschlossen hätten; so würden sie zu allen den in der Souverainetät enthaltenen Rechten, welchen sie gegenwärtig durch den Bund entsagt haben, berechtigt und von allen den Verpflichtungen, welchen sie sich durch den Bund unterworfen haben, befreit sein. Sie traten durch den deutschen Bund gegenseitig in ein Vertrags- und Bundes-Verhältniß, was ohne ihn, unter ihnen nicht bestanden, so wenig bestanden haben würde, als es unter den Fürsten Italiens besteht. Die Bundesfürsten befinden sich daher in einem zwiefachen Verhältnisse, in dem des unabhängigen Regenten und in dem des Mitglieds des deutschen Bundes, des Bundesfürsten, Eigenschaften, welche nicht blos in der Theorie gegründet sind[80]), sondern auch die Bundesgesetze[81]) und die

[80]) Klüber Oeffentliches Recht des deutschen Bundes und der Bundesstaaten. §. 176: „Der politische Character eines deut„schen Bundesstaates ist zweifach. Er hat die Eigenschaft ei„nes Mitgliedes des deutschen Bundes und diejenige eines „unabhängigen Staates. II. Vermöge der ihnen eigenthüm„lichen Souverainetät und seiner geographischen Lage ist jeder „zu dem deutschen Bunde gehörende Staat und zwar für sich, „d. h. unabhängig von seiner Verbindung mit dem deutschen „Staatenbund."

[81]) Bundes-Schlußacte von 1820, Art. 15: „In Fällen, wo

Fürsten selbst [91]) von einander unterscheiden und nach welchen auch der Umfang ihrer Staatshoheit verschieden ist, indem sie in den von Bundesbestimmungen berührten Ver-

„die Bundesglieder nicht in ihrer vertragsmäßigen Ein- „heit, sondern als einzelne, selbstständige und un- „abhängige Staaten erscheinen, folglich jura singulorum ob- „walten oder einzelnen Bundesgliedern eine besondere, in „der gemeinsamen Verpflichtung Aller nicht begriffenen Lei- „stung oder Verwilligung zugemuthet werden sollte, kann ohne „freie Zustimmung sämmtlicher Betheiligten kein dieselben ver- „bindender Beschluß gefaßt werden." Art. 31: „Die Bundes- „Versammlung hat aber keine unmittelbare Einwirkung in die „innere Verwaltung der Bundesstaaten." (Vgl. auch Art. 53). Bundesbeschluß vom 28. Juni 1832, Art. 1: „— Da nach „dem Art. 57 der Wiener Schlußacte die gesammte Staats- „gewalt in dem Oberhaupt des Staats vereinigt bleiben muß „— — so ist auch ein deutscher Souverain als Mitglied „des Bundes zur Verwerfung einer, hiermit in Widerspruch „stehenden Petition der Stände nicht nur berechtigt, sondern die „Verpflichtung zu dieser Verwerfung geht aus dem Zweck „des Bundes hervor." (S. 79).

[91]) Würtembergische Verf. - Urk. von 1819: „— um der „Uns, als einem Gliede des deutschen Bundes oblie- „genden Verbindlichkeit rc." — Königl. Hannoversche Declaration vom 11. Mai 1832: „Es ist Unser unabän- „derlicher Wille, daß der Grundsatz ausgesprochen und befolgt „werde, daß Unser Königreich, als Glied des deutschen „Bundes alle aus demselben herfließenden Verpflichtungen „theile. Hannoversche Verf.-Urk. von 1840: „Das Kö- „nigreich Hannover macht einen Theil des deutschen Bun- „des aus und theilt als solcher alle aus der Bundes- „Verfassung entstehenden Rechte und Verbindlichkeiten." — Sachsen-Hildburghausensche Verf.-Urk. von 1818, §. 5: „— dem Lande, als Bundesgliede." — Sachsen-Alten- burger Verf.-Urk. von 1831, §. 11: „Der Herzog ist zugleich „Mitglied des deutschen Bundes. In dieser Beziehung hat er" (vgl. S. 173). — Braunschweigische neue Landschafts-Ord.

hältnissen beschränkter, als in den davon nicht berührten ist. Durch den deutschen Bund wurde zwischen den „einzelnen, „selbstständigen und von einander unabhängigen deutschen „Fürsten und ihren Ländern" ein gemeinschaftlicher Vereinigungspunkt begründet, welchen die Bundesgesetze selbst „eine vertragsmäßige Einheit"[92]) nennen, und in ihm erhielten die verschiedenen deutschen Länder und Völkerschaften diejenige Einheit wieder, welche sie in der Reichs-Verfassung gehabt hatten (Seite 23) und in welcher allein gegenwärtig die Einheit Deutschlands besteht. Da ein Bund, wie jeder Vertrag, nur auf die Gegenstände, für welche er eingegangen ist, sich beschränkt und die Grenzen derselben nicht überschreitet, und die Bundesfürsten „den vollen und freien Genuß ihrer „Regierungsrechte nur in so weit einer Beschränkung „unterworfen haben, als der Zweck des Bundes sie er„fordert und der Bundes-Vertrag sie ausdrücklich aufge„nommen hat" (S. 159); so kann zwischen den verschie-

---

von 1832, §. 11: „Der Landesfürst theilt als Mitglied des „deutschen Bundes alle aus diesem herfließenden Rechte und „Verpflichtungen."

[92]) Schlußacte von 1820, Art. 15: „— die Bundesglieder nicht „in ihrer vertragsmäßigen Einheit, sondern als ein„zelne, selbstständige und unabhängige Staaten." Vortrag des Bundes-Präsidial-Gesandten vom 20. Sept. 1819: „— die Rechte des Bundes unmittelbar angreifen, mithin „das einzige Band, wodurch ein deutscher Staat „mit dem andern und das gesammte Deutschland „mit dem europäischen Staatensystem verknüpft „wird, auflösen zu wollen." (Bundestags-Protocolle Bd. VIII. S. 269).

denen deutschen Ländern eine weitere Einheit, als die in dem deutschen Bunde begründete, nicht angenommen (S. 23) und daher auch das Bundes-Bürgerrecht aller Deutschen nicht weiter, als auf die in dem Bundes-Vertrage, insonderheit in den Artikeln 12 u. 18 angeführten Rechte [93]) ausgedehnt werden, da nach Rechtsgrundsätzen die Vermuthung dafür streitet, daß der Regent so wenig als möglich von den Rechten der Souverainetät weggeben kann [94]). Diese allgemeinen deutschen Bürgerrechte, die durch die Bundesacte einen größern Umfang

---

[93]) Ausführliche Erörterung derselben in Klübers Uebersicht der diplom. Verhandl. des Wiener Congresses Seite 244 ff. Der Bundes-Präsidial-Vortrag vom 11. Nov. 1816: Art. 18 enthält die wohlthätigsten Bestimmungen für „alle Deutsche und begründet ein wahres deutsches Bürger- „recht (Protoc. der Bundesversammlung, Bd. I. S. 52). Vergl. auch „ein allgemeines deutsches Bürgerrecht" (das. Bd. III. S. 217). Mit Unrecht wird jedoch dies deutsche Bürgerrecht auf die Berechtigung im Umfange des deutschen Bundes zu reisen und sich aufzuhalten ausgedehnt. Diese Befugniß ist verschiedentlich in Anspruch genommen, aber selbst von der Bundesversammlung für nicht gegründet erklärt: „Ein völker- „rechtliches Wort aus Veranlassung der Auswei- „sung des Hofgerichtsraths v. Itzstein (in den Jahr- „büchern der preuß. Gesetzgebung und Rechtswissen- „schaft" (Band 64, Hft. 125). Nachtrag zu der Abhandl.: „Ein völkerrechtliches Wort ꝛc." (das. Bd. 65, Hft. 130); vergl. auch „Nachträgliche Actenstücke der deutschen Bundes- „Verhandlungen als Anhang zu den Protocollen der Bundes- „Versammlung." (Frankf. 1817 — 1820) und „Die Thätigkeit „der deutschen Bundes-Versammlung" von Karl Nauwerk (Berlin, 1845, Hft. 1, S. 113).

[94]) wie selbst von Aretin im Staatsrecht der constitutionellen Monarchie (Altenburg 1824). Bd. I. S. 159 behauptet.

erhalten haben, als sie selbst unter der Reichsverfassung hatten, z. B. das Emigrationsrecht, das Recht der Nachsteuer u. s. w. beruhen lediglich auf der deutschen Bundes-Verfassung und stehen daher den Deutschen nur vermöge derselben, mithin nur den Einwohnern der Bundesländer der deutschen Fürsten zu [95]).

Durch den deutschen Bund wurde die völlige Trennung der, durch Auflösung der Reichs-Verfassung des gemeinschaftlichen Bandes beraubten einzelnen Staaten verhindert und wurden diese Länder in eine neue Gesammtheit vereinigt und ihnen die, mit derselben vereinbarlichen deutschen nationalen Institutionen erhalten, unter welchen die landständische Verfassung die erste Stelle einnehmen dürfte. Obgleich sie in einem großen Theil der deutschen Länder unter den mannigfaltigen äußern und innern Veränderungen und Drangsalen und undeutscher Suprematie oder Gesinnung theils aufgehoben, theils untergegangen war, und obgleich sie unstreitig die umfassendste Beschränkung der unabhängig gewordenen Landeshoheit ist; so war doch gerade sie diejenige deutsche Institution, deren Wiederherstellung und festere Begründung die Fürsten [96]) des wieder befreiten Deutschlands

[95]) z. B. die Nachsteuerfreiheit, vergl. Protocolle der Bundes-Versammlung, Bd. II. S. 206, Bd. III. S. 263, 212 ff.

[96]) und an deren Spitze die Monarchen von Oesterreich, Preußen und Hannover. Beim Thurmbau in Babylon brach, so viel wir wissen, nur eine Sprachverwirrung aus, eine völlige Sprach- und Geistes-Verwirrung sehen wir aber in denjenigen, welche diese Mächte, ohne welche die Souverainetät diese Beschränkung wohl nicht erhalten haben würde (vgl. S. 97 u. 157), die Absoluten nennen.

sich vorzugsweise angelegen sein ließen und auf das bestimmteste verlangten und auf ihr fürstliches Wort sich gegenseitig zusagten (S. 97). Die landständische Verfassung wurde daher von den deutschen Fürsten nicht allein in der neuen Verfassung Deutschlands beibehalten, sondern auch bestimmt vorgeschrieben, anerkannt und unter die Garantie des Bundes gestellt, und in den einzelnen Ländern den veränderten Zuständen derselben angemessener erweitert und eingerichtet.

Und dennoch fehlt es nicht an Tadlern dieser Landes-Repräsentation, der sie sichernden Bundesacte und der diese ergänzenden übrigen Bundesgesetze! Diese Erscheinung würde unerklärbar sein, wenn ihre Quelle nicht klar genug vorläge; nicht der Bundesvertrag selbst, nicht die durch sie befestigte und wieder ins Leben gerufene Landes-Repräsentation selbst, sondern die deutsche Richtung beider ist der Grund dieser Unzufriedenheit und dieses Tadels. Ganz anders würde ihr Urtheil sein, wenn diese Richtung die repräsentative in ihrem Sinne wäre (S. 104).

II. Repräsentativ-Charakter der Landstände.

§. 23.

Die, in dem Begriff und der Bestimmung der Landstände liegende Pflicht der Landstände, das Wohl des Landes und des Volks, nicht aber ihren Stand und ihre persönlichen Verhältnisse zu berücksichtigen, ist in den ständischen Verfassungs-Urkunden der einzelnen Länder auch ausdrücklich festgestellt. Wir führen aus denselben um so mehr eine Reihe an, als die Tadler der landständischen

Verfassung derselben diese Bestimmung absprechen und sie lediglich ihrer repräsentativen Verfassung beilegen.

So bestimmt das Baiersche Edict über die Stände-Versammlung v. 26. Mai 1818, §. 56: Die einzelnen Mitglieder, welche in der Versammlung keinen besonderen Regierungsbezirk, keinen ausgeschiedenen Stand oder Klasse, sondern alle Unterthanen des Reichs ohne Unterschied zu vertreten haben u. s. w. — Königl. Sächsische Verfassungs-Urkunde von 1831, §. 78: Die Stände sind das gesetzmäßige Organ der Gesammtheit der Staatsbürger und Unterthanen und als solches berufen, deren auf der Verfassung beruhende Rechte, in dem durch selbige bestimmten Verhältnisse zu der Staatsregierung geltend zu machen und das unzertrennliche Wohl des Königs und des Landes mit treuer Anhänglichkeit an die Grundsätze der Verfassung möglichst zu befördern. — Hannoversches Landesverf.-Gesetz v. 1840, §. 50: Sämmtliche Mitglieder der allgemeinen Stände-Versammlung müssen bei ihren Verhandlungen das Wohl des ganzen Königreichs vor Augen haben und dürfen sich durch Instruction nicht leiten lassen. — Würtembergsche Verfassungs-Urkunde von 1819, §. 124: Die Stände sind berufen, die Rechte des Landes in dem durch die Verfassung bestimmten Verhältnisse zum Regenten geltend zu machen. Vermöge dieses Berufs haben sie bei Ausübung der Gesetzgebungsgewalt durch ihre Einwilligung mitzuwirken, in Beziehung auf Mängel oder Mißbräuche, die sich bei der Staatsverwaltung ergeben, ihre Wünsche, Vorstellungen und Beschwerden dem König vorzutragen, auch wegen verfassungswidrigen Handlungen Klage anzustellen, die nach gewissenhafter Prüfung für nothwendig erachteten Steuern zu verwilligen und überhaupt das unzertrennliche Wohl des Königs und des Vaterlandes mit treuer Anhänglichkeit an die Grundsätze der Verfassung zu befördern. — §. 155: Der Gewählte ist als Abgeordneter nicht des Wahlbezirks, sondern des ganzen Landes anzusehen; es kann ihm daher auch keine Instruction, an welche er bei seinen künftigen Abstimmungen in der Stände-Versammlung gebunden wäre, ertheilt werden. §. 187: So lange die Stände nicht versammelt sind, besteht als Stellvertreter ein Ausschuß für diejenigen Geschäfte, deren Besorgungen von einem Landtage zum andern zur ununterbrochenen Wirksamkeit der Repräsentanten des Landes nothwendig sind. — Badensche Verfassungs-Urkunde von 1818, §. 48: Die Ständeglieder sind berufen, über die Gegenstände ihrer Berathungen nach eigener Ueberzeugung abzustimmen. Sie dürfen von ihren Committenten keine Instructionen annehmen. — Chur-Hessische Verf.-Urk. von 1831, §. 73: Die Abgeordneten sind nicht an Vorschriften eines Auftrags gebunden, sondern geben ihre Abstimmungen gemäß den Pflichten gegen ihren Landesfürsten und ihre Mitbürger, überhaupt nach ihrer eigenen Ueberzeugung. §. 89: Die Landstände sind im Allgemeinen berufen, die verfassungsmäßigen Rechte des Landes geltend zu machen und überhaupt das unzertrennliche Wohl des Landesherrn und des Vaterlandes mit treuer Anhänglichkeit an die Grundlage der Verfassung möglichst zu befördern. — Großherzogthum Hessen Verf.-Urk. von 1820 (vgl. den landständischen Eid in der folgenden Anm.) — Großh. Sachsen-Weimarsches Grundgesetz von 1816, §. 6: Abgeordnete als Volksvertreter. §. 67: Jeder Abgeordnete, von welchem Stande, von welchem Kreise, von welchem Berufe er auch sei, ist Vertreter aller Staatsbürger und hat außer den Gesetzen keine andere Richtschnur anzuerkennen, als seine Ueberzeugung und sein Gewissen. — Sachsen-Hildburgh. landschaftl. Verf. v. 1818, §. 1: Das ganze Land und sämmtliche Unterthanen werden in allen Angelegenheiten zwischen Regenten und Volk durch verfassungsmäßige Abgeordnete vertreten, deren Gesammtheit die Landstandschaft ausmacht. So wie alle Rechte und Befugnisse, welche dem Volke in seiner Gesammtheit im Verhältnisse zur Regierung zustehen, nur auf diesem verfassungsmäßigem Wege ausgeübt werden können, so sollen auch alle Anforderungen, welche von dessen Bewilligung abhängen, nie auf einem andern gemacht werden. §. 4: Die Landschaft ist verpflichtet — dabei die allgemeine Wohlfahrt, die Aufrechthaltung der Verfassung und den ungehinderten gesetzmäßigen Fortgang der öffentlichen Verwaltung zum beständigen Augenmerk zu nehmen. — Sachsen-Coburgsche Verf.-Urk. von 1821, §. 37: Jedes Stände-Mitglied ist als Abgeordneter nicht seines einzelnen Wahlbezirks, sondern des ganzen Landes anzusehen. — Sachsen-Altenburgsches Grundgesetz von 1831, §. 162: Die Landstände sind das verfassungsmäßige Organ der Gesammtheit der Staatsbürger und Unterthanen in dem grundgesetzlichen Verhältniß zur Staatsregierung. §. 199: Die Landstände sind im Allgemeinen verpflichtet, die Interessen aller Klassen und Stände der Unterthanen zu vertreten und nicht das Interesse des einzelnen Standes oder Bezirks, dem sie nach ihrem sonsti- Verhältnisse angehören. — Sachsen-Meiningensches Grundgesetz von 1820, §. 49: Um die Rechte und Befugnisse zu vertreten, welche dem Volke in seiner Gesammtheit im Verhältniß zu der Regierung zustehen. — Braunschweig, Neue Landstandschafts-Ordnung von 1832, §. 57: Die Stände des Herzogthums vertreten in dem grundgesetzlichen Verhältnisse zu der Landesregierung die Gesammtheit der Landeseinwohner und sind daher berechtigt und verpflichtet, deren verfassungsmäßige Rechte und allgemeine Interessen wahrzunehmen und auf die gesetzlich vorgeschriebene Weise geltend zu machen. §. 94: Die Landstände haben die heilige Pflicht, in ihrem Wirkungskreise der Verfassung gemäß, die Wohlfahrt des Vaterlandes frei und ohne andere Rücksichten gewissenhaft zu befördern. §. 95: Sie sind schuldig bei Ausübung ihrer Rechte die Verfassung zu beobachten und dürfen sich nur mit den Gegenständen beschäftigen, welche Bestimmungen der Verfassung ihrem Wirkungskreise überwiesen haben.

Nach den mehrsten neueren ständischen Gesetzen müssen die Landstände die Erfüllung dieser Pflichten eidlich angeloben [97]).

---

[97]) Baiersche Verf.-Urk. von 1818, §. 25: — Beobachtung und Aufrechthaltung der Staatsverfassung und in der Ständeversammlung nur des ganzen Landes allgemeines Wohl

Unter diesen Pflichten ist treue Beobachtung und Befolgung der Verfassung eine bestimmte Pflicht, welche ein Landstand unbedingt und ohne Rücksicht auf seinen Stand und seine persönlichen Verhältnisse erfüllen muß und daher nach den letzteren die Verfassung weder deuteln und er-

---

und Beste ohne Rücksicht auf besondere Stände und Klassen nach meiner innern Ueberzeugung zu berathen. — Königlich Sächsische Verf.-Urk. von 1831: — Die Staatsverfassung treu zu bewahren und in der Stände-Versammlung das unzertrennliche Wohl des Königs und Vaterlandes bei meinen Anträgen und Abstimmungen allenthalben zu beobachten. — Würtembergische Verf.-Urk. von 1819: — Die Verfassung heilig zu halten und in der Stände-Versammlung das unzertrennliche Wohl des Königs und des Vaterlandes ohne alle Nebenrücksicht nach eigener Ueberzeugung treu und gewissenhaft zu berathen. — Badische Verfassungs-Urkunde von 1818: Treue dem Großherzoge, Gehorsam dem Gesetz, Beobachtung und Aufrechthaltung der Staatsverfassung und in der Stände-Versammlung nur des ganzen Landes allgemeines Wohl und Beste ohne Rücksicht auf besondere Stände oder Klassen nach nach meiner Ueberzeugung zu berathen. — Churhessische Verf.-Urk. von 1831: — Die Verfassung heilig zu halten und in der Ständeversammlung das unzertrennliche Wohl des Landesfürsten und des Vaterlandes ohne Nebenrücksichten nach eigener Ueberzeugung zu beachten. — Großherzogl. Hessische Verf.-Urk. von 1820: Treue dem Großherzoge, Gehorsam dem Gesetze, genaue Befolgung der Verfassung und in der Stände-Versammlung nur das allgemeine Wohl nach bester, eigener, durch keinen Auftrag bestimmter Ueberzeugung zu berathen. — Sachsen-Coburgsche Verf.-Urk. von 1821: Treue dem Herzoge, treue Beobachtung der bestehenden Landesverfassung, Gehorsam den Landesgesetzen und in der Ständeversammlung das allgemeine Wohl nach bester, eigener Ueberzeugung zu rc. Sachsen-Meiningensche Verfassung, Grund-Gesetz von 1829, §. 78: Treue dem Landesherrn, gewissenhafte Beobachtung der Verfassung und der bestehenden Gesetze, redlichen uneigennützigen Eifer für das Gesammtwohl des Landes u. a. m.

klären, noch zu verändern sich bestreben darf. Er verletzt daher Pflicht und Eid nicht nur, wenn er die Verfassung nach seinen Standes=Ansichten, soudern auch wenn er sie nach seinen Theorien und Systemen auslegt und befolgt, nicht bloß der Aristokrat, der sie nach seinen Ansichten, sondern eben so sehr der Demokrat, der sie nach den seinigen befolgt, der eine landständische Verfassung als eine rein repräsentative anwendet, die Grenzen und Befugnisse der ersteren überschreitet und in dieselbe die Rechte, die Stellung und andere Elemente der letzteren überträgt und mischt, Vorschriften der ersteren, welche seinen Theorien nicht zusagen, unbeachtet läßt oder zu verdrängen sich bestrebt und überhaupt mit der Absicht, nicht alle Bestimmungen der Verfassung, deren integrirender Theil auch die Bundesbeschlüsse sind (§. 24), treu und gewissenhaft, sondern nach seinen individuellen Ansichten und Theorien zu befolgen und zu beachten, Landstand wird und den landständischen Eid ablegt.

Die treue Beobachtung der Verfassung, die Treue und der Gehorsam gegen den Regenten und die Rücksicht auf das Wohl des Landes ist eine allen Ständen ohne Unterschied gleich heilige Pflicht, allein neben derselben ist dennoch in einer nach verschiedenen Ständen bestehenden ständischen Versammlung der Fall der itio in partes zulässig und daher nach den darüber überhaupt geltenden Grundsätzen in den neuen ständischen Verfassungen näher bestimmt.

III. Landstände repräsentiren das Land und die Unterthanen nur bei dem Landesherrn und in dem Verhältnisse der Unterthanen zum Regenten.

§. 24.

Dieser Grundsatz folgt aus dem ersten Begriff und der Bestimmung der Landstände und ist daher allgemein anerkannter staatsrechtlicher Grundsatz[98]). Der Landesherr,

---

[98]) Königl. Sächsische Verf.-Urk. von 1831, §. 36: — am Throne bevorwortet werden. §. 78: — Die auf der Verfassung beruhenden Rechte in dem durch dieselben bestimmten Verhältnisse zu der Staatsregierung geltend zu machen. §. 109: — dem Könige vorzulegen. §. 140: — an den König zu bringen. — Würtembergische Verf.-Urk. von 1819, §. 124: Die Stände sind berufen, die Rechte des Landes in dem durch die Verfassung bestimmten Verhältnisse zum Regenten geltend zu machen — — und die Wünsche, Vorstellungen und Beschwerden dem Könige vorzutragen. — Großherzogl. Sachsen-Weimarsches Grundgesetz von 1816, §. 5: Das Recht, dem Fürsten Vorträge über Mängel zu machen; — das Recht, bei dem Fürsten Beschwerde zu erheben. — Sachsen-Hildburgh. landständische Verfassung von 1818, §. 1: Das ganze Land und sämmtliche Unterthanen werden in allen Angelegenheiten zwischen Regenten und Volk durch verfassungsmäßige Abgeordnete vertreten, deren Gesammtheit die Landschaft ausmacht. — Sachsen-Meiningensche Verf.-Urk. von 1824, §. 14: Das Recht, dem Fürsten Vortrag zu thun über Mängel und Mißbräuche; — das Recht, bei dem Fürsten Beschwerde zu erheben, und von 1829, Art. 49: — um die Rechte und Befugnisse zu vertreten, welche dem Volke in seiner Gesammtheit im Verhältniß zu der Regierung zustehen. — Sachsen-Altenburgsches Grundgesetz von 1831, §. 162: Die Landstände sind das verfassungsmäßige Organ der Gesammtheit der Staatsbürger und Unterthanen in dem grundgesetzlichen Ver-

nicht die Landstände, ist der alleinige Schutz- und Schirmherr des Landes und seiner Unterthanen, die Landstände vertreten die Unterthanen nur bei dem Landesherrn, und nur bei ihm allein, da diese nicht alle einzeln dem Landesherrn ihre und des Landes Angelegenheiten vortragen und mit ihm berathen können [99]), als deren Organe und an deren Stelle — und sind in so fern und in so weit Repräsentanten des Landes und der Unterthanen, und nur in so weit erstreckt sich ihr Repräsentativ Charakter, welcher über diese Grenze hin Eingriff in die Landeshoheit des Fürsten und Anmaßung landeshoheitlicher Rechte sein und in Mitregierung ausarten würde. Daher bestimmten die Bundesgesetze, daß dem Landesherrn allein die ganze Fülle der Regierungsmacht und den Ständen nur eine Mitwirkung bei der Ausübung einzelner Hoheits-

---

hältnisse zur Staatsregierung. — Braunschweigsche Landschafts-Ordnung von 1832, §. 57: Die Stände vertreten in dem grundgesetzlichen Verhältnisse zur Landes-Regierung die Gesammtheit der Landeseinwohner und sind daher berechtigt und verpflichtet, deren verfassungsmäßigen Rechte und allgemeine Interessen wahrzunehmen und auf dem gesetzlichen Wege geltend zu machen. §. 105: Die Ständeversammlung ist befugt, dem Landesfürsten Vorschläge 2c. §. 106: — einen Vortrag an die Landesregierung zu machen. §. 107: — bei der Landesregierung anzutragen.

[99]) Herzog Ernst von Sachsen-Coburg in dem Decret wegen Einführung der landständischen Verfassung vom 16. März 1816: „Da im Staate nicht Alle reden und nicht Alle rathen „können über das, was dem Lande Noth ist und über das „beste Mittel, wie ihm zu helfen ist, wenn nicht Verwir„rung statt Ordnung, leidenschaftlich aufgegriffene „Ansicht statt reifer Ueberlegung Platz gewinnen soll.“ (Pölitz a. a. O. Bd. I. S. 796).

rechte zustehe (S. 78 — 81), und daher beschränkte nun die Verfassungs-Urkunde der einzelnen Länder die landständische Competenz nur auf die ihr zugewiesenen Gegenstände.

Es folgt daraus:

I. daß das Land und das Volk im Allgemeinen nur allein durch seinen Fürsten vertreten wird;

II. daß insonderheit das Land und die Unterthanen gegen das Ausland und in dem Verhältnisse zu demselben nur allein durch den Fürsten vertreten werden[100]);

[100]) z. B. Hannoversches Landes-Verf.-Gesetz von 1840, §. 11: Der König vertritt das Königreich in allen Verhältnissen zu dem deutschen Bunde, den einzelnen Bundesstaaten und den auswärtigen Staaten. Nur Er ordnet die Gesandschaften an, schließt Verträge mit andern Staaten ab und erwirbt nicht nur Rechte dem Königreiche, sondern verpflichtet auch dasselbe zur Erfüllung der vertragsmäßigen Verbindlichkeiten. Erfordert die Ausführung der Verträge die Bewilligung von Geldmitteln aus der Landeskasse oder sollen die Verträge eine Abänderung bestehender Landesgesetze hervorbringen, so bedarf es hierzu der verfassungsmäßigen Mitwirkung der Stände. — §. 1: Kein Bestandtheil des Königreichs kann ohne Zustimmung der allgemeinen Ständeversammlung veräußert werden. Friedensschlüsse und Berichtigung der Landesgrenzen begründen hiervon eine Ausnahme. §. 121: Von den vom Könige mit andern Staaten abgeschlossenen Verträgen soll der allgemeinen Ständeversammlung, sobald dieses die Verhältnisse erlauben, Kenntniß gegeben werden (vergl. jedoch §. 11). — Würtembergische Verf.-Urk. von 1819, §. 85: Der König vertritt den Staat in allen seinen Verhältnissen gegen auswärtige Staaten. Er kann jedoch ohne Einwilligung der Stände durch Verträge mit Auswärtigen keinen Theil des Staatseigenthums veräußern, keine neue Last auf das Königreich und dessen Angehörige übernommen und kein Landesgesetz abgeändert oder aufgehoben,

III. daß die Verhältnisse des Landes als deutsches Bundesland und zu dem deutschen Bunde schon deshalb vom Fürsten allein [101]) und nicht von den Landstän-

---

keine Verpflichtung, welche den Rechten der Staatsbürger Eintrag thun würden, eingegangen, namentlich auch keiu Handels-Vertrag, welcher nur eine neue gesetzliche Einrichtung zur Folge hätte und kein Subsidien-Vertrag zu Verwendung der königl. Truppen in einem Deutschland nicht betreffenden Kriege geschlossen werden. §. 86: Der König wird von den Tractaten und Bundesverträgen, welche von ihm mit auswärtigen Mächten angeknüpft werden, die Stände in Kenntniß setzen. §. 87: Alle Subsidien und Kriegs-Contributionen, so wie andere Entschädigungs-Gelder sind Staatseigenthum. — Sachsen-Altenburg. Grundgesetz von 1821, §. 6: Der Herzog vertritt den Staat in allen seinen Verhältnissen gegen andere Staaten. -- Braunschweigsche Landschafts-Ordnung von 1832, §. 7: Der Landesfürst vertritt den Staat in allen Verhältnissen zu dem deutschen Bunde und zu andern Staaten. Er ordnet die Gesandschaften und Missionen an, schließt Staats-Verträge und erwirkt dadurch Rechte für das Herzogthum, so wie er dasselbe zur Erfüllung der vertragsmäßigen Verbindlichkeiten verpflichtet. §. 8: Die Ständeversammlung wird, sobald es die Umstände zulassen, von solchen Verträgen in Kenntniß gesetzt. Die zur Ausführung derselben erforderlichen Mittel bedürfen der ständischen Bewilligung, und sollen in deren Folge neue Landesgesetze erlassen oder die bestehenden aufgehoben oder abgeändert werden; so ist hierzu die verfassungsmäßige ständische Mitwirkung erforderlich. Es ergiebt sich hieraus von selbst, in wie fern die Stände befugt — wir wollen nicht sagen in der Lage — sind, über die Nothwendigkeit diplomatischer Organe im Auslande, über die Schleswig-Holsteinische oder die Landesverfassung eines anderen deutschen Bundesstaats zu urtheilen.

[101]) Hannoversches Landesverf.-Gesetz v. 1840, §. 11: Der König vertritt das Königreich in allen Verhältnissen zu dem deutschen Bunde, den deutschen Bundesstaaten und den auswärtigen Staaten. — Braunschweigsche Landschafts-Ordnung von 1832, §. 7: Der Landesfürst vertritt den Staat in allen

den vertreten werden, weil der Fürst selbst und die Verfassung der einzelnen Bundesländer den Beschlüssen des Bundes unterworfen sind. So wie unter der Reichsverfassung die Verfassung und die Verhältnisse der einzelnen deutschen Staaten der Reichs-Gesetzgebung unterworfen waren, diese aber außer der Mitwirkung der Stände der einzelnen Territorien lag [102]); so ist dies auch in der Bundes-Verfassung der Fall. Daher darf in keinem Bundesstaate eine Verfassung geduldet werden, welche mit den Grundsätzen des deutschen Bundes in Widerspruch steht oder die Erfüllung bundesfürstlicher Verbindlichkeiten aufhebt oder hindert [103]) und daher be-

Verhältnissen zu dem deutschen Bunde und zu andern Staaten (vergl. die vorige Anm.).

[102]) Pütter Abhandl. von besonderen Bestimmungen der Landeshoheit aus der gemeinsamen Verbindung, worin alle Reichsstände unter einander stehen; und Abhandl. von den besonderen Bestimmungen der Landeshoheit, so fern sie eine höhere Gewalt von Kaiser und Reich über sich hat. (In dessen Beiträge zum deutschen Staats- und Fürsten-Recht, Abth. XVII. und XVIII).

[103]) z. B. Wiener Schlußacte v. 1820, Art. 3, 4, 55, 56, 57, 58, 59, 60, 61, u. Bundesbeschlüsse v. 28. Juni 1832 (S. 78 ff.): Da nach dem Art. 57 der Wiener Schlußacte rc. (vgl. S. 79 u. 16). Hannoversche Landes-Verf.-Urk. v. 1840, §. 2: Die aus der Bundes-Verfassung entstehenden Rechte und Verbindlichkeiten können durch die innere Landes-Verfassung nicht abgeändert werden. — Sachsen-Altenburgisches Grundgesetz von 1831: Der Herzog ist zugleich Mitglied des deutschen Bundes und des Gesammthauses Sachsen. In dieser Beziehung hat er nach den Bundes- und Hausgesetzen Rechte und Pflichten, welche durch die innere Landesgesetzgebung nicht geändert werden können. — Der Waldecksche Landes-

dürfen Beschlüsse der deutschen Bundes-Versammlung, selbst in denjenigen Bundesstaaten, in welchen die landesherrlichen Gesetze eine Berathung der Stände erfordern, derselben nicht, sondern erhalten durch ihre landesherrliche Publication allein gesetzliche Kraft und gehören zu des Landes Grundgesetzen [104]). So

---

Vertrag von 1816 enthält die Bestimmung §. 24: „Sollten „durch den Bundestag den Landständen im Allgemeinen hin„sichtlich der Gesetze und Gesetzgebung größere Rechte, als die „hier angeführten sind, eingeräumt werden, so wollen Wir solche „auch Unsern Landständen zu Theil werden lassen.

[104]) Königl. Sächsische Verf.-Urk. von 1831, §. 89: In Ausführung der vom Bundestage gefaßten Beschlüsse kann die Regierung durch die ermangelnde Zustimmung der Stände nicht gehindert werden. Sie treten sofort mit der vom Könige verfügten Publication in Kraft. Es müssen daher auch die zur Ausführung derselben erweislich erforderlichen Mittel aufgebracht werden, wobei jedoch die Mitwirkung der Stände in Ansehung der Art und Weise der Aufbringung dieser Mittel, in so weit dieselbe verfassungsmäßig begründet ist, nicht ausgeschlossen ist. — Hannoversches Landes-Verfassungs-Gesetz von 1840, §. 2: Das Königreich macht einen Theil des deutschen Bundes aus und theilt als solcher alle aus der Bundes-Verfassung entstehenden Rechte und Verbindlichkeiten. Diese können durch die innere Landes-Verfassung nicht abgeändert werden. Alle Beschlüsse der deutschen Bundesversammlung haben, sobald sie vom Könige verkündigt sind, verbindliche Kraft für das Königreich. Die Mittel zur Erfüllung der hierdurch begründeten Verbindlichkeiten werden unter verfassungsmäßiger Mitwirkung der allgemeinen Stände, in so weit es deren bedarf, bestimmt. §. 125. Ueber die verbindende Kraft oder Rechtmäßigkeit der von der Bundesversammlung gefaßten Beschlüsse dürfen die allgemeinen Stände keine Berathungen an-

wie unter der Reichs-Verfassung Reichskriege, Reichs-Gesetzgebung und Reichsjustizverfassung, Reichssteuern

---

stellen und Beschlüsse fassen. — Würtembergische Verf.-Urk. von 1819, §. 3: Das Königreich Würtemberg ist ein Theil des deutschen Bundes, daher haben alle organische Beschlüsse der Bundesversammlung, welche die verfassungsmäßigen Verhältnisse Deutschlands oder die allgemeinen Verhältnisse deutscher Staatsbürger betreffen, nachdem sie von dem Könige verkündet sind, auch für Würtemberg verbindende Kraft. Jedoch tritt in Ansehung der Mittel zur Erfüllung der hierdurch begründeten Verbindlichkeiten die verfassungsmäßige Mitwirkung der Stände ein. — Badensche Verfassungs-Urkunde von 1818, §. 2: Alle organische Beschlüsse der Bundesversammlung, welche die verfassungsmäßigen Verhältnisse Deutschlands oder die Verhältnisse deutscher Staatsbürger im Allgemeinen betreffen, machen einen Theil des Badischen Staatsrechts aus und werden für alle Klassen von Landesangehörigen verbindlich, nachdem sie von dem Staats-Oberhaupt verkündet worden. — Großherzogl. Hessische Verf.-Urk. v. 1820, Art. 2: Die Beschlüsse der Bundesversammlung, welche die verfassungsmäßigen Verhältnisse Deutschlands oder die Verhältnisse deutscher Staatsbürger im Allgemeinen betreffen, bilden einen Theil des hessischen Staatsrechts und haben, wenn sie von dem Großherzoge verkündet worden sind, in dem Großherzogthume verbindende Kraft. Hierdurch wird jedoch die Mitwirkung der Stände in Ansehung der Mittel zur Erfüllung der Bundes-Verbindlichkeiten, in so weit dieselbe verfassungsmäßig begründet ist, nicht ausgeschlossen. — Sachsen-Hildburghausensche Verf.-Urk. von 1818, §. 5: Gesetzliche Anordnungen und allgemeine Beschlüsse der deutschen Bundesversammlung, wodurch dem Lande, als deutschem Bundesmitgliede, Verbindlichkeiten aufgelegt worden sind, sind von der landschaftlichen Genehmigung unabhängig. Nur bei der Ausführung hat die Landschaft mitzuwirken, in so fern nämlich über die Art und Weise der Vollziehung oder der dazu erforderlichen Mittel noch eine Frage stattfindet. — Sachsen-Coburgische Verf.-Urk. von 1821, §. 2: Die und überhaupt von Reich und den Reichskreisen gefaßte Beschlüsse und ausgeschriebene Steuern der Mitwirkung der Stände der einzelnen Reichs- und Kreislande nicht bedurften, sondern sie zu deren Befolgung und Aufbringung nicht minder, wie die Fürsten selbst, verpflichtet waren und nur, in so fern die Landesverfassung es erforderte, an der Berathung der Mittel sie aufzubringen Theil nahmen, wie dies in einer der folgenden Abhandlungen näher ausgeführt ist; so ist dieser, schon in dem Wesen eines in Verbindung mit andern Staaten befindlichen Staats liegende Grundsatz auch in der Bundes-Verfassung durch die Bundes-Gesetzgebung und die Gesetze der einzelnen Staaten bestätigt und in den letzteren selbst die ständische Mitwirkung an der Berathung über die Aufbringung der Mittel nur auf den Fall, daß sie nach der Verfassurg erforderlich ist, beschränkt. So wie unter der Reichs-Verfassung die

---

Beschlüsse der Bundesversammlung, welche die —— betreffen, sind ein Theil des Staatsrechts des Herzogthums und haben in demselben, wenn sie vom Landesherrn verkündet worden, verbindliche Kraft. — Sachsen-Altenburgisches Grundgesetz von 1831, §. 12: Die Beschlüsse der Bundesverfassung (wie die vorige), jedoch mit dem Zusatze: Hierdurch wird die Mitwirkung der Landstände in Ansehung der Aufbringung der Mittel zur Erfüllung der Bundes-Verbindlichkeiten, in so weit dieselbe verfassungsmäßig begründet ist, nicht ausgeschlossen. — Braunschweigische Landschaftsordnung von 1832, §. 12: Allgemeine Anordnungen und Beschlüsse des deutschen Bundes erhalten dadurch Gesetzkraft für das Herzogthum, daß sie vom Landesfürsten verkündigt werden. U. a m.

Unterordnung der Landeshoheit und der Regierungsrechte der Fürsten auf der Unterordnung derselben unter Kaiser und Reich beruhete, so beruht sie in der Bundesverfassung in der Natur und den Gesetzen des Bundes selbst (S. 162), und beruht es daher, so wie früher, so auch gegenwärtig auf eben diesen Gründen, daß den Unterthanen der einzelnen deutschen Länder die Befugnisse, welche nach der Landesverfassung ihnen als Unterthanen ihres Fürsten demselben, als Landesfürsten, gegenüber, in Angelegenheiten des Landes zustehen, nicht in Angelegenheiten früher des Reichs, jetzt des Bundes, deren Stände sie nicht sind, dem Regenten, als Mitgliede des Bundes, gegenüber zustehen können. Der deutsche Bund ist ein von und unter den Fürsten auch zum Vortheil und Schutz ihrer Unterthanen geschlossener Bund, dessen Mitglieder nur die Fürsten und dessen Gegenstände nicht die besonderen Angelegenheiten der einzelnen Länder, sondern die des ganzen Bundes und mithin der landständischen Theilnahme nicht fähig sind. Daher gehören zu der letzteren auch nicht die inneren oder äußeren Verhältnisse des Bundes und der andern Bundesländer, und daher so wenig die Integrität und Verfassung des ersteren, als der letzteren. Die entgegengesetzte Ansicht beruhet mithin auf einem ganz irrthümlichen Begriff von der deutschen Bundes-Verfassung und auf einer Vermischung der deutschen landständischen Vertreter der Unterthanen, als solcher, und der, das ganze Volk, als

Theilnehmer an der Souverainetät des Regenten vertretenden Volksrepräsentanten von der in den §§. 4 u. 5 gedachten Art und in der gänzlichen Uebersehung, daß bei den letzteren nicht von einem mehrfachen Verhältnisse des Regenten die Rede ist und daß derselbe nur in dem einem, nicht aber in dem andern (dem bundesfürstlichen) Landstände hat.

So verfassungswidrig und unzulässig es gewesen sein würde, wenn deutsche Landstände an den Berathungen über den Westphälischen Friedensschluß, oder die Abtretung des Elsasses und des linken Rheinufers an Frankreich, oder an den Verfassungs Streitigkeiten zwischen den Herzögen von Mecklenburg und Würtemberg mit ihren Ständen, oder an der österreichischen oder baierschen Erbfolge hätten Theil nehmen wollen; eben so und noch weit mehr verfassungswidrig und unzulässig ist es, wenn unter der Bundesverfassung Landstände die Frage, ob Schleswig zu Deutschland gehört, die Schleswigholsteinische Erbfolge, oder die hannoversche oder holsteinische Ständeverfassungsangelegenheit erörtern, oder wenn, wie wir als Gipfel der Verfassungsverletzung anführen, ein Mitglied einer landständischen Versammlung, der durch den ständischen Eid die Beobachtung der Verfassung seines Landes beschworen hat[105]), die zu

[105]) Beispielsweise führen wir aus den deutschen Verfassungs-Urkunden die Großherzogl. Badensche von 1818 an, der §. 2 derselben bestimmt: „Alle organischen Beschlüsse der „Bundesversammlung, welche die verfassungsmäßigen Ver-

derselben gehörigen Carlsbader und Wiener Beschlüsse für gesetzwidrig und unverbindlich für sein Land erklärt, weil die Stände desselben dabei nicht concurrirt haben und sie selbst mit deutschen Urrechten, die nur in seiner Phantasie oder vielleicht in den deutschen Urwäldern bestanden haben mögen, nicht übereinstimmen, in welchen es aber auch kein deutsches oder Bundes-Recht und keine Professur desselben gegeben hat, und, wenn sie vorhanden gewesen wäre, ihr Inhaber das deutsche Staatsrecht treu und redlich hätte lehren und, wie er eidlich angelobt, in der Gauen-Versammlung achten und vor Augen haben müssen, dasselbe aber nicht hätte schmälern und verläumden dürfen.

Es ergiebt sich ferner:

IV. Daß nur die inneren Verhältnisse des Landes Gegenstände der landständischen Theilnahme sind. Die Verfassungs-Urkunden aller deutschen Bundesstaaten bestätigen diesen Grundsatz. Landstände sind aber

V. auch nicht zur Vertretung aller Rechte der einzelnen Unterthanen, sondern nur der, auf der Verfassung

---

„hältnisse Deutschlands oder die Verhältnisse deutscher Staats-„bürger im Allgemeinen betreffen, machen einen Theil des „Badenschen Staatsrechts aus und werden für alle Klassen „der Landes-Angehörigen verbindlich, nachdem sie von dem „Staats-Oberhaupt verkündet worden,“ und nach dem §. 69 schwören die Abgeordneten den Eid: „Ich schwöre Beobach-„achtung und Aufrechthaltung der Staatsverfassung.“ Würde der Antrag eines Mitgliedes der badischen Landstände, wie wir ihn oben untergestellt haben, Beobachtung oder Verletzung der Verfassung und des Eides sein?

begründeten oder allen Unterthanen zustehenden Rechte, und deren Verletzung daher ein gravamen commune sein würde und nur in so weit sie ein solches ist, berechtigt, wie die verschiedenen Verfassungen dies näher bestimmen. Die landständische Vertretung beschränkt sich folglich

VI. nur auf Rechte, die den Unterthanen, als Unterthanen und vermöge ihrer Unterthanen-Verhältnisse, mithin nicht auf diejenigen, welche ihnen unabhängig von denselben zustehen und auf einem von denselben unabhängigen, besonderen Verhältnisse beruhen. Dahin gehört besonders das Verhältniß der Staatsdiener. Es würden vielleicht die Landstände berechtigt sein, dem Landesherrn aus Gründen des gemeinen Wohls die für dasselbe aus dem Verfall des Staatsdienstes zu besorgenden Nachtheile vorzustellen; allein die Behauptung, daß Staatsbeamte selbst berechtigt sind, wegen der, vom Landesherrn über ihre Amts- und Dienst-Verhältnisse zu demselben erlassenen Vorschriften die Vertretung der Landstände gegen ihren Dienstherrn in Anspruch zu nehmen und über den letzteren bei den ersteren sich zu beschweren, entsteht offenbar aus einer gänzlichen Unkenntniß des Staatsrechts und insonderheit des Verhältnisses der Landstände und ist ein Sprößling des, auf Mitregierung und Mitverwaltung der Volksvertreter gegründeten eigentlichen Repräsentativ-Systems. Nach demselben machten auch wirklich in einigen Bundesländern in den Seite 94 gedachten Umtrieben zur Bewirkung einer solchen repräsentativen Systems einzelne Staatsdiener mit dem Rechte der Unterthanen, die Vertretung der Landstände in den dazu geeigneten, ihre Person oder ihr Eigenthum betreffenden Fällen nachzusuchen, den Mißbrauch, daß sie auch gegen die, das Amt und den Dienst und ihre Verhältnisse als Staatsdiener betreffenden landesherrlichen Verordnungen die landständische Vertretung reclamirten, bis diesem Unfuge theils durch besondere Vorschriften [106]) theils durch die näheren

---

[106]) Königl. Baiersches Edict über die Geschäfts-Ordnung der Kammer der Abgeordneten vom 28. Februar 1825, §. 79: Unter die Beschwerden, welche nach dem §. 77 als ungeeignet ohne weiteres zu den Acten zu legen oder an die betreffenden Staats-Ministerien zu geben sind, gehören insbesondere auch diejenigen, welche ein Staatsbürger nicht in eigenem Namen und in eigener Sache, sondern im Namen und in der Sache eines Dritten ohne beigefügte legale Vollmacht dieses letzteren angebracht; oder welche ein Staatsdiener ebenfalls nicht in persönlicher Sache, sondern in der Sache seiner Stelle und seines Amts eingereicht, oder in welcher der Beschwerdeführer beleidigende Ausdrücke nnd Ausfälle gewagt hat. Andere Eingaben an die Kammer, als diejenigen, zu welchen die Staatsbürger und Gemeinden, um ihre constitutionellen Rechte zu wahren, verfassungsmäßig befugt sind, folglich alle Eingaben, welche keine Beschwerde über Verletzung der genannten Rechte enthalten, sondern irgend einen andern Gegenstand betreffen, sind ohne Verweisung an einen Ausschuß von dem Präsidenten sogleich zu den Acten zu legen. Anonyme Eingaben jeder Art, sie mögen betreffen, was sie wollen, sollen gar nicht in den Einlauf aufgenommen, sondern sogleich durch das Secretariat vernichtet werden.

Bestimmungen der ständischen Befugnisse überhaupt, so wie durch bessere Einsicht vorgebeugt ward. Der Grund, mit welchem die Befugniß der Staatsdiener gegen die, ihre Amtsverhältnisse und insonderheit die Bestrafung der Disciplinar-Vergehen betreffenden Verordnungen die landständische Vertretung nachzusuchen, gerechtfertigt wird [107]), entbehrt vollends jeder logischen und rechtlichen Begründung. Es verliert, wird nämlich angeführt, der Unterthan dadurch, daß er in den Staatsdienst tritt, nicht die Rechte des Unterthanen, diese gehen nicht in das Verhältniß des Staatsdienstes unter. Dieser Grund verstößt offenbar gegen alle Grundsätze des Staatsrechts und schon gegen den ersten Grundsatz des Rechts, daß wer in mehrfachen Verhältnissen steht, in jedem derselben nach dessen eigenthümlichen Grundsätzen beurtheilt werden muß.

VII. Ueberhaupt erstreckt die landständliche Repräsentation und daher auch die Competenz der Landstände sich nur auf die nach der Verfassung des Landes zu ihrem Wirkungskreise gehörigen oder vom Landesherrn ihnen besonders zugewiesenen Gegenstände [108]).

---

[107]) Heinrich Simon Die Preußischen Richter und die Gesetze vom 29. März 1844 (Leipzig 1845, S. 80), und auch in der zweiten Ausgabe (1845) S. 106 beibehalten.

[108]) Baiersche Verf.-Urk. v. 1818, Tit. 7, §. 1: Die beiden Kammern können nur über jene Gegenstände in Berathung treten welche in ihren Wirkungskreis gehören, welcher in den §§. 12 bis 19 näher bezeichnet ist. §. 19: Die Stände haben das Recht, in Beziehung auf alle zu ihrem Wirkungskreise gehörigen Gegenstände dem Könige ihre gemeinsamen Wünsche und Anträge in der geeigneten Form vorzubringen. — Königl.

VIII. Der repräsentative Charakter der Landstände verhält und äußert sich nur in dem Verhältnisse zwischen dem Landesherrn und ihnen. Daher dürfen sie ihre Anträge nur unmittelbar bei dem Landesherrn oder der von demselben ihnen angewiesenen landesherrlichen Behörde einreichen [109]), und nicht mit andern inlän=

Sächsische Verf.=Urk. von 1831, §. 9: Die Angelegenheiten, welche vor die Ständeversammlung gehören, sind in dieser Verf.=Urkunde bestimmt verzeichnet. Die Ständeversammlung darf sich nur mit diesen ihr zugewiesenen Angelegenheiten oder den vom Könige besonders an sie gebrachten Gegenständen beschäftigen. — Würtembergische Verf.=Urk. von 1819, §. 125: Angelegenheiten, welche der §. 124 angeführten Bestimmung zufolge vor die gesammten Stände gehören 2c. — Badensche Verf.=Urk. von 1818, §. 50: Die Stände können sich nur mit den nach gegenwärtigem Grundgesetz zu ihrer Berathung geeigneten oder vom Großherzoge besonders an sie gebrachten Gegenständen beschäftigen. — Großherzogl. Hessische Verf.=Urk. von 1820, Art. 14: Unsere Stände sind nur befugt, sich mit denjenigen Gegenständen zu beschäftigen, weche die nachfolgenden Artikel zu ihrem Wirkungskreise verweisen. Die Ueberschreitung dieser Befugniß ist eben so zu betrachten, wie nach §. 11 die willkürliche Vereinigung. — Großherzogl. Sachsen=Weimarsches Grundgesetz von 1816, §. 5: Es stehen dem Landstande folgende Rechte zu 2c. — Sachsen=Coburgsche Verf.=Urk. von 1821, §. 63: Die Stände sind befugt, sich mit denjenigen Gegenständen zu beschäftigen, welche im Nachfolgenden zu ihrem Wirkungskreis angewiesen sind. Sachsen=Meiningensches Grundgesetz von 1824, §. 14: Es stehen den Landständen folgende Rechte zu 2c. U. a. m.

[109]) Königl. Baiersches Edict über die Stände=Versammlung vom 26. Mai 1818, §. 55, und Edict wegen Geschäfts=Ordnung in der zweiten Kammer vom 28. Februar 1825, §. 191. — Königl. Sächsische Verf.=Urk. v. 1831, §. 133. — Würtembergische Verf.=Urk. von 1819,

dischen oder auswärtigen Behörden, oder vollends mit Landständen anderer Länder communiciren; eben so wenig dürfen sie Deputationen annehmen oder absenden[110]) und Verfügungen, Addressen oder Bekanntmachungen jeder Art an ihre Committenten, an das Volk oder Andere erlassen[111]).

IX. Alle älteren und neueren Verfassungen stimmen darin überein, daß Landstände nicht berechtigt sind, ohne landesherrliche Genehmigung insgesammt oder in einzelnen Abtheilungen zu landständischen oder zu andern politischen Zwecken sich zu versammeln oder untereinander Vereine einzugehen. Dieser Grundsatz ist vor Kurzem in Mecklenburg durch landesherrliche Rescripte[112]) aufrecht erhalten.

---

§. 128. — Badensche Verf.-Urk. von 1819, §. 75. — Großherzogl. Hessensche Verf.-Urk. v. 1820, Art. 96.

[110]) Königl. Baiersches Edict über die Stände-Versamml. v. 26. 1818, §. 55, und Edict wegen der Geschäfts-Ordn. in der Kammer der Abg. v. 28. Febr. 1825, §. 101. — Königl. Sächsische Verf.-Urk. v. 1831, §. 111: Die Stände können schriftliche Beschwerden der Unterthanen, nicht aber Deputationen von Körperschaften annehmen. — Badensche Verf.-Urk. von 1818, §. 75: Deputationen dürfen nur die Kammern, jede besonders, an den Großherzog abordnen.

[111]) Baiersches Edict über den Geschäftsgang der 2ten Kammer, 1825, Tit. 11, §. 1: —— dürfen noch weniger Adressen an das Volk erlassen ꝛc. — Badensche Verf.-Urk. von 1818, §. 75: Die Kammern können weder Verfügungen treffen oder Bekanntmachungen irgend einer Art erlassen.

[112]) z. B. Großherzogl. Mecklenburg-Schwerinsches Publicandum vom 24. Okt. 1845 (gleichförmig unterm 23. desselben Monats vom Großherzoge von Mecklenburg-Strelitz

Wenn dagegen von den bürgerlichen Gutsbesitzern repräsentirt wurde, „daß der Bundesbeschluß vom 5. Juli

---

erlassen): „Das auf dem vorigjährigen Landtage zu Malchin von einigen Gutsbesitzern bürgerlichen Standes „Namens der dort anwesenden, zur Vertheidigung ihrer verfassungsmäßigen Rechte verbundenen nicht adeligen Mitglieder der Ritterschaft" dem vorsitzenden Landrathe überreichte Dictamen hat Uns veranlassen müssen, über das Wesen und den Zweck der hierdurch angedeuteten, unter den bürgerlichen Gutsbesitzern bestehenden Vereinigung nähere Erkundigungen einzuziehen. Obgleich die eingeforderten Berichte der dabei betheiligten Personen die förmliche Organisation einer Verbindung in Abrede nehmen, so hat sich doch ergeben, daß eine große Anzahl der Mitglieder Unserer Ritterschaft bürgerlichen Standes sich durch eine, für einzelne ihrer Genossen ausgestellte, späterhin von mehreren unterschriebene Vollmacht noch jetzt (ein landesherrl. Erlaß v. 6. Nov. 1841 hatte die Ansprüche der Ritterschaft bürgerlichen Standes bereits für unbegründet erklärt) verbunden und vereinigt hat, um durch gemeinschaftliche Maaßregeln diejenigen vermeintlich verfassungsmäßigen Rechtsansprüche geltend zu machen, welche seit einigen Jahren die zu Unserem tiefen Bedauern gereichenden Mißhelligkeiten in Unserer Ritterschaft herbeigeführt und genährt, und dadurch zugleich den ständischen Verhandlungen eine, die Würde derselben beeinträchtigende und die bewährte Landesverfassung gefährdende Richtung gegeben haben. Wenn aber jene, auf Abänderung des seit langen Jahren bestandenen Zustandes gerichteten Ansprüche, nachdem sie theilweise von dem eingebornen und recipirten Adel zur Vermittelung des Friedens in anerkennenswerther Weise bereitwillig zugestanden, im Uebrigen durch Unser Rescript vom 23. Nov. 1843 zum Theil für unbegründet und unstatthaft erklärt sind, zum Theil dahin ihre Erledignng gefunden haben, daß jedem Einzelnen die Verfolgung seines vermeintlichen Rechts in den dazu geeigneten Fällen auf dem ordentlichen Rechtswege frei gelassen ist, so hat damit die obgedachte Vollmacht von selbst ihre Endschaft erreicht. Ueberdies ist eine auf Geltendmachung verfassungsmäßiger Rechte abzweckende, ohne Unsere landes-

„1832 ohne die verfassungsmäßige Concurrenz der Stände „publicirt sei", so beruht dies allerdings auf Unkenntniß

herrliche Genehmigung bestehende Verbindung den aus Bundesbeschlüssen hervorgegangenen gesetzlichen Bestimmungen geradezu zuwider und kann nicht geduldet werden. Wir finden Uns daher, jemehr Uns die Aufrechthaltung der Landesverfassung und die Wiederherstellung ruhiger landtägiger Berathungen zum Wohle Unserer gesammten Unterthanen am Herzen liegt, desto mehr bewogen, im Einverständnisse mit Sr. K. H. dem Großherzoge von Mecklenburg-Strelitz, nicht nur Unsere getreue Ritterschaft und jedes einzelne Mitglied derselben landesväterlich dringend zu ermahnen, sich der Mitwirkung bei den bedauerlich eingerissenen Agitationen und Partheitreiben gänzlich zu enthalten, sondern auch von Oberlandespolizeiwegen die mehrberegte Vollmacht für null und nichtig zu erklären und vor der Theilnahme an der, in Grundlage derselben bestehenden oder irgend einer andern von Uns nicht anerkannten politischen Verbindung, insbesondere auch vor gesetzwidrigen Versammlungen außerhalb der Landtage hiemittelst ausdrücklich zu warnen." — Ferner das Großherzogl. Mecklenburg-Strelitzsche Rescript vom 22sten November 1845 an die bürgerlichen Gutsbesitzer: „Auf den von euch unterschriebenen Vortrag vom 14ten dieses Monats in Veranlassung Unseres Publicandi vom 23. Okt. d. J., die Streitigkeiten in der Ritterschaft betreffend, ertheilen Wir euch andurch zur Resolution: Ihr erkennt in diesem Vortrage ausdrücklich an, daß die Vorwürfe, welche das Publicandum enthalte nur zu wahr seien, zugleich aber wird die Behauptung aufgestellt, daß die Schuldigen nicht zu den bürgerlichen Gutsbesitzern, sondern unter dem eingebornen und recipirten Adel zu suchen seien, und das, weil dieser einzelne Vorrechte festhält, die ihr als angemaßt und rechtlich unbegründet bezeichnet. Solche Bezeichnung können Wir aber weder passend noch zutreffend finden, müssen sie vielmehr zurückweisen, da Wir in dem Rescripte vom 25sten Nov. 1843 an die Landtags-Versammlung zu Sternberg bereits Unsere Ueberzeugung von der Bundes-Verfassung und der ehemaligen Reichs- und selbst der mecklenburgischen Verfassung (S. 187). Eben so auffallend ist auch die, auf eben dem Landtage aufgestellte Behauptung, daß durch Erwerbung eines landstandschaftsberechtigten Guts der Adel und, wenn der Erwerber im Lande geboren, selbst der eingeborne Adel verliehen werde und die daraus hervorgehende merkwürdige Verwechselung des Adels und der Ritterschaft mit dem unrichtigen Schluß, daß „wer in die Ritterschaft „recipirt (d. h. ein Gut erworben hat) auch in den „landesgrundgesetzlichen Adel recipirt sei." Es ist wohl das erste Mal, daß in Deutschland diese Behauptung aufgestellt und ein solcher Grad von Unkenntniß der deutschen Geschichte und Rechte dargelegt ist, nach welchen Erblichkeit des Adels der Charakter desselben ist

---

der Rechtmäßigkeit jener Vorrechte ausgesprochen haben. Wir wollen euch zutrauen, daß auch ihr von der Rechtmäßigkeit eurer Ansprüche überzeugt seid, aber ihr verwechselt eure subjective Ueberzeugung mit dem Beweise jener Rechtmäßigkeit und ermangelt der Mäßigung in euren Ausdrücken, sogar in eurem Vortrage an Uns. Die Ermahnung und Warnung an Alle, welche davon betroffen sind, in Unserem mehrgedachten Publicandum finden Wir nach reiflicher Prüfung durchaus angemessen und begründet, hoffen, daß selbige für die Zukunft von den Betheiligten beherzigt werden möge und können Uns nicht bewogen finden, eurem Antrage auf öffentliche Declaration des Publicandi in irgend einer Weise statt zu geben. In Bezug auf euren Schluß-Antrag bleibt euch unverhalten, daß alle Versammlungen von Landständen zu landständischen oder sonst politischen Zwecken, in so fern solche Versammlungen nicht im einzelnen Falle, oder ein für allemal landesherrlich gestattet worden, untersagt sind."

und er daher durch den veränderlichen Besitz eines Guts nicht erworben und verloren werden und diese Standes-Ebbe und Fluth in einer Person während ihres Lebens nicht vielfach erfolgen und der Guts-Erwerb dem landeshoheitlichen Rechte der Erhebung in den Adelstand sich nicht an die Seite stellen darf. Auf jene Behauptung ist bisher noch in keinem deutschen Lande Jemand gefallen und haben vielmehr in denselben Gutsbesitzer bürgerlichen Standes bei besonderen Verhältnissen und Verdiensten die Erhebung in den Adelstand besonders nachgesucht. Die jetzt geäußerte Behauptung beruhet daher auf einer offenbaren Unkenntniß der älteren und neueren Verhältnisse. Nach der ursprünglichen deutschen Verfassung — im Preußischen noch bis 1808 — war nur der Adel fähig Mitglied der Ritterschaft zu sein und daher der Schluß: „wer dieses ist, ist auch von Adel" gegründet, seitdem aber auch Bürgerliche fähig geworden Mitglieder der Ritterschaft zu werden, würde er eben so ungegründet sein, als früher der Schluß: „wer von Adel ist, ist auch Mitglied der Ritterschaft." In allen deutschen Ländern ist jetzt der Bürgerstand verdienterweise gutserwerbfähig, aber noch hat in keinem Lande ein einziges Mitglied eine solche Behauptung aufgestellt. In Mecklenburg ist sie um so auffallender, als der Professor Eschenbach noch vor nicht langer Zeit viele Fälle angeführt hat, in welchen Leibeigene Güter, deren Leibeigene sie waren, später, was ihnen zur großen Ehre gereicht, erworben und dadurch Mitglieder der Ritterschaft geworden sind, sollten diese verständigen und vernünftigen Leute wohl, eines alten Spruchs uneingedenk, haben behaupten können: daß sie dadurch auch den Adelstand, und da Leibeigene stets eingeboren sind, den eingeborenen Adel erhalten hätten? Es liegt in Logik und Rechtsbegriffen, daß so wenig, wie die zur Ritterschaft nicht gehörigen Adelige ritterschaftliche Rechte in Anspruch nehmen können, eben so wenig bürgerliche Mitglieder der Ritterschaft auf Vorrechte des Adels (adlige Rechte) Anspruch machen können. In dem einen, wie in dem andern Falle würde die Confusion aller Begriffe gleich groß sein.

§. 26.

Die Erörterung mehrerer anderer einzelner Verhältnisse der landständischen Verfassung bleibt späteren Aufsätzen vorbehalten.

II.

Die landständische Verfassung

in den

Preußischen Staaten.

Die, in der vorigen Abhandlung erwähnten Bestrebungen der Anhänger des Repräsentativ-Systems scheinen, nachdem die ehrwürdige alte deutsche landständische Verfassung mit ihrem conservativen Princip in Wien, Carlsbad und Frankfurt für ganz Deutschland festgestellt worden, auf die preußische landständische Verfassung ihre Zuflucht genommen, ihre Bestrebungen, ihre Hoffnungen, ihre Sophismen, ihre Hintergehungen der öffentlichen Meinung, ihre planmäßige Verkehrung der Geschichte und der positiven Bestimmungen, so wie ihre Angriffe auf Verfassungen und Gesetze beschränkt zu haben. Landständische Verfassungen, landständische Repräsentationen haben seit Jahrhunderten in Deutschland bestanden und bestehen seit ihrer im Jahre 1815 erfolgten Erneuerung in ganz Deutschland; sie bestehen in allen preußischen Staaten seit länger, als einem halben Jahrtausend und seit einem viertel Jahrhundert in erneuertem Leben, ohne daß böser Wille oder Unwissenheit diese Begriffe und Ausdrücke in das, aus verkehrter Theorie hervorgegangene moderne Repräsentations-System verdreht hatten. Alle deutsche Fürsten, alle deutsche Landstände, alle deutsche Völkerschaften haben gewußt und verstanden, was sie ihren Völkern erhalten und wiedergegeben; alle Landstände und Volksstämme haben gewußt und anerkannt, was ihre Fürsten ihnen erhielten oder wiedergaben: alle haben verstanden und erkannt, daß dies die landständische Verfassung und die landständische Repräsentation war.

Nur der König Friedrich Wilhelm III. hat unter „Repräsentation des Volks" nicht landständische Repräsentation, sondern revolutionäre Volks-Repräsention verstanden, nicht die landständische Repräsentation, obgleich sie aus Landständen gebildet werden und bestehen sollte.

Dies ist das Thema, dessen Ausführung in späteren Zeiten Pamphletisten beschäftigt. Der Darstellung des Thema der Verdrehungen von Thatsachen und Urkunden, der Verirrungen der Begriffe, mit welchen sie die öffentliche Meinung zu verführen sich bestreben [1]), dürfte ein

[1]) Vorläufig begnügen wir uns mit der Anführung des Pamphlets, welches ein practischer Arzt in Königsberg, der Doctor Johann Jacoby, den preußischen Ständen unter dem Titel: Das königl. Wort Friedrich Wilhelm des Dritten,

kurzer Ueberblick der landständischen Verfassung in den preußischen Staaten vorauszuschicken sein.

---

§. 1.

Es bedarf nicht erst der Ausführung, daß in allen Provinzen der preußischen Monarchie seit den ältesten Zeiten eine landständische Verfassung stattfand, und daß diese keine andere, als die deutsche war. Landstände und landständische Verfassung bestanden bereits in allen diesen Provinzen, als die Vorsehung sie dem Scepter der Hohenzollern zuführte. Sie fanden, so wie in allen übrigen Provinzen bei deren Vereinigung mit ihrem Lande, auch in der Mark Brandenburg die heutigen Stände vor, und verhießen, wenn in den zuletzt erworbenen Provinzen fremde revolutionäre Gewalt die deutsche Verfassung zerstört hatte, deren Wiederherstellung. Kein deutscher Fürst hat über eine größere Anzahl besonderer landständischer Corporationen geherrscht, als die preußischen Regenten; keiner hat aber so sehr, wie sie, eine jede derselben in

---

eine Denkschrift, überreicht hat (Paris, 1845), und unsere Erwiederung auf dieselbe: Das wahre königl. Wort Friedrich Wilhelm III. dargestellt gegen die Verdrehungen des Doctors Joh. Jacoby (pract. Arzt) in Königsberg (Berlin 1845), welche, um sie möglichst zu verbreiten, auch in den Jahrbüchern für preuß. Gesetzgebung Hft. 127 abgedruckt ist.

dem eigenen Kreise der Vertretung ihres provinziellen Heerdes geschützt. Und doch nennt uns die Geschichte große Churfürsten und Könige und ist voll von preußischer Größe, Kraft und Ruhm; sie zeigt uns Provinzen, welche das Schwerdt und die Weisheit unserer Regenten erworben, so wie große Werke und Denkmäler im Kriege und Frieden. Vor der Zeit der Hohenzollern finden wir in den mehrsten jetzigen Ländern ihrer Herrschaft innere Unruhen und Fehden, auffsetzige, mit ihrem Landesherrn in offener Fehde oder vor dem Kaiser stehende Landstände. Mit den Hohenzollern verschwanden beide; wir haben bereits früher (S. 28) erwähnt, daß seit ihrer Regierung die preußischen Provinzen vielleicht die einzigen Länder in Deutschland sind, deren Landstände vor den Reichsgerichten nie in Streitigkeiten mit ihrem Landesherrn waren. Wir haben ebendaselbst des, von Friedrich dem Großen gegebenen Zeugnisses: les États de Brandebourg n'ont jamais abusé de leur pouvoir erwähnt, und der königliche Geschichtsschreiber würde von den Ständen seiner übrigen Provinzen eben dies gerühmt haben, wenn er ihre Geschichte geschrieben hätte. Allerdings wahr, sagt man, dies gegenseitige Vertrauen, diese gegenseitige Zufriedenheit, aber dennoch eine tadelnswerthe Verfassung! Als Stände sahen wir nur Prälaten, Ritter und Väter ihrer Stadt, keine Männer von höherer Bildung, keine Gelehrten; wir finden sie nicht auf der Tribüne und zwischen Tribünen, nicht bei offenen Thüren, nicht als Redner, sondern nur als practische sachkundige Männer, in dem Glauben, Friedrich der Große und seine Vorfahren und Nachfolger hätten und würden die großen und allgemeinen Interessen ihrer Staaten wohl erkennen. Diese Stände haben ja nicht einmal über die spanische, die österreichische und die baiersche Erbfolge berathen und würden jetzt auch wohl schwerlich über die schleswig-holsteinische berathen. Wo fand man bei ihnen eine Ahnung von dem Berufe zum Kampf gegen die landesherrliche Gewalt? Wo vollends zu dem Berufe, selbst den Reichstag und Reichstagsbeschlüsse zu controlliren und ihrer Beurtheilung zu unterwerfen? Die Schranken der älteren Landtage gewährten ja nicht einmal eine Stelle, auf welche jeder Unberufene mit Kritiken, Beschuldigungen und Anklagen gegen die Regierung angefüllte Denkschriften niederlegen konnte. Die Geschichte der Landstände in den preußischen Staaten beurkundet dagegen fortwährend seit Jahrhunderten deutsche Stände, würdige Repräsentanten des Volks, in dessen „Eintracht mit dem Regenten", wie König Friedrich Wilhelm der Dritte ihnen in der Verordnung vom 22. Mai 1815 bezeugt, und in den Eigenschaften der letzteren der glückliche Zustand Preußens seine Sicherheit fand; sie beurkundet, wie die Landstände der einzelnen Provinzen um ihre Provinz und dadurch um die Monarchie sich verdient gemacht, wie sorgfältig die Fürsten mit ihnen über alle ihr Land betreffende Gegenstände, und mit welchem Eifer und glücklichen Erfolgen sie darüber mit ihren Fürsten berathen haben.

Auch nach dem Frieden von Tilsit und nachdem die Monarchie auf die Provinzen Brandenburg, Ost- und

West-Preußen, Litthauen, Pommern und Schlesien beschränkt war, wurden die Landstände in ihrer bisherigen Verfassung erhalten. Der König, der durch die Auflösung der Reichs-Verfassung in seinen deutschen Staaten eben so die Souverainetät, wie die Fürsten des Rheinbundes erlangt hatte, verschmähete den hin und wieder von derselben gemachten Gebrauch auch in Ansehung der Landstände, sondern erhielt und befestigte ihre Verfassung als Theil der innern Staats-Verfassung. Durch die Verordnung über die Verfassung der obersten Staatsbehörden vom 16. Dezember 1808, §. 5, ward „alles, „was auf die Grund-Verfassung des Staats und „das innere Staatsrecht — die innere Staats-„Verfassung, namentlich die ständische Verfas-„sung — Bezug hat, so wie die Stände und „ihre Behörden“ zum Wirkungskreise des Ministeriums des Innern gelegt und durch die am 23. desselben Monats erlassene Instruction für die Ober-Präsidenten denselben „die allgemeine Aufsicht auf die „ständische Verfassung der Provinzen ihres „Geschäftsbezirks und die Führung des Vorsitzes als „Sr. Majestät unmittelbare Commissarien, bei allgemei-„nen ständischen Versammlungen übertragen,“ so wie nach der, ebenfalls an dem nämlichen Tage erlassenen Verordnung wegen verbesserter Einrichtung der Provinzial-Behörden zum Ressort der Regierungen „die polizeiliche Aufsicht über ständische und Gemeinde-„Verfassung gehören und auch in jeder Regierung nur „landständische Repräsentanten an den Geschäften

„Theil nehmen (§. 18), und die General-Versamm-„lungen der Provinz zu jeder Stelle eines land-„ständischen Repräsentanten für drei Jahre zwei „Personen in Vorschlag bringen sollen, aus welchen der „König einen wählt und bestätigt, und von welchen alle „Jahre der dritte Theil ausscheidet; jeder ist hiezu wahl-„fähig, der zu der General-Versammlung der „Provinz wahlfähig ist" (§§. 18—22). Die besondere Instruction für die Regierungen vom nämlichen Tage verweiset zum Ressort derselben „die „ständische und Communal-Verfassung (§. 2) „und bestimmt die näheren Verhältnisse der eben erwähn-„ten, in denselben befindlichen landständischen Re-„präsentanten" (§§. 16, 23, 29 u. 93). Eben so wurden in der Verordnung wegen der Verfassung der höchsten Staatsbehörden vom 27. Okt. 1810: „die Verhandlungen mit den Ständen, insofern „sie vor die höchste Staatsbehörde gehören, und die in-„nere Staatsverfassung, insonderheit die stän-„dische Verfassung und die Stände" dem Wirkungskreise des Ministeriums des Innern belassen und demselben auch bei der Reorganisation des Staatsministeriums durch die Königl. Kabinetsordre vom 3. Juni 1814 „die Verhandlungen mit den Ständen, insofern „sie vor die höchste Behörde gehören und alle zum in-„nern Staatsrecht gehörigen Gegenstände, insonderheit „die ständische Verfassung und die Verhandlungen „mit den Ständen" bestätigt.

In diesen Provinzen hätte es also keine Landstände und keine landständische Verfassung gegeben? oder standen sie etwa bloß auf dem Papier? Wir finden unsere alten kräftigen durch diesen ganzen Zeitraum in allen Provinzen in fortwährender Thätigkeit. Selbst in Zeiten der tiefsten Ruhe hielten deutsche Stände es unter ihrer Würde und Bestimmung, die Zeit mit leeren Reden zu verderben und die Geduld und Zeit ihrer Mitstände für ihre Theorien und Phrasen in Anspruch zu nehmen. Unweise handelte der römische Senat, als er deliberirte, wie Hannibal vor den Thoren stand. Weiser zeigten sich unsere Stände durch die Maaßregeln, wodurch sie den damaligen ephemerischen Hannibal aus unseren Thoren entfernten. In allen Provinzen sahen wir sie in seegensreicher Thätigkeit für ihre Provinz, sowohl in Kreis- als in Provinzial-Landtagen oder wie letztere genannt wurden, General- oder allgemeinen Landtagen [2]) beschäftigt und mit dem Landesherrn selbst in Verhandlungen. So überließ 1809 der König den auf einem allgemeinen Landtage versammelten Chur- und Neumärkischen Ständen von Prälaten, Ritterschaft und Städten, mit Einschluß der preußisch gebliebenen Magdeburgischen, wiederkäuflich den Theil der Domainen, welchen der König zur Bestreitung der auf dem Lande ruhenden Lasten bestimmt hatte [3]). Insofern der König für wichtige allgemeine Angelegenheiten des Staats eine gemeinschaftliche

---

[2]) z. B. 1809 General-Landtag in Ostpreußen, Gesetzsammlung von 1809, S. 561.

[3]) Gesetzsamml. von 1809, S. 543.

Berathung mit den Landständen aller Provinzen für nothwendig erachtete, wurden Deputirte derselben dazu einberufen. Dies war insonderheit der Fall im Jahre 1809 in Ansehung der näheren Bestimmungen des Königlichen Hausgesetzes über die Veräußerlichkeit der Königlichen Domainen, welche aus den dabei vorliegenden besonderen Verhältnissen Se. Majestät „mit Zuziehung der Stände in den Provinzen" erließen [4]). Mit Unrecht wird dagegen die sogenannte National-Repräsentation von 1811 als eine ständische Erscheinung und Wirksamkeit angesehen, da sie mit der landständischen Verfassung außer aller Verbindung steht. Die letztere war durch den Untergang des Prälatenstandes und durch das, dem Bauernstande damals noch ohne Landstandschaft verliehene Eigenthum bedeutend verändert, als durch das Finanz-Edict vom 27. Oktober 1810 [5]) das bisherige Abgaben-System so durchgreifende Veränderungen erlitten hatte, daß dadurch alle Stände der Nation nicht sowohl in allgemeinen staatsrechtlichen und ständischen, als vielmehr in gewerblichen und allen andern Vermögens-Verhältnissen wesentlich berührt wurden und daher die Interessen so vieler nicht landständisch, sondern nur aus den verschiedenen gewerblichen Standpunkten verschiedener Stände erörtert und berücksichtigt werden mußten. Durch das Edict selbst ward daher schon zum Voraus zur Ausführung desselben „eine den Ministerien des Innern und

---

[4]) Gesetzsamml. von 1809, S. 604.
[5]) Gesetzsamml. von 1810, S. 25.

„der Finanzen untergeordnete General-Commission angeordnet und bestimmt, daß dazu aus den Provinzen „und Communen, Repräsentanten berufen wer„den sollten.“

Nachdem aus den Provinzen über das neue Abgaben-System vielfache Bemrrkungen eingegangen und zum Theil durch die Landstände selbst vorgelegt waren, ward durch das Edict vom 7. September 1811 [6]) die General-Commission ins Leben gerufen und näher bestimmt, „daß um „den Wünschen Unserer getreuen Stände sicherer „entgegenzukommen, unter dem Vorsitze eines Königl. „Commissarius eine, aus einigen vom Könige ernannten „Mitgliedern bestehende General-Commission angeordnet „werden solle, zu welcher von jeder Provinz zwei „Mitglieder von den Rittergutsbesitzern und „zwei Mitgliedern aus den Städten und Land„bewohnern, nämlich Eins von großen Städten „und Eins für kleine Städte und das platte „Land, außerdem aber von jeder der drei Haupt„städte Berlin, Königsberg und Breslau, Ein „Mitglied erwählt und zu dieser Commission „gestellt werden sollen; also, wie sie das Edict vom „6. Dezember 1811 bezeichnet, aus hierher berufe„nen Mitgliedern aller Stände Unserer ge„treuen Unterthanen [7]). Es liegt hieraus klar vor,

---

[6]) Gesetzsamml. von 1811, S. 253 bis 261.

[7]) Gesetzsamml. von 1811, S. 361. — Bemerkenswerth! Also nicht Mitglieder Unserer getreuen Stände, sondern Mitglieder

daß weder diese General=Commission, noch ihre Mitglieder irgend eine landständische Eigenschaft und repräsentative haben sollten und haben konnten, sondern, wie sie auch im Edict vom 9. September 1811 ausdrücklich bezeichnet worden, nur „Männer aus allen Ständen Unserer Provinzen waren, die das Vertrauen ihrer Mitbürger haben und das Unsrige verdienen und mit denen „Wir — besonders in der gegenwärtigen Periode — „Uns zu umgeben wünschen." Jedes landständische Element ging ihnen daher ab; sie sollten weder von den Landständen, noch aus ihnen, sondern auch aus Ständen, welche damals keine Landstandschaft hatten, z. B. den kleinen Städten= und den Landbewohnern (auf dem platten Lande außer den Rittergutsbesitzern) und aus allen Ständen Unserer getreuen Unterthanen gewählt werden, weil alle durch die Veränderung des Abgaben=Systems betroffen waren, ihre Interessen aber nicht von andern Gewerbeständen vertreten werden konnten. Es würde daher der ordentliche landständische Weg nicht allein nicht genügend und mit unzulässigem Aufenthalt verbunden, sondern auch unausführbar gewesen sein, weil die obengedachten Hindernisse auch auf jedem Landtage sich ergeben haben würden, weshalb auch eine große Anzahl jener Deputirten von der

---

aller Stände Unserer getreuen Unterthanen; dagegen aber im Edikt vom 7. September „Unsere getreuen Stände" der verfassungsmäßige Ausdruck für die Landstände, nicht aber für gewerbliche Stände, z. B. nicht Unsere getreuen Rentiers, Unsere getreuen Kaufleute, Hausbesitzer, Zimmerleute, Musiker ꝛc. die keine getreuen Stände, wohl aber Stände Unserer getreuen Unterthanen sind.

Staatsverwaltung selbst einberufen wurde. Es ergiebt sich auch schon aus der ganzen Stellung, Unterordnung, Leitung und Besetzung dieser General-Commission, daß sie keine landständische Behörde, sondern eine vom König zur Berathung über bestimmte Gegenstände aus allen Provinzen und betheiligten Kathegorien der Unterthanen einberufene Versammlung sachkundiger Männer war, so wie dies in mehreren Fällen geschehen ist, und hier um so rathsamer war, als der große Umfang der, der Commission vorliegenden Gegenstände schon mit dem Zeitraume der landtägigen Versammlungen unvereinbarlich gewesen sein würde. Da diese Versammlung aus der ganzen Nation, selbst aus Communen berufen werden sollte, und daher ihre Mitglieder schon in dem Edict v. 27. Okt. 1810 aus den Provinzen und Communen berufene Repräsentanten genannt worden, mithin für die Gegenstände ihrer Einberufung allerdings von der ganzen Nation gewählt waren; so bestimmte der König durch den §. 14 des Edikts vom 7. September 1811, „daß diejenigen „Mitglieder, welche die General-Commission ausmachen, „auch vorerst die National-Repräsentation constituiren und „hierzu von den Wählenden mitbevollmächtigt werden „sollten.“ Auch diese Versammlung ward in späteren Gesetzen wohl National-Repräsentation [8]), so wie ihre Mitglieder Landes-Repräsentanten [9]) ge-

---

[8]) Edikt wegen der Einkommensteuer vom 24. Mai 1813, Gesetzsamml. von 1812, S. 63.

[9]) Kabinetsordre an den Staatskanzler v. 29. April 1812: „Außerdem können Sie, wo Sie es rechtlich erachten, zwei Af-

nannt. Man würde indessen durch den Ausdruck in einen recht großen Irrthum verleitet werden, wenn man dieser National-Repräsentation auch außer dem Kreise der ihr zugewiesenen Gegenstände einen repräsentativen und vollends einen ständisch-repräsentativen Charakter beilegen wollte; selbst innerhalb ihres Geschäftskreises war der national-repräsentative gar nicht vorhanden. Die Versammlung war nach Provinzen, und in diesen wieder nach den drei Ständen eingetheilt; der oben angeführte §. 29 des Edikts vom 24. Mai 1812 bestimmt:

In Berlin hat (zur Ausführung des Edikts wegen der Einkommensteuer) eine Central-Commission ihren Sitz, deren Präsident und Mitarbeiter durch Unsern Staatskanzler sofort ernennen zu lassen, Wir Uns vorbehalten. Dieser Central-Commission werden aus den Mitgliedern der hier anwesenden interimistischen National-Repräsentation drei Repräsentanten der Provinzen, aus dem Adel, dem Bürger- und dem Bauernstande, beigegeben, wobei die Provinzen von vier zu vier Wochen nach einem unter ihnen festzustellenden Turnus

„sessoren abwechselnd aus den Landes-Repräsentanten „nach Ihrer Wahl, und zwei Assessoren aus dem Handels-„stande — zu den Geschäften des Finanz-Collegiums — ohne „Stimme zuziehen." (Gesetzsamml. von 1812, S. 46); Verordnung vom 5. März 1813 (Gesetzsamml. von 1818, S. 23) und vom 1. März 1815 (Gesetzsamml. vom 1. März 1813, S. 11 und 14).

alterniren, daß jederzeit drei Provinzen repräsentirt werden.

§. 2.

Die landständische Verfassung war daher in allen Provinzen der Monarchie ungeschwächt in voller Kraft und Wirksamkeit, als der König an der Spitze seines Volks mit Gott und seinen Verbündeten den großen Kampf für Wiedererlangung der Freiheit und der Verfassung Deutschlands begann und dieser Zweck die Bedingung der Aufnahme anderer Fürsten in diese Verbindung war (Seite 158) [10]).

Da die alte Reichs-Verfassung nicht wiederhergestellt werden konnte, sondern die Gesammt-Verfassung Deutschlands neu geordnet werden mußte; so konnte bei der Wiederherstellung deutscher Verfassung nur von der der einzelnen deutschen Staaten die Rede sein. Sollte die absolute Souverainetät befestigt werden; so würde dies den Zweck des Freiheitskämpfs und die bestimmtesten Grundsätze der Hauptmächte (S. 158 ff.) verletzt und die vom Rheinbunde gefürchtete Despotie befestigt haben. Sollte dies moderne Repräsentations-System eingeführt werden; so würde die Wurzel der Verirrungen und Gräuel, welche

---

[10]) Der Fürst Metternich eröffnete Namens des Kaisers von Oesterreich in Uebereinstimmung mit Preußen bei Eröffnung des Wiener Congresses den auf demselben versammelten Fürsten: Der Zweck der großen Allianz ist feierlich und öffentlich ausgesprochen: Aufhebung des Rheinbundes und Wiederherstellung der deutschen Freiheit und Verfassung unter gewissen Modificationen (Seite 157).

die Ruhe Europa's seit dem letzten Vierteljahrhundert verheerend erschüttert haben, von den Fürsten selbst grundgesetzlich verpflanzt worden und dies nicht Wiederherstellung, sondern Vernichtung der deutschen Verfassung gewesen sein, und die deutschen Fürsten hatten eine Verfassung eingeführt, deren Blendwerk sie selbst so bestimmt anerkannten (S. 148 ff.). Sollte ihre Absicht, die Verfassung Deutschlands möglichst wiederherzustellen, erreicht werden, so konnte sie keine andere, als die landständische Verfassung sein.

Daher erklärten die deutschen Fürsten noch vor der förmlichen Eröffnung des Wiener Congresses sich auf das bestimmteste sowohl gegen die uneingeschränkte Souverainetät (S. 159), als für die unbedingte Statthaftigkeit der landständischen Verfassung in allen deutschen Ländern und daher für die Beibehaltung, Wiederherstellung und Einführung derselben in allen Bundesstaaten (S. 68 — 72) und bestätigten diesen bundesgesetzlichen Grundsatz später durch die Wiener Schlußacte von 1820 (S. 78).

§. 3.

So wie der König von Preußen in Uebereinstimmung mit seinen Verbündeten, dem Kaiser von Oesterreich und dem Könige von Hannover, der deutsche Fürst war, der auf dem Wiener Congresse zuerst und kräftig auf die feste Begründung der landständischen Verfassung auf dem ganzen Gebiete des deutschen Bundes bestand, so erließ der König schon vom Congresse aus die Befehle zur Ausführung des Bundesvertrags in seinen Staaten, selbst in den zum Bunde nicht gehörigen Provinzen, und verkündigte schon in den Besitz-Patenten den wiedereroberten und neu erworbenen Provinzen die Absicht, die landständische Verfassung einzuführen. So erklärte der König in dem Besitznahme-Patent vom 5. April 1815 wegen der Herzogthümer Cleve, Berg, Geldern, des Fürstenthums Mörs und der Grafschaften Essen und Werden: „Wir vereinigen diese Länder mit Unseren Staaten — „werden sie gleich allen Unseren übrigen Unterthanen „regieren, die Bildung einer Repräsentation anordnen" — in dem Aufruf an die Einwohner des Großherzogthums Posen vom 15. Mai 1815: „— und ihr werdet, „wie die übrigen Provinzen Meines Reichs eine pro„vinzielle Verfassung erhalten," und in dem am nämlichen Tage erlassener Aufruf an die Einwohner der Stadt und des Gebiets Danzig und Thorn, des Culm- und Michelauschen Kreises: „ihr werdet Theil nehmen an der „provinziellen Verfassung, welche Meine Provinz West„preußen erhalten wird," so wie der König in dem Patent wegen Besitzergreifung der mit dem Staate wieder vereinigten Provinzen im Nieder- und Obersächsischen Kreise, Altmark, Magdeburg, Halberstadt, Mansfeld, Wernigerode, Quedlinburg, Eisfeld, Erfurt u. s. w. vom 21. Juni 1815 erklärte: „Wir werden mit sorgfältiger „Berücksichtigung der älteren Verfassung und örtlichen Ver„hältnisse die hiemit in Besitz genommenen Länder einer „ständischen Verfassung, die ihren Bedürfnissen gemäß ist, „theilhaftig werden lassen und dieselbe der Verfassung „anschließen, die Wir im Allgemeinen Unsern Staaten

„gewähren werden“; eine hiermit buchstäblich übereinstimmende Erklärung ist in dem Patent wegen der Besitzergreifung der westphälischen Länder Münster, Minden, Paderborn, Korvey, Mark, Ravensberg, Lingen, Tecklenburg, Salm, Wild, Rheingrafschaft, Rheina, Looz, Croy, Beuthen, Steinfurt, Recklinghausen, Rittberg, Rheda, Hohen-Limburg, Gehmen, Lippstadt, Herfort, Reckeberg ꝛc. vom 21. Juni 1815 enthalten. In Ansehung des mit der Monarchie vereinigten Antheils von Sachsen, der beiden Lausitzen, Merseburg ꝛc. erklärte das Besitzergreifungs-Patent vom 22. Mai 1815: „Die ständische Verfassung „werden Wir erhalten und sie der allgemeinen anschließen, „welche Wir Unsern gesammten Staaten gewähren wer-„den,“ und eben diese Erklärung ist buchstäblich in dem Patent wegen der Besitzergreifung Neu-Vorpommerns und Rügens vom 19. September 1815 enthalten. In dem Besitzergreifungs-Patent vom 21. Juni 1815 wegen der an Preußen abgetretenen Länder Siegen und in den Solms-Altenkirchenschen, Neuwiedschen, Vallendar, Ehrenbreitenstein und andern Ländern am rechten Rheinufer ward erklärt: „Wir werden mit sorgfältiger Berück-„sichtigung der älteren Verfassung und der örtlichen Ver-„hältnisse diese Länder und Ortschaften einer, ihren „Bedürfnissen angemessenen ständischen Verfassung theil-„haftig werden lassen und dieselbe der allgemeinen Ver-„fassung anschließen, die Wir Unseren übrigen Staaten „gewähren werden.“ Endlich erklärte der König in dem Besitznahme-Patent der Rheinprovinz von 5. April 1815: „daß Er die Rheinländer gleich allen übrigen

„Unterthanen regieren, und die Bildung einer Repräsen-„tation anordnen werde.“

Demnach erließ der König von Wien aus unterm 22. Mai 1815 an den Staatskanzler den Befehl, einen Entwurf der zur Organisation erforderlichen Gesetze einer ständischen Repräsentation ausarbeiten zu lassen und dem Könige vorzulegen.

Da dieser Befehl Gegenstand mannigfacher Interpretation geworden ist; so ist er in der Anlage A. abgedruckt. Im Allgemeinen geht aus demselben hervor, daß er nur lediglich an den Staatskanzler gerichtet ist und nur für ihn allein eine Vorschrift und Anweisung, wie er verfahren soll, aber nicht eine Bekanntmachung und Vorschrift für das Volk enthält, mithin materialiter überall keine Verordnung in dem Begriffe einer solchen, sondern nur in der für letztere gewöhnlichen Form abgefaßt und zwar in die Gesetzsammlung eingerückt, aber, da sie unmittelbar an den Staatskanzler erlassen ist, nicht demjenigen, den sie betrifft, durch die Gesetzsammlung publicirt ist. Die ungewöhnliche äußere Form dürfte wahrscheinlich an dem Expedienten und der der öffentlichen Mittheilung durch die Gesetz-Sammlung in dem Wunsche des Staatskanzlers liegen, dadurch die öffentliche Aufmerksamkeit auf diese wichtige Angelegenheit zu befriedigen. Noch weit weniger begründet ist die Behauptung, daß dieser Befehl an den Staatskanzler ein der Nation gegebenes königliches Versprechen oder auch nur eine an dieselbe vom Könige ergangene Ankündigung oder ein Manifest, wie das Seite 119 angeführte Würtembergische ist, zumal der König den Staatskanzler nicht einmal mit der Bekanntmachung des an ihn erlassenen Befehls beauftragt hat. Eben so ungegründet ist die Ansicht, daß der König erst durch diesen Erlaß den Entschluß, die landständische Verfassung zu restauriren, dem Staatskanzler eröffnet habe, da dieser Entschluß nicht erst jetzt gefaßt worden, sondern schon vor der großen Allianz zu den wesentlichen Grundlagen derselben gehörte, schon vor dem Wiener Congresse gefaßt und auf demselben durch den Staatskanzler selbst bekannt gemacht war. In An- Ansehung dieses königl. Befehls ergeben sich im Allgemeinen folgende Resultate:

I. Auf keinen Fall kann derselbe ein Gesetz genannt werden, da es ihm dazu an allen Erfordernissen fehlt und selbst in der Gesetzsammlung nur eine Verordnung genannt ist, aber aus den eben angeführten Gründen auch dafür nicht einmal gelten kann.

II. Dieser Erlaß enthält

1) den königlichen Beschluß, daß der Nachkommen-„schaft die Grundsätze, nach welchen Unsere Vorfahren „und Wir selbst die Regierung Unseres Reichs mit ernst-„licher Vorsorge für das Glück Unserer Unterthanen ge-„führt haben, treu überliefert werden sollen,“

also die Grundsätze, nach welchen Wir regiert haben — diese Grundsätze sollen dauerhaft bewahrt werden — also weder die Grundsätze, nach welchen Wir erst regieren werden, noch ein nach verschiedenen Theorien veränderliches Werk,

2) den königlichen Befehl, daß zu diesem Zweck eine Repräsentation des Volks gebildet und theils aus Provinzialständen, selbst theils von, aus denselben gewählten Deputirten hergestellt und angeordnet werden soll,

3) den königlichen Befehl an den Staatskanzler, zur nähern Bearbeitung dieses Gegenstandes eine Commission niederzusetzen und deren Arbeiten dem Könige demnächst vorzulegen. Der §. 1 ausgesprochene Befehl: es soll eine Repräsentation des Volkes gebildet werden, ist kein neu ausgesprochener Grundsatz und noch weniger ein Versprechen, sondern eine Anweisung an die angeordnete Commission, die Repräsentation, welche der König den verschiedenen Provinzen seines Volks in den einzelnen Besitznahme-Patenten angekündigt hatte, zu bilden.

III. Das Wesentliche, Eigentliche und das Positive dieses königlichen Erlasses ist daher nur der Befehl an den Staatskanzler, eine Commission zur näheren Bearbeitung dieses Gegenstandes niederzusetzen, mithin eine bloße Weisung an denselben, mit einer näheren Andeutung der Grundsätze, von welchen dabei auszugehen, und welche von einsichtsvollen Staatsbeamten und Eingesessenen der Provinzen näher berathen und bearbeitet werden und in ihren Resultaten demnächst dem Könige vorgelegt werden sollen.

IV. Seit wann haben aber des Königs Befehle an seine Diener, über einen Gegenstand ein Gesetz auszuarbeiten, und die ihnen dabei vorgeschriebenen directiven Grundsätze für den König selbst verbindende und unwider=

rufliche Kraft, die ihm nicht gestattet, von jenen Grundsätzen nach deren näherer Erwägung oder nach veränderten Verhältnissen von seinen früheren Ansichten einen Tüttel abzugehen? Seit wann sind Staatsdiener und andere zu Berathung Berufene von der Pflicht entbunden, ihre Bedenken und Ansichten dem Könige treu und redlich vorzutragen und der König nicht berechtigt, sie, wenn er sie billigt, anzunehmen?

V. Seit wann ist aber eine landesherrliche Verordnung auch wenn sie wirklich eine solche wäre, ein Staatsgrundgesetz, ein mit der Nation abgeschlossener Staatsvertrag, ein derselben gegebenes feierliches Versprechen? Seit wann ist dies vollends ein bloßer Auftrag, nach den in demselben geäußerten Grundsätzen ein Project näher zu bearbeiten und diese Arbeit dem Landesherrn vorzulegen? Nicht einmal der ausgearbeitete Entwurf würde vor seiner Publication Rechte gewähren, noch weniger also der bloße Befehl, einen solchen Entwurf auszuarbeiten und Sr. Majestät vorzulegen.

VI. Welchen Sinn hat die Behauptung, daß der König durch den Erlaß vom 22sten Mai 1815 seinem Volke eine Repräsentation habe verleihen wollen? War darüber irgendwo ein Zweifel? War sie nicht in allen preußisch gebliebenen Provinzen seit Jahrhunderten vorhanden und in den wieder oder neu erworbenen Provinzen vorhanden gewesen und ihnen nicht durch die feierliche königliche Acte der Besitznahme und Huldigung schon seit Monaten der königliche Beschluß, ihnen eine landständische Verfassung zu geben, bekannt gemacht?

War es endlich nicht offenkundig, daß diese Verfassung vorzüglich auf König Friedrich Wilhelms III. Antrag zum Grundgesetz für alle Bundesstaaten erhoben worden? Eines wiederholten königlichen Versprechens einer Repräsentation bedurfte es daher überall nicht, dasselbe würde ungefähr eben so überflüssig gewesen sein, als das Versprechen, daß die Justiz administrirt werden solle. Das Versprechen einer Repräsentation, selbst die Bekanntmachung an das Volk, daß es dieselbe erhalten solle, konnte daher unmöglich der Zweck und die Bestimmung dieses Erlasses sein, derselbe war vielmehr ein königlicher Befehl an den ersten königlichen Staatsdiener, die Modificationen der bestehenden oder wiederherzustellenden oder einzuführenden Provincial-Repräsentationen näher zu bearbeiten.

VII. Hiermit stimmt auch die Fassung dieses königlichen Erlasses vollkommen überein. Sollte er ein dem Volke gegebenes feierliches Versprechen oder eine an dasselbe ergehende Bekanntmachung sein; so würde er nothwendig eine ganz andere Fassung erhalten haben. Wo ist in diesem ganzen Erlaß von einem Versprechen einer Repräsentation, sie sei von welcher Art sie wolle, irgend ein Wort enthalten? Der König hat das, was der Erlaß enthält, „beschlossen" — „Haben Wir Nachstehendes beschlossen" — der König befiehlt, „daß „eine Repräsentation des Volks" gebildet werden soll — es sind zu diesem Zweck — herzustellen — es wird — gewählt — die Wirksamkeit erstreckt sich, es ist eine Commission, die — bestehen soll und die sich beschäftigen — soll und zusammentreten soll — der Staatskanzler hat. — Wo ist hier ein Element, ein Schatten eines Versprechens vorhanden? wo etwas anders, als ein königlicher Beschluß und Befehl? Wie kann ohne Begriffs- und Sprachverwirrung jemand hier ein Versprechen finden?

VIII. Der ganze Erlaß vom 22. Mai 1815 ist daher lediglich ein Befehl des Königs an seine Diener, zur Ausführung seines Beschlusses nähere Vorschläge zu machen, daher lediglich eine Verwaltungs-Anweisung, und weder ein der Nation gegebenes Versprechen, noch ein Staatsgrundgesetz und hat mithin keine andere Wirkung, als für die niedergesetzte Commission die Pflicht, den ihr aufgetragenen Arbeiten sich zu unterziehen.

Beruhet der Anspruch der einzelnen Provinzen auf landständischer Repräsentation, nicht auf ganz andern Fundamenten, als auf der Verordnung vom 22. Mai 1815; so würde er keiner derselben zustehen und auf dem Grunde der letzteren nie gefordert werden können (S. 104); eben so wenig, als in dem, an den Handels-Minister ergangenen königlichen Befehl:

> daß, da der König, um dem Handelsstande einen Beweis seines Vertrauens zu geben, die Bildung eigener aus Kaufleuten bestehender Gerichte beschlossen habe, der Handels-Minister eine Commission niedersetzen, von derselben die Organisation dieser Gerichte ausarbeiten lassen und deren Anarbeiten dem Könige vorlegen solle —

der ganze Handelsstand in der Monarchie, ja selbst das ganze Volk eine ihm gegebene feierliche grundgesetzliche Zusicherung solcher Handelsgerichte finden könnte, und schwerlich einem Unberufenen gestatten würde, in Procura des Handelsstandes als feierliches Versprechen und Ehrenschuld, Handelsgerichte zu reclamiren und zu versuchen, auch andere zu einer solchen Reclamation aufzureizen.

Nach Vollendung der, zur Ausführung des Artikels 13 der Bundesacte erforderlichen Vorarbeiten, die in keinem Bundesstaate so mannigfach und schwierig waren, als in der Preußischen Monarchie, ward die ständische Verfassung in derselben durch das allgemeine Gesetz v. 5. Juni 1823 (Anlage B.) und die besonderen Verhältnisse in den verschiedenen Provinzen durch einzelne, für jede derselben erlassene Gesetze, dem, von Preußen schon auf dem Wiener Congresse ausgesprochenen Grundsätzen mit Rücksicht sowohl auf die bestehende und frühere Verfassung, als auf die veränderten übrigen Verhältnisse des Staats, wie der Gesetzgeber im Eingange des allgemeinen Gesetzes ausdrücklich erklärt: „im Geiste der älteren „deutschen Verfassungen näher geordnet und be„festigt und in den wenigen Provinzen, in welchen sie „unter fremder Herrschaft untergegangen war, wieder„hergestellt.“

§. 4.

Diese Gesetze geben, wie der Artikel 13 der deutschen Bundesacte selbst, ein auffallendes Beispiel, daß selbst das in der Sache und dem Ausdrucke Bestimmteste und Unzweifelhafteste vor Sophistereien, Mißdeutungen und Verdrehungen, vorgefaßten Ansichten und dem feststehenden

Vorsatze, für jeden Preis das Gegentheil zu behaupten, nicht gesichert ist. Wie in der physischen Welt das Festeste dem gutta cadendo unterworfen ist, so hoffen Uebelgesinnte und Verführer durch Wiederholung und immer fortgesetzte Wiederholung ihrer Verdrehungen doch endlich den Glauben an die Wahrheit derselben und die allgemeine Meinung für sie zu bewirken.

Mit diesem System versuchten diejenigen, deren Hoffnung, das revolutionäre Repräsentativ-System als Grundlage der Verfassung des Bundes und der einzelnen Bundesstaaten zu sehen, durch die Bundesacte und die dadurch befestigte landständische Verfassung getäuscht waren, sich auch an der letzteren durch die Seite 94 ff. gedachten Umtriebe, zu welchen auch die Behauptung gehörte, daß unter der, in den Verfassungs-Urkunden erwähnten Repräsentation nicht die landständische, sondern die moderne, wahre und eigentliche, wie sie genannt wurde, verstanden sei. Die vielfachen authentischen Erklärungen über den wahren Sinn der durch die Bundesgesetze wiederhergestellten landständisch-repräsentativen Verfassung von den Bundesfürsten (S. 113 u. 148) und der Bundes-Versammlung, so wie durch die, in allen Ländern publicirten, sämmtlich auf dem landständischen Princip gegründeten Landesverfassungen erhielte, ließen indessen dies Argument verstummen und man hörte seitdem nicht mehr die Behauptung, daß die Bundesacte, die Bundesgesetze und die deutschen Fürsten auf dem Congresse und in ihren Staaten unter „landständische Verfassung" die streng-repräsentative, also eine nicht-ständische verstanden und beabsichtigt, dennoch aber eine landständische verfaßt, angekündigt, eingeführt und der Bundesversammlung als eingeführt angezeigt (Seite 99 ff.) hätten (vergl. S. 83 ff.)

§. 5.

Nur in Ansehung des obenerwähnten Befehls des Königs Friedrich Wilhelm III. vom 22. Mai 1815 tauchten in späteren Zeiten diese Verirrungen in noch grellerem Maaße wieder auf.

Ungeachtet unter dem erwähnten Ausdruck „Repräsentation und Repräsentanten des Volks" von den Fürsten in allen älteren und neueren Erklärungen (S. 14, 52, 111 u. 113—126)[11]) und ständischen Gesetzen von allen Bundesfürsten, von ihren Ständen und Unterthanen und von allen, der Verfassung und der Geschichte selbst der Sprache kundigen Deutschen, nur die landständische Verfassung und landständische Repräsentation, nicht aber der Gegensatz derselben, die Repräsentation der repräsentativen Verfassung der reactionären Schule, verstanden wurde, fanden sich Einige, welche die, in dem Erlasse des Königs Friedrich Wilhelm III. enthaltenen Ausdrücke: „Repräsentation des Volks und Landes-Repräsentanten" in dem eben erwähnten gerade entgegengesetzten Sinne verstanden oder wenigstens auslegten und behaupteten. Der König, durch dessen Weisheit und Beharrlichkeit die landständische Verfassung Grundgesetz für alle Bundesstaaten geworden war und bei deren Wiedereinführung selbst die ehemals bestandene berücksichtigt werden sollte

---

[11]) Vergl. besonders Seite 119 ff.

(S. 66), habe, behaupteten sie, in seinen eigenen Staaten die darin bestehende landständische Verfassung aufheben und dagegen die repräsentative einführen wollen und dieselbe in dem, vom Wiener Congresse aus erlassenen Decret vom 22. Mai 1815 angeordnet und daher in deren Sinn die Worte „Repräsentation" und „Landes-Repräsentanten" verstanden. Der König habe also gleichzeitig und nicht bloß in dem nämlichen Monate, in welchem er seinen fortgesetzten bestimmten Willen, daß in allen deutschen Staaten eine landständische Verfassung und Vertretung Statt finden solle, auf das Bestimmteste erklärte, sondern selbst noch am Vorabend des nämlichen Tages[12]), an welchem dieser Grundsatz von Preußen und Oesterreich gemeinschaftlich allen deutschen Fürsten vorgelegt und von ihnen allen angenommen wurde (S. 70 u. 71), diese nämliche Verfassung in seinen Staaten aufgehoben und die entgegengesetzte eingeführt. Der König habe also gleichzeitig als Bundesmitglied und als Herrscher seiner Staaten doppelte, einander schneidend entgegengesetzte Begriffe, Ansichten und Entschlüsse gehabt und eine zweifache eben so entgegengesetzte, ganz verschiedene Sprache geführt, durch einen mentalen Vorbehalt von allen deutschen Staaten und der

---

[12]) selbst am nämlichen Tage, denn in dem Patent wegen Besitznahme der bisher Königl. sächsischen Provinzen vom 22. Mai 1815 verheißt der König denselben „die Erhaltung der ständischen Verfassung."

ihnen bestimmten Wohlthat der landständischen Verfassung die seinigen ausgenommen und unter dem Ausdruck „Repräsentation“ in der ersteren Eigenschaft eine ständische, in der zweiten aber eine repräsentative verstanden: dies würden die Voraussetzungen und die Resultate der obgedachten Auslegung des Königlichen Erlasses vom 22. Mai 1815 sein! Der König, der acht Jahre auch in seinen deutschen Staaten von der Rücksicht auf die Reichs-Verfassung entbunden und daher unabhängiger Herrscher derselben gewesen war und in diesem denkwürdigen Zeitraume die landständische Verfassung nicht allein nicht aufgehoben, sondern in voller, selbst in erhöhter Wirksamkeit erhalten und seinen Landständen die glänzendsten Beweise seines Vertrauens gegeben und von ihnen Beweise des ihrigen und ihrer treuen Anhänglichkeit in dem Maaße, in welchem sogenannte Repräsentativ-Verfassungen sie aufzuweisen nicht vermögen, empfangen hatte und in welchem das Band zwischen beiden, wäre es einer Verstärkung fähig gewesen, dieselbe erhalten haben würde; dieser König, einer der redlichsten, gerechtesten und weisesten der Hohenzollern, hätte, wie jene Verdreher seiner königl. Worte behaupten, den Zeitpunkt des Wiener Congresses benutzt, um in seinen Staaten diejenige Verfassung aufzuheben, deren Aufrechthaltung und Einführung in allen deutschen Staaten auf eben diesem Congresse vorzugsweise auf Antrag des Königs zum Grundgesetz des Bundes erhoben war und über dessen Festhaltung der König seinen Bundesmitfürsten sein Königliches Wort gegeben und dagegen ihr fürstliches empfangen hatte (S. 99);

diejenige Verfassung, deren Aufrechthaltung schon vor der Bundesacte die Bedingung der Aufnahme anderer Fürsten in die große Allianz (S. 158) und in den deutschen Bund selbst war und unter welcher der König anderen Fürsten Länder abtrat (Sachsen-Lauenburg) und von ihnen empfing (Schwedisch-Pommern). Der König hätte der erste und der einzige Fürst des Bundes sein können, der die Gesetze desselben verletzte. Diese Aufhebung der ständischen Verfassung und diese Ausschließung der Preußischen Staaten von den, im Artikel 13 der Bundesacte gedachten „allen deutschen Staaten" hätte der König ohne ausdrücklichen Vorbehalt und ohne sie seinen Bundesmitfürsten zu eröffnen, verfügt und diesen Entschluß durch den bloßen Ausdruck „Repräsentation des Volk" und „Landes-Repräsentanten" ausgesprochen und verkündigt?

Dieser Ausdruck ist der Kern und das einzige Fundament des Geschreies, von welchem zweifelhaft ist, ob es von Babylon oder aus dem Capitol der alten Römer aus Unredlichkeit oder aus Unverstand hervorgegangen ist. Schon der Zeitpunkt des Königlichen Decrets vom 22. Mai 1815 müßte bei dem geringsten Grade von Ueberlegung überzeugen, daß er für die Verwandlung der landständischen Verfassung in die repräsentative schlechthin ganz ungeeignet war.

Alle diese Betrachtungen liegen dem einfachen Menschenverstande eben so klar vor, als der richtige Begriff und Sinn der Ausdrücke „Repräsentation des Volks" und „Landes-Repräsentanten." In keinem deutschen Lande sind jene verkannt und diese so gröblich mißverstanden und verdreht, daß sie als ausschließliche Bezeichnungen der repräsentativen Verfassung und schon ihr Gebrauch als Verkündigung derselben angesehen wären (S. 112 u. 165). Wie hätte das Preußische Volk hiervon eine Ausnahme machen können? Wer könnte ohne Beleidigung desselben ihm den Vorwurf eines solchen Mangels an verständiger Einsicht und einer so rabulistischen Auslegung jener Ausdrücke machen? Waren diese Ausdrücke ihm nicht längst als in der landständischen Verfassung begründet bekannt (S. 200 ff.)? Der König hatte nicht allein in dem Erlaß an den Staats-Kanzler vom 22. Mai 1815 auf die Verordnung wegen verbesserter Einrichtung der Provincial-Behörden vom 30. April desselben Jahres Bezug genommen und in derselben bestimmt, daß alle älteren durch Erfahrung bewährt gefundene Einrichtungen bestehen gelassen und zu den Regierungen „alle ständische Angelegenheiten, so weit der „Staat verfassungsmäßig darauf einwirkt, und die „innern Angelegenheiten der Landeshoheit als ständische „Verfassungs-, Landesgrenz- ꝛc. Sachen gehören sollen. Die Nation wußte, daß der große Kampf der Erhaltung vaterländischer Zustände und Verfassungen, keinesweges aber der Erkämpfung unheilbringender fremder Grundsätze und Verfassungen galt. Daher war auch in den Preußischen Staaten damals nicht ein Einziger, der fähig gewesen wäre, in dem Königlichen Erlasse vom 15. Mai 1815 etwas anderes, als den Befehl zur Wiederbelebung und Einführung der landständischen Verfassung und vollends die Anordnung einer modernen repräsentativen Verfassung zu finden und das königliche Wort so zu verdrehen.

Allerdings fehlte es nicht an Anhängern dieses Systems, welche die in der Verordnung vom 22. Mai 1815 enthaltene Vorschrift, die Bedürfnisse der Zeit zu berücksichtigen, benutzten, um die repräsentative Verfassung als ein solches Bedürfniß darzustellen und in diesem Sinne Vorschläge, Pläne Entwürfe von Constitutionen in ganzen Schubladen zu machen, über welche wir auf das, Seite 93 angeführte, Urtheil Gagerns uns beziehen. Arg war es allerdings, als Bedürfniß der Zeit bei der näheren Ausbildung der landständischen Verfassung ein System zu berücksichtigen, durch welches jene nicht ausgebildet, sondern gänzlich umgestoßen und vernichtet werden würde. Aber so arg, war doch damals die Verirrung nicht, daß jemand behauptet hätte, die Bundesacte und das Königliche Decret vom 22. Mai 1815 habe nicht die landständische, sondern die sogenannte wahre repräsentative gemeint und eingeführt.

§. 6.

Diese Erfindung und beispiellose Verletzung aller historischen Wahrheit und aller Begriffe von deutscher Sprache und Verfassung blieb einer späteren Zeit und der, in ihr begründeten Schule vorbehalten, in welcher es mehr auf Behauptungen, als auf deren Gründe ankommt weshalb auch die Vorfechter in dieser Schule kein Bedenken tragen, Geschichte und Urkunden auf das Aergste zu entstellen, um ihren verkehrten Behauptungen in der öffentlichen Meinung Eingang zu verschaffen. Einige derselben dürften hier um so mehr anzuführen sein, als dadurch Gelegenheit gegeben wird, sie zu berichtigen. Der practisirende Arzt Dr. Jacoby in Königsberg in Preußen hat sich so sehr zum Vorfechter dieser Schule aufgeworfen, daß die von ihm mitgetheilte Ausbeute derselben vorzugsweise angeführt werden darf. Die erste ist schon aller Ehren werth. Es konnte freilich unglaublich erscheinen, daß König Friedrich Wilhelm III. seinen, selbst auf dem Wiener Congreß so bestimmt ausgesprochenen Entschluß, die landständische Verfassung aufrecht zu erhalten, so plötzlich aufgegeben und in der Verordnung vom 22. Mai 1822 auf die Seite der repräsentativen übergegangen wäre. Dagegen hat aber Dr. Jacoby sogleich ein Recept fertig: König Friedrich Wilhelm III. ist dazu durch die allerdringendste Noth gezwungen. „Am 20. März 1815 — sagt Jacoby in seinem Pamphlet, Seite 8 — „kehrte Napoleon nach „Paris zurück und bedrohete aufs Neue das Vaterland. „Da (wohl richtiger zwei Monate nachher, als Napoleon das Vaterland nicht mehr bedrohete) „gab Friedrich Wil„helm III. als Prämie für die dem Königshause dar„gebrachten Opfer und als Aufforderung zu neuem „Kampfe das Gesetz vom 22. Mai 1815 [13]). Welch eine dringende Noth muß die gewesen sein, da des

[13]) d. h. nach Jacoby: eine sogenannte wahre repräsentative Verfassung. Für die, zur Erhaltung der deutschen Verfassung gebrachten Opfer wäre also die Aufhebung derselben und die Verleihung der Repräsentativ-Verfassung — um welche die Preußen andere Nationen noch nie beneidet haben — die Prämie und zugleich die Aufmunterung zum neuen Kampf gewesen!

Königs Hülfruf in der Noth wirklich schon am 8. Juli, also am Tage nach dem Einzuge der Preußen in Paris! durch die Gesetzsammlung in Berlin und nach und nach auch in den Provinzen bekannt gemacht wurde? Dieser Fall beweiset recht deutlich, welche Wunderkraft die Verheißung einer Repräsentation des Volks im modernen Sinn hat. Auf den Königlichen Aufruf vom 5. April 1815 hätte also, wie der Dr. Jacoby wahrscheinlich in seiner nächsten Schrift beweisen wird, kein Mann den Fuß gerührt, aber auf das Versprechen der repräsentativen Verfassung erhoben sich sofort zum neuen Kampfe die Tausende und abermal Tausende von Preußen, die auch in diesem neuen Kampfe für Deutschlands Freiheit und Verfassung mit Ruhm sich bedeckten. Wie sie es aber gemacht haben, daß schon, ehe sie diesen Aufruf und den ihnen verheißenen Lohn erfuhren und ehe derselbe überhaupt bekannt geworden, sondern noch in der Hofbuchdruckerei in Berlin war, sie siegreich in Paris eingezogen waren, das ist freilich eine Erscheinung, die zwar beweiset, was schon das bloße Versprechen einer wahren Repräsentation vermag; allein auch nicht begreifen läßt, wie das preußische Volk auf den Aufruf seines Königs ohne Verheißung einer solchen repräsentativen Verfassung im Jahre 1813 und auf den Aufruf vom 5. April 1815 in Heerschaaren aufgestanden, dagegen aber auf den sogenannten Aufruf vom 22. Mai nicht Ein Mann gefolgt sei. Sollte wohl außer dem Dr. Jacoby in der ganzen Monarchie ein Mensch vorhanden gewesen sein, der in dem Befehl vom 22. Mai 1815 an den Staatskanzler einen Aufruf an das Volk, einen Hülferuf in dringender Noth und ein für diese geleistete Hülfe gegebenes Versprechen der repräsentativen Verfassung gelesen und gefunden oder den Befehl an den Staatskanzler, die landständische Verfassung zu vervollständigen, für den Befehl, die repräsentative zu organisiren, gehalten hätte? Wir haben diese Bemerkungen über diese Aeußerung des Dr. Jacoby nicht unterdrücken können, da sie, nach dessen Meinung, die erste Geschichte der Entstehung des sogenannten Gesetzes vom 22. Mai 1815 ist, und wird, wenn wir nur dem Laboratorium des Dr. Jacoby eben so viele Glaubwürdigkeit, als den Archiven schenken wollten, daraus uns überzeugen können, daß dieses Gesetz überall nicht durch den Wiener Congreß, sondern durch Napoleons Entweichung aus Elba veranlaßt worden und nach der doctrinellen Interpretation des Dr. Jacoby seiner eigentlichen Bestimmung nach ein après diner erlassener und après diner publicirter Aufruf an das Volk um Hülfe in der, durch Napoleons Niederlage so dringend gewordenen Noth und Gefahr des Vaterlandes ist.

§. 7.

Diese Auslegung des Dr. Jacoby dürfte indessen doch zu arg sein und mußte daher für eine andere gesorgt werden. Der Dr. Jacoby hat auch dafür sogleich Rath geschafft durch die Behauptung (S. 3 seiner Schrift), daß der König selbst nach seiner eigenen Erklärung gar keine andere, als die wahre repräsentative Verfassung, überall aber nicht eine landständische habe geben können. Denn, führt er an, der König habe in dem §. 3 der Verfügung vom 22. Mai 1822 versprochen, die Provinzialstände wiederherzustellen und dem Bedürfniß der Zeit gemäß einzurichten. „Was unter Bedürfniß der Zeit zu „verstehen sei, hat Friedrich Wilhelm III. selber erklärt; „bei dem Bundestage — richtiger auf dem Congreß in Wien, denn vor dem Bunde gab es keinen Bundestag — „gab Preußen am 8. Mai 1815, also vierzehn Tage vor „dem in Rede stehenden Gesetze, seine Meinung in fol„genden Worten ab:

„Die landständische Verfassung ist in jedem Bundes„staat (der Verfasser bemerkt sehr richtig „also auch „in Preußen") so zu organisiren, daß alle Klas„sen der Staatsbürger daran Theil nehmen."

„Aus dieser Abstimmung geht klar hervor, fährt der Verfasser fort, „daß Friedrich Wilhelm III. in dem Ge„setze vom 22. Mai 1815

„nicht ständige, nur die Interessen ihres Standes „vertretende [13]), sondern aus allen Klassen der

---

[13]) Ein abgenutztes Argument des gemeinen Liberalismus: bösartig, weil er allen Ständen, mithin der ganzen, aus Ständen bestehenden Nation den Vorwurf einer, Pflicht und Beruf überwiegenden, eigennützigen Selbstsucht macht. Worauf gründet der Verfasser diesen argen Vorwurf? Aus welchem Stande hat er Belege zu dieser schweren Beschuldigung aufzuweisen? Vorgefaßte, einseitige Richtungen dürften, wie wir bereits S. 171 geäußert haben, nicht so sehr von der Rücksicht auf den Stand als von der Verfolgung einseitiger, philosophischer, politischer Richtungen zu fürchten sein, da wir ja Beispiele haben, daß

„Staatsbürger gewählte, mithin auch das ganze „Volk vertretende Stände oder mit andern Worten „eine wahre repräsentative versprochen hat."

Es ist zuvörderst nicht einzusehen, wie der Verfasser die von ihm für Bedürfniß der Zeit gehaltenen Ideen auch als die vom Könige anerkannten Bedürfnisse der Zeit und dafür vollends jene Grundsätze halten könne, welche die bestimmt angeordnete landständische Verfassung über den Haufen stürzen würden und daher nach des Königs Willen unmöglich berücksichtigt werden könnten; Bedürfnisse der Zeit waren nach des Königs Willen nicht die schwankenden und veränderlichen Doctrinen und Phantasien der verschiedenen eben so veränderlichen philosophischen staatskünstlerischen Schulen, sondern diejenigen Veränderungen, welche in der damals bestehenden landständischen Verfassung „nach Landesart, dem Charakter der Einwohner und „dem Herkommen" als Bedürfniß der Zeit sich dargestellt hatten, z. B. die Landstandschaft des Bauernstandes und der bürgerlichen Besitzer von Rittergütern.

Aber hiervon ganz abgesehen, würden aus der preußischen Ansicht auf dem Congresse in Wien, auch wenn Jacoby sie unverfälscht mitgetheilt hätte, diese Folgerung in dem Sinne desselben nicht gegründet sein. Es

---

zu diesem Zweck Urkunden verstümmelt und verfälscht werden. Wenn jene Besorgniß des Verfassers aber gegründet wäre, so würde sie auch in der sogenannten wahren Repräsentativ-Verfassung eintreten, da die in den verschiedenen Klassen gewählten Repräsentanten des ganzen Volks doch zu irgend einem Stande oder einer Klasse gehören müssen und deren Interessen ebenfalls vertreten würden.

würde zuvörderst die ganze Deduction schon deshalb eine rabulistische sein, weil nach der preußischen Abstimmung ganz bestimmt: Die landständische Verfassung in allen Bundesstaaten (also, bemerkt Jacoby sehr richtig, auch in Preußen), mithin unmöglich deren Gegensatz: die sogenannte wahre Repräsentativ-Verfassung, Statt haben sollte. Wie kann der Verfasser daher behaupten, daß eine ständige, unter welcher er nach dem Nachsatz die ständische versteht, nicht versprochen werden konnte? Mußte er nicht vielmehr, wenn er jene preußische Aeußerung zur Norm des Königl. Decrets von 1815 annimmt, ohne Verstoß gegen Consequenz behaupten, Preußen könne keine andere, als eine landständische Verfassung und schlechthin keine wahre landständische Repräsentation versprechen? Vollends unbegreiflich ist die Diatribe des Jacoby über Stände und Klassen. Der Dr. Jacoby gründet das ganze Gewicht dieses Arguments auf das Raisonnement, daß nach der preußischen Abstimmung alle Klassen der Staatsbürger, nicht aber bloß Landstände an der Verfassung Theil nehmen sollen, zwischen Ständen und Klassen aber ein großer Unterschied sei und daher eine Verfassung, an welcher alle Klassen der Staatsbürger Theil nehmen, keine landständische sein könne, sondern eine wahre Repräsentativ-Verfassung sei. Sollte der Dr. Jacoby wirklich eine solche Behauptung im Ernst aufstellen können und so unwissend sein, daß er, besonders in Beziehung auf landständische Verfassung und auf das Verhältniß der Staatsbürger, überhaupt einen Unterschied zwischen Ständen und Klassen macht? Schon der flüchtigste Blick in alle Verfassungs-Urkunden[14]) würde ihn belehrt haben, daß beide völlig gleichbedeutend sind. Könnte der Verfasser wirklich glauben, daß in dem preuß. Votum in Beziehung auf Landstände, wie etwa in einem Steuer-Edict oder Gewerbepolizeigesetz unter dem Ausdruck „alle Klassen der Staatsbürger, alle Klassen „der Steuerpflichtigen oder der Gewerbetreiben-„den" verstanden werden, und daher alle Tischler, Böttiche, Grobschmiede, Kleinschmiede u. s. w. durch besondere Repräsentanten an der Landes-Repräsentation Theil nehmen sollen? Hat Herr Jacoby bereits die Ver-

---

[14]) Z. B. Baiersche Verf.-Urk. v. 1818: „— eine Standschaft „hervorgehend aus allen Klassen der im Staate ansäßigen „Staatsbürger." Art. VI. §. 1: — Stände des Reichs — §. 7: — Grundbesitzer, Abgeordneten der Universitäten, Geistliche und Abgeordneten der Städte und der Landeigenthümer. — §. 9: — adlige und übrige Landeigenthümer. — §. 10: — die jede einzelne Klasse. — §. 14: — die Klasse. — Edict über die Geschäfts-Ord. v. 1825, §. 65: — Mitglieder der Regierungsbezirke oder Klassen. — §. 101: — Stand oder Klasse. — Königl. Sächsisches Wahlgesetz für die Ständeversamml. von 1831, §. 3: die Abgeordneten der Rittergutsbesitzer, die Abgeordneten der Städte und des Bauernstandes werden gewählt. §. 6: zur Steuerberechtigung in allen drei Klassen. — §. 105: Jedem Abgeordneten der drei Klassen. — Würtembergische Verf.-Urk. v. 1819, §. 162: In der zweiten Kammer sitzen die verschiedenen Klassen, woraus sie zusammengesetzt ist, in der §. 187 angegebenen Ordnung (ritterschaftlicher Adel, Geistliche, Universitäten, Städte, Oberamtsbezirk) — unter den Gliedern jeder einzelnen Klasse entscheidet — Bei Aufruf zur Abstimmung ist zwischen den 4 ersten und den zwei übrigen Klassen zu wechseln. — §. 114: Die zweite Kammer wählt — ohne Unterschied der Klassen. — Badensche Verf.-Urk. v. 1818: — ohne Rücksicht auf besondere Stände oder Klassen. U. m. a.

fassung der Wahl derselben, ob sie in jeder Stadt oder Provinz oder auf einer General-Versammlung aller Schneider in der Monarchie gewählt werden sollen, entworfen, für welche wir auf die Anmerkung S. 93 uns beziehen? Sollten sie aber auch von einer Primär-Versammlung aller Handwerksgenossen gewählt werden, so würden sie dennoch — wie Jacoby sagt, „mithin" nicht das ganze Volk, sondern, nach seiner eigenen Ansicht, nur ihre Klasse repräsentiren. Sollte endlich ihm unbekannt sein, daß alle diese gewerblichen und übrigen vielfachen Klassen, Ganz-, Halb-, Viertel-Käthner u. s. w., in ständischer Beziehung in der Repräsentation ihres Standes vertreten werden?

Sollte der Dr. Jacoby nicht überlegt haben, daß, wenn seine Ansicht, daß Stände und Klassen verschieden sind und mit Klassen-Vertretung eine landständische Verfassung nicht bestehen kann, gegründet wäre, die von ihm gebildete Klassen-Repräsentation vollends nicht Statt haben könnte, weil das preußische Congreß-Votum ganz bestimmt eine landständische Verfassung fordert, und sollte er nicht bedacht haben, daß, wenn seine Ansicht gegründet wäre, alle die landständischen Verfassungen, in welchen Stände auch als Klassen genannt werden, keine landständische, sondern wahre repräsentative Verfassungen sind, und diese daher, obgleich Fürsten, Stände und Völker das Gegentheil behaupten, in ganz Deutschland bestehen?

Der Dr. Jacoby beschränkt sich indessen nicht auf diesen Beweis seiner Gelehrsamkeit und seines Scharfsinns, sondern giebt uns noch einen Beweis seiner historischen Treue und Wahrhaftigkeit und seiner Kunstfertigkeit, Urkunden beliebig zu verändern und umzuformen. Obgleich er bei der Mittheilung der preußischen Congreß-Abstimmung vom 8. Mai 1819 ausdrücklich versichert, daß sie „in folgenden Worten" abgegeben sei (S. 229); so hat er dennoch Leser, die ihm Glauben geschenkt haben, getäuscht, indem er diese Abstimmung verstümmelt hat. Sie lautet wörtlich folgendergestalt:

> In allen deutschen Staaten wird die bestehende landständische Verfassung erhalten oder eine neue[15]), dergestalt zu organisirende, daß alle Klassen der Staatsbürger daran Theil nehmen, eingeführt, damit den Landständen das Recht der Bewilligung neuer Steuern ꝛc. zustehen. Die einmal verfassungsmäßig bestimmten Rechte der Landstände werden unter den Schutz und die Garantie des Bundes gestellt (vergl. oben S. 71).

Nach der preußischen Abstimmung soll also entweder die bestehende landständische Verfassung erhalten oder eine neue eingeführ und diese so organisirt werden, daß alle Klassen der Staatsbürger daran Theil nehmen.

Der Dr. Jacoby unterschlägt daher den ganzen ersten Theil des Votums und die in demselben enthaltene Alternative und verdreht durch das mit dem Worte „Klassen" getriebene Spiel nach seiner Ansicht die aus-

---

[15]) also ebenfalls landständische, wie auch aus der im Artikel 13 der Bundes-Acte enthaltenen allgemeinen Vorschrift hervorgeht.

drücklich bestimmte landständische Verfassung in eine wahre repräsentative. So hätte denn ein practisirender Arzt in Königsberg das Staatsrecht durch die fruchtbare Erfindung bereichert, daß die Worte „Repräsentation“ und „Klasse“ jederzeit eine wahre Repräsentation andeuten und eine landständische in eine wahre Repräsentation verwandeln.

Zweifelhaft möchte es indessen sein, ob der Doctor Jacoby den Grundsatz, daß nicht die jetzigen Stände, sondern alle Klassen der Staatsbürger repräsentirt werden müssen, aufgestellt haben würde, wenn er bedacht hätte, daß also auch der Adel, der doch auch eine solche Klasse ist, als solche repräsentirt werden müßte.

Die Berufung des Verfassers auf jene preußische Abstimmung ist aber, selbst bei seiner Verdrehung derselben, ganz überflüssig. Denn da weder in den ferneren Congreß-Verhandlungen, noch in der Bundesacte (S. 71 ff.), noch in dem Königl. Decret vom 22. Mai 1815 der „Klassen“ ferner erwähnt ist; so würde Preußen entweder dieselben aufgegeben haben, oder in Ansehung ihrer überstimmt worden sein und der Mehrheit sich unterworfen haben, und können daher die Klassenmänner auf das frühere Votum sich eben so wenig berufen, als die Familienhäupter des Adels auf das noch frühere, nach welchem sie erbliche Mitglieder der Stände-Versammlung sein sollten (S. 68).

§. 8.

Das Gesetz vom 5. Juli 1823 und die, in dessen

Gemäßheit für die landständische Verfassung in den einzelnen Provinzen erlassenen Gesetze hätten freilich alle diese Sophismen über den Sinn des Königlichen Worts niederschlagen sollen, durch welches diese Verfassung in allen Provinzen eingeführt wurde und der König auch auf dem Bundestage erklären ließ, daß Er durch diese Gesetze die Bestimmungen des 13. Artikels der Bundesacte erfüllt habe.

Am 27. November 1823 zeigte der preuß. Bundestags-Gesandte der Bundesversammlung an:

> Daß Se. Majestät der König die Begründung der landständischen Verhältnisse in der Monarchie mittelst eines unterm 5. Juni d. J. erlassenen und durch die Gesetzsammlung bekannt gemachten allgemeinen Gesetzes wegen Anordnung der Provinzialstände, verfügt und schon in Folge desselben, zunächst für die, zum deutschen Bunde gehörigen Provinzen, Mark Brandenburg, Markgrafthum Niederlausitz, Herzogthum Pommern und Fürstenthum Rügen wegen Anordnung der Provinzialstände besondere, ebenfalls öffentlich bekannt gemachten Gesetze unterm 1. Juli d. J. erlassen haben, worin der von den erhabenen Stiftern des deutschen Bundes nach Art. 13 der Bundesacte gemeinsam gefaßte und durch Art. 55 der Schlußacte näher erklärte Beschluß seine Vollziehung finde[16].

---

[16]) In den Protokollen der Bundesversammlung Bd. XV. Hft. V. S. 515.

Demnächst ließ der König der Bundesversammlung am 13. Mai 1824 anzeigen:

daß wegen Anordnung der Provinzialstände für das Herzogthum Schlesien, die Grafschaft Glatz und das Preuß. Markgrafthum Oberlausitz, ingleichen für die Provinz Sachsen in Folge des allgemeinen Gesetzes vom 5. Juni v. J. zwei besondere Gesetze erlassen[17]) und später am 10. Juni desselben Jahres, daß in Folge des allgemeinen Gesetzes vom 5. Juni v. J. die Anordnung der Provincialstände für die Königlichen Rhein-Provinzen und die Provinz Westphalen statt gefunden habe[18]).

Lange Jahre verflossen seitdem, ohne daß die früheren Sophismen wieder auftauchten; in späteren Zeiten wurden sie indessen theilweise wieder aufgenommen. Die Lage dieser Sophismen war inzwischen schwierigerer und die früheren Waffen unbrauchbar geworden. Daß die veränderten Zustände die Eigenthümlichkeiten und Bedürfnisse des Staats in der neuen ständischen Verfassung sorgfältig berücksichtigt worden, lehrte die bloße Einsicht der ständischen Gesetze, und hatte der König selbst in dem Eingang des Gesetzes vom 5. Juni 1823 geäußert:

Ich habe beschlossen in der Monarchie die ständischen Verhältnisse zu begründen und deshalb Provincialstände im Geiste der älteren deutschen Verfassung eintreten zu lassen, wie solche die Eigenthümlich-

---

[17]) Ebend. Bd. XVI. Hft. I. S. 153.
[18]) Ebend. Bd. XVI. S. 207.

keiten des Staats und das wahre Bedürfniß der Zeit erfordern.

Eben diese neuen provincialständischen Gesetze hatten die von Böswilligen ausgestreute Besorgniß, daß die Provincialstände nur aus dem Adel und vom Hofe ernannten und abhängigen städtischen Deputirten bestehen würden als Verläumdung dargestellt, indem in dem Ritterstande der Unterschied der Geburt aufgehoben, die Städte durch selbst gewählte Deputirte vertreten wurden und der Bauernstand mit besonderer Sorgfalt für dessen fortdauernde Erhaltung unter die Landstände aufgenommen war, mithin die Landstände aus allen Klassen des Volks bestanden. Die Vergleichung mit den, in den übrigen Bundesstaaten organisirten landständischen Verfassungen mußte jeden Unbefangenen überzeugen, daß die landständische Verfassung in Preußen im Umfange der landständischen Rechte und Unabhängigkeit der Berathungen ihnen nicht allein nicht nachsteht, sondern zum Theil übertrifft.

§. 9.

Denn, wenn in einigen Bundesländern die Landstände an der Finanz-Verwaltung, an der Festsetzung des Finanz-Etats, an der Aufnahme von Kammerschulden und anderen Gegenständen des Staatshaushalts Theil nehmen; so übersah Niemand, daß diese Theilnahme keinesweges in der landständischen Verfassung beruhe und zu keiner Zeit in irgend einem deutschen Lande beruht habe, sondern ihren Grund lediglich in dem Umstande habe, daß der Landesherr die Domainen seines Hauses den Ständen abgetreten hat, und diese dagegen die Bestreitung bisher aus den Domanial-Einkünften bestrittener Ausgaben übernommen haben, diese Theilnahme mithin eine eigenthümliche, auf besonderer Vereinbarung gegründete Verfassung solcher Länder sei und daher in Ländern, worin eine solche anomale Vereinbarung nicht getroffen war, nicht Statt finden könne. Eine ständische Theilnahme an der Verwaltung der Finanzen und an Aufnahme von Anlehen u. s. w. widerstreitet so sehr den Grundsätzen des deutschen Staatsrechts, daß sie in der deutschen Geschichte ganz unbekannt ist; in Ansehung der Theilnahme an Aufnahme von Anlehen, allerdings mit Ausnahme der Landesschulden im eigentlichen Sinne, d. h. solcher Schulden, für welche nicht allein der Regent mit seinen Domainen und übrigen Vermögen, sondern auch das Volk und alle Mitglieder desselben oder, wie das Königl. Preuß. Gesetz vom 17. Januar 1820, §. 1 lautet: „Nicht nur Wir, sondern auch Unsere Nachfolger an der „Krone — als Lasten des Staats und aller im „Staatsverbande befindlichen Glieder verhaftet sind. Es liegt in der Sache selbst, daß Schulden dieser Gattung nur in sehr dringenden Verhältnissen und nur dann entstehen können, wenn die gewöhnlichen Staatseinnahmen zur Befriedigung des Bedürfnisses nicht genügen oder nicht bestimmt sind, und daher zu diesem Zweck außerordentliche Auflagen und Anlehen nothwendig sind. Sie setzen daher Leistungen voraus, zu welchen das Land entweder vermöge der Verfassung oder besonderer Uebernahme verpflichtet ist und unterliegen mithin sowohl überhaupt, als in Ansehung der Frage: ob dazu die ständische Bewilligung oder nur die ständische Berathung über die Art der Aufbringung erforderlich ist, den nämlichen Grundsätzen, wie außerordentliche Steuern. Diese eigentlichen Staatsschulden dürften in deutschen Ländern kaum anders, als aus Kriegslasten, oder aus der Uebernahme von Schulden, welche der Landesherr genöthigt gewesen war zum Nutzen des Landes und zur einstweiligen Bestreitung der dem letzteren obliegenden Lasten zu machen, oder aus großen Unternehmungen zum Besten des ganzen Landes entstehen. Die Geschichte aller Länder, besonders in dem fünfzehnten und sechszehnten Jahrhundert liefert hiezu reichhaltige Beläge und lehrt, daß in denselben außerordentliche Leistungen dieser Art nicht durch Anlehen, sondern durch, bis zu deren Erfüllung fortgesetzte außerordentliche Steuern bestritten wurden, die, auf eben diese Art abzutragenden Anleihen aber erst in späteren Zeiten aufgekommen sind. Durchaus verschieden von diesen Staats- oder Landes-Schulden sind aber die fürstlichen oder Kammer-Schulden, d. h. diejenigen Schulden, welche der Landesherr zur Bestreitung der Zwecke und Bedürfnisse der Regierung in Folge finanzieller Gründe aufnimmt und für welche nicht die Unterthanen, sondern lediglich der Landesherr und die von dessen Disposition abhängenden Fonds verpflichtet sind: diese Fonds mögen aus den landesherrlichen Domainen und anderen Vermögen oder den übrigen Einkünften oder besonderen Fonds bestehen, z. B. in der Ueberweisung der Kunststraßen oder anderer

Communicationsmittel an diejenigen, welche die zu deren Anlegung erforderlichen Kapitalien darleihen. Diese Gattung von Schulden, die früher allgemein und auch noch gegenwärtig in mehreren Ländern sehr angemessen Kammerschulden genannt und dadurch auch durch den Namen selbst von den Landesschulden, d. h. den von dem Lande übernommenen oder demselben obliegenden Schulden unterschieden werden, sind, seitdem der Ausdruck Staat allgemein üblich und auch das kleinste Land ein Staat geworden ist, zwar hin und wieder auch Staatsschulden genannt, dürfen aber mit den oben gedachten eigentlichen Staatsschulden keineswegs verwechselt werden und insonderheit nicht in Beziehung auf die Unterthanen und die Landstände, es sei in Rücksicht auf die Verhaftung für dieselben oder auf die Theilnahme an der Contrahirung dieser Schulden. Daher hat die Theilnahme der Stände an der Eingehung und Behandlung der Kammerschulden, nie und zu keiner Zeit in irgend einem deutschen Lande Statt gehabt und ist selbst von den Landständen jemals in Anspruch genommen, und, wo sie zur Sprache kam, z. B in den Streitigkeiten zwischen den Herzögen von Würtemberg und ihren Ständen von den Reichsgerichten für unzulässig erklärt und auch bei kaiserlichen Debit-Commissionen für unzulässig gehalten. Diese Grundsätze sind auch in den neuen Verfassungs-Urkunden der Bundesstaaten sehr bestimmt festgehalten und in denselben die Concurrenz der Landstände lediglich auf diejenigen Schulden beschränkt, für welche das ganze Land verhaftet ist [19]). Eben dieser Grundsatz ist auch in dem preuß. Gesetz vom 17. Januar 1820 wegen der darin gedachten Staatsschuld — der einzigen Staatsschuld dieser Art im Preußischen — anerkannt, indem diese Schuld für eine Staatsschuld, d. h. eine Schuld erklärt ward, welche zum wahren Bedürfnisse und zur Erhaltung des Staats gemacht worden und für welche daher nicht der König allein, sondern alle Glieder des Staatsverbandes haften.

Es folgt daher schon aus der Natur und dem Ursprunge dieser, auf dem ganzen Lande haftenden Schulden, daß die in Ansehung dieser Schulden erlassenen Bestimmungen sich lediglich nur auf sie beschränken, keineswegs aber auch auf andere und insonderheit nicht auf solche Schulden sich erstrecken, für welche die Unterthanen mit ihrem Vermögen nicht haften, und also auch nicht auf sogenannte Kammerschulden. Es würde durch diese Anwendung ein Grundsatz aufgestellt, der in keinem Lande in Deutschland und selbst in Europa Statt findet und jemals Statt gefunden hat und Statt finden kann und in Deutschland allenfalls nur in Ansehung der Bischöfe und Aebte, aber auch hier nicht den Landständen, sondern nur dem Kapitel gegenüber Statt fand.

Einige neue deutsche Verfassungen weichen zwar von

---

19) Selbst die in früheren Zeiten von dem Landesherrn den Landständen gegebenen Versicherungen, keine Schulden zu machen, beziehen sich nur auf solche eigentliche Landesschulden, z. B. Mylii Corpus Constit. Marchicarum T. VI, p. 165.

diesen Grundsätzen ab; es sind aber die derjenigen Länder, in welchen die Regenten ihre Domainen und übrigen Finanzmittel den Ständen gegen eine sogenannte Civilliste entweder ganz oder wenigstens rücksichtlich der Verwaltung und Benutzung abgetreten haben und es daher von selbst vorliegt, daß die Stände zu deren Belastung zugezogen werden müssen. Wir haben uns diese Degression um so weniger ihrer selbst wegen, als wir ihren Gegenstand noch ausführlicher erörtern werden, sondern nur deshalb erlaubt, um darauf aufmerksam zu machen, daß alle hierauf sich beziehende Bestimmungen in mehreren Verfassungs-Urkunden ganz außer dem Gebiete der landständischen Verfassung liegen, sondern lediglich auf der Ueberlassung der Domainen an die Stände beruhen und aus derselben folgen. Wir kehren

§. 10.

zu der im §. 8 ausgeführten Hinweisung zurück, daß die Organisation der Landstände im Preußischen denselben die im Wesen der landständischen Verfassung liegenden landständischen Rechte in eben dem und zum Theil in größerem Maaße, wie die Verfassungs-Urkunden anderer Bundes-Staaten, erhalten und wiedergegeben habe. Das Vertrauen auf den König befriedigte und beruhigte daher alle und würde, wenn es einer Verstärkung fähig gewesen wäre, dieselbe dadurch erhalten haben, daß dem ganzen Lande die besondere Sorgfalt und Aufmerksamkeit bekannt war, welche der König dieser wichtigen Angelegenheit gewidmet hatte, indem er nicht allein den Rath und die Ansichten einsichtsvoller Staatsmänner benutzt und unter dem Vorsitze des Kronprinzen eine besondere Commission zur Schlußberathung niedergesetzt hatte, sondern diese Angelegenheit auch in den einzelnen Provinzen durch dahin eigends abgesandte Staats-Minister und die betreffenden Behörden sowohl überhaupt, als insonderheit mit ausgezeichneten Männern der Provinz gründlich und reiflich hatte berathen und erwägen lassen, und daß daher eine so sorgfältig und vielseitig berathene und erwogene ständische Verfassung den Eigenthümlichkeiten und wahren Bedürfnissen des Landes angemessen war. Als solche ward sie daher vom Lande mit Dank angenommen und hat seit fast einem Vierteljahrhundert bestanden und unter allgemeiner Anerkennung sich bewährt. Allerdings blieb die landständische Verfassung in Preußen nicht von dem Tadel der Gegner der landständischen Verfassung überhaupt und der Anhänger der repräsentativen ganz verschont, besonders seitdem in neueren Zeiten auch in andern Ländern, selbst in landständischen Versammlungen, die früheren Richtungen sich wieder äußerten. Der Königl. Sächsische Staatsminister v. Könneritz hat in der zweiten sächsischen Kammer am 13. Oktober 1845 diese Richtung so meisterhaft geschildert, daß wir dessen eigene Worte hier anführen müssen: „Männern von der „Theorie, Männern von der Bewegung, wie sie in allen „Ländern vorkommen, genügte die landständische Verfassung „nicht. Nach Idealen strebend, suchen sie das Glück der Völ„ker nur in ungemessener Freiheit, nur in der Theilnahme „jedes Einzelnen an der Regierung selbst. Sie finden

„die Aufgabe der Verfassung nicht sowohl darin, daß das
„geistige und materielle Wohl der Völker vorwärtsschreite,
„sondern darin, daß den Völkern und jedem Einzelnen
„in ihnen immer mehr Recht eingeräumt werde, oder, wie
„sie sich ausdrücken, in der Fortbildung der Ver-
„fassungen. Diese Ansichten finden hier und da auch
„bei uns Eingang, bald vergessen ihre Anhänger die
„Entstehung unserer Verfassung und suchen politische Sy-
„steme, entnommen aus Staaten, wo die Souverainetät
„in Folge von Revolutionen erst von dem Volk auf den
„Regenten übertragen worden, auch auf uns anzuwenden;
„während nach der Verfassungs-Urkunde dem Volke und
„seinen Vertretern nur bestimmte Rechte zugewiesen, alle
„Rechte der Staatsgewalt den Regenten verbleibt und
„diese nur bei Ausübung einzelner beschränkt werden sollte,
„suchen jene das Rechts-Verhältniß umzudrehen, für das
„Volk und seine Vertreter aus allgemeinen theoretischen
„Systemen Ansprüche abzuleiten und dagegen die Regierung
„auf diejenigen Befugnisse zurückzuweisen, die ausdrücklich
„in der Verfassungs-Urkunde bezeichnet sind. Während
„nur die Stände die verfassungsmäßigen Organe der
„Staatsbürger und nur sie berufen sind, das Volk zu ver-
„treten, seine Wünsche und Bitten auszusprechen, während
„sogar jeder Stand nur nach seiner Ueberzeugung, nicht
„nach Instructionen stimmen soll, möchte jetzt außerhalb
„der Stände-Versammlung jeder Einzelne im Volke das
„Volk repräsentiren, seine Ansichten der Regierung und
„dem Volke als Ansichten des Volks darstellen und auf-
„dringen, jeder Einzelne an der Leitung der allgemeinen

„Landesangelegenheit und an der Regierung Theil nehmen. „Sie nennen es Reaction, wenn die Regierung auf die „Verfassung und deren Grenzen hält, da nur bei deren „Innehaltung dem Lande die Wohlthat der Verfassung für „die Dauer erhalten werden kann, wenn die Regierung die „Verfassung für sich und für die Stände aufrecht erhält „und gegen letztere dasjenige erfüllt, was sie ihnen und „ihrem Ansehen schuldig ist, indem die Wirksamkeit der „Stände sehr bald gelähmt werden würde, wenn nach „jener Theorie außer ihnen noch weitere Vertreter des „Volks aufkommen und auftreten sollten. Wozu Wahl-„Gesetze, wozu Wahl-Ordnungen, um die würdigsten und „das allgemeine Vertrauen ihrer Mitbürger besitzenden „Volksvertreter zu ermitteln, wenn jeder dazu sich auch „aufwerfen dürfte? wenn jedem frei stände, sich als Organ „der Volksstimme geltend zu machen und die bestehende „Verfassung zu tadeln und herabzuwürdigen, um das Ver-„trauen zu derselben zu erschüttern?" Ein Beispiel eines solchen, sich aufdringenden anmaßlichen Organs und der Tendenz, das Vertrauen zur Verfassung zu erschüttern, giebt wiederum der Doctor Jacoby in Königsberg. Die Königliche Ordre vom 22sten Mai 1815 bestimmt im §. 5, daß die Organisation der landständischen Verfassung:

von einsichtsvollen Staatsbeamten und Eingesessenen der Provinzen

berathen werden soll und der König verkündigt im Eingange des landständischen Gesetzes vom 5. Juni 1823:

Eine Commission unter dem Vorsitze Unseres Sohnes, des Kronprinzen Königl. Hoheit, ist von Uns beauftragt worden, diese Angelegenheit vorzubereiten und darüber mit erfahrenen Männern aus jeder Provinz in Berathung zu treten; auf den von derselben erstatteten Bericht verordnen Wir ꝛc.

Also nicht, wie in vielen andern Ländern, Verfassungen, von Staatsbeamten entworfen und vom Regenten vorgeschrieben, sondern eine mit einsichtsvollen Eingesessenen der Provinzen, dazu von erfahrenen Männern aus jeder, berathene ständische Verfassung hatte der König angeordnet. Mit welch einem Vertrauen mußte nicht die Nation eine so sorgfältig berathene und ihren Verhältnissen so angemessene Verfassung aufnehmen, und wie war es möglich, dies Vertrauen durch jene Theorien unerfahrener Männer zu schwächen?

Der Dr. Jacoby weiß aber auch dazu Mittel und versteht das Gesetz von 1823 als ein Gesetz darzustellen, bei dessen Berathung und Abfassung die Vorschrift des Königs, oder nach seiner Sprache das Versprechen des Königs nicht erfüllt worden, denn: „Das „Gesetz ist keine Erfüllung des Königlichen Ver„sprechens, denn dasselbe ist nur von Staatsbeamten, „nicht aber, wie das Gesetz vom 22. Mai 1815 aus„drücklich bestimmt, unter Zuziehung von Abgeord„neten der Provinzen berathen.“ (Seite 4 seines Pamphlets). Nachdem der Dr. Jacoby zur Begründung dieser Behauptung vorläufig das Königliche Wort „Eingesessene“ in „Abgeordnete“ fälschlich verändert hat, unterschlägt er den oben angeführten Eingang des Gesetzes vom 5. Juni 1823 und hintergeht das Publicum ganz geradezu durch die unwahre Behauptung: das Gesetz vom 5. Juni 1823 ist nur von Staatsbeamten, nicht aber von Eingesessenen und erfahrenen Männern aus jeder Provinz (oder, wie er sie fälschlich nennt, Abgeordnete der Provinzen) berathen. In welche Kathegorie der Verfasser fällt, ist zweifelhaft. Sollte seine Unwissenheit so arg sein können, daß ihm die Absendung der Minister v. Altenstein, v. Beyme und v. Klewitz in die verschiedenen Provinzen und die fortgesetzten sorgfältigen Berathungen mit ausgezeichneten Männern in denselben unbekannt geblieben wären? Oder sollte er leichtsinnig genug gewesen sein, über ihm unbekannte Gegenstände so zu urtheilen, wie oben bei der Geschichte der Verordnung vom 22. Mai 1815 (Seite 226 ff.)? Oder sollte er hier auf eben dem Wege sich befinden, wie bei der Verdrehung des preuß. Congreß-Votums (S. 234)? Mit welchem redlichen und vernünftigen Grunde kann der Verfasser behaupten, daß des Königs Anordnung vernachlässigt, „des Königs Wort „nicht erfüllt und das Gesetz von 1823 nur von „Staatsbeamten berathen sei?" Der König selbst verkündigt in diesem Gesetz, daß die Commission angewiesen sei, über dasselbe „mit erfahrenen Männern in „jeder Provinz zu berathen und daß der König auf den „Bericht dieser Commission das landständische Gesetz er„lasse." Giebt es etwas Stärkeres oder einen größeren Unverstand, als die Behauptung: Das Gesetz ist dennoch des Königlichen Befehls und der ausdrücklichen Königlichen Erwähnung dieses Befehls bei der Publication des Gesetzes ungeachtet, nicht von Männern aus jeder Provinz, sondern nur von Staatsbeamten berathen? Gegen wen ist diese Behauptung gerichtet? Gegen die vom Könige niedergesetzte und erwähnte Commission? Dann wäre sie eine Anklage gegen diese Commission, daß sie die wiederholte, sehr bestimmte Vorschrift des Königs bei Seite gelegt und nicht befolgt habe. Oder gegen den König?

§. 11.

So viel die neueste Geschichte und Bestätigung der landständischen Verfassung betrifft, so erlauben wir uns darüber nur noch einige Bemerkungen. Da im Jahre 1840 auf dem Huldigungs-Landtage zu Königsberg in Preußen unrichtige Ansichten über die landständische Verfassung auch zur Kenntniß Seiner Maj. des Königs Friedrich Wilhelm IV. gekommen waren; so eröffnete der König den Ständen durch den Landtags-Abschied vom 9. September 1840:

Wir Friedrich Wilhelm &c. ertheilen Unsern zum Provinzial-Landtage versammelten getreuen Ständen Unseres Königsreichs Preußen — auf die drei von ihnen entgegengenommenen Denkschriften zum Bescheide: — —

III. Auf die Erklärung der getreuen Stände über Unsere Proposition darüber zu berathen, ob und welche Bestätigung etwa noch bestehender Privilegien in Antrag zu bringen sei, eröffnen Wir denselben, daß Wir ihnen in einer, in hergebrachter Form auszufertigenden Assecurations-Urkunde die feste und unverbrüchliche Aufrechthaltung der bestehenden ständischen Verfassung der Provinz, wie sie durch die erlassenen Gesetze begründet ist, bei Unserem Königlichen Worte zusichern wollen. Wir werden dabei auch in Gnaden aussprechen, daß der Landtag zur Berathung der proponirten Gegenstände vor der Huldigung in Anerkennung alten Rechts und Herkommens auch diesmal versammelt worden sei und daß Wir dies für die ostpreußischen Stände althergebrachte Recht durch ihre gesetzlich begründete Vereinigung mit den preußischen, als auf diese Weise mit übertragen betrachten.

Was nun aber bei der Bitte um künftige Erweiterung der ständischen Verfassung die Bezugnahme auf die Verordnung vom 22. Mai 1815 betrifft, so finden Wir Uns durch diese Bezugnahme bewogen, zur Hebung jedes künftigen Zweifels, Uns über diesen ganzen Gegenstand mit dem ganzen offenen Vertrauen auszusprechen, welches das Verhältniß deutscher Fürsten ihren deutschen Ständen gegenüber von Altersher bezeichnet hat: Die Ereignisse, welche Unser in Gott ruhender Herr Vater bald nach Erlaß der Verordnung vom 22. Mai 1815 in andern Ländern wahrnahm, bewogen Ihn, wie Wir davon auf das Unzweifelhafteste unterrichtet sind, die Deutung, welche mit Seinen Königlichen Worten verbunden wurde, in reifliche Ueberlegung zu ziehen. In Erwägung der heiligen Pflichten Seines von Gott ihm verliehenen Königlichen Berufs beschloß Er Sein Wort zu erfüllen, indem Er von den herrschenden Begriffen sogenannter allgemeiner Volksvertretung um des wahren Heils Seines Ihm anvertrauten Volkes willen, Sich fern haltend, mit ganzem Ernste und mit innerster Ueberzeugung den naturgemäßen, auf geschichtlicher Entwickelung beruhenden und der deutschen Volksthümlichkeit entsprechenden Weg einschlug. Das Ergebniß Seiner weisen Fürsorge ist die allen Theilen der Monarchie verliehene provinzial- und kreisständische Verfassung. Sie hat eine auf deutschem Boden wurzelnde geschichtliche Grundlage, die Grundlage ständischer Gliederung, wie diese durch die überall berücksichtigten Veränderungen der Zeit gestaltet worden. Sorgfältig ist ein, die freie organische Entwickelung hinderndes Abschließen der natürlichen Stände des Volks auf der einen, und ein Zusammenwerfen derselben auf der andern Seite vermieden worden.

Uns ist die Ehre zu Theil geworden, an diesem Werke mitzuhelfen und es hat von seiner Entstehung an bis auf diesen Augenblick Unseren lebendigsten Antheil in Anspruch genommen. Dieses edle Werk immer treu zu pflegen, einer für das geliebte Vaterland und für jeden Landestheil immer ersprießlicheren Entwickelung entgegenzuführen, ist Uns, die Wir entschlossen, auch in dieser großen Angelegenheit den von Unserem in Gott ruhenden Herrn Vater betretenen Weg zu verfolgen, eine der wichtigsten und theuersten Pflichten des Königlichen Berufs, den Gottes Fügung Uns aufgetragen hat. Unsere getreuen Stände können im vollsten Maaße Unseren Absichten über die Institution der Landtage vertrauen."

Dieses bestimmten Königlichen Bescheides ungeachtet, ward im Jahre 1843 von einem Theil der Abgeordneten des preußischen Landtags auf jene Ansichten durch den Antrag auf allgemeine Stände und Uebertragung der bedeutendsten provinzialständischen Rechte an dieselben zurückgekommen.

Der Königliche Landtags-Abschied vom 30. Dez. 1843, wodurch dieser Antrag zurückgewiesen wurde, lautet folgendergestalt:

„Die Akte Unserer Regierung sind redende Zeugen, wie Wir von deren Anbeginn auf die Vervollkommnung der ständischen Einrichtungen bedacht gewesen.

„Wenn uns aber hierbei stets die ernsteste Erwägung Unserer Königlichen Pflichten und der wahren Wohlfahrt Unseres geliebten Volks geleitet und Uns das Einverständniß Unserer getreuen Stände gesichert hat, so werden auch ferner keinerlei Bestrebungen Uns bewegen, den ruhigen und besonnenen Gang Unserer Regierung zu übereilen oder eine andere Richtung einzuschlagen, als diejenige, welche Wir nach reiflicher Prüfung als allein gedeihlich für die preußische Monarchie erkannt und bereits in dem Abschiede an den Huldigungs-Landtag ausgesprochen haben.

„Was die einzelnen Anträge Unserer getreuen Stände betrifft, so gehen dieselben in der Denkschrift vom 27. März d. J. von der Meinung aus, daß das Bedürfniß nach allgemeinen Landständen lebhaft empfunden werde, und stützen darauf den Antrag, daß den vereinigten Ausschüssen in Beziehung auf die allgemeine Gesetzgebung diejenigen Befugnisse übertragen werden möchten, welche nach dem Gesetz vom 5. Juni 1823 den Provinzialständen verliehen sind, daß demgemäß die Geschäfts-Ordnung und das formelle Verfahren bei den vereinigten Ausschüssen verändert und eine regelmäßige Wiederkehr derselben bestimmt werde.

„Diese Anträge zu gewähren, können Wir Uns nicht bewogen finden.

„Unseres in Gott ruhenden Herrn Vaters Majestät haben in dem Gesetz wegen Anordnung der Provinzialstände vom 5. Juni 1823 die Bestimmung darüber, wann eine Zusammenberufung der allgemeinen Landstände erforderlich sein werde und wie sie dann aus den Provinzialständen hervorgehen sollen, der landesherrlichen Fürsorge vorbehalten.

Als daher durch Gottes Rathschluß die Bestimmung hierüber Unserer Fürsorge übertragen wurde, haben Wir es zu Unseren ersten Pflichten gezählt, die vorhandenen ständischen Institutionen der ernstesten Erwägung zu unterziehen und Uns Rechenschaft darüber zu geben, welcher weiteren Entwickelung sie fähig und bedürftig seien. Wir haben hierauf Unseren zum Huldigungs-Landtage versammelten getreuen Ständen des Königreichs Preußen durch Unseren Bescheid vom 9. September 1840 kundgethan, daß Wir als die Grundlage der gesammten ständischen Verfassung Unseres Reichs die Provinzialstände, wie sie von Unsers Herrn Vaters Majestät gegründet worden, betrachten, und daß Wir deren Entwickelung auf dem von Unseres Herrn Vaters Majestät während Seiner glorreichen Regierung befolgten und durch die Erfahrung bewährten Wege zu fördern entschlossen seien. Die hierauf von Uns im Einverständniß mit Unseren getreuen Ständen im Jahre 1841 getroffenen Anordnungen waren demgemäß auf die Belebung und Vervollkommnung der Provinzialstände gerichtet, und diese Anordnungen sind auch von wichtigen Erfolgen begleitet gewesen, die Unsere getreuen Stände gewiß nicht verkennen werden. Den eingeschlagenen Weg wieder zu verlassen und in alle Verhältnisse der Verfassung, wie in die Interessen der Provinzen tief eingreifend, den ganzen Organismus des ständischen Wesens zu verändern, dazu ist weder ein Bedürfniß zu erkennen, noch weniger von einem solchen Wechsel in den Grundlagen des Staatslebens Heil zu erwarten.

„Daß der Rath Unserer getreuen Stände mit voller Berücksichtigung der Eigenthümlichkeiten der durch Geschichte und Verfassung verschiedenen Landestheile an Uns gelange und, wo es der Ausgleichung dieser Verschiedenheit bedarf, eine solche herbeigeführt werde, das ist durch die bestehende Einrichtung der Provinzialstände in Verbindung mit den Ausschüssen im vollsten Maaße gesichert.

„Es fehlt hierbei Unseren Provinzen in keiner Beziehung an gesetzlichen Organen, um ihre Wünsche zu Unserer Kenntniß zu bringen. Unter der bewährten und ungestörten Mitwirkung dieser ständischen Organe in ihrer gegenwärtigen Verfassung werden Wir im Stande sein, den innigsten Wunsch Unseres landesväterlichen Herzens zu erfüllen und die ganze Thätigkeit Unserer Regierung darauf zu richten, um für die geistige und materielle Wohlfahrt Unseres geliebten Volks zu schaffen und zu wirken.

„Auf dem wichtigen und weiten Felde der Rechtspflege, zur Förderung der Landeskultur, des Handels, der Gewerbe, der Wissenschaften und Künste wollen Wir unter Gottes Schutz und Segen in der Zeit der Ruhe und des Friedens die Kräfte Unserer Regierung verwenden, ohne sie durch die nicht gebotene Lösung von Schwierigkeiten zu zersplittern, welche von einer wesentlichen organischen Veränderung der Verfassung unzertrennlich sein würden. In der Ausführung dieses Unseres wohlerwogenen Entschlusses werden Wir Uns nicht hemmen lassen, noch es dulden, daß abweichend von dem fest vorgezeichneten Gang Unserer Regierung eine falsche Richtung erstrebt werde, vielmehr etwanige Versuche der Art jederzeit mit Nachdruck zurückweisen."

Als demnächst auf dem Landtage in Posen vom Jahre 1843 über die Verhältnisse der Ausschüsse nichtangemessene Anträge gemacht waren, erließ der König an denselben unterm 12. März 1843 folgenden Bescheid:

> Die übereilte Beurtheilung der Wirksamkeit der ständischen Ausschüsse sei nicht geeignet, einen Einfluß auf Seine wohlerwogene Absicht bei Gründung dieser Institution zu üben. Der König wolle in Gnaden die Aeußerungen nicht näher erörtern, welche auf ein Gebiet übergreifen, das Seiner Erwägung und Entschließung vorbehalten bleiben müsse — noch auch die unangemessene Berufung auf die Verordnung (vom 22. Mai 1815), welche, wie der König dies bereits in dem Landtagsabschiede für das Königreich Preußen vom 9. September 1840 ausdrücklich erklärt habe, völlig unverbindlich für ihn sei, da schon des Königs in Gott ruhenden Herrn Vaters Majestät, von Denen dieselbe ausgegangen, ihre Ausführung mit dem Wohle Ihres Volkes nicht

vereinbar fanden und das Gesetz vom 5. Juni 1823 an ihre Stelle treten ließ[20]).

Ganz in dem System dieser Gesetzgebung gab der König die, derselben vorbehaltenen näheren Bestimmungen über die Bildung einer Versammlung von ständischen Repräsentanten, indem er im Jahre 1841 sämmtlichen Landtagen die Absicht eröffnete, landständische Ausschüsse anzuordnen, „da Fälle eintreten können, die es dem Könige „wünschenswerth machen, auch in der Provinz, wo die „getreuen Stände nicht versammelt sind, Männer, die „sowohl das landesherrliche Vertrauen, als das ihrer „Provinz besitzen, zu berufen, um sich ihres Raths zu „bedienen und ihre Mitwirkung in wichtigen Landes-„Angelegenheiten, insbesondere, wo es sich um die In-„teressen mehrerer (oder aller) Provinzen handelt, statt-„finden zu lassen und daher aus der Mitte der „Stände Ausschüsse zu bilden; der Ausschuß solle, ohne „daß dadurch dem verfassungsmäßigen Wir-„kungskreise der Provinzial-Landtage etwas „entzogen werden soll, die in der darüber erlassenen „Verordnung näher bezeichnete Bestimmung haben." In dem, an den Posenschen Landtag unterm 20. April 1841 erlassenen Bescheide ward demselben, auf dessen Besorg-

---

[20]) Die über eben diesen Gegenstand an den Magistrat und die Stadtverordneten der Stadt Breslau unterm 18. Mai 1841 mit Hinweisung auf den Königsbergischen Landtags-Abschied — 9. September 1840 — erlassene ist in der Abhandlung: „Die Preußische Verfassungsfrage" (Leipzig, 1845) S. 79 abgedruckt.

niß, daß dadurch die Rechte der Provinzial-Landtage beschränkt werden möchten, noch besonders eröffnet, daß dem Wirkungskreise der Provinzial-Landtage die im Art. III. des Gesetzes vom 5. Juni 1823 denselben überwiesenen Attributionen verbleiben würden.

Anlage A.

(Zu Seite 212).

Verordnung vom 22. Mai 1815.

(Gesetzsamml. von 1815, S. 103, Nr. 290).

Wir Friedrich Wilhelm, von Gottes Gnaden König von Preußen ꝛc. ꝛc.

Durch Unsere Verordnung vom 30. v. M.[21]) haben Wir für Unsere Monarchie eine regelmäßige Verwaltung, mit Berücksichtigung der früheren Provinzial-Verhältnisse angeordnet.

Die Geschichte des preußischen Staats zeigt zwar, daß der wohlthätige Zustand bürgerlicher Freiheit und die Dauer einer gerechten, auf Ordnung gegründeten Verwaltuug in den Eigenschaften der Regenten und in ihrer Eintracht mit dem Volke bisher diejenige Sicherheit fanden, die sich bei der Unvollkommenheit und dem Unbestande menschlicher Einrichtungen erreichen läßt.

---

[21]) Gesetzsammlung von 1815, Nr. 9.

Damit sie jedoch desto fester begründet, der preußischen Nation ein Pfand Unseres Vertrauens gegeben und der Nachkommenschaft die Grundsätze, nach welchen Unsere Vorfahren und Wir selbst die Regierung Unsers Reichs mit ernstlicher Vorsorge für das Glück Unserer Unterthanen geführt haben, treu überliefert und vermittelst einer schriftlichen Urkunde, als Verfassung des preußischen Reichs, dauerhaft bewahrt werden, haben Wir Nachstehendes beschlossen:

§. 1. Es soll eine Repräsentation des Volks gebildet werden.

§. 2. Zu diesem Zwecke sind:

a) die **Provinzialstände** da, wo sie mit mehr oder minder Wirksamkeit noch vorhanden sind, herzustellen, und dem Bedürfnisse der Zeit gemäß einzurichten;

b) wo gegenwärtig keine **Provinzialstände** vorhanden, sind sie anzuordnen,

§. 3. Aus den **Provinzialständen** wird die Versammlung der Landes-Repräsentanten gewählt, die in Berlin ihren Sitz haben soll.

§. 4. Die Wirksamkeit der Landes-Repräsentanten erstreckt sich auf die Berathung über alle Gegenstände der Gesetzgebung, welche die persönlichen und Eigenthumsrechte der Staatsbürger, mit Einschluß der Besteuerung, betreffen.

§. 5. Es ist ohne Zeitverlust eine Commission in Berlin niederzusetzen, die aus einsichtsvollen Staatsbeamten und Eingesessenen der Provinzen bestehen soll.

§. 6. Diese Commission soll sich beschäftigen:

a) mit der Organisation der Provinzialstände;

b) mit der Organisation der Landes-Repräsentanten;

c) mit der Ausarbeitung einer Verfassungs-Urkunde nach den aufgestellten Grundsätzen.

§. 7. Sie soll am 1. September dieses Jahres zusammentreten.

§. 8. Unser Staatskanzler ist mit der Vollziehung dieser Verordnung beauftragt und hat Uns die Arbeiten der Commission demnächst vorzulegen.

Er ernennt die Mitglieder derselben und führt darin den Vorsitz, ist aber befugt, in Verhinderungsfällen einen Stellvertreter für sich zu bestellen.

Urkundlich unter Unserer höchsteigenhändigen Unterschrift und beigedrucktem Königlichen Insiegel.

So geschehen Wien, den 22. Mai 1815.

(L. S.) Friedrich Wilhelm.
C. Fürst v. Hardenberg.

Anlage B.

(Zu Seite 218).

Allgemeines Gesetz, die ständische Verfassung betreffend, vom 5. Juni 1823.

(Gesetzsamml. von 1823, S. 129, Nr. 810.)

Wir Friedrich Wilhelm, von Gottes Gnaden König von Preußen ꝛc. ꝛc. haben, um Unsern getreuen Unterthanen ein neues bleibendes Pfand landesväterlicher Huld und Vertrauens zu geben, beschlossen, in Unserer Monarchie die ständischen Verhältnisse zu begründen, und deshalb **Provinzialstände im Geiste der älteren** deutschen Verfassungen eintreten zu lassen, wie solche die Eigenthümlichkeit des Staats und das wahre Bedürfniß der Zeit erfordern.

Eine Commission, unter dem Vorsitze Unseres Sohnes, des Kronprinzen Königliche Hoheit, ist von Uns beauftragt worden, diese Angelegenheit vorzubereiten, und darüber mit erfahrenen Männern aus jeder Provinz in Berathung zu treten.

Auf den von derselben an Uns erstatteten Bericht verordnen Wir:

I. Es sollen **Provinzialstände** in Unserer Monarchie in Wirksamkeit treten.

II. Das Grundeigenthum ist Bedingung der Standschaft.

III. Die Provinzialstände sind das gesetzmäßige Organ der verschiedenen Stände Unserer getreuen Unterthanen in jeder Provinz.

Dieser Bestimmung gemäß werden Wir

1) die Gesetz-Entwürfe, welche allein die Provinz angehen, zur Berathung an sie gelangen, ihnen auch

2) so lange keine allgemeine ständische Versammlungen stattfinden, die Entwürfe solcher allgemeinen Gesetze, welche Veränderungen in Personen- und Eigenthumsrechten und in den Steuern zum Gegenstande haben, so weit sie die Provinz betreffen, zur Berathung vorlegen lassen;

3) Bitten und Beschwerden, welche auf das specielle Wohl und Interesse der ganzen Provinz oder eines Theils derselben Beziehung haben, von den Provinzialständen annehmen, solche prüfen und sie darauf bescheiden, und

4) die Communal-Angelegenheiten der Provinz ihren Beschlüssen, unter Vorbehalt Unserer Genehmigung und Aufsicht, überlassen.

Dem gegenwärtigen Gesetze, das jedoch auf Neufchatel und Valangin keine Anwendung findet, wollen Wir für jede Provinz ein besonderes Gesetz, welches die Form und die Grenzen ihres ständischen Verbandes bestimmt, nachfolgen lassen.

Sollten wir künftig in diesen besonderen Gesetzen Abänderungen als wohlthätig und nützlich erachten; so werden Wir diese nur nach vorhergegangenem Beirath der Provinzialstände treffen.

Wann eine Zusammenberufung der allgemeinen Landstände erforderlich sein wird, und wie sie dann aus den Provinzialständen hervorgehen sollen, darüber bleiben die weiteren Bestimmungen Unserer landesväterlichen Fürsorge vorbehalten.

Urkundlich unter Unserer Höchsteigenhändigen Unterschrift und Beidrückung Unsers großen Königl. Insiegels.

Gegeben Berlin, den 5. Juni 1823.

(L. S.) Friedrich Wilhelm.

v. Schuckmann.

III.

Allgemeine Stände.

Allgemeine Stände entstehen aus der Vereinigung der Landstände aller, einem Landesherrn unterworfenen Länder in eine einzige ständische Corporation und setzen daher mehrere unter der Herrschaft Eines Fürstenhauses stehende Länder wesentlich voraus. Der Begriff der Reichsstände schließt sich hingegen dem der Stände im Allgemeinen vollkommen an und bedeutet daher keineswegs schlechthin allgemeine Stände. Die Bezeichnung derselben als Reichs- oder Land-Stände richtet sich nach der Bezeichnung des Landes selbst; wenn das Land Reich genannt wird, so werden dessen Landstände nicht Land-, sondern, obwohl sie nur Landstände sind, Reichs-Stände; wird aber der Complexus der verschiedenen Länder eines Landesherrn Reich genannt, so werden die allgemeinen Stände Reichsstände; im entgegengesetzten Falle aber allgemeine Landstände oder allgemeine Stände genannt.

Die landständische Verfassung der verschiedenen, einem Landesherrn unterworfenen Länder hängt daher wesentlich von der Verfassung eines jeden derselben und insonderheit von der Natur ihrer Vereinigung unter der Herrschaft eines gemeinschaftlichen Regenten ab.

Erster Abschnitt.

Verfassung der verschiedenen, der Hoheit eines gemeinschaftlichen Fürstenhauses unterworfenen Länder.

---

§. 1.

In Europa und insonderheit in Deutschland giebt es kein Land und kein regierendes Haus, welches noch auf seine ursprünglichen Bestandtheile und den ersten Umfang seiner Herrschaft beschränkt und nicht erweitert wäre. Die Erweiterung des Gebiets und der Herrschaft ist auf mannigfache Art erfolgt: in einigen Ländern im Innern derselben selbst, z. B. in Frankreich, England und Spanien durch die Erwerbung und Unterjochung der, in denselben belegenen kleineren selbstständigen Länder, oder durch Abtretungen einzelner Theile auswärtiger Länder oder endlich durch Erbgang und Eroberungen.

In Deutschland erfolgte die Erweiterung der Herrschaft der Fürstenhäuser fast ausschließlich vermöge der Stamm- und Geblüts-Rechte derselben, oder von einzelnen Fürsten aus denselben um Deutschland sich erworbenen oder sonst ausgezeichneten Verdienste und deren Anerkennung durch das vormalige Oberhaupt des Reichs, oder durch das der Stamm=Vermögen des Fürstenhauses. Zu diesen Fürstenhäusern gehörten seit den ältesten Zeiten vorzugsweise die Häuser Habsburg und Hohenzollern. Das Haus Hohenzollern hat zwar zu zwei verschiedenen Malen zum Wohle Deutschlands von seinen fränkischen Stammländern gegen Entschädigung durch andere sich getrennt [1]), dagegen aber durch Weisheit und Tapferkeit seiner Regenten, durch Verdienste um Deutschland und seine durch kaiserliche Anwartschaften und Verleihungen erhaltene Anerkennungen, durch Verträge mit andern Fürsten, durch Erbschaft und Geblüts= und Stamm=Rechte eine Reihe großer und schöner Länder unter seinem Scepter vereinigt.

§. 2.

Es liegt von selbst vor, daß die, vermöge solchen persönlichen, des Stamm= und Geblüts=Rechts des Regenten und des fürstlichen Hauses erworbenen Länder nur von dem Regenten und seinem Hause und nur ihnen erworben werden konnten. Es würde eine Umkehrung aller Rechtsbegriffe sein, wenn man diese Länder als von dem, dem Regenten bisher unterworfenen Lande erworben ansehen wollte. Demselben fehlt jeder Schein eines der angeführten und überhaupt eines jeden Rechts=Titels. Der, das neue Land erwerbende Fürst hat dasselbe nicht einmal als Fürst seines Landes und ver=

---

[1]) Nach v. Raumers Bemerkung (in Codex dipl. Marchicus continuatus T. I. p. 150) ist das früher dem Burggrafthum Nürnberg gehörige Patronat der Kirche in dem sächsischen Städtchen Gefell, nachdem letzteres 1815 an Preußen abgetreten worden, das Einzige, was das Haus Hohenzollern von seinen fränkischen Stammländern in Franken jetzt noch besitzt.

möge der Landeshoheit über dasselbe, sondern vermöge eines persönlichen Titels erworben. So wenig wie Georg, als Churfürst von Braunschweig-Lüneburg, sondern als Abkömmling der Stuart, und Karl X. als Pfalzgraf, sondern als Sprößling der Wasa die Throne von England und Schweden erbten, und der Churfürst Friedrich I. als Markgraf in Franken die Mark Brandenburg erworben, eben so wenig haben seine Nachfolger als Markgrafen von Brandenburg, sondern als Hohenzollern und Nachkommen und Erben des alten Herzogshauses die Westphälischen Länder und später ebenfalls nicht als Markgrafen von Brandenburg, sondern vermöge besonderer persönlichen und Stammes-Titel die übrigen Länder ihres Hauses erworben [2]).

Ein gleiches Resultat ergiebt sich aus der Geschichte aller Länder, nicht bloß in Ansehung der vermöge solcher persönlicher Rechtstitel, sondern auch anderer Titel und besonders dem der Eroberung. Es ist zwar wohl be-

[2]) z. B. Osnabrückscher Friedensschluß, Art. XI. §. 1: Electori Brandenburgico Domino Friderico Wilhelmo ejusdemque posteris et successoribus haeredibus atque agnatis masculis — tradatur Episcopatus Halberstadiensis — §. 4: eidem Dr. Electori pro se et successoribus suis supra scriptis tradatur episcopatus Mindanus — §. 5: Dicto Dr. Electori et successoribus suis Episcopatus quoque Caminiensis concedatur. — §. 6: Similiter concedatur Dre. Electori — Archi-Episcopatum Magdeburgense Dr. Electori suisque posteris et successoribus, haeredibus et agnatis masculis. — §. 12: Regia Majestas Sueciae restituat Domino Electori pro se et successoribus suis, haeredibus atque agnatis masculis reliquam Pomeraniam ulteriorem, Colbergam cum toto Episcopatu Caminiensi rc.

hauptet, daß solche Länder, da sie durch die Kräfte des Landes erworben, dem Lande erworben; allein diese Theorie ist so wenig im practischen Staatsrecht angenommen, als allgemein ausführbar. Die Geschichte lehrt in Sardinien, Sicilien, Neapel, Parma, Toscana, in den von Oesterreich und andern Häusern eroberten Ländern, so wie in den, von Napoleon mit französischem Blut unterjochten, aber nicht mit Frankreich vereinigten Ländern das Gegentheil, und dürfte es nicht zu entscheiden sein, ob das neue Land für Oesterreich, für Ungarn oder für Böhmen erworben sei.

§. 3.

Das, dem Fürstenhause angefallene neue Land blieb daher ein für sich bestehendes, besonderes und eigenes, ohne Rücksicht auf die übrigen Länder des Hauses erworbenes Land, und konnte nie anders angesehen werden. Dasselbe veränderte nur die regierende Dynastie, wurde aber als besonderes Land weder überhaupt, noch in seiner Verfassung aufgelöset und verändert. Es ist zu allen Zeiten Grundsatz des Staats- und des Völker-Rechts gewesen, daß, außer dem Fall der Unterjochung, durch die Veränderung des Regentenhauses die Verfassung des Landes und die Rechte der Unterthanen nicht verändert, sondern aufrecht erhalten werden. Dieser Grundsatz ist unter den europäischen Mächten allgemein und in den mehrsten Abtretungs-Verträgen ausdrücklich anerkannt und befolgt, und dürfte nur das revolutionäre Frankreich und Napoleon von diesem Grundsatz abgewichen sein. In Deutschland besonders ist dieser Grundsatz unerschütterlich festgehalten und von der Gesammtheit der deutschen Fürsten bei allen Veranlassungen, insonderheit im Westphälischen Friedensschlusse [3]) und im Reichsdeputations-Abschied von 1803 [4]) und auch auf dem Wiener Congreß [5]) bestimmt und feierlich anerkannt und von einzelnen

---

[3]) Vergl. Osnabrückscher Friedensschluß, Art X, §. 16: De caeteris ordinibus et subditis dictarum ditionum (Pomeraniae) locorumque, nominatim Stralsundiensibus competentem eorum libertatem, bona jura et privilegia communia et peculiaria legitime acquisita vel longo usu obtenta — circa homagii renovationem et praestationem more solito confirmabunt — auch Art. XI, §. 12. So erhielt das Churhaus Brandenburg die Entschädigungs-Länder mit gleichem Vorbehalt Art. XI. 1°. 5 ff.; vergl. auch Art. XIII, §. 4.

[4]) Reichsdeputationshauptschluß v. 25. Febr. 1803, §. 60: „Die damalige politische Verfassung der zu säcularisirenden „Lande, insoweit solche auf gültigen Verträgen zwischen dem „Regenten und dem Lande und auf andren reichsgesetzlichen Nor„men ruht, soll ungestört erhalten werden, jedoch in demjeni„gen, was zur Civil- und Militair-Administration und deren „Verbesserung und Vereinfachung gehört, dem neuen Landes„herrn freie Hand gelassen werden." Vergl. J. F. Runde (trefflicher Commentar über diesen, §. 60) Ueber die Erhaltung der öffentlichen Verfassung in den Entschädigungsländern nach dem Reichs-Deputationshauptschlusse vom 25. Febr. 1803 mit Anwendung auf das Herzogthum Westphalen (Göttingen, 1803. 4.)

[5]) Vergl. z. B. Königl. Hannoversches Votum vom 11. Oktober 1814: „Kann man nicht zugeben, daß der Verfall der „Reichsverfassung die Territorialverhältnisse unter den Fürsten (insofern diese auf die Reichs-Verfassung keinen Bezug haben) „nothwendig aufhob, so läßt sich auch nicht behaupten, daß die „zwischen den deutschen Fürsten und Buonaparte „geschlossenen Verträge den Rechten ihrer Unter„thanen de jure etwas vergeben könnte, sie dürften „kein Gegenstand der Transactionen sein." (in Klüber Acten des Wiener Congresses Bd. I. Hft. 1, S. 69).

Fürsten in Verträgen über Länder-Abtretungen beobachtet. Daher war die Bestätigung der hergebrachten Verfassung und der Rechte des neuen Landes die erste Handlung des Regenten aus dem neuen Herrscherhause. Unter den deutschen Fürstenhäusern, welche diesen, in seinen Folgen so wichtigen Grundsatz mit besonderer Sorgfalt aufrecht erhalten haben, zeichnen die Häuser Oesterreich, Preußen, Sachsen und Hannover sich vorzugsweise aus. Ein Volk kann nicht höher, als durch Achtung und Erhaltung seiner Geschichte und althergebrachten Zustände, Verfassung und Rechte geehrt, und nicht schmerzlicher, als durch deren Verachtung und Auflösung berührt werden, und dies würde der Fall sein, wenn der neue Regent seine Regierung mit dieser Aufhebung und mit der Einführung der Verfassung seines alten Landes in dem neuen anfangen wollte; wenn z. B. der Churfürst Friedrich der Erste die Verfassung und Rechte seiner fränkischen Fürstenthümer in der Mark Brandenburg, oder seine Nachfolger die märkische in Westphalen, Preußen und Magdeburg eingeführt hätten. Die Centralisations-Theorie war zwar eine Zeitlang auch in Deutschland eingedrungen, ist aber unter Fürsten deutschen Stammes so weit nicht und überhaupt nur auf erworbene einzelne Theile eines anderen Landes, nicht aber auf ganze, unter ihre Hoheit übergegangene Länder angewandt und auch in jenen nicht auf Privatrechte ausgedehnt.

In allen deutschen Staaten sind daher die Namen, die Wappen und Farben der verschiedenen Länder, aus welchen sie nach und nach gebildet sind und bestehen, auch unter der neuen Regierung beibehalten und, wo sie unter fremder Herrschaft oder unter dem Centralisations-Princip untergegangen waren, wiederhergestellt [6]).

In dieser Abneigung gegen Verschmelzungen und Zusammenwerfungen von Ländern, Wechsel von Fürstenhäusern und Zerstörungen althergebrachter Namen und Verfassungen und heimischer Gewohnheiten sprach der ehrwürdige Zug des deutschen Volks-Charakters, Anhänglichkeit an eigener Nationalität, sich lebendig aus, ungeachtet es nicht an Schriftstellern fehlte, welche für Empfänglichkeit für fremde Nationalität eiferten und sie als Vorschritt schilderten.

§. 4.

Ein jedes der, aus den oben angeführten oder andern Titeln unter die Hoheit eines fürstlichen Hauses gekommenen Länder bleibt daher auch unter derselben ein besonderes Land und wird nicht mit dem Stammlande oder den übrigen Ländern dieses Hauses vereinigt und in Ein Land verschmolzen und mit demselben dinglich vereinigt. Es besteht zwischen diesen verschiedenen Ländern selbst keine Vereinigung, sondern sie sind nur unter einander verbunden, und dieser Verbindungspunkt besteht lediglich in dem gemeinschaftlichen regierenden Hause und der Person des Regenten; sie sind daher nur durch die Gemeinsamkeit desselben und in demselben unter einander verbunden und in einer Verbindung, welche mit Recht eine persönliche genannt wird,

---

[6]) So wurden z. B. vom Könige von Baiern die Namen und Wappen der alten Herzogthümer, aus welchen das Königreich zusammengesetzt ist und die Eintheilung derselben wiederhergestellt.

da sie lediglich auf dem regierenden Hause beruht und, so wie sie lediglich mit der Herrschaft desselben entstanden ist, auch mit dem Ende derselben, es mag durch Aussterben des Hauses, veränderte Successions-Ordnung oder Abtretung des Landes herbeigeführt werden, erlöscht und daher eine zufällige ist.

Aus der Natur dieser bloß persönlichen Vereinigung folgt, daß sie auf die Verfassung und Rechtsverhältnisse der solchergestalt unter Einer Landeshoheit vereinigten Länder von Seiten weder des Landesherrn, noch des Landes, weder in Rücksicht auf das neue, noch auf das alte Land weder einen mehrenden, noch mindernden Einfluß hat, und daß daher die Gerechtsame des neuen Landes weder nach dem geringen Umfang derjenigen des alten Landes vermindert werden können, noch das alte Land die Erweiterung der seinigen nach dem größeren Umfange der des neuen fordern kann. Diese Grundsätze sind seit den ältesten Zeiten in Europa und besonders in Deutschland anerkannt und befolgt. „Als Karl der Große" — sagt Pütter[7] — „das lombardische Königreich und Deutschland ero-„berte, wurden sie nicht mit Frankreich vereinigt; die Vor-„rechte der erneuerten Kaiserwürde und die davon abhän-„genden Land und Leute mochten bestehen, worin sie „wollten, so bestand das Verhältniß, worin dies alles „in Karls übrigen Staaten kam, doch offenbar in einer „nur persönlichen Verbindung, ohne daß weder mit „dem longobardischen, noch mit dem fränkischen Reich, das

[7]) Historische Entwickelung der heutigen Staats-Verfassung des deutschen Reichs. Th. I. S. 63.

„Karl schon vorher besaß, irgend einige Realvereini-
„gung geschehen wäre, gerade wie das Churhaus Bran-
„denburg die Königswürde von Preußen annahm, ohne
„daß das eigentliche Königreich Preußen mit den übrigen
„Ländern des Churhauses gleichsam in eine Masse ge-
„schmolzen wäre, oder nach einem andern Beispiele, eben
„so wie das Haus Hannover die Krone von Großbrit-
„tannien erhalten hat, ohne daß deswegen Hannover und
„England mit einander vereinigt werden darf, keines-
„wegs hingegen so, wie die zwei Königreiche England
„und Schottland unter dem Namen Großbrittannien eine
„Real-Vereinigung in Gestalt eines einigen Reichs unter
„sich errichtet haben." „Mehrere Länder — bemerkt
dieser gründliche Kenner des deutschen Staatsrechts an einem
andern Orte [8]) — „können einerlei Herrn haben, aber,
„wenn keine Vereinigungen geschehen sind, so daß ein
„jedes seine eigene Verfassung behielt, und daß also die
„bloß zufällige persönliche Verbindung die ur-
„sprüngliche Verschiedenheit der Länder nicht aufhebt, wie
„z. B. Jülich und Berg, Pfalzneuburg und Sulzbach
„und die Churpfalz dreierlei unterschiedene Länder bleiben,
„wenn sie gleich alle unter einem Landesherrn stehen."

„Etsi — bemerkt einer der ausgezeichnetsten Rechts-
gelehrten [9]) — Ducatus Verdensis a Regia Majestate sub
eodem Regimine et judiciis iisdem Bremensi Ducatui con-

---

[8]) Pütters Abh. vom Verhalten der heutigen Länder zu den ehe-
maligen Gauen (in Beiträgen zum deutschen Staats- u. Für-
stenrecht, Th. I. Abh. IX. S. 170).

[9]) Mevii Decisiones P. II. dec 185.

junctus est, tamen quod hujus statutum seu recessus habet, ad istius incolas nisi ex receptione non pertinet. Conjunctio enim illa saltem concernit gubernandi modum, non autem omnimodam unionem seu incorporationem facit[1]. Et licet fecisset, tamen non aliter accipienda esset, quam salvis cujusque terrae legibus, moribus atque privilegiis[2], quandoquidem diversi ducatus remanent et singuli nomina sua retinent[3]. Non obstat, quod Icti statuunt generalem legem vel consuetudinem provinciae, quamvis ejus partem et omnes ejus accessiones obligare[4], quando Verdensis Episcopatus nunc Ducatus ex aequali conjunctione redditus non est pars Bremensis terrae, sed ab ea separatus Ducatus remanet[5] suisque juribus specialibus non minus quam antea utitur[6]. Quacirca nisi vel publica lege vel suo consensu peculiaria Ducatus alterius jura reperiuntur ad istam producta, non est iis alter obnoxius habendus atque faciendus[7].

[1]) Territorium quantumvis minus et exilius territorio majori adjectum qua leges et consuetudines non censetur unitum et incorporatum, nisi id legitime actum fuisse probatur.

[2]) Unio et incorporatio terrarum in dubio sic facta censetur, ut cuique sua jura sint integra et per se tanquam peculiaris terrae considerentur.

[3]) Non pertinent leges et mores ad unitas provincias, quando hae retinent nomen suum, nec ex conjunctione confunduntur.

[4]) Bartolus ad L. 2 — 41. Cod. quae sit longa cons. Tiraquell de retractu lignag. 30, gloss. 3, p. 4.

[5]) Sac. Reg. Majestas ut de diversis Ducatibus investita, eorum nomine in comitiis Imp., diversas sessiones vota habet, circulis diversis adscripti sunt, nec parum intererit ne talis unio et confusio inducatur, quae non sine praejudicio futura est.

[6]) Seperatim in utroque Ducatu jura, libertates et privilegia confirmantur.

[9]) Statuta et consuetudines a jure communi discrepantes stricti juris sunt nec extenduntur de provincia ad provinciam.

„Getrennte Länder bleiben es, wenn sie zwar ein „gemeinschaftliches Oberhaupt haben, auch wohl unter ge„wissen höheren Collegien zugleich stehen, übrigens aber „jedes seine eigene Landes-Verfassung hat, z. B. Mark, „Cleve, Pommern, Magdeburg, Halberstadt, Minden ꝛc., „die unter dem Könige stehen, aber jedes seine eigene „Verfassung haben; auch bei particulären Trennungen ei„nes einigen unter einem Herrn stehenden Landes, z. B. „das einige Erzherzogthum Oesterreich unter und ober „der Ems, wenn jedes seine eigenen Landstände, Land„tage, Freiheiten, Gesetze, Gerichte und übrige Verfas„sung hat, so auch das einige Herzogthum Braunschweig „und Calenberg, Lüneburg und Wolfenbüttel, deren jedes „seine eigene Verfassung hat [10])."

§. 5.

Der Grundsatz, daß solchergestalt unter der Landeshoheit eines und desselben Fürsten stehende Länder unter einander nicht vereinigt sind, sondern nur durch ein zufälliges Ereigniß unter der Herrschaft des nämlichen Fürsten verbunden worden, ein jedes derselben aber nach wie vor ein besonderes Land und in seiner bisherigen Verfassung bleibt, tritt in allen Verhältnissen desselben hervor.

Sieht man zunächst auf die allgemeine völker- und staatsrechtliche Stellung dieser Länder; so kann

[10]) Moser Von den Reichsstände-Ländern, S. 143 ff.

das eine ein völlig **unabhängiges**, ein anderes der Oberhoheit eines andern Fürsten und von ihnen wieder eins der des Römischen Kaisers, das andere der des Königreichs und der Republick Polen untergeordnet sein, und ebenso das eine Land dem deutschen, das andere dem schweizerischen, ein drittes überall keinem Staatenbunde angehören.

Hiernach ist die **landesherrliche** Gewalt mehr oder minder **beschränkt**, selbst einem Oberrichter unterworfen oder durch Landesverträge oder Stände viel, sehr wenig oder gar nicht beschränkt und hiernach die Verfassung eines jeden Landes überhaupt und in Ansehung der einzelnen Hoheitsrechte verschieden. Dies kann insonderheit in Ansehung des Besteuerungsrechts überhaupt und einzelner Steuern, z. B. der Prinzessinnen-Steuer, und in Ansehung der obersten Gerichtsbarkeit der Fall sein, indem ehedem in einem Lande Appellationen an die Reichsgerichte überall nicht, in andern Ländern aber nur von einem bestimmten, aber nach den Ländern verschiedenen Werthe zulässig waren.

Der Erwerbtitel der Landeshoheit ist nach den verschiedenen Ländern verschieden und für die Succession, wie später wird bemerkt werden, nicht ohne Einfluß.

Die Eigenschaft des Landes und nach derselben auch die des Landesherrn ist verschieden. Wie in ganz Europa, so haben auch in Deutschland die Staaten, vom größten bis zum kleinsten, die Titel der Würde ihres Herrschers, vom Kaiser bis zum Herrn hinab, Kaiserthum, Königreich, Churfürstenthum rc. Bei Veränderung des regierenden Hauses behält das Land nicht allein seinen Titel bei (in so fern er nicht eine rein persönliche Würde des Hauses war) und nimmt nicht einmal die Würde des neuen regierenden Hauses an, dagegen nimmt aber das letztere den des neuerworbenen Landes an[11]) und vereinigt daher die Titel der Würden der ehemaligen Regenten aller seiner Länder und regiert mithin, wenn er gleich denselben auch seinen höheren Titel vorsetzt, in einem jeden derselben in dem mit der Eigenschaft dieses Landes verbundenen Titel[12]).

---

[11]) Vgl. Moser: Von den deutschen Reichsstände-Landen, Seite 129 ff. Königl. Preuß. Patent wegen Besitznahme der Herzogthümer Cleve, Berg, Geldern, des Fürstenthums Moers und der Grafschaften Essen und Werden vom 6. Sept. 1815: „— und vereinigen gedachte Länder „mit Unseren Staaten unter Herstellung der alten Benen„nungen und fügen die genannten Titel Unsern Königlichen „Titeln zu." — des Großherzogthums Niederrhein vom 5. April 1805: „— — vereinigen diese Länder unter der Benennung des Großh. Niederrhein und fügen den Titel „eines Großzerzogs vom N. R. Unsern Königl. Titeln hinzu" — des Antheils von Sachsen vom 22. Mai 1815: „Wir „fügen Unsern Königlichen Titeln hinzu: „Die Titel eines „Herzogs von Sachsen, Markgrafen der beiden Lau„sitzen, Landgrafen von Thüringen, gefürsteten „Grafen von Henneberg." Vgl. Verordnung wegen des Königl. Titels und Wappens, vom 9. Jan. 1817: „Die Titel des Landes wurden, selbst wenn ein König Herr „desselben ist, erhöhet, z. B. die Grafschaft Moers 1707 vom Kaiser zum Fürstenthum erhoben.

[12]) Vgl. z. B. Revers des Königs Friedrich Wilhelm II. an die Magdeburgische Ständeversamml. v. 9. Mai 1713: „von Uns „und Unsern Nachkommen Könige in Preußen, als Herzog „zu Magdeburg (Moser v. d. Reichsstände-Ländern, S. 982) „als Graf von Ravensberg" (in Mylii Corpus const.

Eben dieses tritt auch in Ansehung des Wappens und der Farbe des Landes ein.

Auch in Rücksicht der Theilnahme an der Reichshoheit war ehedem ein Unterschied zwischen den verschiedenen Ländern, indem auf einigen Sitz und Stimme auf dem Reichstage und dem Kreistage haftete, andere aber derselben entbehrten, und gerade auf Reichs- und Kreis-Tagen die Fürsten recht auffallend als besondere Fürsten ihrer einzelnen Länder und als eines jeden derselben erschienen, indem sie den Rang nicht nach ihrer persönlichen Würde, sondern nach der des Landes, als dessen Regent sie Reichs- oder Kreisstand waren, nahmen, z. B. der König von Preußen, als Herzog von Magdeburg, hinter dem Herzoge von Baiern, als Herzog von Pommern hinter dem Herzoge von Sachsen, von Braunschweig, Holstein und Mecklenburg. Wenn die Länder in verschiedenen Reichskreisen lagen; so fand in Ansehung der Kreis-Verfassung zwischen ihnen eine Verschiedenheit Statt, welche auch in der Landes-Verfassung, z. B. in Ansehung der Beiträge zum Kreis-Militair und anderen Kreis-Anstalten und daher in der Steuer-Verfassung des

---

Marchicarum T. II. Abth. IV. S. 755). — Lünig bemerkt im Theatrum ceremoniale T. I. S. 1106 ff.: „daß der Kaiser in „der Rede bei Eröffnung des niederösterreichischen Landtags „sich „„Ich““ und nicht „„Wir““ bedient, weil er hier als „Erzherzog, nicht als Kaiser redet, die Landstände nennt er „„Sie, liebe und getreue Landstände““; wenn der Kaiser „zu reden anfängt, nimmt er den Hut sehr tief ab, wenn er „aufhört, nur ein wenig; er bedient sich auch nur der Expres- „sion „„gnädigst““ nicht „allergnädigst.““

Landes, so wie in dem Umfange der Gültigkeit der Kreisschlüsse sich äußerte.

Die Verschiedenheit mehrerer, der Hoheit des nämlichen Hauses unterworfenen Länder und die fortbestehende Eigenthümlichkeit eines jeden derselben äußert sich auch in der Haus-Verfassung. Bei dem Uebergang eines Landes aus der Landeshoheit eines fürstlichen Hauses unter die eines andern ging zwar die eigenthümliche Haus-Verfassung des ersteren nicht auf das letztere über, sondern trat die des neuen regierenden Hauses ein; allein die, auf der Eigenschaft des Landes selbst und der Landes-Verfassung beruhenden Bestimmungen der bisherigen Haus-Verfassung blieben unverändert und konnten daher in der Verfassung des fürstlichen Hauses einen bedeutenden Unterschied zwischen diesem Lande und dessen andern Ländern begründen. So macht in dem Successionsrecht es einen bedeutenden Unterschied, ob das Land lehnbar oder allodil, und ob daher das weibliche Geschlecht successionsfähig war oder nicht. Eben dieser Unterschied konnte auch insonderheit bei einem, vermöge Erbrechts von einem Zweige des fürstlichen Hauses einem andern Zweige desselben angefallenen Lande durch die Gesetze des gemeinschaftlichen Hauses begründet werden. Auch in Ansehung der Gesetzmäßigkeit und Standesmäßigkeit der Ehen im fürstlichen Hause und der Successionsfähigkeit der in denselben geborenen Kinder konnte zwischen den verschiedenen Ländern ein Unterschied eintreten[13]).

---

[13]) z. B. Häberlin: Wäre die Vermählung eines deutschen Reichsfürsten mit der Tochter des Herzogs von Glocester eine Miß-

Derselbe konnte auch in Ansehung der Successions-Ordnung sich äußern, je nachdem das Recht der Erstgeburt allgemein, oder nur für einige Länder eingeführt war, wie das letztere in früheren Zeiten rücksichtlich der Churlande der Fall war.

Auch in Beziehung auf das fürstliche Haus-Vermögen, die Domainen, konnte ein bedeutender Unterschied zwischen den verschiedenen Ländern sowohl überhaupt als nach Verschiedenheit der Titel des Anfalls des Landes Statt finden. In mehreren Ländern ist die Disposition des Landesherrn durch Verträge mit den Landständen und anderweitig beschränkt und in einigen sogar denselben gegen die sogenannte Civilliste überlassen. Es ist hier nicht der Ort, die Unverbindlichkeit solcher Verfügungen für das fürstliche Haus und die nachfolgenden Regenten auszuführen, sondern nur auf den daraus zwischen den verschiedenen Ländern eines Hauses entstehenden Unterschied aufmerksam zu machen. Eben so wenig bedarf es heute noch wohl einer Widerlegung der Ansicht, daß deutsche Domainen nicht fürstliches Hausvermögen, sondern Staatsgüter sind.

---

heirath (in s. Staats-Archiv Bd. I. Hft. 1, Abh. IX.) Klüber Abh. über die Ehe des Herzogs von Sussex mit Lady Murray (s. Abhandl. und Beiträge für Geschichtskunde, Staats- und Rechtswissenschaften (1835, Bd. II. Abth. 1.) Zachariä über die Ansprüche des Obersten v. Este, Nachkomme des Herzogs von Sussex, 1834. Eichhorn Prüfung der Gründe, mit welchen von den Herren Klüber und Zachariä die Rechtsgültigkeit und Standesmäßigkeit der von dem Herzoge von Sussex mit Lady Auguste Murray geschlossenen ehelichen Verbindung behauptet worden. Berlin, 1835.

Nur ein in Ansehung der Verwandlung der Domainen in Staatsgüter neuerlich aufgestellter Grundsatz [14]) ist in sich und in seinen Folgen so gefährlich, daß jede Veranlassung benutzt werden muß, auf die Unrichtigkeit desselben aufmerksam zu machen, wie sehr er sich als in gleichem Maaße gegen alle Geschichte und Rechtsgrundsätze verstoßend auch von selbst darstellt.

Abgesehen von des Verfassers unrichtigen Ansichten über Domainen in deutschen Ländern, behauptet derselbe in Beziehung auf die Domainen des preußischen Königshauses: „Die Natur der Domainen der einzel„nen Landestheile, aus welchen der preußische Staat ent„standen ist, weicht im Wesentlichen von der Natur „der deutschen Domainen nicht ab. Auch sie sind wahre „Staatsgüter [15]), und es ist dies mehrfach in unseren „Landesgesetzen ausdrücklich anerkannt (?). Ursprünglich „bestanden zwar auch sie nicht bloß aus solchen Gütern, „die gleichzeitig mit der Landeshoheit und durch dieselbe „erworben waren, sondern auch aus wirklichen Patrimo„nialgütern; allein auch diese letztere sind, wie „in so vielen deutschen Territorien, Staats„güter im Laufe einer bewegten Geschichte (be„wegte Geschichte?) dadurch geworden, daß die „Landstände die verpfändeten oder verkauft ge-

---

[14]) Heinrich Simon Das Preußische Staatsrecht. Th. II. S. 306. (Berlin, 1844).

[15]) Weil sie von der Natur der deutschen Staatsgüter nicht abwichen, waren sie also wahre Staatsgüter? Also sind sie keine Staatsgüter, würde ein richtiger Schluß gewesen sein.

„wesenen fürstlichen Güter entweder selbst ein-„gelöset und zurückgekauft haben oder das „dazu nöthige Geld hergegeben." Als Beispiel und Belag dieser Behauptung führt der Verfasser an, daß die Stände der Mark Brandenburg um die Mitte des sechszehnten Jahrhunderts dem Churfürsten Joachim II. eine Steuer „zur Wiedereinlösung verpfändeter Domainen be-„willigt und bei seinem Tode ungeheure Summen bezahlt „haben —". Aus welchem Grunde und wofür führt der Verfasser nicht an; wir bemerken daher ergänzend, daß die Stände die vom Churfürsten zum Wohle des Landes gemachten redlichen Schulden übernahmen. „Und so wurde — fährt der Verfasser fort — „schon diesem Regenten allein „der Kaufpreis, den sein Ahnherr für die Domainen des „Landes gegeben, vielfach erstattet." — Diese Behauptung aus ihren überhäuften historischen und juristischen Irrthümern zu entknäueln, gehört nicht hierher; einige Momente mögen genügen: Wir erfahren 1) daß die Landstände Güter gekauft und zwar Güter, die sie nie besaßen, zurückgekauft haben, 2) daß sie Güter, die sie nicht verpfändet, eingelöset haben, 3) daß, wer das Geld zu Einlösung oder Rückkauf verpfändeter oder verkaufter Güter hergiebt — diese Güter erwirbt, nicht aber 4) vielmehr der Verpfänder oder der Verkäufer, sondern daß 5) der erstere, der doch bisher an denselben noch das Eigenthum behalten hatte, durch den Hergeber auch um dieses gebracht wird, und Einlösung der dafür verpfändeten Domainen nicht Steuern, sondern Gelder sind, mit welchen die Stände sogar die nur verpfändeten Domainen eigenthümlich erwerben. Wir werden nochmals auf diesen Gegenstand ausführlicher zurückkommen. Jetzt nur noch der Fehlschluß von den wenigen damals verpfändeten märkischen Domainen auf die im ganzen Staate!

Auch in Beziehung auf Verhältnisse zum Auslande äußern sich wesentliche Unterschiede zwischen den verschiedenen Ländern eines Landesherrn, indem sie in einzelnen Beziehungen, z. B. Abschoß, Handel, Steuer, Subsidien-Tractate ꝛc., nicht allein gegenseitig als Ausland angesehen werden, sondern auch Verträge mit auswärtigen Staaten nur auf einige dieser Länder beschränkt sein können, die andern aber an denselben so wenig, als an Kriegen Theil nehmen, die der Regent nur als Regent eines andern Landes führt, so wie Hannover an dem Kriege Englands gegen Frankreich nicht Theil nahm, dagegen aber an einem Reichskriege gegen England hätte Theil nehmen müssen.

Eine Verschiedenheit zwischen solchen Ländern äußert sich auch in Rücksicht auf Religions- und Kirchen-Angelegenheiten, indem die, darüber für ein Land getroffenen, besonderen Bestimmungen nur für dieses, nicht aber für die andern Länder eben dieses Hauses gelten können; selbst das herrschende Glaubensbekenntniß war häufig nicht bloß in dem Verhältnisse zwischen dem regierenden Hause und einzelnen Ländern, sondern auch zwischen den verschiedenen Ländern desselben verschieden; selbst in Ansehung des fürstlichen Hauses kann dadurch eine Verschiedenheit zwischen den Ländern Statt finden. So ist in England ein Prinz zur Thronfolge nur berechtigt, wenn er zur anglicanischen Kirche sich bekennt und nicht mit einer katholischen Gemahlin vermählt ist; zur Thronfolge in Hannover sind diese Erfordernisse aber nicht nöthig.

Auch in dem Verhältniß zwischen den Regenten und den Unterthanen eines jeden seiner Länder und der Unterthanen derselben untereinander ist und bleibt ein jedes dieser Länder ein besonderes Land. Die Unterthanen eines jeden derselben leisten dem Regenten besonders den Huldigungs-Eid, in jedem Lande nach dessen eigenthümlichen Rechten und erhalten besondere Bestätigungen ihrer besonderen Landes-Rechte. Alle Einwohner der verschiedenen Länder sind allerdings Unterthanen des gemeinschaftlichen Regenten, als Regenten des Complexus aller seiner Staaten und als Regenten des Landes, zu welchem sie gehören; allein die Unterthanen aller dieser Länder sind in allen, die Verfassung und die besonderen Rechte eines Landes und dessen Einwohner betreffenden Gegenständen nicht Unterthanen und Eingeborne dieses Landes. Der Böhme ist in diesen ausschließlichen Rechten der Oesterreicher und Ungarn weder Oesterreicher noch Ungar, der Märker in Ansehung der ausschließlichen Rechte der Pommern nicht Pommeraner. Wenn in einem dieser vereinigten Länder ein Landes-Indigenat in Ansehung der Zulassung zu öffentlichen Aemtern[15]), Theilnahme an Stiftern und

[15]) z. B. Churfürst Johann Sigismund Revers an die Landstände diesseits und jenseits der Oder vom 5. Februar 1615 (Corp. Const. Marchicarum T. VI, S. 258): „Noch mehr ha-

Stiftungen u. s. w. oder an besonderen Rechten und Verbindlichkeiten besteht; so gehen sie und die Theilnahme an denselben durch die Verbindung dieses Landes mit andern Ländern unter die Hoheit eines gemeinschaftlichen Regenten auf die übrigen Länder über, so wenig als diese in Rücksicht auf andere Gegenstände dieser Art, z. B. Abschoß, Freiheit, als ein Land und nicht vielmehr ein jedes derselben als ein besonderes eigenes Land und als ein fremdes angesehen wird. Gleich auffallend zeigt diese Verschiedenheit sich in Ansehung der Landes-

---

„ben sich anjetzo Jhro Churf. Gnaren mit den Ständen und „die Stände hinwiederumb mit Jhro Churf. Gn. dahin verglichen, daß keiner sich aus denen Landen erboren, in welchen „hiesige Landesleute, der Märkischen Nation und hohen „Dignitäten und Embterschaften ausgeschlossen werden, der„selben hinwiederumb in der Chur und Margk Brandenburgk „und incorporirten Landen, von nun an fähig werden sollen. „Eß sollen auch dieselben zu sachen das algemeine Land be„treffendte nicht gezogen werden: von den geheimbten Rath„schlägen aber, wie auch von Kriegsgewerben und sachen rc. „Jhro Churf. Gnaden wollen sich auch gern bemühen, das „Preußen und Jülicher ihr privilegium indigenatus vormittelst „welches kein frembder in den Landen aldorten zu hohen Embtern „und Dignitäten (außer was Jhro Ch. Gn. einen Canzler in „Preußen, von was Nation er auch sei, verordnen möge, ge„langen kann) mit den Märkern communiciren und gemein „machen, auf welchen fall sie des Gleichen in hiesigen Landen „hinwiederrumb zu gewarten." Vgl. auch Churf. Resolution an die Churmärkischen Stände v. 1. Mai 1652, §. 11 (daselbst S. 403) und Landtags-Receß vom 26. Juli 1653, §. 11 (das. S. 432). Churmärkischer Receß v. 6. Mai 1620 — znm wohlhergebrachten Lobe dieser Nation (das. S. 290). Ratification des Recesses von den Städten der Mittel- und Ukermark v. 29. Sept. 1624 — eine ganze Nation (das. S. 331).

Verfassung. Wenngleich die deutschen Länder in den Grundzügen ihrer Verfassung mehrentheils übereinstimmen; so finden doch in Folge mannigfaltiger Verhältnisse nicht selten bedeutende Unterschiede zwischen denselben Statt. Es bedarf hier indessen nur der Bemerkung, daß die besondere, öffentliche Verfassung eines Landes durch dessen Anfall an ein anderes regierendes Haus weder erlöscht, noch auf die übrigen Länder dieselbe übertragen, noch durch die einer der letzteren ergänzt wird; eine nähere Ausführung würde hier zu weit führen.

In einem noch größeren Umfange äußert sich der Unterschied zwischen den verschiedenen Ländern Eines Fürstenhauses und die fortdauernde Selbstständigkeit eines jeden derselben in den Privatrechten und in der bürgerlichen Gesetzgebung. So lange es ein Deutschland giebt, galt der Grundsatz, daß durch die Veränderung der Landeshoheit die Privatrechte der Unterthanen nicht verändert werden; ein Grundsatz, der stets auch in dem übrigen Europa, Napoleons Herrschaft abgerechnet, geachtet wurde. Dem, diesem Grundsatz feindlichen Centralisations-Princip selbst ist es, einige ephemerische Erscheinungen abgerechnet, nicht gelungen, diesen Grundsatz in Deutschland zu erschüttern. In keinem größeren Staate ist derselbe fester und consequenter aufrecht erhalten, als in dem Preußischen, in welchem die Privatrechte der einzelnen Länder, in so fern sie auf provinziellen Eigenthümlichkeiten, Gesetzen und Gewohnheiten beruhen, noch heute in ihrem richtigen Verhältnisse zu dem gemeinen Rechte und in dem Vorzuge vor demselben bestehen. Es ist bekannt, daß

Friedrich der Zweite die Abfassung dieser Provinzialrechte in besondere Provinzial-Gesetzbücher[16]), und Friedrich Wilhelm der Dritte

---

[16]) Nachstehende Kabinets-Ordre des Königs an den Justiz-Minister von Carmer vom 6. April 1780 spricht die Ansicht des großen Königs so bestimmt aus, daß sie hier um so mehr eine Stelle erhalten dürfte, als sie bisher nur in den Jahrbüchern für die preußische Gesetzgebung, Bd. 66, S. 225 und in dem Vorwort zum Revidirten Entwurf des Provinzialrechts der Mark Brandenburg (Berlin 1841) S. VIII. abgedruckt ist: „Dabei muß Ich Euch sagen — äußert der König — „daß gewisse Gebräuche in den differenten Provintzen sind, wo also keine Generalgesetze zu machen „stehet, man muß daher immer mit auf die uralten Gebräuche in den Provintzen mit sehen, daß solche „nicht übern Haufen gehen, denn z. B. in Schlesien, wie „Euch selbst bekannt ist, differirt es mit andern Provintzen „wegen der Erbschaften, im Cleveschen differirt es, weil die „Bauern dorten nur eigentliche Pächter sind. In Pommern „und Westpreußen wegen der Leibeigenschaft und in Ober-„schlesien eben so wohl, und so hat eine jede Provintz „ihre alten Gebräuche, also ist nicht möglich, daß „ein Generalgesetz sein kann, sondern bei allen Pro-„vintzen, wo differente Gebräuche sind, muß ein „Unterschied gemacht werden. — Ueberhaupt ist Eure „Idee hierunter admirable und kommt es nur darauf „an, wie das zum Besten anzufangen und auszuführen ist, „um die differenten Weitläuftigkeiten in allen Sachen zu cou-„piren. — Um den Endzweck recht zu erreichen, möchte es „wohl nöthig sein, nach den differenten Gebräuchen „in den Provinzen für jede ein besonderes Gesetz „zu machen, nehmlich vor Schlesien, vor Pommern und die „Neumark, vor die Kurmark, vor das Magdeburgische und „Halberstädtsche, vor Minden und Ravensberg, vor Cleve und „die Grafschaft Mark und vor Ostfriesland wieder ein ande-„res; wie gesagt, Eure Idee hierunter ist admirable: „Ihr werdet Euch einen unsterblichen Nahmen machen, wenn „Ihr die Sachen wegen Verbesserung der Gesetze recht in

die Wiederaufnahme dieser durch den Krieg unterbrochenen Aufgabe angeordnet hat [17]).

Ein anderer Unterschied in der bürgerlichen Gesetzgebung fand zwischen den Reichsländern und den zum Reiche nicht gehörigen Ländern eines Regenten Statt, indem Reichsgesetze nur in jenen galten; ein Unterschied, der gegenwärtig auch unter der Bundesverfassung in Ansehung der Bundesgesetze eintritt. In Rücksicht auf die Provinzial-Rechte ist bekannt, daß sie selbst einzelnen Theilen der Provinz, wenn sie zu einer andern Provinz verlegt werden, vorbehalten bleiben.

Wenngleich diese Unterschiede in der Gerichtsverfassung sich minder äußerten, so sind sie doch erheblich genug. Es ist bereits angeführt, daß unter der Reichs-Verfassung in dem einen Lande der Fürst, in dem andern aber der Kaiser oberster Richter war, je nachdem die Appellation an die Reichsgerichte aus den verschiedenen Ländern unzulässig oder zulässig und bis zu welcher Summe zulässig war [18]), oder die Länder zum deutschen

„Ordnung bringet. Ich überlasse Euch also das weitere darunter vorzunehmen, wie Ihr zur Erreichung der Absicht am „Besten findet."

[17]) Die Geschichte der Entwerfung der Gesetzbücher für jede Provinz in dem oben angeführten Geist mit Zuziehung der Landstände ist ausführlich entwickelt in: Actenmäßige Darstellung der Preußischen Gesetzrevision vom Staatsminister v. Kamptz (Berlin 1842, — auch in den Jahrbüchern für die Preuß. Gesetzgebung, Bd. LX. §§. 39 — 104 abgedruckt).

[18]) So ward z. B. das privilegium de non appellando bis zur Summe von 2500 Goldgulden, welches bis dahin nur dem Königlichen Hause wegen der Churlande zustand, durch das Kaiserl. Privilegium v. 16. Dec. 1702 auf die übrigen Reichslande desselben erstreckt.

Reiche gehörten, oder unabhängig waren; aber auch außer der Appellation waren nur die im Reichsverbande stehenden Länder, nicht aber die unabhängigen der Kaiserlichen Gerichtsbarkeit unterworfen. Auch gegenwärtig findet in Rücksicht auf die Vorschriften und Einwirkung des deutschen Bundes auf die Rechtspflege ein Unterschied zwischen den Bundes-Staaten und den zum Bunde nicht gehörigen Staaten eines Regenten Statt.

Aber auch in der Gerichts-Verfassung im Innern des Landes ist eine Verschiedenheit zwischen den einzelnen Ländern, indem z. B. in einigen die Landstände an der Besetzung der Gerichtshöfe Theil nehmen und zu deren Kosten beitragen, in einigen die Zahl der Mitglieder derselben bestimmt und gewissen Bedingungen unterworfen sind und die Gerichtsbarkeit in der untern Instanz entweder dem Landesherrn, den Gutsbesitzern oder den Communen zusteht und die Prozeß-Verfassung und die Anzahl der Instanzen verschieden ist [19]).

Diese Beispiele genügen, um darzuthun, daß mehrere, einem gemeinschaftlichen Fürstenhause unterworfene Länder in Rücksicht sowohl auf dasselbe, als im gegenseitigen Verhältnisse und unter einander besondere Länder bleiben.

---

[19]) So betrug z. B. die Appellationssumme an das Ober-Appellationsgericht (Ober-Tribunal) für Magdeburg 400 fl., für Cleve 600 fl., Hinter-Pommern 500 Goldguld., Halberstadt 600 fl., Minden 900 fl., Mörs 200 fl., Tecklenburg 300 fl., Bingen 50 fl. (Gemeinbescheid des Ober-App.-Ger. vom 7. Mai 1708 — in der Edicten-Samml. Thl. II. Abth. IV. S. 31 u. 114).

Zweiter Abschnitt.

Verhältniß der verschiedenen zu dem Gesammt-Staate des gemeinschaftlichen Herrscher-Hauses vereinigten Länder zu einander und zu dem regierenden Hause.

§. 6.

Diese verschiedenen Länder bilden durch ihre Vereinigung unter der Hoheit eines Fürstenhauses das Gebiet, über welches dasselbe herrscht und den abgeschlossenen Inbegriff seiner Herrschaft, den Gesammt-Staat desselben, welcher einem Staatenreiche oder einem Staatenbunde zur Seite gestellt werden könnte, wenn jene Vereinigung eine grundgesetzliche und nicht lediglich eine persönliche, zufällige und nach dem Willen des regierenden Hauses auflösbare wäre. Denn es hängt lediglich von demselben ab, ob es die neu erworbenen Länder behalten oder abtreten, sie ganz getrennt von seinen übrigen Ländern oder gemeinschaftlich mit denselben in einer bloß persönlichen Vereinigung lassen oder mit einander dinglich verbinden will. In beiden Fällen bildet der Inbegriff dieser Länder den Gesammt-Staat des regierenden Hauses, der, da nicht alle nach und nach erworbenen Länder dem Stammlande incorporirt sind, nicht aus Einem Lande, sondern aus dem Complex aller Länder besteht und daher nicht, wie im ersteren Falle sein würde, z. B. das Königreich

Baiern und Hannover, einen gemeinschaftlichen Namen hat, sondern nach dem regierenden Hause, z. B. der österreichische Staat, der Churbrandenburgische, später der preußische Staat genannt wird. So wie diese einzelnen Länder, unbeschadet ihrer Fortdauer als besondere Länder, Theile dieses Gesammtreichs sind, so sind die Unterthanen eines jeden derselben, neben Unterthanen des einzelnen Landes, auch Unterthanen des Gesammtstaats, z. B. der Böhme auch Oesterreicher und der Rheinländer auch Preuße, eben so wie sie in einem noch umfassenderen Sinne Deutsche sind; — so wie es in Deutschland keine Handbreit Landes geben kann, die bloß und allein nur Deutsches sein könnte und nicht auch Theil eines einzelnen deutschen Landes und also nicht auch baierisch, mecklenburgisch u. s. w. wäre, so kann es auch nach Auflösung der Reichsgerichte keinen Deutschen geben, der einzig und allein Deutscher wäre und nicht auch einem deutschen Staate angehörte.

Der Regent eines solchen Gesammt-Staats vereinigt daher in sich mehrfache Herrscherwürden, er ist einmal Regent eines einzelnen Landes, zweitens aber ist er auch Beherrscher des, aus dem Inbegriff aller seiner Länder gebildeten Gesammt-Staats. So wie überhaupt jeder, der mehrere Eigenschaften in sich vereinigt, in jeder derselben nach ihren eigenthümlichen Grundsätzen beurtheilt werden muß; so sind auch die Rechte, Pflichten und andern Verhältnisse eines solchen Regenten nach jenen beiden Eigenschaften verschieden und kann er daher in der letzteren derselben nicht nach den, nur für ein oder das andere einzelne Land bestehenden Grundsätzen beurtheilt werden [20]). Das Verhältniß des Gesammt-Staats (der Monarchie) zu jedem, in demselben begriffenen einzelnen Lande ergiebt sich aus dem Wesen desselben und des Verhältnisses, von welchem die Rede ist. Es liegt in der Sache selbst, daß in jeder Verbindung mehrerer Länder und in jeder Gemeinschaft das Interesse der einzelnen Genossen derselben dem des Ganzen nachstehen muß, da er für diesen Nachtheil durch die aus der Vereinigung ihm erwachsenen Vortheile entschädigt wird. So wie die deutschen Fürsten, z. B. die Fürsten von Mecklenburg und von Pommern, als sie früher der Oberherrschaft des Kaisers sich unterwarfen und die Rechte unabhängiger Fürsten aufgaben, und in unsern Tagen die durch Aufhebung des Reichsverbandes unabhängig gewordenen deutschen Fürsten durch den Beitritt zum deutschen Bunde gegen die aus demselben für sie entstehenden Vortheile einem Theil ihrer

---

[20]) Klüber Abhandlungen und Beiträge für Geschichtskunde, Staats- und Rechtswissenschaft (1834) Bd. II. S. 43 ff.: „Der Grundsatz (daß Jemand die Verhältnisse mehrerer Personen in sich vereinigen kann) „bewährt sich bei „allen monarchischen Regenten, denen die Oberherrschaft über „verschiedene wesentlich getrennte Staaten zusteht und zwar „nicht nur bei sogenannter Personen-Vereinigung mehrerer „Staaten unter einem gemeinschaftlichen monarchischen Ober„haupte, sondern auch bei dinglichen nach gleichem Recht (coordinirt) unter einem Oberhaupte vereinigten Staaten. Wie „der Kaiser von Oesterreich und der König von Ungarn, und „der König von Preußen und der souveraine Fürst von Neuf„chatel, obgleich in eine Individual-Person vereinigt, doch ver„schiedene Personen oder Rechts-Subjecte darstellen, so liefern „auch Großbrittanien und Irland ein Beispiel monarchischer „Personeneinheit."

Souverainetätsrechte entsagten (S. 159); so können auch die Unterthanen und Landstände der zu einem Gesammt-Staat gehörigen einzelnen Länder die unveränderte Fortdauer der ihnen, als damaligen Unterthanen und Ständen eines für sich bestehenden Landes, ehemals zustehenden Rechte, in so fern sie mit den Verhältnissen des Gesammt-Staats unverträglich sind, nicht erwarten. Von welchem dieser Länder sollten die Rechte und die Interessen für den Inbegriff der übrigen Richtschnur sein? Es geht aus diesen Verhältnissen von selbst der Grundsatz hervor, daß ein jedes einzelne Land berechtigt ist, die Beibehaltung seiner Verfassung für sein Land in so weit zu fordern, als sie mit den Verhältnissen des Gesammtstaates vereinbarlich ist, dagegen aber, in so weit dies der Fall nicht ist, auf dieselbe keineswegs Anspruch machen kann. Eben so wenig ist dies der Fall, wenn die allgemeine Verfassung, unter welcher alle diese vereinigten Länder auch als einzelne Länder und auch abgesehen von ihrer Vereinigung zu einem Gesammt-Staate stehen, und dieser selbst bisher stand, in eine Verfassung verändert wird, mit welcher ihre bisherigen besonderen Rechte nicht mehr vereinbarlich sind. Dies ist der Fall, wenn eine Republik in eine Monarchie, oder eine Monarchie in eine Republik verändert wird: in dem ersten Falle gehen mehrere politische Rechte der Communen, und in dem zweiten die der privilegirten Stände, wie wohl erworben sie auch nach der bisherigen Verfassung waren, in der neuen allgemeinen Verfassung unter. Eben dies trat auch bei der Veränderung der Reichs-Verfassung in die Bundes-Verfassung in so weit ein, als mit der letzteren einzelne bisherige Rechte des Fürsten oder der Unterthanen unvereinbar wurden und dem Zweck und den Anordnungen des Bundes sich unterordnen mußten (S. 159 ff.). Schon unter der Reichs-Verfassung war dies der Fall, indem die Verfassung und die Rechte der Stände und Unterthanen in den einzelnen Reichslanden der Reichsgesetzgebung und den durch sie beschlossenen Abänderungen der Territorial-Verfassungen unterworfen waren (Seite 176 ff.).

Einem jeden einzelnen Lande verblieb daher zwar seine Landes-Verfassung, allein nur insofern sie mit dem Wohl und der Verfassung des Gesammt-Staats oder des Reichs vereinbar war, mithin in Unterordnung unter beiden.

§. 7.

Ein Gesammt-Staat bildet sich nicht mit einmal, sondern nach und nach, im Laufe der Zeiten durch Vereinigung mehrerer Länder unter der Herrschaft eines regierenden Hauses. Da diese Länder nicht mit einander in ein Land vereinigt wurden, sondern jedes in seiner hergebrachten Verfassung abgesondert und getrennt von einander blieben; so bedurfte es keiner Bestimmungen über die Verhältnisse derselben unter einander und zum Landesherrn. Dies Verhältniß ergab sich von selbst sehr einfach dahin, daß der Landesherr über die nur eines seiner Länder betreffenden Gegenstände lediglich die Stände desselben, über mehrere oder alle Länder berührende aber, insofern dabei die ständische Mitwirkung überhaupt möglich oder erforderlich sein sollte, die Stände der dadurch berührten Länder besonders hört oder Deputirte derselben zur gemeinschaftlichen Berathung in sein Hoflager einfordert. Die Gegenstände der Verhandlungen zwischen Fürst und Ständen waren bis ins achtzehnte Jahrhundert einfach und betrafen nur das materielle und reelle Wohl des Landes — jene Zeiten haben nicht zu dem S. 245 mitgetheilten Bilde gesessen.

Die Mitwirkung der Landstände findet aber nicht in Ansehung aller Rechte der Landeshoheit Statt, sondern ist nach der Verfassung eines jeden Landes auf bestimmte Gegenstände beschränkt und daher in den dahin nicht gehörigen Angelegenheiten ausgeschlossen. Die, die Rechte der einzelnen Länder überall nicht betreffenden Gegenstände, sondern Gegenstände, die lediglich Angelegenheiten des Gesammt-Staats sind, sind ihrer Natur nach von der Mitwirkung der Landstände ausgeschlossen. Aus der Vereinigung mehrerer Länder unter einem regierenden Hause bildet sich ein Staat in einer andern Bedeutung, als diejenige, in welcher jedes einzelne Land ein Staat ist, ein Gesammt-Staat, dessen Verhältnisse von denen eines jeden, zu demselben gehörigen Landes sehr verschieden sind, und von dessen Weisheit und Stärke die Erhaltung und die Wohlfahrt sowohl des ganzen Staats, als eines jeden seiner einzelnen Theile abhängt. Es liegt in der Natur der Sache, daß solche Verhältnisse überall nicht zur Mitwirkung und Beurtheilung der Landstände gehören; es mögen dem Regenten nur ein Land oder mehrere Länder unterworfen sein, immer sind und bleiben die Landstände nur für ihr Land Landstände und repräsentiren daher nur dieses und auch dieses nur innerhalb der von der Verfassung ihnen gestatteten Grenzen. Diese dürfen sie selbst in dem Lande, für welche sie Landstände sind, nicht überschreiten, noch weniger dürfen sie sich in Regionen reiner Majestätsrechte versteigen, z. B. in auswärtige Verhältnisse, oder in beklagenswerthe Verirrungen, z. B. die Erhebung der souverainen deutschen Fürsten zu Pairs von Deutschland und Verwandlung der Bundesversammlung in ein deutsches Oberhaus mit Zuordnung eines Unterhauses, die Controlle der Ordens-Verleihungen, und dadurch bewiesen, daß der Ausspruch des alten Weisen Griechenlands doch ewig wahr bleibt. Welches wäre der Titel, auf welchen Landstände eines einzelnen Landes ihre Eigenschaft als Stände des Gesammt-Staats gründen könnten? Der einzige Titel ihrer Competenz und ihrer Gerechtsame ist die Landes-Verfassung und die Grenze ihrer Gerechtsame die Vorschriften derselben.

§. 8.

Daher hat in allen europäischen und deutschen Staaten stets der Grundsatz gegolten, daß in einem aus mehreren Ländern bestehenden Staate die Fürsorge und die Regierung dieses G e s a m m t - S t a a t e s und die a l l g e m e i n e n A n g e l e g e n h e i t e n desselben — der, aus allen diesen Staaten bestehenden M o n a r c h i e — dem Regenten ohne Mitwirkung der Stände der einzelnen Länder zustehen. Sollte jemand im Ernste das Gegentheil behaupten, für möglich und für ausführbar halten und wünschen? Sollte er wünschen, daß über die Erklärung der schlesischen Kriege und des siebenjährigen Krieges sowie des Krieges von 1813 auf den Landtagen aller preußischen Länder berathschlagt und beschlossen wäre oder wenigstens die Kriegserklärung bis zur Berathung, ob dazu Geldmittel zu bewilligen, ausgesetzt bleibe?

In der österreichischen Monarchie haben die Stände der verschiedenen Provinzen an den, die Gesammtheit des Staats betreffenden allgemeinen Angelegenheiten, Krieg, Frieden, allgemeinen Gesetzen, Finanzen, auswärtigen Angelegenheiten u. s. w. nie Theil genommen; eben so wenig ist dies in Spanien, Frankreich, in Neapel, früher in England und Irland, in Dänemark und in den größern deutschen Staaten der Fall gewesen. Insonderheit hat dieser Grundsatz stets im Preußischen Staate Statt gehabt.

In allen diesen Staaten bestanden zwar in den — wenigstens den mehrsten — Provinzen Provinzialstände für die Berathung über Provinzial-Angelegenheiten, aber keine gemeinschaftlichen und allgemeinen Stände zur Berathung über die Angelegenheiten des Staats. In besonders wichtigen außerordentlichen Angelegenheiten wurden zwar in Spanien die allgemeinen Cortes und in Frankreich die États généraux zusammenberufen; die Erfahrung hat aber beide in allen ihren Gefahren so dargestellt, daß sie eingingen; in Frankreich wurde seit dem Jahre 1614 durch den Zeitraum der Größe und des Wohlstandes Frankreichs keine Assemblée des États généraux mehr gehalten — 1789 wurde wieder eine zusammenberufen — Mignet äußerte: Quand le ministère admet la convocation des États généraux la révolution est faite; der Erfolg hat ihn gerechtfertigt.

§. 9.

So viel insonderheit die deutschen Staaten betrifft; so ist die Behauptung, daß in Deutschland in verschiedenen, aus mehreren unter einer Regierung vereinigten Ländern bestehenden Staaten die Landstände dieser verschiedenen Länder in allgemeine Stände vereinigt gewesen und daher die besonderen Landstände entweder aufgehoben und in allgemeine zusammengeschmolzen oder aus ihrer Mitte allgemeine Stände gebildet haben, durchaus ungegründet. Es bedarf hier nicht der Ausführung, daß diese Verfassung dem wahren Zweck der Vertretung des Landes und des Volks bei der oft so großen Verschiedenheit ihrer Rechte (§. 5) und ihrer Interessen nicht angemessen, sondern dem Zweck und dem Geiste der ständischen Verfassung ganz entgegen gewesen wäre, da jene behauptete Verfassung allgemeiner Stände während der Reichs-Verfassung in Deutschland in keinem deutschen Staate jemals Statt gefunden hat und daher jene Behauptung historisch ungegründet ist.

Ein kurzer Ueberblick der, aus verschiedenen Ländern bestehenden deutschen Staaten wird dies vollständig darlegen.

In Ansehung der Staaten des Oesterreichischen Kaiserhauses wollen wir nicht einmal an die Unmöglichkeit einer gigantesken allgemeinen Versammlung der Stände aus Deutschland, Italien, Ungarn, Gallizien, Siebenbürgen, Croatien und den übrigen schon durch die Sprache geschiedenen Reichen, wozu früher auch die der Niederlande gekommen sein würden, denken, sondern uns hier nur auf die deutschen Staaten beschränken. Oesterreich, Böhmen, Mähren, Schlesien, Salzburg, Tyrol, Kärnthen, Krain, Steiermark, Görtz, der Breisgau, Voralberg, alle diese Länder haben ihre besondere landständische Verfassung und Landtage, das Erzherzogthum Oesterreich hat zwei besondere landständische Verfassungen — eine in Ober-Oesterreich und die andere in Unter-Oesterreich — und als Schlesien und die beiden Lausitze noch zu Böhmen gehörten, hatten jene drei Länder sie ebenfalls. Eine allgemeine Versammlung der Stände dieser verschiedenen Länder hat daher niemals Statt gehabt.

Die Staaten des Pfälzischen Hauses bestanden aus verschiedenen Ländern. Die Oberpfalz hatte Landstände, die Unterpfalz einen Schatten derselben, Pfalz Zweibrücken und Pfalz-Neuburg hatten Stände und eben so Jülich und Berg, jedes dieser Länder aber eine besondere — die von Jülich und Berg jedoch unter einander verbunden — von der der anderen Besitzungen des Hauses ganz getrennte ständische Verfassung.

Das Haus Baiern hatte in seinem Herzogthume Baiern und zwar in Ober- und Nieder-Baiern Landstände, die in einem Corps vereinigt waren; als es die Ober-Pfalz erwarb, blieben die dortigen Landstände von den baierischen völlig getrennt.

Das Churhaus Sachsen hatte schon vor der Ausbildung der ständischen Verfassung die ihm angefallenen thüringenschen und anderen Besitzungen mit dem Markgrafthum Meißen als Herzogthum Sachsen vereinigt und demselben eine landständische Verfassung gegeben. Als das Churhaus später die Ober- und die Nieder-Lausitz, Naumburg-Zeitz, Merseburg, die Grafschaft Henneberg und das Fürstenthum Querfurt und einen Theil von Mansfeld erwarb, behielt eine jede dieser Besitzungen ihre besondere, von der des Churlandes getrennte ständische Verfassung.

Das Herzogliche — später Churfürstliche Haus Braunschweig hatte früher — außer dem Herzogthum Wolfenbüttel, welches später angeführt werden wird — seine Stammländer in die Fürstenthümer Lüneburg, Calenberg und Grubenhagen getheilt, von welchen jedes seine eigene besondere landständische Verfassung hatte und auch, nachdem das Haus Hannover (Calenberg) in die beiden andern Fürstenthümer succedirt war, getrennt von den andern behielt. Als das Haus Hannover später die Herzogthümer Bremen, Verden und Sachsen-Lauenburg, die Grafschaft Hoia und das Land Hadeln und noch später die Fürstenthümer Osnabrück und Hildesheim erwarb, behielt ein jedes dieser Länder seine landständische Verfassung unabhängig von der eines der übrigen Länder [21]), ohne daß eine allgemeine Versammlung der Stände aller Provinzen Statt gehabt hätte.

---

[21]) Bremen und Verden wurden jedoch untereinander in einigen Beziehungen vereinigt, und erschienen daher die Verdenschen Stände auf dem Bremer Landtage, wenn dort Gegenstände vorkamen, welche beide Länder — die übrigens besondere Länder blieben (S. 277) — betrafen.

In dem, dem Herzoglichen Hause Braunschweig gehörigen Fürstenthum Wolfenbüttel war eine besondere ständische Verfassung und behielt dieselbe auch, als das Herzogliche Haus die Grafschaft — nachher Fürstenthum — Blankenburg erwarb, in welcher die dortigen mit denen der Grafschaft Reimstein in Ein Corps vereinigten Landstände von den Wolfenbüttelschen getrennt blieben.

Von den, unter der Hoheit des Herzogs von Sachsen-Weimar vereinigten Fürstenthümern Weimar und Eisenach und der Jenaischen Landes-Portion hatte ein jedes derselben eine besondere landständisiche Verfassung, und ebendieses war der Fall rücksichtlich der unter einem Landesherrn vereinigten Fürstenthümer Gotha und Altenburg.

Nach der Vereinigung des Bisthums Schwerin mit dem Herzogthum Mecklenburg behielt jedes Land seine besondere ständische Verfassung.

Auch in Pommern hatte jeder Landestheil und die beiden Bisthümer seine besondere ständische Verfassung. Nachdem das landgräfliche Haus Hessen sich in zwei Linien und das Land in zwei Theile getheilt hatte, blieb zwar die ständische Verfassung beiden gemeinschaftlich; es wurden aber auch in jedem Landestheile besondere Landtage gehalten. Mit den Hessischen Ständen wurden die geringen Ueberreste der Stände der Grafschaft Katzenellenbogen verbunden; dagegen behielt die Grafschaft Schaumburg ihre besonderen Landstände; die der Grafschaft Hanau waren aber eingegangen.

In den Herzogthümern Schleswig — in Ansehung dessen der König dem deutschen Bunde nicht beigetreten ist — und Holstein waren die Landstände unter einander, jedoch nicht mit den Reichsständen des Königreichs Dänemark vereinigt, blieben es auch, als letztere 1660 aufgehoben wurden, obgleich sie seit 1712 nur aus Prälaten und Ritterschaft bestehen. Sie bildeten zwar zusammen Ein Corps, hielten aber besondere Landtage; in Gemäßheit der Königl. Verordnung vom 28. Mai 1831 bestehen jedoch in jedem Herzogthum und in dem neu erworbenen Herzogthum Sachsen-Lauenburg Provinzialstände, welche sich als berathende Stände in jedem Herzogthum versammeln, unabbrüchig dem Social-Nexus der schleswig-holsteinischen Ritterschaft [22]).

Von den beiden Brandenburgischen Markgrafthümern in Franken hatte ebenfalls ein jedes seine besonderen Stände.

Auch in geistlichen Staaten, in welchen die Trennung der dazu gehörigen Länder durch verschiedenartige Erbfolge nicht zu befürchten war, hatten die verschiedenen Länder besondere landständische Verfassungen.

In dem Churstaate Mainz hatten das Erzstift und Erfurt und das Eichsfeld, in dem Chur-Cölnischen ebenfalls das Erzstift und das Herzogthum Westphalen jedes eine besondere, von einander durchaus abgesonderte ständische Verfassung.

[22]) Pölitz die europäischen Verfassungen Th. I. S. 723 ff.

*) Wegen Mecklenburg und Schwerin vergl. Moser: Von den Reichsstände-Landen, Seite 377, besonders in dessen teutschem Staatsarchiv (1751) Th. 12, S. 128 ff.

Deutsche Landstände legten auf den Vorzug über die Angelegenheiten des Landes unmittelbar und ohne Dazwischenkunft anderer Stände und deren Interessen mit ihren Fürsten einen so großen Werth, daß wenn ein Land mit Beibehaltung der Gemeinschaft der Landstandschaft und der Union der Landstände unter mehrere Landesherrn getheilt ward, dennoch in den verschiedenen Landestheilen für deren besondere Angelegenheiten eigene landständische Verfassungen sich bildeten. Beispiele sind: die Hessischen Lande, die Herzogthümer Mecklenburg, Schleswig und Holstein, das Herzogthum Anhalt, die Grafschaft Hoya und auch die Stände von Cleve, Mark, Ravensberg nebst Jülich, Berg und Ravenstein, welche ungeachtet des zwischen dem Churfürsten von Brandenburg und der Pfalz Neuburg 1666 geschlossenen Erbvertrags in ihrer ständischen Union verblieben[24]), obgleich jede der von ihnen vertretenen Provinzen in landesherrlichen Verhältnissen unter ihrem Landesherren stand.

---

[24]) Moser Von den Reichsstände-Landen, S. 161 ff.

Dritter Abschnitt.
Allgemeine Stände.

---

§. 10.

Allgemeine Stände — als vereinigte Landstände der zu dem Gesammt-Staate eines fürstlichen Hauses gehörigen Länder hat es in Deutschland unter der Reichsverfassung überall nicht gegeben.

Die frühere Vereinigung verschiedener ständischer Corporationen (S. 306) hatte einen ganz andern Sinn, einen ganz andern Zweck.

Erst im ersten Viertel des neunzehnten Jahrhunderts sind sie, obwohl größtentheils unter mancherlei Modificationen in mehreren deutschen Staaten aufgekommen.

Wie groß würde aber der Irrthum sein, wenn man ihre Einführung als eine dem Centralisations-Princip oder gar dem Repräsentativ-System dargebrachte Anerkennuug betrachtete; selbst bei den in den Jahren 1808 bis 1812 mit ihrem Verfasser untergegangenen oder nie ins Leben getretenen Verfassungen (S. 58 — 63) war dies nicht der Fall.

Allgemeine Stände wurden vielmehr aus positiven und materiellen Gründen gebildet. Die Jahre 1803 und 1815 waren für die innern und besonders die Territorial-Zustände Deutschlands wichtige Jahre, zwischen ihnen lag der unselige zwölfjährige Zeitraum, in welchem die im Jahre 1803 entstandenen Veränderungen hätten geordnet werden sollen, aber nicht allein unberichtigt blieben, sondern noch mehr zerrüttet und zerstümmelt wurden. Das Jahr 1815 vergrößerte bedeutend den Kreis der Gegenstände und der Verhältnisse, die einer näheren Anordnung, Ausbildung und Bestimmungen bedurften; die alten und neuen Elemente zur Wiederherstellung eines geordneten Zustandes waren zu ordnen und zugleich die nachgelassenen Spuren jener unglücklichen Zwischenzeit möglichst zu vertilgen, unter welchen auch moralische Uebel: Absolutismus und Liberalismus sich befanden (S. 90).

Die Bundes-Verfassung und die Befestigung der deutschen landständischen Verfassung, wenn beide stets aufrecht erhalten wurden, gewährte den Schutz gegen beide letztere: Sicherheit sowohl vor Absolutismus, als vor Liberalismus.

Die Ordnung und Feststellung der innern Verhältnisse der einzelnen Bundesstaaten war allenthalben eine eben so wichtige, als schwierige Aufgabe. Die Wiederherstellung der durch die Ereignisse der zurückgelegten Jahrzehnte so mannigfaltig zerrütteten landständischen Verfassung nahm in dieser Aufgabe die wichtigste Stelle ein. Die deutsche Bundesacte hatte zwar die Grundlage dieser Wiederherstellung, die alte bewährte deutsche landständische Verfassung festgestellt, und das Blendwerk der sogenannten Repräsentativ-Verfassung verworfen; allein die Elemente der landständischen Verfassung waren in vielen, vielleicht in allen Ländern durch deren Theilungen und Abtretungen aufgelöset und konnten eben so wenig in den, unter mehrere Fürsten übergegangenen einzelnen oft sehr kleinen Theilen, als in dem beim alten Hause verbleibenden Lande ohne wesentliche Veränderungen ferner eine landständische Verfassung bilden. Auf der andern Seite waren Länder oder Landestheile ohne landständische Verfassung an Fürsten, in deren Ländern letztere bestand, gekommen; hierher gehörten insonderheit die Länder der mediatisirten bisherigen Reichsstände und die Besitzungen der Reichsritterschaft, so wie die der säcularisirten unmittelbaren kleineren Stifter. In anderen Staaten war die landständische Verfassung in einem Landestheile aufrecht erhalten, in dem andern aber längst untergegangen.

Aber abgesehen von diesen Veränderungen in den verschiedenen Ländern waren in allen Ländern die Elemente der landständischen Verfassung so wesentlich verändert, daß diese Verfassung einer Restauration bedurfte. Das Gebot der Gerechtigkeit forderte für den erlauchten Stand, der bisher auf dem Reichstage neben den jetzigen Souverainen gesessen, unter den Landständen eine ausgezeichnete besondere Stellung; auch die ehemalige Reichsritterschaft hatte Anspruch auf besondere Berücksichtigung der bisherigen Vorrechte ihrer Besitzungen in Verhältniß zu der Ritterschaft der einzelnen Länder; der inmittelst zur persönlichen Freiheit und zu selbstständigem Grundeigenthum gekommene Bauernstand hatte gleichfalls gerechten Anspruch auf Landstandschaft, aus welcher dagegen der geistliche Stand mehr oder minder geschieden war. Allein auch in diesen verschiedenen Ständen selbst waren in den mehrsten Ländern erhebliche Veränderungen eingetreten (S. 135 ff.); der Bürgerstand war rittergutsfähig und die Grenze zwischen Stand und Land minder scharf geworden.

Aus allen diesen Veränderungen war in den mehrsten Staaten, besonders in denen des südlichen und mittleren Deutschlands, ein so verwickelter Zustand der landständischen Verhältnisse hervorgegangen, daß, da das Schwerdt Alexanders dem Deutschen stets eben so verhaßt war, als das der Revolution, nur deutsche Gerechtigkeit und Sorgfalt vermochten, ihn zu ordnen.

Der bisher befolgte Grundsatz, neu erworbene Länder in ihrer landständischen Verfassung als besondere Länder bestehen zu lassen, konnte aus den eben angeführten Gründen nicht allenthalben befolgt werden, weil solche Länder nicht ganz, sondern nur theilweise erworben waren, und in diesen Territorial-Segmenten die bisherige Verfassung theils untergegangen, theils unzureichend geworden war, oder es an Elementen einer besonderen landständischen Verfassung fehlte und überdem daraus eine Menge neuer unbedeutender besonderer landständischer Verfassungen hervorgegangen sein würde. Es wurden daher die seit den ältesten Zeiten in Deutschland bei der Erwerbung solcher unbedeutender Landestheile befolgten Grundsätze auch jetzt befolgt und sie unter einander oder mit Ländern sowohl überhaupt, als in Ansehung der ständischen Verfassung zusammengeschlagen oder incorporirt; allein auch die Verfassung der alten Länder konnte bei jenen äußeren und inneren Umständen, bei dem Zutritt der Standesherrn und des Bauernstandes und dem Austritte des Prälatenstandes, bei dem Länderzuwachs, bei der erweiterten Theilnahme am Ritterstande und Vervielfältigung der Rittergüter durch Parcelirung, so wie bei der durch die erweiterte Landstandsfähigkeit so vergrößerten Anzahl der zur Landstandschaft berechtigten Personen und bei andern Umständen häufig nicht in ihrer bisherigen Lage und ohne wesentliche Veränderungen bleiben. Zu diesen nothwendigen Veränderungen gehörte insonderheit Beschränkung der gleichzeitigen persönlichen Theilnahme aller landtagsfähigen Individuen an den ständischen Versammlungen; schon bisher waren in manchen Ländern die ständischen Versammlungen bedenklich, überlästig und übervölkert geworden, und hatten daher nicht alle Mitglieder der Stände, sondern nur eine Anzahl aus den verschiedenen Klassen derselben gewählter Abgeordnete an den Versammlungen Theil genommen (S. 126 ff. u. 139 ff.). Da die Landtage in den kleinsten Bundesstaaten bei der so bedeutend erweiterten Landstandschaft ehemalige politische Reichstage geworden sein würden, wenn alle Stände, alle Bauern, gleichzeitig auf denselben erschienen wären; so ergab sich von selbst die Nothwendigkeit der Vertretung der Stände durch Abgeordnete der verschiedenen Klassen derselben. Wenn die Anhänger des Repräsentativ-Systems dies für eine Wirkung desselben und den von ihm gefaßten ersten festen Fuß, ja selbst für die Verwandlung der ständischen Verfassung in die repräsentative ausgeben; so ist es zweifelhaft, ob sie sich selbst täuschen oder andere täuschen wollen (S. 126 ff. u. S. 139 ff.)

Auf dem Wiener Congreß selbst waren alle diese Momente erwogen und ward daher die nähere Ausbildung der landständischen Verfassung nach den Lokal- und übrigen besonderen Verhältnissen eines jeden Bundesstaats dem Regenten überlassen. Da bei allen in Deutschland vorgefallenen Territorial-Veränderungen auf die Arrondirung und sogenannte Epuration der einzelnen Länder Rücksicht genommen war, und sie nach dem Abschluß der Bundesacte erfolgten; so lagen in fast allen deutschen Staaten die verschiedenen Landestheile an einander und hatten eine Bevölkerung gleichen Stammes und gleicher Rechte, Gewohnheiten, Bedürfnisse und Richtungen. Alle Erfordernisse einer gemeinschaftlichen ständischen Verfassung für alle Landestheile und der Vereinigung der bisher getrennten Stände waren daher nicht allein vorhanden, sondern in allen Beziehungen rathsam. Es würde vielmehr unangemessen gewesen sein, bei der Restauration der Stände in einigen und bei ihrer neuen Bildung in andern Landestheilen für jede derselben eine besondere zu erschaffen und die, in den älteren Ländern noch vorhandenen verschiedenen ständischen Corporationen von gleichem Ursprung und Verfassungen noch länger getrennt bestehen zu lassen, nachdem der Grund ihrer vormaligen Sonderung längst aufgehört hatte, wenn z. B. der Großherzog von Sachsen die den Fürstenthümern Weimar, Jena und

Eisenach ursprünglich gemeinschaftliche und nur bei der Theilung dieser Länder unter verschiedene Landesherren getrennte Verfassung, nachdem diese Länder längst wieder unter Einem Regenten vereinigt waren, in ihrer Trennung beibehalten hätte. Es würde eben so überflüssig und unrathsam gewesen sein, für die neu erhaltenen Besitzungen, in welchen keine Landstände vorhanden waren, eine eigene landständische Verfassung, wozu es selbst an den Elementen fehlen würde, zu bilden und sie nicht vielmehr in die des Landes, mit welchem sie vereinigt wurden, aufzunehmen. In der Sache selbst lag es daher, daß z. B. der Großherzog von Sachsen nicht allein die Stände seiner Länder Weimar, Eisenach und Jena vereinigte, sondern auch für die neu erworbene Herrschaft Blankenhain nebst den drei Aemtern und einigen Dörfern mit einer Total-Bevölkerung von vierzehntausend Einwohnern nicht eine besondere landständische Verfassung anordnete, sondern sie in die seines Landes aufnahm, und daß das churfürstliche Haus Hessen bei der Reorganisation der Landstände in seinen Ländern weder dem neuerworbenen Großherzogthume Fulda, noch der, bisher ohne Landstände gewesenen Grafschaft Hanau eine eigene landständische Verfassung gab, sondern sie in die allgemeine seines Landes aufnahm, oder daß der Fürst von Waldeck, als er der Grafschaft Pyrmont 1816 Stände gab, sie mit denen des Fürstenthums Waldeck in eine ständische Verfassung vereinigte.

Alles nichts Neues, keine Ausflüsse des Centralisations-Princips und der Einheit der National-Repräsentation, sondern Alles Grundsätze und Verfahren, die seit den ältesten Zeiten in Ansehung der, von einem regierenden Hause erworbenen einzelnen, mit keiner eigenen landständischen Verfassung versehenen Landestheile in Deutschland beobachtet worden. So hatte, um nur einige Beispiele anzuführen, Chursachsen einzelne Theile Thüringens und des Osterlandes, die Grafschaft Leißnig und später noch mehrere einzelne Besitzungen, und Churbrandenburg die Länder Sternberg, Peitz, Beeskow und Storkow den Churlanden, so das Haus Braunschweig die ihm angefallenen Antheile der Grafschaft Schaumburg, obwohl es Stände hatte, der Calenbergischen Landschaft, das Haus Hessen die Antheile an Catzenellenbogen und Diez, Ziegenhain und Nidda, selbst das Fürstenthum Hirschfeld seinen übrigen Ländern incorporirt. Eben so fehlt es nicht an Beispielen, daß seit den ältesten Zeiten die Landstände eines, einem fürstlichen Hause anheimgefallenen kleinen Landes mit denen des größeren Landes dieses Fürstenhauses vereinigt worden, z. B. Cammin, Cotbus, Crossen, Teck, Mümpelgardt, Mansfeldt, Lingen, Ditmarsen, u. a. m.

Diese Verbindung der Stände der verschiedenen Landestheile in ein gemeinschaftliches landständisches Corpus war allerdings in Staaten von kleinem Umfange und einfachen und gleichen Verhältnissen zweckmäßig; ihre Unzulänglichkeit lag dagegen in Ländern von größerem Umfange und von abweichenden Verfassungen und anderen Verhältnissen und Interessen von selbst vor. Ein größerer deutscher Staat, in welchem zuerst allgemeine Stände eingeführt wurden, das Königreich Baiern, wich zwar von dieser Ansicht ab, ward indessen durch die Erfahrung von den zu großen Erwartungen von allgemeinen Ständen zurückgebracht, und ergänzte sie schon 1828 durch Errichtung von Provinzial-Landtagen (Landräthen) in jeder Provinz des Reichs für deren besondere Angelegenheiten. In dem, aus Ländern von gleichartigen Verhältnissen bestehenden Königreich Sachsen wurden zwar allgemeine Landstände eingeführt, jedoch für die Ober-Lausitz die Provinzialstände beibehalten, und auch im Königreich Hannover zwar für bestimmte allgemeine Landes-Angelegenheiten allgemeine Stände angeordnet, für die verschiedenen Provinzen aber die Provinzialstände wieder eingeführt. — Das Königreich Würtemberg, von keinem großen geographischen Umfange und aus Ländern von gleichen Verhältnissen, gleichem Volksstamm und bisher ohne Landstände gebildet, bedurfte keiner besonderen Provinzialstände; die allgemeinen Stände desselben sind nicht einmal vereinigte, bisher besonders bestandene Stände eigener Länder. Aber auch bei diesen drei deutschen Königreichen sind die geographische Lage, die Cohärenz und Gleichheit ihrer Interessen und ihre politische Stellung in Europa und Entfernung von der Theilnahme an den Händeln dieses Welttheils, alles geeignete Elemente zu einer glücklichen näheren Vereinigung der ständischen Corporationen und Berathungen aus Landestheilen gleicher Verhältnisse, in Staaten, deren südliche Grenzen und Interessen von den der nördlichen, eben so wie die östlichen von den westlichen nicht weit entfernt sind. Alles Unterschiede zwischen Gattungen von Staaten, von welchen die eine so viele Königreiche, ehemalige Churfürstenthümer, Großherzogthümer, Herzogthümer, Fürstenthümer u. s. w. enthält und aus ihnen besteht, wie die andere Kreise und Aemter enthält, und aus deren Vereinigung entstanden ist. Es liegt von selbst vor, daß Vereinigungen, welche in Ländern der zweiten Gattung die Natur selbst gebot und deren Vernachlässigung Mißverstand gewesen sein würde, in Staaten der ersten Gattung gänzlich unzuläßlich und unerreichbar sein würden. Dies betrifft nicht bloß ständische, sondern auch alle übrigen Verhältnisse und Einrichtungen, ja selbst eine gemeinsame Universität, eine gemeinsame Regierungs-, Cameral- oder Justiz-Behörde, ein gemeinsames Consistorium oder Schul-, Handels- und Oeconomie-Collegium, eine gemeinsame Brand- oder andere Assecuration u. s. w. für Tyrol und Siebenbürgen, für das ehemalige Erzstift Trier und Litthauen! Es liegt daher von selbst vor, daß die Stände, Ritter, Bürger und Bauern, weder von Tyrol bis Siebenbürgen, noch von Litthauen bis Trier, in Eine landständische Corporation vereinigt werden konnten.

§. 11.

Dies ist der Ursprung der erst seit dem ersten Viertel des neunzehnten Jahrhunderts in Deutschland angeordneten allgemeinen Stände. Sie sind daher die in Eine ständische Corporation vereinigten besonderen Landstände aller zu dem Gesammt-Staate gehörigen Länder, diese Stände mögen in den letzteren schon vorhandenen oder nach der Bundesacte für sie besonders anzuordnen gewesen sein. Die bisher in den einzelnen Landestheilen besonders bestandenen ständischen Verfassungen und ständischen Corporationen sind daher in Eine zusammengeschmolzen und vereinigt. Es macht dabei keinen Unterschied, ob diese Vereinigung ausschließlich eine allgemeine ist, oder neben derselben in einzelnen Landestheilen für besondere Gegenstände die Landesstände erhalten sind, indem auch in diesem Falle jene in der ihnen zugewiesenen Sphäre dieses einzelne Land vertreten.

Es ist bereits oben bemerkt, daß die Anhänger des revolutionären Repräsentativ-Systems diese Vereinigung der Landstände als eine Wirkung desselben und Aufhebung des landständisch-repräsentativen Systems betrachten. Es ist daher begreiflich, daß sie die allgemeinen Stände-Versammlungen nach jenem Systeme beurtheilen und, wenn sie eine Tribüne darin erhalten in dasselbe sich verirren, den Sitz der Souverainetät in der Stände-Versammlung finden, diese für das englische Parlament und für die französische Kammer halten, nicht von der vom Landesherrn vorgeschriebenen Geschäfts-Ordnung, sondern von parlamentarischem Gebrauch — sprechen, ihr Staatsrecht, die ständische Verfassung ihres Landes, selbst ihren auf dieselbe geleisteten Eid und die durch dieselben ebenfalls beschworene deutsche Bundes-Verfassung — wir beziehen uns auf die Bemerkung S. 181 — nicht bloß vergessen, sondern auch überhaupt und insonderheit den Grundsatz der Bundes-Verfassung: „Die gesammte „Staatsgewalt muß in dem Oberhaupte des

„Staats vereinigt bleiben und der Souverain „kann durch eine landständische Verfassung nur „in der Ausübung bestimmter Rechte an die „Mitwirkung der Stände gebunden werden" (Schlußacte Art. 57) verletzen. Wenn schon vor achtzig Jahren Moser[25]) in Beziehung auf Landstände, welche mit den practischen und materiellen Bedürfnissen des Landes unbekannt sind, klagt, „daß sie auf Anträge verfallen, „die unglaublich wären, wenn sie sich nicht wirklich zu„getragen hätten," wie würde er sein ehrwürdiges Haupt über die Anträge, in welche heutzutage vorzugsweise diejenigen sich verirren, die sich für Lehrer und Kenner des von Moser so sorgfältig gepflegten deutschen Staatsrechts ausgeben, und um den vielen Beweisen ihrer Unwissenheit in demselben die Krone aufzusetzen, eine Volks-Repräsentation als zweite Kammer der Bundesversammlung in Antrag bringen. — Die revolutionären Machthaber Frankreichs haben in ihren Andeutungen über die Veränderungen der Reichsverfassung zwar vielen Unsinn vorgebracht, denselben aber doch nicht so hoch gesteigert, daß sie eine Volkskammer als viertes Collegium der Reichs-Versammlung vorgeschlagen hätten.

Als Grundsätze, nach welchen das rechtliche Verhältniß der allgemeinen Stände zu beurtheilen ist, dürften sich hiernach folgende ergeben:

I. Allgemeine Stände sind weder eine geschichtlich, noch reichs- oder bundesgesetzlich begründete, sondern in

---

[25]) Moser Von den Reichsstände-Landen, S. 493.

neueren Zeiten aus den oben gedachten zufälligen Umständen hervorgegangene Form der ständischen Verfassung. So wie nach deutscher Landes-Verfassung der Landesherr berechtigt ist, verschiedene ihm angefallene Länder, insofern deren Rechte dadurch nicht geschmälert werden, mit einander näher zu vereinigen und dieses Recht zu allen Zeiten und selbst in den neuen Constitutionen und ständischen Verfassungs-Urkunden ausgeübt hat, so und noch weit mehr ist er berechtigt, die besonderen Stände seiner verschiedenen Länder unter der eben gedachten Voraussetzung näher zu verbinden und zu bestimmen, ob er sie insgesammt oder einzeln, ob in einer allgemeinen oder in einer besonderen Versammlung vernehmen will[26]), wie dies ebenfalls durch die neueren ständischen Gesetze in allen deutschen Staaten bestätigt wird. So wenig wie nach deutscher Verfassung die Stände eines Landes berechtigt sind, die Vereinigung ihres Landes mit den übrigen Ländern ihres Landesherrn oder mit einem derselben zu verlangen[27]), eben so wenig sind sie berechtigt, ihre Vereinigung mit den Ständen der andern Länder zu fordern und beruht daher die in den neueren Zeiten erfolgte Verbindung derselben auf der Anordnung des Landesherrn.

II. Der Begriff und die Natur derselben und ihr Element ist rein landständisch. Das ständische Element unterscheidet sie von andern, zur Begutachtung und anderen Geschäften versammelten Unterthanen, von No-

---

[26]) Moser Von den Reichsstände-Landen, S. 160.
[27]) Ebend. S. 160.

tablen, Convocirten, Sachverständigen u. a. m., welche der Landesherr zwar versammeln, aber nicht in die Stelle der Landstände eintreten lassen und ihnen die repräsentative Eigenschaft der letzteren beilegen kann. Nach den Grundgesetzen des deutschen Bundes sollen die Unterthanen der Bundesfürsten nur ständisch vertreten werden und ist also eine nicht-ständische Vertretung unzulässig. Daher sind auch in allen deutschen Staaten die allgemeinen Stände ständisch zusammengesetzt.

III. Die für Stände und deren Rechte und Verbindlichkeiten und andere Verhältnisse und deren Grenzen bestehenden allgemeinen und besonderen Vorschriften des Bundes gelten in eben dem Maaße für allgemeine, als für besondere ständische Verfassungen. Die Bundes-Gesetze reden nicht allein von Ständen überhaupt, sondern es liegt auch von selbst vor, daß die Form, welche der Landesherr in seinem Lande der Vertretung seiner Unterthanen giebt, die Bundesgesetze nicht verändern kann (S. 78) und daß daher vereinigten Ständen aller Provinzen nicht größere Befugnisse zustehen können, als jeden Ständen der einzelnen Provinzen zustehen oder zugestanden werden dürfen.

Durch die Zusammenziehung und Vereinigung der Versammlungen der besonderen Stände mehrerer Landestheile in eine Versammlung werden daher die Rechte derselben so wenig erweitert, als beschränkt, weder überhaupt, noch insonderheit rücksichtlich der, zu ihrer Wirksamkeit gehörigen Gegenstände (vergl. S. 172—192). Ganz besonders können aber die Stände durch ihre Vereinigung einen Antheil an der „Staatsgewalt" oder einem Theil derselben nicht erlangen, da dieselbe nach dem Begriffe des Staats und nach der deutschen Geschichte und Verfassung nur dem Landesherrn zustehen kann, nach der deutschen Bundesverfassung „die gesammte Staats-„gewalt in dem Oberhaupte des Staats ver-„einigt bleiben" und eine entgegengesetzte Verfassung in den einzelnen Bundesstaaten nicht geduldet war, „den Ständen aber nur in der Ausübung be-„stimmter Rechte eine Mitwirkung zustehen „soll" (S. 78). Der Landesherr würde daher schon nach der Bundes-Verfassung überall nicht befugt sein, den Ständen mehr, als diese Mitwirkung, oder gar einen Antheil an der Staatsgewalt oder an einem Zweige derselben einzuräumen und sie daher mit ihnen zu theilen, weil er dann weder „die gesammte Staats-„gewalt" besitzen, noch dieselbe in ihm „vereinigt" sein würde. Aber auch von Bundesgesetzen abgesehen, würde schon nach den Gesetzen der fürstlichen Häuser kein regierender Fürst berechtigt sein, Souverainetätsrechte ganz oder einzelne Theile derselben zu veräußern, sie andern Fürstenhäusern oder einem Individuum abzutreten und seinem fürstlichen Hause zu entziehen und dadurch die, dem letzteren zustehende Landeshoheit zu schwächen [28]). Es ergiebt sich hieraus die Grundlosigkeit

[28]) Als Beispiel führen wir aus der großen Anzahl von Fällen des Churfürsten Friedrich Wilhelm Verordnung wegen der neuen Zölle vom 5. März 1668 an: „Weil die „Zollgerechtigkeit, als ein sonderbares hohes Regale „von der Römisch Kaiserlichen Majestät und dem höchstlöb-„lichen Churfürstlichen Collegio Sr. Churfürstl. Durchlauch-

der in neuerer Zeit hin und wieder aufgestellten Ansichten, daß einzelne Hoheitsrechte und insonderheit die gesetzgebende Gewalt und das Besteuerungsrecht den Ständen, wenigstens ihnen gemeinschaftlich mit dem Landesherrn zustehe. Es ist ein großer Fehlschluß, aus der Befugniß, an der Ausübung des, einem Andern zustehenden Rechts durch Rath oder Einwilligung mitzuwirken auf den Besitz oder Mitbesitz dieses Rechts zu schließen, es folgt vielmehr daraus gerade das Gegentheil, mithin, daß wenn der Landesherr in Fällen der Ausübung des Besteuerungsrechts des Beiraths oder der Einwilligung der Stände bedarf, dieses Recht nur ihm, keineswegs aber den Ständen zustehen könne. Dies ist in den eben erwähnten Vorschriften der Bundesgesetze eben so bestimmt, als consequent anerkannt und giebt es kein Verhältniß, in welchem dieser Grundsatz nicht eintrete. Nach der Verfassung aller Reichs- und Landstädte z. B. stehen dem

„tigkeit Vorfahren und dem sämptlichen Churhause Brandenburg und zwar titulo satis oneroso ertheilt worden, daher „denn Sr. Churf. Durchl. zum Nachtheile Dero Churhause „hierunter nichts nachgeben könnte." (Corp. Const. Marchicarum T. IV, S. 105); und Patent des Churfürsten Friedrich Wilhelm vom 19. Februar 1695: „Wenn der Korn-Zoll — „eines der vornehmsten Regalien — so Unsern hochlöbl. Vor„fahren des Churhauses ertheilt worden, dessen Verschmälerung „Wir keineswegs dulden können" (das. S. 105). — König Friedrich Wilhelm I. Edict wegen der Principia regulativa für Steuer-Exemptionen vom 1. Febr. 1718: „Die Privilegia „et Concessiones antecessorum so schlechterdings nicht passiren „lassen, allermaaßen Unsere Vorfahren, so viel diese Steuern „(zur Landesdefension) betrifft, nur Administratores gewesen „und daher von denenwegen nicht disponiren können" (das. T. IV. Abth. III. S. 67).

Magistrat bestimmte Rechte zu, von welchen einige bei der Ausübung der Beistimmung des Bürgerausschusses bedürfen; aber deshalb wird niemand diese Rechte für Rechte des Bürger-Ausschusses halten. In mehreren deutschen Ländern bedurften die Landesherrn vor der Ausbildung der Landeshoheit zu Kriegen und Friedensschlüssen der Zustimmung ihrer Landstände; aber schwerlich hat es wohl Jemand gegeben, der deshalb den Ständen das jus belli et pacis beigelegt hätte! Merkwürdig ist es, wie die Vertheidiger jener Ansicht dieselbe bald aus der Verfassung der alten deutschen Gauen und Wälder, bald aber aus dem ganz neuen philosophischen Staatsrecht deduciren [29]).

IV. Durch die Vereinigung der ständischen Corporationen in Ein ständisches Corpus werden die verschiedenen Länder eines regierenden Hauses mit ihren verschiedenen Rechten keineswegs in einander incorporirt und in Ein Land zusammengeschmolzen, sondern verbleiben besondere Länder (§. 5). Die besondere Vertretung, also die ständische Repräsentation eines jeden derselben wird mithin nicht aufgehoben, sondern vielmehr einem jeden in ihren bisherigen Eigenthümlichkeiten, und diese Eigenthümlichkeiten in der Grundlage der allgemeinen Stände-Versammlung erhalten. Sind in denen eines Landes Standesherrn, ehemalige Reichs-Ritterschaft und Prälaten; so werden sie erhalten, wenn sie auch in keinem andern

[29]) Vergl. z. B. Carl Welkers Einleitung und Bemerkungen von Klübers wichtige Urkunden für den Rechtszustand der Nation (Manheim, 1845).

Lande vorhanden sein sollten. Jedes einzelne Land behält daher in den allgemeinen Ständen seine besondere Repräsentation nach den bisherigen einzelnen Klassen, welche durch Mitglieder derselben ausgeübt wird. Die landständische Versammlung, sie mag die der allgemeinen Stände oder die eines, nur aus einem Lande bestehenden Staats sein, vertritt allerdings das ganze Land und die Gesammtheit seiner Bewohner (S. 172 ff.) und muß mehr dessen Wohl, als das besondere Interesse des eines Landes und eines Standes berücksichtigen, allein dadurch wird die besondere Repräsentation der einzelnen Länder in der allgemeinen Ständeversammlung keineswegs ausgeschlossen; auch die älteren Stände-Versammlungen vertreten das ganze Land und müssen das Gesammtwohl vorzugsweise berücksichtigen; dadurch ist aber die besondere Vertretung einzelner Theile desselben durch deren Mitglieder nicht aufgehoben. Die besondere Vertretung aller einzelnen Theile des Staats in der allgemeinen Stände-Versammlung ist gerade der Grund ihrer Bildung aus Männern aus allen Landestheilen und aus welchem, wenn ein Land neu erworben wird, dasselbe seine eigenen Landstände behält oder diese unter die allgemeinen Stände aufgenommen werden. Daher haben auch die neueren ständischen Verfassungen in den allgemeinen Stände-Versammlungen den Abgeordneten der besonderen Landestheile in den, die letzteren betreffenden besonderen Gegenständen, so wie in den, die verschiedenen Stände betreffenden Angelegenheiten (S. 132) die itio in partes vorbehalten. So wie in einem aus mehreren Kreisen bestehenden Lande die, nach diesen Kreisen gebildeten Landstände zwar das ganze Land vertreten und vorzugsweise das Wohl desselben berücksichtigen müssen, aber dennoch ihren Kreis in dessen besonderen Verhältnissen vertreten, und eben dies in allen höheren und untergeordneten Verhältnissen, von der Bundes-Versammlung bis zu Communal-Versammlungen herab eintritt; so vertreten auch in allgemeinen Stände-Versammlungen alle Mitglieder gemeinschaftlich das ganze Land, die einzelnen Mitglieder aber zugleich die besonderen Verhältnisse des Landestheils, von welchem sie abgeordnet sind. Die Behauptung des Gegentheils beruht auf einer unrichtigen Anwendung der französischen Verfassung, nach welcher keine politisch verschiedenen Landestheile vorhanden sind und es also auch keine zu vertreten giebt; sollen aus Frankreich Analogien genommen werden, so nehme man sie aus dem alten Frankreich und seinen États provinciaux und généraux.

Es ergiebt sich hieraus

V. daß allgemeine Stände an den Angelegenheiten des Gesammt-Staats nur in so weit Theil nehmen und als Stände desselben angesehen werden können, als dieselben die Interessen der einzelnen Landestheile, aber auch nur in so fern diese überhaupt zur ständischen Vertretung gehören, betreffen. Gegenstände, welche von der Mitwirkung der Landstände überhaupt ausgeschlossen sind (Seite 172), können ihnen durch Vereinigung der verschiedenen landständischen Corporationen in Eine nicht unterworfen werden. Dahin gehören insonderheit die Verhältnisse des Staats zum Auslande und zum deutschen Bunde, welche daher die Gesetze der einzelnen Staaten von dieser Mitwirkung nicht allein ausschließen, sondern diese beschränken auch die ständische Theilnahme an der Ausführung ausdrücklich auf den Fall, daß der Gegenstand nach der Verfassung überhaupt zur Competenz der Landstände gehört (S. 177). Gegenstände der Verfassung des deutschen Bundes und der Gesetzgebung für den ganzen Umfang desselben können daher eben so wenig zur Competenz derselben, sie mögen allgemeine oder besondere Landstände sein, gehören, als unter der Reichs-Verfassung die Landstände der verschiedenen Territorien an den Berathungen über die goldene Bulle, den westphälischen Friedensschluß und den Reichsdeputations-Abschied oder an den Kaiserlichen Wahl-Capitulationen oder den Reichstags-Berathungen Theil genommen haben. Wie weit die Unkenntniß der deutschen Verfassung geht und auch sie nach constitutionellen Gebilden beurtheilt wird, beweiset die kürzlich aufgestellte Darstellung der „Kaiserlichen Wahl-Kapitulation" als ein „bekanntlich zwischen dem „deutschen Kaiser und dem deutschen Volke ge„schlossener Verfassungs-Vertrag, welcher dem„nächst dem deutschen Volke öffentlich bekannt gemacht „worden"[30]).

---

[30]) Heinrich Simon: Die preußischen Richter und die Gesetze vom 29. März 1844, S. 11.

IV.

Allgemeine Stände

in der

Preußischen Monarchie.

Wenn allgemeine Stände überhaupt der deutschen Verfassung entgegen und erst in spätern Zeiten durch Vereinigung kleiner zusammenliegender Landestheile gebildet sind; so waren wohl die Länder des Churhauses Brandenburg am wenigsten für allgemeine Stände geeignet. Bis zur Mitte des siebenzehnten Jahrhunderts bestanden sie aus drei verschiedenen, nach und nach erworbenen, weit von einander entlegenen, theils zu Deutschland, theils zu Polen gehörigen Ländern, deren Gesammt-Regierung selbst oft sehr schwierig erschien[1]). Durch die vom großen Churfürsten und seinen Nachfolgern nach und nach

---

[1]) Der Churfürst Johann Sigismund trat durch das Patent vom 12. November 1619 dem Churprinzen Georg Wilhelm die „Churfürstliche Regierung“ ab und führte dabei an: „darumb und damit Wir auf die Reichs-Preußische und „andere dieses Churfürstenthumb nicht angehende Sachen desto „mehr ein Auge schlagen könnten, ist das gantze Werk ange„fangen (Corpus Constitutionum Marchicarum T. VI. p. 286).

erworbenen Länder wurden die Schwierigkeiten der Vernigung ihrer Stände in eben dem Maaße vergrößert, als die Gründe für die Aufrechterhaltung der Verfassung eines jeden derselben verstärkt.

Erster Abschnitt.

Fortbestand der landständischen Verfassung in den Preußischen Staaten.

---

§. 1.

In der dritten Abhandlung (S. 193 ff.) ist zwar der Fortbestand der ständischen Verfassung in den einzelnen Ländern des Preußischen Staats erörtert, wir müssen aber auf diesen Gegenstand zurückkommen, weil nicht in einer Tagesschrift, sondern in einem Buche[2]), welches wegen seines Titels ein größeres Publicum finden dürfte, über diesen Gegenstand so viele Irrthümer und unrichtige Behauptungen enthalten sind, daß die Berichtigung derselben zur Vorbeugung einer durchaus ungegründeten Ansicht von unserm innern Staatsrecht dringend nothwendig ist. Das Thema des Verfassers ist die Behauptung:

---

[2]) Heinrich Simon: Das Preußische Staatsrecht. Th. II. S. 124 ff. (Berlin, 1844).

daß die Rechte der Landstände von dem großen Churfürsten und seinen Nachfolgern principienmäßig vernichtet worden. Dieser Behauptung liegt eine so bedeutende Unkenntniß der ständischen Verfassung in Deutschland zum Grunde, und sie wird zum Theil durch unvollständige, selbst unrichtige Anführung der Quellen unterstützt, daß eine nähere Prüfung unerläßlich ist. Derselben dürften indessen einige Bemerkungen über die ständische Verfassung in Deutschland voraufzuschicken sein. Die Verhältnisse der Regierungen der einzelnen deutschen Länder, die Einwirkung der kaiserlichen Gewalt in dieselbe, die Stellung der Fürsten als bloße Landes-Obrigkeit und die Abhängigkeit derselben von den Landständen, die schon daraus folgte, daß diese zu keinen Steuern verbunden waren, sind bekannt. Schon im sechszehnten Jahrhundert ward diese Abhängigkeit dadurch gemindert, daß die Reichsgesetze die Verbindlichkeit der Stände zu Steuern feststellten. Die Verhältnisse des siebenzehnten Jahrhunderts, besonders der dreißigjährige Krieg, hatten die Nothwendigkeit herbeigeführt, die Verfassung und die Kräfte Deutschlands im Innern und nach Außen sowohl überhaupt, als im Wehrstande zu verstärken. Der westphälische Friedensschluß begründete und verstärkte daher die Landeshoheit der Fürsten und erkannte insonderheit ihr jus belli et pacis an, so wie der Reichsabschied von 1654 die Verbindlichkeit der Landstände, die, zu den für die, zur Vertheidigung des Landes und zu andern näher bestimmten Einrichtungen erforderlichen Kosten aufzubringen, feststellte. Es folgt aus den ersten Grundsätzen des deutschen Staatsrechts [3]), daß durch diese Bestimmungen der Reichs-Verfassung die, aus den älteren Jahrhunderten herstammende Theilnahme der Stände an dem jus belli et pacis und die Steuerfreiheiten aufgehoben waren und auch von den Ständen selbst nicht weiter in Anspruch genommen wurden, und daß daher es auch der ihrenthalben früher nothwendigen häufigen Landtage weiter nicht bedurfte. Ebenso geht aus den Reichsgesetzen, selbst aus der gesunden Vernunft hervor, daß die von dem Verfasser angeführten in den Zeiten des Faustrechts begründeten Befugnisse der Landstände durch Selbsthülfe, Versagung der Steuer, Wahl eines andern Landesherrn oder Compromittirung auf die Entscheidung desselben u. s. w. im Landfrieden, in der Errichtung des Kammergerichts und in der Ausbildung der deutschen Verfassung längst erloschen waren.

Es ist daher eine eben so gegründete als bekannte Wahrheit der deutschen Verfassung, daß die Rechte der deutschen Landstände durch die Reichsgesetzgebung des siebenzehnten Jahrhunderts bedeutend beschränkt wurden.

Dies Alles übersieht aber der Verfasser, wenn er die Gerechtsame der Stände in früheren Jahrhunderten als unter der Regierung des großen Churfürsten und seiner Nachfolger noch vorhanden annimmt und diese der Vernichtung der übrigen ständischen Rechte beschuldigt.

So behauptet derselbe, „in der Mark Branden„burg wurden unter dem großen Churfürsten die stän-

---

[3]) Vergl. S. 176; auch Moser Von den deutschen Reichsstände-Landen, S. 1181, und dessen Nebenständen, Bd. IV. S. 506.

„dischen Rechte vernichtet ohne kräftigen Widerstand der Stände (S. 124).“ Welche Rechte würden dies sein? Der Verfasser hat auch nicht ein einziges, vielmehr die Bestätigung der landständischen Rechte durch den Receß von 1653 angeführt. Wie der Verfasser aus der Resolution — der Verfasser nennt sie eine naive (!) aber ehrliche[4]) — des Königs Friedrich Wilhelm I. an die Churmärkischen Stände vom 22. April 1713 die Vernichtung ihrer Rechte folgern könne, ist unbegreiflich. Die Stände hatten auf die Bestätigung ihrer Privilegien, besonders des Landtags-Recesses vom 23. Juli 1653 angetragen und zugleich nähere desideria vorgetragen. Da der Landtags-Receß von 1650 nicht allein mehrere, auch andere Provinzen berührende Gegenstände, sondern auch die Bestätigung der älteren Recesse enthielt und schon in verschiedenen Punkten abgeändert und daher bereits 1692 vom Churfürsten Friedrich nur mit bedeutenden Vorbehalten bestätigt war[5]); so antwortete der König den Ständen: „was aber die allegirten Recesse und in specie den in „anno 1653 anbelangt, da können Sr. Königl. Majestät, „welche nichts, was Sie nicht königlich und unver„brüchlich zu halten gedenken, jemalen versprechen wollen, „zur Confirmation solcher Recesse sich nicht schlechterdings

---

[4]) Der Verfasser theilt sie nur auszugsweise mit und verweiset auf Lunigs so selten gewordenes Werk: Von der mittelbaren Ritterschaft, S. 944; — auszugsweise steht sie auch in Moser Von den Reichsstände-Landen, S. 973 — da sie im Corpus Const. Marchicarum T. VI Nachlese S. 15 in extenso abgedruckt ist.

[5]) In Corp. Const. March. T. VI. S. 619.

„erklären, sie seien denn zuförderst genau und gründlich „informiret, ob und wie weit solche Recesse noch auf „die jetzigen Zeiten applicable und ob nicht ein „und anderes, so zu des Landes mehrerem Flor und An- „wuchs dienen konnte, daran zu verändern und zu ver- „bessern — der König verspreche, dies baldigst einer gründ- lichen Untersuchung zu unterwerfen „und dann sich darauf „eines Gewissen zu erklären, indessen aber Dero „hiesigen getreuen Vasallen und Unterthanen „bei ihren rechtmäßigen hergebrachten Befug- „nissen ungekränkt lassen und daß Jemanden „darin einiger Unfug und Tort geschehe, kei- „neswegs gestatten zu wollen.“ Wie hierin eine Vernichtung der landständischen Rechte gefunden werden könne, ist eben so unerklärbar, als die Bemerkung des Verfassers: „Wie Friedrich der Große über diese „Landesfreiheiten dachte, erhellet aus der Vorbemer- „kung von Mylius in der Vorrede zum VI. Theil des unter „öffentlicher Autorität zusammengestellten Corpus Constit. „Marchicarum: „„Wegen der Landes-Recesse muß ich „„noch anzeigen, daß ein oder anderer hier fehlt, wel- „„chen die Censur-Commission auszulassen für (dies „für“ ist im Mylius nicht vorhanden) „„gut gefun- „„den.““ — So weit führt der Verfasser den Mylius an, läßt aber die folgenden, dies völlig erklärende Worte: „„indem sie weiter dem Publicum keinen Nutzen geben „„können, sondern e. g. die zu damaliger Kriegs- „„zeit gemachten quotisationes einiger extraordina- „„riorum betroffen haben““ — also den Grund der

Censur-Commission — weg und stellt daher die Auslassung dieser Verordnungen aus einem ganz falschen Gesichtspunkt und als Wirkung der Ansichten Friedrich des Großen und als eine Verfügung der Censur dar. Der von Mylius angeführte, vom Verfasser aber den Lesern nicht mitgetheilte Grund der Censur-Commission, die in der Akademie der Wissenschaften war, stellt die Auslassung dieser Recesse als ganz begreiflich dar, anstatt Simon es aus einem Gesichtspunkte betrachtet, der wohl geeignet ist, näher unterrichtete Leser zu der Ansicht zu verleiten, daß hier von Landes-Recessen die Rede sei, deren öffentliche Bekanntmachung zu unterdrücken Ursache gewesen sei. Wie hieraus erhellen könne, wie Friedrich II. über Landesfreiheiten gedacht habe, ist in der That mehr, wie unbegreiflich. Wenn der Verfasser, S. 128, behauptet: „Auch in Ansehung Preußens verfolgte der Churfürst „Friedrich Wilhelm in beharrlicher Consequenz ganz den Grundsatz, die Rechte der „Stände zu vernichten"; so darf man ihn wohl fragen, welche denn diese vernichteten Rechte waren, und ob ihm unbekannt ist, daß der Churfürst die Souverainetät über sein Herzogthum von der Krone Polen erworben hatte? Die dem Königlichen Hause in Ansehung Pommerns gemachten Vorwürfe sind so arg, daß sie eine nähere Prüfung verdienen und uns veranlassen müssen, das Publicum wiederholendlich auf die Nothwendigkeit aufmerksam zu machen, die Angaben, selbst die urkundlichen Angaben des Verfassers einer genauen Prüfung zu unterwerfen. In Pommern, sagt der Verfasser

S. 133, „trat schon bei der ersten Huldigung auf das „deutlichste der Wille des großen Churfürsten hervor — wo? — „die Rechte der Stände nach Möglichkeit „zu beschränken, selbst über die in dem Receß von 1654 „anerkannten ständischen Rechte setzte sich der große „Churfürst weg (über welche?) und sie kamen unter „der folgenden Regierung in völliges Verges- „sen. Als durch den Stockholmer Frieden v. 21. Jan. 1720 „von dem, im Westphälischen Frieden an Schweden gekom- „menen Vorpommern der Theil bis zur Peene (an Preußen) „abgetreten wurde, bestimmten die §§. 5 u. 6 desselben, daß „den Landständen in diesen Districten alle früheren im „Westphälischen Frieden bestätigten und von Schweden „gegebenen Rechte aufrecht erhalten bleiben sollten, und „die Krone Preußen versprach dies „„ohne einige „„Distinction““ (die letzten Worte bezeichnet der Verfasser mit besonderen Anführungszeichen). „Dies „Versprechen wurde jedoch hier so wenig, als „in anderen Territorien gehalten“ (Seite 134). Die Könige hielten also ihr Versprechen weder hier, noch in andern Territorien? Welche Rechte meint der Verfasser, und in welchen anderen Territorien verletzten die Könige ihr Versprechen? So ungegründete Anschuldigungen gegen die Könige schreibt ein Königlicher Staatsdiener in einem Preußischen Staatsrecht Preußens. Welche landständischen Rechte versprach Preußen aufrecht zu erhalten? Der Verfasser beantwortet diese Frage durch Anführung des wörtlichen Inhalts des Friedensschlusses: ohne einige Distinction. Sollte man glauben, daß hier historische, selbst diplomatische Treue fehlt? Diese Clausel steht überall nicht in dem, von der Aufrechthaltung der Rechte der Landstände handelnden Paragraph, sondern ist vom Verfasser aus einem, einen ganz andern Gegenstand betreffenden Paragraph geborgt und in jenen willkürlich hineingeschoben. Dies ist so merkwürdig, daß wir die betreffenden Artikel 5 und 6 des Stockholmer Friedensschlusses wörtlich hier ausheben müssen und die Bemerkung voranschicken, daß

1) der Art. 5 die landständischen Gerechtsame im Allgemeinen, und
2) der Art. 6
   a) im ersten Abschnitt die besonderen Rechte der Ritterschaft,
   b) im zweiten aber die der Lehnleute betrifft.

Die Artikel lauten folgendermaßen:

Art. V. „Se. Königl. Maj. in Preußen verspricht „und gelobt Ihrer Seits, die Stände, Unterthanen und „Einwohner des cedirten Distrikts — Niemanden aus„genommen — bei ihren althergebrachten Freiheiten, „Gütern, Rechten, Privilegien sowohl in ecclesiasticis, „als in politicis, so wie besagte Stände, Unterthanen, „solche von Zeit zu Zeit von Ihrer Herrschaft erworben „und ihnen in dem Instrumento Pacis Westph. selbige „bestätigt und vorbehalten, auch ihnen von dem Könige „und der Krone Schweden verliehen, wie auch mit dem „freyen Religions-Exercitio, zufolge der unveränderten

„Augsburger Confession jederzeit unbekümmert und un-
„gekränkt zu lassen, zu handhaben und zu schützen."

Hierin ist also die Clausel: „ohne einige „Distinction" nicht enthalten.

Art. VI. „Se. Königl. Majestät in Preußen ver-
„sprechen auch, die in denen locis cessis wohnhafte und
„angesessene Ritterschaft außer denen Landes-Juribus
„bei Ihren wohlerworbenen absonderlichen Privilegien, Be-
„fugnissen und Gerechtsamen, wie nicht weniger habenden
„besonderen Juribus in Lehnssachen, so wie selbige alle
„besagte Ritterschaft in dem Westphälischen Friedens-
„Instrument vorbehalten und sie solche unter den Köni-
„gen und der Krone Schweden besessen und erworben,
„besitzen sollen oder mögen, ungekränkt zu lassen, zu
„schützen und beizubehalten."

(Auch hierin steht die Clausel: „ohne einige Distinction" nicht.)

„Auch die Possessores der Lehngütrr, so selbige bey
„Anfang dieses letzten Krieges inne gehabt, ohne ei-
„nige Distinction, ob sie selbige von denen vorigen
„Herzogen von Pommern oder von Ihrer jetzt regieren-
„den Königl. Majestät von Schweden und Dero Vor-
„fahren von Königen zu Königen bekommen haben, bei
„ihren solchergestalt wohlhergebrachten Rechten stets zu
„mainteniren und zu schützen."

(Hier allein steht daher jene Clausel).

Der Verfasser

1) holt daher aus einem Artikel des Friedensschlusses einen Satz heraus und schiebt ihn in einen andern ein.

2) diese Einschiebung ist aber nicht bloß formell, sondern auch materiell, untreu und unvollständig, da sie ganz andere Gegenstände von der Distinction ausnimmt;

3) die Clausel durch die ihr angewiesene Stelle auf die Rechte der Landstände ganz sinnwidrig anwendet, und

4) die Garantie einiger possessores von Lehngütern in den Besitz auf Bestätigung der Rechte der Landstände überhaupt überträgt.

Und dies alles in einem Preußischen Staatsrecht, einem Buche, zu dessen so dringend nothwendigen recht genauen Controlle nicht jeder Leser Muße und Subsidien hat! So wenig Gründlichkeit und Aufmerksamkeit, so oberflächliche Ansicht von einem in einem Friedens-Vertrage von seinen Königen gegebenen Versprechen, um sie zu beschuldigen, dasselbe nicht gehalten zu haben! Daß sie ihr Versprechen für Pommern allein nicht gehalten haben, genügt dem Verfasser indessen nicht, die Beschuldigung wird durch den Zusatz „so wenig wie in andern „Territorien" noch verstärkt, und um ihr einen Gegensatz zu geben, fortgefahren: „Anders handelte „Schweden in Vorpommern. Schweden hatte im „Westphälischen Frieden die Aufrechthaltung der ständi„schen Rechte zugesagt, und diese Zusage ist, während „die Wirksamkeit der Stände in Preußisch-Pommern „vernichtet wurde (?), in Schwedisch-Pommern treu „erfüllt"[6]).

[6]) Der Verfasser führt als Beweise die Errichtung einer Regierungsform, bestimmte Landtage, das landständische Steuer-

Cleve, Mark und Ravensberg haben kein besseres Schicksal gehabt: „Auch hier versprach der Churfürst „den Ständen, wie in Preußen und der Mark Alles, „ohne es zu halten, und bediente sich auch hier mit „Erfolg des Mittels, dem Adel auf Kosten des Lan„des Rechte zu verleihen und ihn so von dessen Inter„essen zu trennen (S. 141)[7]), so wie er sogar in dem Landes-Receß von 1660 die Clausel des Recesses von 1649, nach welcher die Stände berechtigt waren, vor Erledigung ihrer Gravamina, die Steuern zu verweigern, wegließ. Wäre der Verfasser mit der Clevischen Verfassung irgend bekannt; so würde er wissen, daß der Receß v. 1649 von den Brandenburgischen und Pfälzischen Landesherrn überall nicht anerkannt war[8]), und kennte er die Reichs-Verfassung, daß nach dem Reichstags-Abschiede von 1654 die Bewilligung der Steuern nicht mehr von den Ständen abhing.

Bewilligungsrecht und überhaupt größere ständische Rechte an. Hat er aber wohl überlegt, daß Vorpommern nicht dem Könige und dem Königlichen Hause Schweden, sondern dem Könige und der Krone Schweden abgetreten war, mithin nach schwedischer Regierungsform regiert worden sein würde, wenn es nicht seine eigene gehabt hätte? Hat der Verfasser die geographische und politische Lage und Ausdehnung dieses Landes erwogen?

[7]) Diese waren, nach Simon: das ritterschaftliche Privilegium, liquide Pächte selbst zu exequiren (in ganz Deutschland üblich), daß ihre Güter in den Städten nicht arrestirt werden sollen (ebenfalls allenthalben), ihr forum privilegiatum (gleichfalls), die ritterschaftliche Steuerfreiheit (notorisch allgemein in ganz Deutschland); — dies nennt der Verfasser: auf Kosten des Landes!

[8]) Moser Von den Reichsstände-Landen, S. 1041 ff.

Wegen der gleich falschen und oberflächlichen Behauptungen des Verfassers in Ansehung der übrigen Provinzen verweisen wir auf sein Staatsrecht selbst, da wir schon lange genug mit Verdruß gesehen haben, wie mühsam ein Staatsdiener Fragmente [9]) zusammensucht, um gegen die Regenten der letzten Jahrhunderte die Beschuldigung aufzustellen, daß diese außer Ostpreußen in allen übrigen Provinzen die Rechte der Landstände dergestalt vernichtet haben, daß sie im Jahre 1806 selbst das Andenken an ihre ständischen Rechte verloren zu haben schienen (Seite 146). Wer kann ohne Unwillen über Friedrich Wilhelms I. Regierung die Behauptung lesen: „So wurde in jener Zeit die öffent„liche Wohlfahrt mit dem Vortheile der fürstlichen Kas„sen verwechselt (?) und die Staats-Regierung „ganz unumwunden auf die Grundsätze der lu„crativen Verwaltung eines Privatguts zurückge„führt, es war eine Bewirthschaftung des Volks — welch ein Gedanke und unwürdiger Ausdruck — besonders einem Privatgut zur Seite und vollends als Bild der von unsern Königen geführten Regierung des Preußischen Staats — der Verletzung der Ehrfurcht nicht zu gedenken — „zu Gunsten der fürstlichen „Kassen (S. 146)." Die Landstände sollten seit dem großen Churfürsten und unter den Königen dergestalt ver-

[9]) „Es wurde oben mit schlagenden Thatsachen dargethan, daß „die ständische Verfassung unterging in der unumschränkten „Monarchie," sagt der Verfasser S. 165. Ungegründete, verdrehte Thatsachen, verstümmelte Urkunden sind also schlagende Thatsachen!

nichtet worden sein, daß das Andenken an sie verloren gegangen wäre? Kein Wunder, daß, wer solche Behauptung aufstellt, nur ein solches Preußisches Staatsrecht liefert. Ehe er die Hand an dasselbe legte, hätte er sich belehren sollen, daß in den Provinzen, in welchen Stände waren, dieselben sich versammelten und beständige Ausschüsse hatten, und über die erheblicheren Angelegenheiten ihrer Provinz von der Regierung zu Rathe gezogen und die wichtigsten Institute gemeinschaftlich mit ihnen errichtet und geleitet wurden, daß in den mehrsten Provinzen das Contributionswesen in ihren Händen war und sie zu der Gesetzgebung der Provinz und insonderheit an der Abfassung der Provinzialrechte fortgesetzt den allerlebhaftesten Theil nahmen — die Berathungen über das Provinzialrecht der Mark Brandenburg hatten am 3ten Juni 1806 Statt [10]). Diese Momente dürften doch wohl genügen,

---

[10]) Das wenigste, was man von einem Verfasser des Preußischen Staatsrechts verlangen kann, ist doch wohl die Kenntniß der Erdbeschreibung von Büsching und des Hof- und Staats-Handbuchs aus früheren Jahren und über das Steuerwesen: Wöhnerts Steuer-Verfassung der Mark Brandenburg und der in demselben befindlichen Recesse und Verträge zwischen dem Landesherrn und den Landständen über das Steuerwesen, z. B. Th. III., No. 48, Landtags-Receß v. 1664, No. 56 v. 1676, No. 77 Schoß-Receß v. 1704, No. 86 Repartition der Cavallerie v. 1713, No. 97 Receß wegen des Huf- und Giebel-Schosses v. 1717, No. 98 Assecuration für die Ritterschaft in der Churmark v. 1717, No. 108, 111 wegen der Cavallerie von Geldern, No. 259 Receß v. 1766 zwischen den Königl. Commissarien und den Verordneten von Prälaten, Grafen, Herrn, Ritterschaft und Städte der Churmark Brandenburg als von Landeswegen bestellten

um Landstände und landständische Rechte in Andenken zu erhalten! Welche Mittel, ihr Andenken zu erhalten, fordert denn Herr Simon? Hätten etwa unsere Könige die Kriege nicht aus ihren eigenen Mitteln führen, sondern Kriegs-Contributionen ausschreiben sollen, oder hätten sie, anstatt durch weise Sparsamkeit einen Schatz zu sammeln, Schulden machen und deren Uebernahme den Landständen zur recht lebendigen Erinnerung an landständische Rechte ansinnen sollen? Oder hätten die Stände, was eine eben so große Landes-Calamität, als Contributionen gewesen sein würde, ihr Andenken dadurch erhalten sollen, daß sie auf Tribünen über die Verbesserung der deutschen Reichsverfassung, über die neue kaiserliche Wahl-Kapitulation, über den Fürstenbund, oder über die Oesterreichische Erbfolge, oder über den Hubertsburger Frieden berathschlagt, oder wohl selbst den Operations-Plan zum siebenjährigen Krieg skizzirt hätten? Landtage sind seit ewiger Zeit nicht gehalten, dies allein ist schon ein Zeichen der Vernichtung der Landstände, sagt der Verfasser! Allein die erste Angabe ist ungegründet; in allen Provinzen haben nach der Verfassung einer jeden landständische Versammlungen oder Ausschüsse und Deputationen Statt gehabt und war daher die ständische Verfassung keineswegs vernichtet, sondern fortwährend für alle

---

Administratoren der landschaftlichen rc. mit, No. 260, Königlicher Confirmation, No. 264, Königl. Rescript v. 1767: „Nachdem „Wir auf Ansuchen einiger Stände der Churmark rc.“ Wir haben uns hier nur auf die Mark Brandenburg beschränkt, von andern Provinzen gelten gleiche Beispiele.

Gegenstände ihrer verfassungsmäßigen Wirksamkeit thätig. Von feierlichen, von den ehemaligen besonderen Landesherrn, von der Aebtissin von Essen, bis zum Churfürsten von Brandenbnrg hinauf, in jedem Lande gehaltenen besonderen Landtagen konnte freilich in den einzelnen Ländern nicht mehr die Rede sein, weil die ordentlichen Steuern festgestellt und die außerordentlichen und besonders die Uebernahme landesfürstlicher Schulden unter der Regierung unserer Könige außer Gebrauch, dagegen aber Unterstützungs- und Meliorations-Gelder und andere Hülfen in Gebrauch gekommen waren.

So wurden, nach Herrn Simon, in der Preußischen Monarchie „dies Conglomerat oligarchischer Acker-Aristo-„kratien und diese Feudalstände" vernichtet und starben ab (S. 144). Gab es denn keine Prälaten und Städte? Aber wir finden sie in fortdauernder und in dem Jahre 1806 fortan in einer in unserer Geschichte noch nicht erhörter Kraft und Wirksamkeit (Seite 199), eben diese Stände, nur mit dem Unterschiede, daß des Verfassers „Ackeraristokratien" sich fast verhundertfachte. Feudalstände ist eine Floskel für Schriften dieser Art; wir können daher dem Verfasser nicht anmuthen, den Begriff, den er damit verbindet, anzugeben; nur wird er doch wohl einen Staat in Deutschland nachweisen können, in welchem die Stände nicht noch gegenwärtig in eben diesem Sinne Feudalstände wären.

Es geht aus diesen Bemerkungen hervor, daß die Provinzialstände in den Preußischen Staaten seit dem großen Churfürsten überall nicht „vernichtet" noch „abgestorben" sind, daß aber der ganze Umfang ihrer früheren Rechte im sechszehnten und siebenzehnten Jahrhundert in Folge weltgeschichtlicher Entwickelung mit der deutschen Reichs-Verfassung nicht mehr vereinbarlich war.

§. 2.

Die landständischen Rechte sind aber in den Preußischen Staaten auch noch durch andere Gründe, als die Reichs-Verfassung verändert. Bedeutende Hochstifter wurden durch Kaiser und Reich dem Königlichen Hause zur Entschädigung für seine Stamm- und sonst angefallene Länder als weltliche Fürstenthümer mit der, weltlichen Reichsfürsten zustehenden Landeshoheit und darin enthaltenen Gerechtsamen abgetreten[11]. Es ergiebt sich von selbst, daß in diesen geistlichen Ländern durch ihre Säcularisation die bisherige Verfassung eben so verändert werden mußte, als sie in den an Schweden, Sachsen, Mecklenburg, Hessen abgetretenen geistlichen Ländern verändert wurde. Die von

[11]) z. B. Halberstädtischer Homagial-Receß von 1650: „— auch das Stift Halberstadt zu einem Erbfürstenthum — „zugeeignet, dergestalt, daß dasselbe bei Unserm Churf. Hause „auf ewig verbleiben und Wir in demselben solche obrigkeit„liche und landesfürstliche Gewalt und Hoheit zu gebrauchen „haben sollen, wie Wir und andere Fürsten des Reichs in „Unsern andern und sie in ihren Erblanden exerciren; — und „werden die Privilegia der Stände bestätigt: in so weit es „dem Instrumento pacis und denen Uns Kraft desselben zu„kommenden Juribus superioritatis resp. dominii directi et uti„lis, Regalien, Hoheiten, Gerechtigkeiten und Nutzbarkeiten nicht „contrariirt und entgegenläuft u. s. w.

den Brandenburgischen Regenten darüber mit den Kapiteln und Ständen dieser abgetretenen Länder, insonderheit in den Hochstiftern Magdeburg, Halberstadt, Camin, Minden, Colberg u. s. w. abgeschlossenen Recesse sind überhaupt und insonderheit als Denkmale der Billigkeit des großen Churfürsten und seiner Achtung für die Gerechtsame und die Verfassung dieser Länder so merkwürdig, daß sie verdienen gelesen zu werden.

Ein anderer Grund lag in der veränderten Stellung des ganzen Staats. Aus dem Markgrafen von Brandenburg, aus den Bischöfen von Halberstadt, Minden und Camin und aus der Aebtissin von Essen war eine europäische Macht geworden; diese früheren Landesherrn konnten ohne allen Nachtheil für ihr Land und gar für Deutschland ihre sämmtlichen Regierungs-Angelegenheiten mit ihren Ständen, die Aebtissin von Essen mit dem aus ächt gräflichen Damen bestehenden ersten Stande berathen. Preußen war europäische und Grenz-, Schutz- und Schirm-Macht nicht bloß für seine eigenen Staaten, sondern auch für die nördliche Hälfte Deutschlands, nach Norden, Osten und Westen geworden. Wenn die früheren Regenten des kleineren Landes mit ihren Ständen auch über Gegenstände, welche zu deren Competenz nicht gehörten, schon deshalb berathen hatten, um die dazu erforderlichen Hülfen zu erhalten; so konnte dies bei der wesentlich veränderten Lage nicht weiter und insonderheit nicht bei den, nicht das einzelne Land allein, sondern den Gesammtstaat betreffenden Verhältnissen geschehen (S. 299). Schon bei einem weit beschränkteren Umfang des Gebiets galt der Grundsatz, daß solche allgemeine Gegenstände nicht zur Competenz der Stände gehören; schon im Jahre 1619 war im Churstaate Brandenburg anerkannt, „daß die „Reichs= und die Preußischen Sachen das Chur= „fürstenthum nicht angehen" (vergl. Anmerk. 1) und dieser Grundsatz ist fortdauernd festgehalten. Die Theilnahme der Provinzialstände an diesen allgemeinen Angelegenheiten des Gesammt=Staats gehörte eben so wenig staatsrechtlich zu ihrer Competenz, als sie dazu geeignet gewesen sein würden und dieselbe von ihnen selbst jemals in Anspruch genommen ist. Daher hat z. B. König Friedrich II., wie sorgsam er in Ansehung der Provinzial=Gesetzbücher die Concurrenz der Provinzial=Stände festhielt, letztere zu seiner allgemeinen Gesetzgebung nicht zugezogen. Allein auch hier haben die Landesherrn in neueren Zeiten keine ständischen Rechte aufgehoben, sondern waren letztere staatsrechtlich überall nicht vorhanden.

Zweiter Abschnitt.

Allgemeine Stände.

I. Im Allgemeinen.

§. 3.

Allgemeine Stände haben in den Preußischen Staaten noch nie Statt gefunden. Eine den Verhältnissen eines jeden derselben angemessene, derselben kundige und mit möglichst lebendigem Interesse für das Land erfüllte, aus dem Schooße desselben hervorgegangene, eigene Repräsentation eines jeden Landes ward stets für das angemessenste gehalten. Diese Ansicht war so vorherrschend, daß in den größeren Provinzen, z. B. der Mark Brandenburg, Preußen, Schlesien u. a. m., ein allgemeiner Provinzial-Landtag für sie nicht als erschöpfend angesehen wurde, sondern für die größeren Theile derselben besondere Landtage und nur für allgemeine Angelegenheiten der Provinz ein gemeinschaftlicher (General-) Landtag gehalten wurde, welche Richtung nicht allein bis in die neuesten Zeiten [12]), son-

---

[12]) Die Regierungs-Instruction von 1808, §. 19 und die Instruction für die Ober-Präsidenten setzt General-Versammlungen in den Provinzen voraus.

dern auch durch das landständische Gesetz vom Jahre 1823 in den Provinzial- und Communal-Landtagen beibehalten worden.

Eben so wenig sind auch bis auf einige Fälle in neuerer Zeit Deputirte der Stände aller Provinzen zusammenberufen. Den ersten Fall dieser Art veranlaßte das Königliche Hausgesetz vom 17ten Dezember 1808; der zweite Fall ist die sogenannte National-Repräsentation. Durch das Edict wegen der Finanzen und der neuen Steuern vom 7ten September 1811 war zur näheren Ausführung desselben eine General-Commission unter der Leitung der Ministerien des Innern und der Finanzen angeordnet und „um bei der Commission den Wün„schen Unserer getreuen Stände desto sicherer „entgegenzukommen“ bestimmt, daß von jeder Pro„vinz 2 Mitglieder aus den Rittergutsbesitzern und 2 Mit„glieder aus den Städte- und Landesbewohnern, nämlich „1 aus den großen Städten und 1 für die kleineren Städte „und das platte Land, außerdem aber von jeder der „Hauptstädte 1 Mitglied erwählt und zu dieser „Commission gestellt werden sollen (§. 14) „und zugleich angeführt, daß, da die der Nation zu„gedachte Repräsentation noch nicht habe angeordnet werden „können und Wir sehr wünschen, Uns früher und be„sonders in der gegenwärtigen Epoche mit achtbaren Män„nern aus allen Ständen [13]) Unserer Provinzen zu um-

---

[13]) Nicht also „Mitglieder Unserer getreuen Stände,“ wie im Eingange, sondern „aus allen Ständen“ und in dem Gesetz

„geben, die das Vertrauen ihrer Mitbürger haben und „das Unserige verdienen, so wollen Wir, daß diejenigen „Mitglieder, welche jene General-Commission ausmachen „werden, auch vorerst die National-Repräsentation con-„stituiren und hiezu von den Wählenden mit bevollmäch-„tigt werden." Da jedoch die vorbehaltene Vorschrift für die Wahl nicht zeitig genug erlassen und befolgt werden konnte, so wurden fast alle Mitglieder vom Staatskanzler einberufen und daher diese Repräsentanten in den Gesetzen, z. B. in dem Edict vom 6. Dec. 1811: „die hieher „berufenen Mitglieder aller Stände Unserer „getreuen Unterthanen" genannt. Es ist bereits S. 203 ausgeführt, daß diese sogenannte National-Versammlung überall nicht eine förmliche ständische Versammlung war, keine ständische Elemente hatte, sondern nur zur Berathung über die damals dringenden Finanz-Verhältnisse zusammenberufen war. Die Angelegenheiten waren dringend und griffen tief in die gewerblichen und andere bürgerlichen Verhältnisse und wurden daher, da die zu solchen Ausschüssen erforderlichen Vorbereitungen noch nicht getroffen waren, achtbare Männer aus allen Ständen zur Berathung über die damals vorliegenden dringenden Finanz-Angelegenheiten einberufen. Aus derselben aber, ohne Unterscheidung der Provinzen und Stände, eine allgemeine Stände-Versammlung, wie sie nicht in ganz Deutschland, sondern nur in der Theorie bestand, oder

---

vom 7. Dez. 1811: „hierher berufene Mitglieder aller Stände „Unserer getreuen Unterthanen.

gar eine National-Repräsentation nach eben dieser Theorie bilden zu wollen, würde eine sehr große Unkenntniß beweisen, da sie mit einer National-Repräsentation nicht die mindeste Aehnlichkeit hatte, indem sie nur aus ein und dreißig nach Provinzen und in denselben wieder nach den drei Ständen einberufenen Mitgliedern, nämlich zwei aus den Rittergutsbesitzern, zwei aus den Städten und den Landbewohnern und einem aus jeder der drei Hauptstädte, die keineswegs die Gesammtheit der Nation, sondern ihre Provinzen repräsentirten (S. 207), bestand, mithin nicht nationell, sondern provinziell und ständisch zusammengesetzt war und begutachtete (Seite 202 ff.). Uebrigens bestanden neben dieser Versammlung die Stände in allen Provinzen in voller Thätigkeit fort.

II. Gesetz vom 27. Oktober 1810.

§. 4.

In den, durch den Tilsiter Frieden nicht abgetretenen Provinzen bestand die landständische Verfassung fort, obwohl ihre Elemente dadurch verändert worden, daß der Prälatenstand ausschied und der Bauernstand bald zugezogen wurde. Die ständische Verfassung als Theil des innern Staatsrechts wurde bei allen Organisationen der Behörden genau berücksichtigt und die Wirksamkeit der Landstände dadurch erweitert, daß nach der Regierungs-Instruction von 1808 eine bestimmte Anzahl von Mitgliedern der Stände, nach deren verschiedenen Ständen, als landständische Repräsentanten, von welchen die Ritterschaftlichen auf den General-Landtagen erwählt wurden, zu Mitgliedern der Regierungen bestimmt wurden, und der König in eben dem Jahre bei der Errichtung der Gesetz-Commission „sich vorbehielt, ständische Repräsentanten zu Mitgliedern derselben zu ernennen." Dies ist die erste Aeußerung über die unmittelbare Theilnahme der Landstände durch Repräsentanten an der Central-Verwaltung, die jedoch damals noch so wenig, wie die Gesetz-Commission selbst zu Stande kam. In fast allen Provinzen wurden General- und besondere Landtage fortwährend gehalten und die unter verschiedenen Namen bestehenden landständischen Ausschüsse blieben in fortwährender Thätigkeit. Die, durch die Lage des Staats nothwendig gewordenen Veränderungen in den bisherigen Verwaltungs-Einrichtungen beschränkten sich indessen nicht auf einzelne Provinzen, sondern griffen gleich tief in die Verfassung aller Provinzen ein und ließen daher die gemeinsame Berathung durch eingeforderte Stände aus allen Provinzen wünschen. Es kam daher damals die Ansicht auf, die Landtage dieser aneinander grenzenden vier Hauptprovinzen von nahe verwandten Stämmen und Interessen für solche allgemeine Gegenstände in Einen Landtag zu vereinigen und allenfalls neben demselben die provinciellen Landtage beizubehaltea. Dieser Vorschlag konnte indessen um so weniger Eingang finden, weil die Gegenstände, welche für die allgemeinen Landtage geeignet sein dürften, einer so zahlreichen Versammlung, wie diese sein würde, nicht bedürften, und durch diese zwiefachen Landtage die Kräfte der Stände um so mehr unnöthigerweise in Anspruch genommen werden würden, als damals in der

Monarchie keine andere, als Grenzstädte zu allgemeinen Landtagen geeignet waren und Berlin an der äußersten Grenze lag. Daher fand diese Ansicht auch überall keinen Eingang, sondern wurde vielmehr die Ansicht, für solche Gegenstände Deputirte der Provinzial-Landtage zur Berathung nach Berlin zu berufen für zweckmäßiger gehalten und war auch schon 1808 bei der obenerwähnten Absicht des Königs, ständische Repräsentanten zu Mitgliedern der Gesetz-Commission zu ernennen, so weit berücksichtigt, daß diese fortwährend ihren Sitz in Berlin haben sollten. Dieser Gegenstand war indessen noch nicht hinreichend vorbereitet, als die, durch das Ausscheiden der Prälaten, den Eintritt des Bauernstandes und die Städte-Ordnung erfolgten Veränderungen in der ständischen Verfassung eine nähere Feststellung derselben in den Provinzen erforderten und gab diese zugleich Gelegenheit, die Communication zwischen der Regierung und den Ständen über allgemeine Angelegenheiten zu vereinfachen. Der König äußerte daher schon in dem Finanzgesetz vom 27. Okt. 1810 [14]): „Wir behalten uns vor, der Nation „eine zweckmäßig eingerichtete Repräsentation sowohl „in den Provinzen, als für das Ganze zu geben, „deren Rath Wir gern benutzen werden."

„Eine National-Repräsentation wurde uns „zum erstenmal verkündigt, zur Entschädigung „für die Kriegs-Contribution an Frankreich," ruft Simon (Seite 149), „vier und dreißig Jahre „nachher!" Wenn Simon und Jacoby unter diesem

[14]) Gesetzsamml. von 1810, No. 2.

Ausdruck eine National=Repräsentation in dem Sinne des strengen Repräsentativsystems verstehen; so legen sie in das königliche Wort einen ganz unrichtigen und verkehrten Sinn, welchen nur diejenigen annehmen können, welchen alle Kenntnisse der ständischen Verfassung fehlen, denen unbekannt ist, daß die Landstände zu allen Zeiten das Land und das Volk vertreten haben und die, unbekannt mit der Sache, dieselbe nach den bloßen Worten, ohne deren Sinn zu kennen, beurtheilen. Die Nation soll eine Repräsentation erhalten, das ist also eine National=Repräsentation in dem der Verfassung des Staats selbst geradezu entgegengesetzten Sinn! Daß, wenn dem Volke eine Repräsentation gegeben wird, sie demselben, auch wenn es in verschiedenenen Provinzen vertheilt ist, nicht nach deu letzteren gegeben werden könne, soll sich ganz von selbst verstehen![15]) Wie wenig die damaligen Zeiten und äußern und innern Verhältnisse zu einer solchen Auflösung halbtausendjähriger verschiedenartiger Verhältnisse und Völker[16]) und zu einer Verschmelzung derselben in ein großes, aber doch aus verschiedenen Theilen bestehendes Ganze, die nach dem Zeugniß der Geschichte stets entweder Folge oder Vorläufer gewaltsamer Ereignisse war, gewesen wären, bedarf keine Erwähnung. Es geht aber auch aus dem Gesetz selbst hervor, daß eine solche Zusammenschmelzung der Provinzial=Repräsentationen in Eine National=Repräsentation überall nicht in der Absicht des Königs lag und vielmehr die Annahme

---

[15]) Das Preußische Staatsrecht, Th. II. S. 149.

[16]) Churfürst Johann Sigismund nannte schon 1614 die Bewohner der Mark Brandenburg „die märkische Nation“. S. 288.

derselben geradezu gegen die bestimmtesten Worte des Gesetzes verstößt, weil in den Provinzen eine Repräsentation Statt finden, also die Nation in den und nach den Provinzen repräsentirt werden sollte. Unmöglich werden Simon und Jacoby den Verfassern des Gesetzes von 1810 zutrauen, daß sie nicht gewußt hätten, daß die Stände, deren ständischer Repräsentanten noch 1808 in allen Gesetzen gedacht war (S. 200), ihre Provinz nicht schon seit den ältesten Zeiten repräsentirt und daß sie geglaubt hatten, daß sie dieselben erst von jetzt an repräsentiren konnten und ihnen die Repräsentation erst jetzt „gegeben" werde. Denn der Ausdruck „gegeben" in der Verordnung bezieht sich keineswegs auf „Repräsentation" überhaupt, sondern auf eine „zweckmäßig eingerichtete." Wie wenig eine solche allgemeine National-Versammlung in der Absicht des Königs lag, beweiset auch, daß in den folgenden Jahren selbst die interimistische National-Versammlung nach Verschiedenheit „der Provinzen und der Stände, dahin „Rittergutsbesitzer, Stadt- und Landbewohner, „zusammengesetzt und daß das Verhältniß, in welchem jede „Provinz an der Wahl Theil nehmen soll, näher „bestimmt werden solle[17])." Die zweckmäßige Einrichtung der „Repräsentation" „für das Ganze" würde daher das Einzige sein, was hier in Betrachtung kommen könnte, aber zur Annahme einer National-Repräsentation in jenem Sinne durchaus nicht berechtigen kann. Denn eines Theils soll sie neben der provinziellen Repräsentation bestehen und berechtigt nichts, vorauszusetzen, daß neben den Pro-

[17]) Edict vom 7. Sept. 1811, §. 13 u. 14.

vinzial-Landtagen auch noch besondere allgemeine Stände-Landtage Statt haben sollen, zumal da die Verordnung ausdrücklich bestimmt, daß die Landes-Repräsentation aus Ausschüssen der ersteren bestehen solle. Dies ist um so weniger vorauszusetzen, als bei der näheren Ausbildung und der Ausführung des Königlichen Willens, sowohl 1815 als 1823, keineswegs eine allgemeine ständische Verfassung und allgemeine Landtage aller Provinzen und Stände der Monarchie, sondern nur gemeinschaftliche Ausschüsse aus sämmtlichen Provinziallandtagen in der Absicht des Königs gelegen haben und von ihm vorgeschrieben sind. Die schon im Jahre 1808 angedeutete Absicht, Repräsentanten der verschiedenen Provinzialstände in einem gemeinschaftlichen Ausschuß zur Berathung über wichtigere Gegenstände der allgemeinen Gesetzgebung zu vereinigen, lag auch hierbei unverkennbar zu Grunde. Schon im folgenden Jahre bestätigte sie sich, wenngleich nicht in der verfassungsmäßigen Form, doch in der Sache selbst. Denn, als in demselben mehrere wichtige Finanzgesetze zur Berathung vorlagen, äußerte der König im §. 14 des Edicts vom 7. Septbr. 1811: „Unsere Absicht geht auch noch immer dahin, wie Wir „in dem Edict vom 27. Oktober v. J. zugesagt haben, „der Nation eine zweckmäßig eingerichtete Repräsentation „zu geben. Da die dazu erforderlichen Vorbereitungen „indessen noch Zeit erfordern und wir sehr wünschen, Uns „mit Männern aus allen Ständen Unserer Provinzen „zu umgeben ꝛc.“ wurden aus jeder Provinz vier Männer, zwei aus den Rittergutsbesitzern, einer von den größeren und einer aus den kleineren Städten und den Landbewohnern und außerdem noch einer aus jedem der drei Hauptstädte, zusammen also ein und dreißig, zur Berathung nach Berlin einberufen. Da sie nicht förmlich von den Provinzialständen gewählt waren; so hatten sie keinen ständisch förmlich repräsentirenden Charakter und wurden daher nicht landständische oder Landes-Repräsentanten und ihre Versammlung nicht Landes-Repräsentation, sondern National-Repräsentation und National-Versammlung genannt.

Aus dem Gesetz vom 27. Oktober 1810 würde daher mit unbegreiflichem Unrechte die Aufhebung der bisherigen Provinzial-Repräsentation und die Begründung einer allgemeinen National-Repräsentation gefolgert werden. Denn nach diesem Gesetz soll

1. die gesammte Repräsentation ständisch bleiben;
2. die provinzielle ständische Verfassung bestehen und erhalten bleiben und zweckmäßig eingerichtet werden;
3. die Eintheilung der Landstände nach Ständen „dahin — bemerkt der §. 13 des Gesetzes vom 17. September 1811 — Rittergutsbesitzer, Städte- und Landes-Bewohner" — beibehalten werden;
4. wird eine Repräsentation des Ganzen neben der provinziellen in Aussicht gestellt, jedoch nicht näher bezeichnet, obgleich aus den oben angegebenen Gründen nicht zu bezweifeln ist, daß sie aus einem Ausschusse der Provinzial-Landtage be-

stehen soll, jedenfalls aber ausgemacht, daß sie keine National-Repräsentation im Sinne des eigentlichen Repräsentativ-Systems sein soll.

5) Der König hat zu erkennen gegeben, daß er den Rath dieser Repräsentation gern benutzen werde.

§. 5.

Wenngleich die damaligen Verhältnisse des Staats dem Könige nicht gestatteten, nach diesen Grundsätzen die ständische Verfassung schon gleich näher auszubilden; so blieb sie dennoch in allen Provinzen in voller Wirksamkeit und kamen die Landstände durch die Berathungen der sogenannten National-Repräsentation über die ihr vorgelegten einzelnen Gegenstände so wenig aus ständischer Wirksamkeit, als die letztere dieselbe erhielt. Mit Unrecht behauptet daher Simon S. 50: „Als bei beginnendem Freiheitskampfe „nur die vollendete Einheit der Nation mit seiner (ihrer) „Regierung den Staat retten konnte, wurde diese „National-Repräsentation in erneuerte Thätigkeit „gesetzt." Wenn der Verfasser darunter die interimistische National-Repräsentation versteht; so befindet er sich in großem Irrthum. Worin hätte diese Thätigkeit bestanden? Sie war schon auseinander gegangen und ihr Präsident selbst den siegreichen Königlichen Fahnen gefolgt. Der Verfasser selbst führt an, „daß die Errichtung der Land„wehr den Ständen übertragen, ihnen, den ländlichen „und städtischen Gemeinden, die ganze Organisa„tion überlassen ward." Den Ständen also, keineswegs „dieser National-Repräsentation." „Die Zeit „erlaubt nicht," sagt der König in seinem Aufruf an sein

Volk vom 17. März 1813 [18]) „mit Meinen getreuen „Ständen (also nicht mit der interimistischen National-Repräsentation!) „darüber (über die Landwehr) in Be-„rathung zu treten," überträgt aber durch das Gesetz vom 17. März 1813 die Errichtung und Organisation derselben den Ständen. Der Stadtgerichtsrath Simon führt zwar an, daß der König die Organisation der Landwehr „den Ständen, ihnen, den ländlichen und „städtischen Gemeinden" übertragen habe, fügt aber ganz unrichtig diese mit größern Lettern gedruckten Worte hinzu, obwohl sie in dem ganzen Gesetz überall nicht und am wenigsten an der Stelle vorkommen und daher von ihm ganz willkürlich dem Königlichen Worte eingeschoben sind und nicht allein den Sinn verändern und entstellen, sondern auch mit „Ständen" in Widerspruch stehen, weil nicht jede ländliche und städtische Gemeinde „Stand" ist. Das Gesetz bestimmt wörtlich: „Die Stände errichten „gemeinschaftlich die Landwehr" — „Den Ständen „bleibt die Errichtung der Landwehr überlassen" — „Zum „Betrieb der Aushebung und Formirung der Landwehr „bestellt jeder Kreis einen Ausschuß, welcher aus zwei „Deputirten von den adlichen Gutsbesitzern, einem „von den Städten und einem vom Bauernstande be-„steht, welche beide letzten von der Regierung gewählt werden — „In jeder Provinz wird ein General-Commissarius „von den Ständen gewählt" — „Der ständische „Ausschuß" — „Es bleibt den Ständen überlassen „hiezu (zu Brigadiers und Divisionairs) vorzuschlagen"

[18]) Gesetzsamml. von 1813, No. 17.

— „Die Officiere tragen die Uniform der Stände“ — „Die Stände werden auf anständige Bekleidung „sehen“ 2c.

Daß der König nach beendigtem Kriege seinen neuen Provinzen eine provinzielle landständische Verfassung verhieß und die Verwaltung derselben nach provinziellem Princip anordnete, ist schon früher (Seite 209 ff.) angeführt und wird noch weiter angeführt werden.

III. Verordnung vom 22. Mai 1815.

(Abgedruckt S. 259—261.)

§. 6.

Nachdem auf dem Wiener Congreß die Aufrechthaltung und feste Begründung der ständischen Verfassung in allen Bundesstaaten beschlossen war, erließ der König schon am Tage vor der definitiven Sanction dieses Beschlusses von Seiten des Congresses (S. 221) den Befehl, mit der Ausführung desselben in seinen Staaten vorzugehen und verordnete daher durch den Erlaß vom 22. Mai 1815 (abgedruckt in der Anlage A. S. 229):

1. daß eine Repräsentation des Volkes gebildet und zu diesem Zwecke — (also zur Bildung der Repräsentation des Volks)
   a. die Provinzialstände da, wo sie noch vorhanden, hergestellt und den Bedürfnissen der Zeit gemäß eingerichtet;
   b. wo gegenwärtig keine Provinzialstände vorhanden, sie angeordnet werden sollen;
2. daß aus den Provinzialständen die Ver-

sammlung der Landes-Repräsentanten [19])
gewählt werden wird, die in Berlin ihren Sitz haben soll.

3. Daß die Wirksamkeit der Landes-Repräsentanten sich auf die Begutachtung über alle Gegenstände der Gesetzgebung, welche die persönlichen und Eigenthumsrechte der Staatsbürger mit Einschluß der Besteuerung betreffen, erstrecken soll;

4. daß eine Commission in Berlin niedergesetzt werden und sich
   a. mit der Organisation der Provinzialstände,
   b. mit der Organisation der Landes-Repräsentation,
   c. mit der Ausarbeitung einer Verfassungsurkunde nach den aufgestellten Grundsätzen

   beschäftigen soll.

Diese Verordnung bestimmt daher

I. Ueber die nähere Ausbildung der Provinzialstände und der provinzialständischen Verfassung, und

II. Ueber die Landes-Repräsentanten und deren Versammlung und Wirksamkeit;

oder mit andern Worten:

I. Ueber die Repräsentation des Volks, und

II. Ueber deren Vereinigungspunkt.

---

[19]) In Pölitz europäischen Verfassungen (1832) Band I. S. 55 ist wahrscheinlich durch einen Druckfehler gesetzt: „Die Versammlung der Repräsentanten-Kammer.“

So viel

§. 7.

a. die Provinzialstände

betrifft; so bestimmt die Verordnung von 1815 sehr ausdrücklich, daß sie zum Zweck der Repräsentation des Volks den Bedürfnissen der Zeit gemäß nach Provinzen eingerichtet werden, mithin landständische Verfassung und Repräsentation des Volks, folglich eine provinzielle und daher nicht eine nationelle sein solle. Sie erhielt also die allgemeine deutsche und insonderheit in der Natur des, aus einzelnen Ländern bestehenden Preußischen Staats liegende, seit Jahrhunderten bestandene und den auf dem Wiener Congresse angenommenen Grundsätzen angemessene Verfassung aufrecht, welche stets für einen, aus verschiedenen besonderen Ländern bestehenden Staat, weil sie die Interessen eines jeden derselben am unmittelbarsten zur Kenntniß des Regenten bringt, als angemessenste Repräsentation angesehen war.

§. 8.

b. Die Landes-Repräsentanten und deren Versammlung.

Die Verordnung von 1815 ordnete aber außer den Landständen eine Landes-Repräsentation und eine Versammlung derselben an.

Es entsteht zuvörderst die Frage: Wer sollten die Repräsentanten sein? Diese Benennung war eine in unsern Verfassungen sehr gewöhnliche und waren darunter nie Männer verstanden, welche von der ganzen Volksmasse, sondern nur Männer, welche von den Provinzialständen aus ihrer Mitte gewählt waren und daher die Stände repräsentirten und deshalb auch nicht Volks-, sondern ständische und landständische Repräsentanten (S. 200) und, da die Stände, im Gegensatz des Hofes, auch wohl Land genannt wurden, Landes-Repräsentanten hießen. Seit der Vermehrung der Geschäfte, an welchen die Landstände Theil zu nehmen hatten, findet man solche landständischen Repräsentanten in allen deutschen Ländern zu verschiedenen Zwecken, in verschiedenen Richtungen und unter verschiedenen Benennungen [20]), theils zur Besorgung der zwischen den Landtagen vorfallenden Geschäfte, theils zu Vorbereitungen

[20]) Moser Von der Reichsstände-Landen, S. 763 ff., 1385. Z. B. Oesterreich, Küchelbecker Nachrichten von Wien, Th. II. Cap. 6, §. 1: „Weil es gar zu unbequem sein würde, wenn „sich das ganze Corpus der Stände in Wien beständig auf-„halten sollte, so werden aus ihrem Mittel gewisse Deputirte „verordnet, so das ganze Corpus repräsentiren und in „dessen Namen für die allgemeine Wohlfahrt des Landes sor-„gen müssen." Pütter Handbuch von den bes. deutschen Staaten, Th. I. S. 193: „Daneben hat jede Landschaft in Oester-„reich ihren Ausschuß, welcher die Stände repräsen-„tirt." — Mecklenburgischer Landes-Vergleich von 1755, §. 176: „Damit Wir und Unsere Nachkommen der un-„bequemen Weitläuftigkeit überhoben werden, in Landes-Ange-„legenheiten und jedesmal mit dem zahlreichen Corpore der „Ritter- und Landschaft unmittelbar zu handeln; so haben Wir „die Verfassung eines engern Ausschusses festgesetzt." §. 178: „Dem engeren Ausschuß soll der Begriff eines die gesammte „Ritter- und Landschaft vorstellenden Collegii beigelegt „sein." — Moser a. a. O. S. 788: Schwarzburg-Rudolstädtsche Constitution von 1722: „— das Landschafts-„Collegium soll das ganze Land repräsentiren (vgl. oben S. 52, Anmerk. 17).

zu den Landtagen, theils um anstatt der Landstände und an deren Stelle einzelne Obliegenheiten oder Geschäfte zu erledigen, besonders diejenigen, deren Erledigung für eine zahlreiche Versammlung, wie ein Landtag, nicht geeignet ist. Solche Ausschüsse von ständischen Repräsentanten waren seit Jahrhunderten in allen Preußischen Ländern für mannigfaltige Gegenstände, wegen Erhebung und Verwendung der Steuern und des ständischen Creditwesens, Leitung der ständischen Communalangelegenheiten, Berathung über Provinzialrechte u. a. m. angeordnet und sollten nach den Gesetzen von 1808 auch an den Geschäften der Gesetz-Commission und der Regierungen Theil nehmen. Sie sind daher einzelne Mitglieder der Landstände, welche diese durch Wahl oder auf andere Art abordnen, um bestimmte Attributionen derselben anstatt ihrer als ihre Repräsentanten auszuüben, weshalb diese Abgeordneten auch nach demjenigen Verhältnisse der Stände und nur aus den Ständen bestellt werden und bestehen können, nach welchen und aus welchen die Stände selbst bestehen. Diese Landes-Repräsentanten bildeten die engeren und weiteren, größeren und kleineren Ausschüsse, Deputationstage u. s. w. Die Verordnung von 1815 bestätigt dies auf das bestimmteste durch die, von ihr angeordneten Landes-Repräsentanten und deren Versammlung. Diese Versammlung soll aus den Provinzialständen gewählt werden; also nur aus den Landständen der Provinzen, nicht aus dem ganzen Volk. Die Provinzialstände sollen nicht die Landes-Repräsentanten, sondern die Versammlung derselben, also nicht die Repräsentanten selbst, sondern aus den schon vorhandenen Repräsentanten diejenigen wählen, welche die Versammlung der Landes-Repräsentation bilden sollen. Es ist hierbei nicht zu übersehen, daß im Jahre 1815 alle Landstände, wenigstens die ritterschaftlichen, berechtigt waren, viritim auf allgemeinen Landtagen ihrer Provinz zu erscheinen, da die Erscheinung durch Abgeordnete erst 1823 eingeführt worden ist. Ein Ausschuß aller Provinzialstände, eine Vereinigung und gemeinschaftliche Versammlung von Abgeordneten aller Provinzial-Landtage war bis dahin im Preußischen Staate noch nicht vorhanden gewesen und dem Preußischen Staatsrecht wenigstens in dieser Form unbekannt, obgleich in der Sache selbst durch Einberufung von Deputirten der Provinzialstände nicht fremd und ist daher diese Gattung der Versammlung der Abgeordneten der verschiedenen Provinzialstände allerdings durch die Verordnung von 1815 neu angeordnet.

Zu welchem Zweck ordnete die Verordnung von 1815 im §. 3 diese Landes-Repräsentanten und ihre Versammlung an? Dies ist eine Frage, welche die Verordnung selbst so bestimmt erledigt, daß sie eine ganz müßige sein würde, wenn sie nicht auf das auffallendste entstellt wäre, seitdem man in diesem ständischen Ausschuß den Keim einer allgemeinen national-repräsentativen Stände-Versammlung, eines Reichstags u. s. w. gefunden haben will und sie aus ihm folgert. Die Verordnung bestimmt sehr deutlich den Zweck und die Bestimmung dieser Landes-Repräsentanten, indem sie §. 4 festsetzt:

Die Wirksamkeit der Landes-Repräsentanten erstreckt

sich auf die Berathung über alle Gegenstände der Gesetzgebung, welche die persönlichen und Eigenthumsrechte der Staatsbürger mit Einschluß der Besteuerung betreffen.

Also bloß Berathung dieser wichtigeren Gesetze war Zweck und Wirksamkeit der Landes-Repräsentanten. Allerdings war sie der Gegenstand der provinzialständischen Wirksamkeit, welcher am wenigsten für eine zahlreiche Versammlung sich eignete und am mehrsten eine reife Discussion von Seiten der Organe des Gesetzgebers mit denjenigen, welche an der Gesetzgebung berathenden Theil nehmen, erfordert, weshalb schon 1808 beschlossen war, landständische Repräsentanten in die Gesetz-Commission eintreten zu lassen und in der Verordnung wegen Errichtung des Staatsraths vom 20. März 1817 bemerkt ward, „daß „die Einwirkung der künftigen Landes-Repräsentation durch die, in Folge Unserer Verordnung vom „22. Mai 1815 auszuarbeitende Verfassungsurkunde näher „bestimmt werden wird," und daß nur im §. 29 vorgeschrieben wurde: „Wird erst mit den Ständen verhandelt, „so geschieht dies durch den Staatsrath, welcher eines „oder mehrere seiner Mitglieder deputirt," in der Verordnung von 1815 aber bereits bestimmt worden, „daß „die Versammlung der Landes-Repräsentanten in Berlin „ihren Sitz haben soll." Die Begutachtung der Gesetz-Entwürfe gehört allerdings zu den Attributionen der Landstände, aber auch zu denjenigen, die zur Uebertragung an den dazu geeigneten Ausschuß um so mehr geeignet sind, als sonst die Communication zwischen Gesetzgebung und Ständen nicht zu erreichen gewesen sein würde. Es bestand daher die Attribution dieses Ausschusses der Landes=Repräsentanten lediglich in dieser Begutachtung — 1820 wurde ihm auch die Concurrenz an der Verwaltung des Staatsschuldenwesens zugedacht, — keineswegs aber in der Repräsentation des Volks überhaupt. Diese letztere natürliche Eigenschaft und eigentliche Attribution der Landstände kann überhaupt von ihnen aus Rücksicht weder auf den Regenten, noch auf das Volk einem Ausschusse übertragen werden und dies hier am wenigsten, weil dieser Ausschuß nicht für alle landständische Gegenstände, sondern nur für einen sehr bestimmten einzelnen angeordnet ist und eine Repräsentation durch den Ausschuß die Verordnung geradezu verletzen würde. Denn nach derselben soll die Repräsentation des Volks provinziell sein und kann daher nur von den Ständen der einzelnen Provinzen, nicht aber von den Ständen anderer Provinzen und deren Repräsentanten geltend gemacht werden, weshalb auch die ganze Versammlung der Landes=Repräsentanten zur Repräsentation einer Provinz nie, sondern dazu nur die wenigen Repräsentanten der betreffenden Provinz berechtigt und geeignet sein würde und diese Anzahl auch auf sechs angenommen, eine höchst bedenkliche Vertretung bilden würde.

Die Frage: Wie die Vereinigung der verschiedenen Provinzialstände zur gemeinschaftlichen Berathung über die zu derselben geeigneten, sie alle betreffenden Gegenstände in eine Versammlung am zweckmäßigsten zu vereinigen? war, wäre sie nicht schon in der Monarchie des

Tilsiter Friedens entschieden gewesen (S. 353), nun durch die Monarchie vom Niemen bis zur Mosel und von den Karpaten bis zu Arcona außer jeder Frage gesetzt. Fünf hundert und drei und dreißig Hausväter aller Stände sollten von diesen so entfernten Grenzen, außer den Provinzial- und Communal-Landtagen und Kreistagen, in Berlin sich vereinigen, um über ihnen vorgelegte Entwürfe allgemeiner Gesetze wegen der obgedachten Gegenstände zu berathschlagen! Dies wäre, sagt man, das dringendste Bedürfniß des Staats gewesen, da die Provinzialstände nur über ihre Provinzial-Gegenstände, nicht aber über allgemeine des ganzen Staats berathen können. So viele und so wichtige, das Personen- und das Eigenthums-Recht und die Besteuerung betreffende allgemeinen Gesetze ständen uns also bevor, daß zu deren Berathung ein solcher Aufwand von Mitteln dringendes Bedürfniß wäre?! Die Ansicht der Stände selbst lag bestimmt genug vor, seit Jahrhunderten hatten sie in den mehrsten Provinzen selbst besondere Landtage den allgemeinen vorgezogen [21]) und beide nicht viritim, sondern nur durch Abgeordnete

[21]) Den Anträgen der Hinterpommerschen Stände gemäß gestattete schon der Churfürst Friedrich Wilhelm denselben durch den Landtags-Abschied von 1654: „Den Ort der Huldigung be„treffend, daß die Ritterschaft aus allen und jeden Kreisen „insgesammt nicht wohl und füglich an einem Orte werde zu„sammengefordert werden können, weil das Land weitläuftig „ist und die Städte bei dem Kriegswesen ruinirt und verwüstet „sein, derowegen haben Wir für gut befunden, daß dieselbe „etwa an dreien Orten aufzunehmen.“ (Dähnert Sammlung Pommerscher Landes-Urkunden — Supplement. Bd. I. S. 63).

bezogen, und war letzteres seitdem in allen deutschen Ländern eingeführt worden. Die Verordnung von 1815 behielt daher die Berathung über Gesetze, welche für alle Provinzen Interesse haben, einem aus Abgeordneten der Stände aller Provinzen bestehenden, in Berlin versammelten Ausschusse vor.

§. 9.

Es darf daher nicht erst ausgeführt werden, wie groß der Irrthum derjenigen ist, welche in diesem Ausschusse eine die ganze Nation repräsentirende allgemeine Stände-Versammlung und das Königliche Versprechen derselben finden. Die Verordnung von 1815 enthält überhaupt so wenig eine Verheißung und eine Verleihung einer Repräsentation, als es ihrer Verheißung und Verleihung noch erst bedurfte, weil die verschiedenen Länder des Preußischen Staats sie bereits seit Jahrhunderten in ihren Landständen hatten. Daher verspricht oder begründet die Verordnung von 1815 auch überall nicht erst eine Repräsentation des Volks, sondern bestimmt nur, daß sie wiederhergestellt und da, wo sie durch Zeit-Ereignisse verändert worden, nach den Bedürfnissen der Zeit eingerichtet werden solle. Sie ist daher kein neues Grundgesetz, kein die frühere Verfassung aufhebendes und eine, nach abstracten neuen Grundsätzen abgefaßte neue Verfassung einführendes Gesetz, sondern im Gegentheil lediglich eine Verordnung, welche, wie sie im Eingange unumwunden erklärt, „die Grundsätze, nach „welchen Unsere Vorfahren und Wir selbst die Regierung „Unsers Reichs geführt haben, der Nachkommenschaft über-

„liefert und dauerhaft bewährt,“ und daher die bisherige Repräsentation des Volks wiederherstellt und dabei auf die damalige Lage desselben in den verschiedenen Provinzen Rücksicht nimmt. Daher schreibt sie vor, daß zum Zweck der Repräsentation des Volks:

I. die Provinzialstände da, wo sie mit mehr oder minder Wirksamkeit noch vorhanden sind, hergestellt und dem Bedürfnisse der Zeit gemäß eingerichtet werden sollen — (also in sämmtlichen nach dem Tilsiter Frieden bei Preußen gebliebenen und in den neu erworbenen Provinzen, in welchen Provinzialstände vorhanden),

II. wo gegenwärtig keine Provinzialstände vorhanden, sie angeordnet werden sollen.

Provinzialstände sollen also in allen Preußischen Staaten „zum Zweck der Repräsentation des Volks“ sein und das Volk repräsentiren.

Welch ein colossaler Fehlschluß ist daher der Schluß: Da die Verordnung von 1815 eine Repräsentation des Volks zusichert; so können

> keine Provinzialstände, sondern müssen allgemeine Stände bestehen, und sind die in der Verordnung wiederhergestellten Provinzialstände nicht diese, sondern allgemeine Stände.

Und doch wird fortwährend von der, durch die Verordnung von 1815 angeordneten Herstellung der Repräsentation des Volks auf die Anordnung einer allgemeinen Stände-Verfassung, als auf eine, aus der ersteren von selbst hervorgehende und nothwendig folgende Einrichtung geschlossen. Hatten denn die Mark Brandenburg, Pommern, Preußen und die andern Provinzen bisher keine Landstände, und waren diese nicht Repräsentanten ihres Landes? Oder bestand zwischen den Landständen aller Preußischen Länder eine allgemeine ständische Verfassung und bildeten sie zusammen eine ständische Gesammt-Corporation? Oder waren und sind Böhmen und Oesterreich stets und noch gegenwärtig ohne ständische Repräsentation, weil die Stände beider Länder beide nicht gemeinschaftlich und solidarisch repräsentiren?

Die Verordnung von 1815 bestimmt mithin überall nicht, daß eine allgemeine Repräsentation des Preußischen Volks gebildet werden, mithin das Preußische Volk in seiner Gesammtheit und aus seiner Gesammtheit repräsentirt werden soll. Die Verordnung behält vielmehr sehr bestimmt die bisherige provinzielle Repräsentation bei und schreibt vor, daß eine Repräsentation des Volks und zu dem Zwecke Provinzialstände hergestellt, eingerichtet und angeordnet werden sollen.

Eine jede Provinz soll daher, wie bisher, ihr eigene landständische Verfassung, ihre besonderen Landstände und in denselben ihre eigene Repräsentation haben und die Gesammtheit des Preußischen Volks durch die besondere ständische Repräsentation aller einzelnen Völkerschaften, aus welchen es besteht, repräsentirt werden.

So soll nach und in den einzelnen Provinzen das ganze Volk und jede einzelne Provinz repräsentirt und auch der zur Berathung angeordnete Ausschuß zusammengesetzt werden.

§. 10.

Zu den vielen Auslegungen, in welche die Verordnung von 1815 eingezwängt ist, gehört auch die, daß nach derselben die verschiedenen Provinzialstände in eine allgemeine Stände-Versammlung haben vereinigt werden und die angeblich verheißene National-Repräsentation bilden sollen. Diese Auslegung stellt schon durch die, in den vorhergehenden Paragraphen entwickelten Gründe als mit der Verordnung in dem geradesten Widerspruch stehend und völlig ungegründet dar. Nach derselben soll das Volk in allen Staaten der Preußischen Monarchie repräsentirt werden und wird repräsentirt. Diese Repräsentation erstreckt sich auf alle Gegenstände, welche nach deutscher und nach der Landesverfassung zur Theilnahme der Landstände geeignet sind, und hat durch die Bundesgesetzgebung (S. 68 ff.) eine Garantie erhalten, welche um so fester ist, als sie das Wesen und daher die Grenzen der Repräsentation selbst feststellt und sie gleich sorgfältig gegen Uebergriffe von oben, als von unten schützt, gleich sorgfältig davor bewahrt, daß die Souverainetät in Despotie übergeht, als davor, daß die Repräsentanten des Volks die Grenzen der deutschen ständischen Repräsentation und der Verfassung überschreiten und diese in das sogenannte Repräsentativ-System der philosophischen Schule und in eine Art von Mitregierung ausartet.

Wenn die Vereinigung sämmtlicher Provinzialstände in eine Versammlung und die dieser Versammlung zustehende Repräsentation des Gesammtvolks der Monarchie auf die §§. 3 und 4 der Verordnung von 1815 gegründet wird; so ist dies nicht allein eine gänzliche Verkennung der Preußischen Verfassung, sondern auch eine so arge Verkennung und Veränderung sowohl des Textes, als des Sinnes der Verordnung, daß sie nur eine Verdrehung derselben genannt werden kann. Es ist bereits in dem §. 8 ff. dargethan, daß nach dem §. 3 keineswegs die Provinzialstände selbst in eine allgemeine Stände-Versammlung sich vereinigen, sondern daß nur aus denen der einzelnen Provinzen einige Mitglieder als deren Repräsentanten in einen Ausschuß vereinigt werden sollen, daß aber dieser Ausschuß lediglich zur Begutachtung der, in der Verordnung näher bezeichneten Gattung von Gesetzen bestimmt ist, demselben mithin keineswegs die allgemeine Repräsentation der einzelnen Provinzen, noch weit weniger aber der Gesammt-Nation beigelegt ist und zusteht. Da dieser Ausschuß weder unmittelbar vom Volke, noch aus dem Volke, sondern von und aus den Provinzialständen, mithin nach Provinzen und nach Ständen, gewählt und zusammengesetzt ist; so ist es vollends nicht zu fassen, wie in diesen Paragraphen der Verordnung und in dem darin gedachten ausdrücklich auf einen bestimmten Wirkungskreis beschränkten Ausschusse eine unmittelbar von und aus dem Volke ohne Rücksicht auf Provinzen und Stände, mithin aus der Gesammtmasse der Nation gewählte und diese Gesammtmasse allgemein repräsentirende Versammlung gefunden werden kann.

So wie die Verordnung von 1815 mit der bisherigen ständischen Repräsentation in den Preußischen Staaten und mit den, seit dem Jahre 1808 darüber angedeuteten und auf dem Wiener Congresse geäußerten Grundsätzen übereinstimmt; so ist sie auch die Grundlage, auf welcher diese ständische Verfassung beibehalten und bis zu der darüber 1823 vollendeten Verfassungs-Urkunde berathen und gebildet, und durch die letztere genehmigt und eingeführt wurde. Freilich ein schlagender Beweis gegen die in spätern Zeiten von so manchen Seiten wieder aufgekommene Richtung nach einer National-Repräsentation im Sinne der philosophischen Schule und nach allgemeiner Ständeversammlung. Der Versuch, die Verordnungen von 1810 und 1815, die Provinzialstände oder die Versammlung der Landes-Repräsentanten, so wie die provinzielle Repräsentation des Volks und die landständische Verfassung durch Künste der Auslegung zu jenen umzumodeln und zu beweisen, daß besonders die Verordnung von 1815 jene schon eigentlich gemeint und vorgeschrieben habe, scheiterte an der bestimmten und unzweideutigen Vorschrift des Gesetzes von 1823 und jede Interpretationskunst an der unzweideutigen Bestimmtheit derselben. Es ward nun ihre Rechtmäßigkeit angegriffen und die Behauptung aufgestellt, daß die Verordnung von 1815 eine allgemeine Volks-Repräsentation durch eine allgemeine Ständeversammlung und die specielle Ausarbeitung der Verfassungs-Urkunde durch eine Commission von Staatsdienern und Abgeordneten der Provinzen versprochen habe, daß dies ein vom Könige dem Volke gegebenes Versprechen, daher ein Grundgesetz sei, von welchem der König nicht abgehen könne; daß das Gesetz von 1823 aber nur von Staatsdienern berathen sei. Die Verordnung von 1815 hatte aber keineswegs Abgeordnete, sondern Eingesessene der Provinzen vorgeschrieben. Da diese aber keinen repräsentativen Charakter haben und daher die Verordnung von 1815 weder zu einem, dem Volke gegebenen Versprechen, noch zu einem Grundgesetz machen konnten, weil sie nicht Abgeordnete der Provinzen waren, so ward der in dem §. 5 der Verordnung von 1815 und nachher auch in der Cabinets-Ordre an den Staatsrath vom 30. März 1817 [22]) wörtlich übereinstimmend enthaltene Ausdruck „Eingesessene der Provinzen" von Jacoby (S. 247) und Simon, von letzterem sogar in seinem Handbuch des Preußischen Staatsrechts, Th. II. S. 153, in „Abgeordnete der Provinzen" verändert und verdreht, und zwar von dem letzteren auf eine recht hervorhebende, sich dem Leser tief einprägende Art. Denn der Verfasser behauptet, nachdem er angeführt, daß durch die Verordnung vom 20. März 1817, §. 2a „von Neuem „auf die bevorstehende Constituirung der Reichs-„Versammlung hingewiesen worden" — (Diese Behauptung ist durchweg unrichtig, kein Buchstabe von

---

22) Königl. Cabinets-Ordre an den Staatsrath vom 30. März 1817: „Ich habe in der Verordnung vom 22. Mai 1815 über „die zu bildende Repräsentation des Volks bestimmt, daß eine „Commission in Berlin niedergesetzt werden sollte, die aus „einsichtsvollen Staatsbeamten und Eingesessenen der Pro-„vinzen bestehen rc." — „Diese Commission soll sich zuerst mit „der Zuziehung der Eingesessenen aus den Provin-„zen beschäftigen." Abgedruckt in Benzenberg: Ueber Provinzial-Verfass. S. 146, und Simon: Preuß. Stände-Versammlung. Th. II. S. 153.

Reichsversammlung steht in dieser Verordnung!) — „am „30. März 1817 eine Cabinetsordre an den Staatsrath „ergangen sei, welche die Mitglieder der Commission zur „Ausarbeitung der Verfassungsurkunde aus Mitgliedern des „Staatsraths anordnete." (Diese Cabinets-Ordre schreibt aber ebenfalls vor, daß „Eingesessene der Provinzen" zu der Commission zugezogen werden sollen, stimmt also mit der Verordnung von 1815 wörtlich überein) „Diese Ver- „fügung (die von 1817) wich nur in so fern von „dem Gesetze — der Verfasser nennt im Widerspruch mit der Gesetzsammlung und der oben angeführten Cabi- nets-Ordre, also in einem Staatsrecht, fehlerhaft die Ver- ordnung von 1815 Gesetz — „vom 22. Mai 1815 „ab, als nach letzterem die gedachte Commis- „sion auch aus Abgeordneten der Provinzen „bestehen sollte." Diese Behauptung ist durchweg ungegründet; beide Erlasse stimmen buchstäblich überein, beide schreiben „Eingesessene" vor, in keinem der- selben sind „Abgeordnete" mit einer Silbe erwähnt. Aus welchem Grunde macht Simon zwischen beiden König- lichen Anordnungen einen Unterschied, der gar nicht vor- handen ist, sondern er selbst erschafft? Daß ein großer, gewichtiger und wesentlicher Unterschied zwischen Einge- sessenen und Abgeordneten der Provinzen be- steht, liegt von selbst vor und wird von Simon selbst als Verschiedenheit angeführt und ausgehoben. Warum legt er eigenmächtigerweise, willkürlich, ganz unrichtig diese Verschiedenheit in des Königs Worte und verändert und verkehrt sie eigenmächtig in einen ganz unrichtigen und falschen Sinn? In welcher Absicht, zu welchem Zweck schiebt er gerade „Abgeordnete“ unter? Aus Zufall, Unachtsamkeit, Versehen ist es nicht geschehen, weil er diesen Ausdruck als Unterschied zwischen beiden Verordnungen ausdrücklich und bestimmt aushebt und aufstellt. Es kann nicht genug gemißbilligt werden, in einem Handbuche des Preußischen Staatsrechts Behauptungen auszusprechen, welche die Königlichen Worte geradezu entstellen und häufig benutzt sind, um die Rechtsbeständigkeit eines Grundgesetzes eben dieses Staatsrechts zu bestreiten. Tadel und Kritik sind allerdings unangenehme Beschäftigungen, Entstellungen und falsche Behauptungen sind aber, besonders im Staatsrecht, von zu nachtheiligen Folgen, als daß ihre Berichtigung nicht dringende Pflicht sein müßte, und beziehen wir uns nur noch auf die S. 247 ff. befindlichen Bemerkungen.

IV. Zeitraum von 1815 — 1823.

§. 11.

So und nicht anders, als wir in den vorgehenden Paragraphen angeführt haben, ist die Königliche Verordnung vom 22. Mai 1815 vom Könige, vom Lande und von allen sachkundigen und unbefangenen Männern verstanden. Wer hatte vor den letzteren Jahren in derselben eine Spur der idealen Gesammt-Repräsentation, eine Zusammenschmelzung aller Provinzialstände der verschiedenen Königlichen Staaten in Eine allgemeine, diesen Gesammt-Staat vertretende Stände-Versammlung, wer eine Theilung der obersten Staatsgewalt in die trias politica gefunden?

Selbst in den von Veränderungen und Unruhen bewegten Gegenden Deutschlands waren diese Ansichten noch lange fremd und die baldige Ausführung des dreizehnten Artikels der Bundesacte, also der ständischen Verfassung, der Gegenstand der Wünsche und Petitionen, und jene Verfassungen nur Gegenstand der Berathungen geheimer Vereine, aber auch da nicht als bereits vorhandene, sondern nur als zu bewirkende Verfassung (S. 93 ff.)

Wer hatte in den Preußischen Staaten die Zeit, Verhältnisse und Königlichen Aussprüche so verkennen können, um in solche Irrthümer zu verfallen? (S. 220 ff.).

Die Herstellung und Bildung der provinziellen Verfassung und die, aus ihnen hervorgehende provinzielle Repräsentation des Volks nach Provinzen, wie die Verordnung von 1815 beide vorgeschrieben hatte, war das, was man in derselben fand und dankbar erkannte und von ihrer Ausführung erwartete und wünschte. Der König hatte seinen neuen Provinzen eine provinzielle ständische Verfassung, mit sorgfältiger Berücksichtigung ihrer ältern, wie sie ihren Bedürfnissen und örtlichen Verhältnissen entspricht, gleich den übrigen Provinzen, und der Verfassung sich anschließend, welche der König allen seinen Staaten zu geben beabsichtige, verheißen und angekündigt [23]).

---

[23]) Besitznahme-Patent wegen der Provinzen Cleve, Berg, Geldern, Mörs, Essen und Werden vom 5. April 1815: „Wir „werden die Bildung einer Repräsentation anordnen", — wegen des Großherzogthums Niederrhein vom 5. April

Wer hätte hierin eine allgemeine gemeinschaftliche gesammtständische Verfassung der Stände aller Provinzen

---

1815: „Wir werden die Bildung einer Repräsentation anord„nen," — wegen des Großherzogthums Posen vom 15. Mai 1815: „Wir vereinigen die übrigen Landschaften zu einer be„sonderen Provinz" — „Ihr werdet an der Constitution „Theil nehmen, welche Ich Meinen getreuen Unterthanen zu „gewähren beabsichtige" — „wie die übrigen Provinzen „Meines Reichs eine provinzielle Verfassung er„halten" — wegen der Städte Danzig und Thorn und des Culmer u. Michelauschen Kreises vom 15. Mai 1815: „Ihr „werdet an der Constitution Theil nehmen, welche Ich allen „Meinen getreuen Unterthanen zu gewähren beabsichtige und an „der provinziellen Verfassung, welche Meine Provinz West„preußen erhalten wird;" — wegen des Antheils v. Sachsen vom 22. Mai 1815: „Die ständische Verfassung werden Wir „erhalten und sie der allgemeinen Verfassung anschließen, welche „Wir Unsern gesammten Staaten gewähren werden;" wegen der Oranischen Erbländer vom 21. Juni 1815: „Wir „werden mit sorgfältiger Berücksichtigung der älteren Verfas„sung und der örtlichen Verhältnisse diese Länder einer, ih„ren Bedürfnissen angemessenen ständischen Verfassung „theilhaftig werden lassen und dieselbe der allgemeinen Ver„fassung anschließen, welche Wir Unsern übrigen Staaten ge„währen werden;" — wegen der Provinzen im Nieder- und Obersächsischen Kreise vom 21. Juni 1815: „Wir „werden mit sorgfältiger Berücksichtigung der älteren Verfas„sung und örtlichen Verhältnisse die Länder einer ständischen „Verfassung, die ihren Bedürfnissen gemäß ist, theilhaftig „werden lassen und dieselbe der Verfassung anschließen, die „Wir im Allgemeinen Unsern Staaten gewähren werden;" — wegen der Westphälischen Länder vom 21. Juni 1815: „Wir werden mit sorgfältiger Beachtung der früheren Ver„hältnisse dieser Länder ihnen eine ständische Verfassung ver„leihen, welche ihren Bedürfnissen angemessen ist und dieselbe „an die allgemeine Verfassung anschließen, die Wir Unsern „gesammten Staaten gewähren werden;" — wegen Pommern und Rügen vom 9. Sept. 1815: „Die ständische Ver-

finden können? Wer vollends diese Provinzial- und landständische Verfassung eine reichsständische genannt? Wer etwas anders finden können, als die Absicht des Königs, für jede Provinz, gleich den übrigen Provinzen, eine provinzielle landständische Verfassung nach ihren Bedürfnissen zu bilden und sie der allgemeinen Verfassung anzuschließen, welche er allen seinen Staaten — nicht seinem Staate und seiner Monarchie, sondern allen zu derselben gehörigen Provinzen — gewähren werde, die also in allen Provinzen nach dem, über die provinzialständische Verfassung beabsichtigten Muster und Gesetz eingerichtet werden solle. Wie sorgfältig gründlich und mühsam diese provinzialständische Verfassungen durch die in die Provinzen abgesandten Minister und durch Rücksprache mit ausgezeichneten Eingesessenen berathen und zuletzt in einer eigenen Commission unter dem Vorsitz des damaligen Kronprinzen einer näheren und umfassenden Prüfung und Bearbeitung unterzogen worden, ist zu bekannt, um einer weiteren Anführung zu bedürfen.

Auch der Bundes-Versammlung ließ der König am 5. Februar 1818 „zur Erfüllung des 13. Artikels und „Einrichtung ständischer Verfassung" anzeigen und erklären: „Se. Majestät habe noch vor der Bundes-„Acte eine ständische Verfassung der Lage Ihres „Staats angemessen erkannt und die Einführung ei-„ner solchen durch die Verordnung vom 22.

„fassung werden Wir erhalten und sie der allgemeinen Ver-„fassung anschließen, welche Wir Unsern gesammten Staaten „zu gewähren beabsichtigen."

„Mai 1815 Ihren Landen verkündigt“ — also eine ständische, keine repräsentative im Gegensatz zur ersteren. — „Nur die Schwierigkeiten aller Art haben zwar keineswegs die Gesinnungen Sr. Maj. geändert, wohl aber die Erfüllung bisher verhindert. Die gesammelten Materialien werden nun bald dahin vorbereitet sein, daß die ständischen Provinzial-Einrichtungen wirklich ins Leben treten können. — Ein wahres Gedeihen ständischer Verfassung könne nur da sein, wo ein aufrichtiger und ernster Wille ist, den Artikel 13 der deutschen Bundes-Acte zu erfüllen, diesen könne man bei allen deutschen Staaten voraussetzen und in der allgemeinen Erfüllung des Art. 13 die wahrhafte Garantie des besonderen Rechtszustandes erkennen[24].“

Diese Grundsätze und Ansichten und die landständische Verfassung sind fortwährend in allen Verordnungen und Verfügungen der Regierung festgehalten[25],

---

[24]) Simon: Preuß. Staatsrecht, Th. II. S. 134.

[25]) Z. B. Cabinets-Ordre an den Staatsrath vom 30. März 1817: „Organisation der Provinzialstände und der Landes-Repräsentanten.“ — Cab.-Ordre an die Städte und Gemeinden des Regierungs-Departements Coblenz vom 22. März 1818: „Weder in der Verordnung vom 22. Mai 1815, noch in dem Art. 13 der Bundesacte ist die Zeit bestimmt, wann die landständische Verfassung eintreten soll. Ich werde bestimmen, wann die Zusage einer landständischen Verfassung in Erfüllung gehen soll.“ — „Der Unterthanen Pflicht ist es, im Vertrauen auf Meine freie Entschließung, die jene Zusicherung gab und den betreffenden Artikel der Bundesacte veranlaßte, den Zeitpunkt abzuwarten, den Ich, von der Uebersicht des ganzen geleitet, zu ihrer Erfüllung geeignet finden werde“ (Simon S. 154). — Cabi-

und auch die in den Rhein-Provinzen, sogar die von Görres abgefaßte, bekannte [26]), ja selbst die, von den

---

netsordre wegen der Münsterial-Departements vom 11. Jan. 1819: „Die ständische Angelegenheit und die Verhand-„lungen mit den Landständen." — Verordnung wegen Aufhebung der Churmärkischen Landschaft vom 17. Jan. 1820 (Gesetzs. No. 2) „Diese Verordnung bezieht sich nicht auf die son-„stigen ständischen Verhältnisse der Chur- und Neumark, „worüber die näheren Bestimmungen alsdann erfolgen wer-„den, wenn in Folge Unserer Verordnung vom 22. Mai 1815 „die Festsetzungen über die allgemeine Repräsentation zur Aus-„führung kommen werden." — Gesetz über die Einrich-richtung des Abgabewesens vom 30. Mai 1820 (Gesetz-samml. No. 14): „— Wir rathsam gefunden haben, diesen die „Provinzial-Interessen mehr berührenden Gegenstand der „Berathung mit den Ständen vorzubehalten." — Vergl. auch Schreiben des Staatskanzlers Fürsten v. Hardenberg an die Stände des Stifts Merseburg vom 27. Decb. 1816: „Es werden die, kraft der Verordnung vom „22. Mai 1815 beschlossenen Maaßregeln, eine Repräsentation „des Volks zu bilden und die Provinzialstände den Be-„dürfnissen der Zeit gemäß einzurichten, nunmehr binnen Kur-„zem unfehlbar zur Ausführung gelangen" (Simon S. 153). — Das (von Simon S. 156 gedachte, durch alle öffentliche Blätter gegangene) Schreiben des Staatskanzlers (von 1820): „daß man der Regierung Vertrauen schenken dürfe und „daß an der Constitution nach den öffentlich bekannt gemachten „Prinzipien, insbesondere nach den in der Verordnung — (nicht Edict, wie Herr Simon schreibt) — vom 22. Mai „1815 ausgesprochenen gearbeitet werde."

[26]) Z. B. Petition der Stadt Trier von 1817, „die Gewäh-„rung einer dem Zeitgeiste angemessenen ständischen Verfas-„sung" (Benzenberg a. a. O. S. 150), und der Stadt Coblenz von 1817: „Durch die Königliche Zusicherung beruhigt, „bitten wir Ihro Majestät für die gleiche Beruhignng des „übrigen Deutschlands, Ihre Verwendung bei dem Bundestage „dahin eintreten zu lassen, daß durch Festsetzung der gegen-„seitigen Pflichten und Rechte der Regenten und Regierten in

späteren geheimen Verbindungen ausgegangenen Petitionen gingen nicht weiter, als auf die baldige Ausführung des Art. 13 der Bundesacte.

Die Wiener Schlußacte von 1820 hatte vollends die landständische Verfassung als die allgemeine der deutschen Bundesstaaten bezeichnet und bestätigt [27]).

Wohl waren die S. 94 dargestellten Bestrebungen und Richtungen hin und wieder vorhanden [28]); allein sie wucherten nur im Geheimen und stellten eine repräsentative Verfassung nur als ein zu erstrebendes Ziel auf, wagten aber nicht, sie als Grundsätze der schon bestehenden Verfassung aufzustellen.

§. 12.

Um so auffallender sind in späteren Zeiten aufgekommene Verdrehungen der Bundesbeschlüsse und der, aus denselben hervorgegangenen Verfassungen der Bundes-Staaten und das Bestreben, ihnen den Charakter und das Wesen einer landständischen zu entziehen und sie in das strenge Repräsentationssystem überzuleiten. In so fern diese Richtungen nur Bestrebungen sind, fallen sie hier unserer

---

„allen Staaten Deutschlands der Art. 13 der Bun-„desacte endlich in Erfüllung gehen möge" (ebendas. S. 153).

[27]) Wiener Schlußacte Art. 57: „— durch eine landständische „Verfassung" — Art. 58: „— landständische Verfassung." — Art. 59: „— landständische Verfassung." — Art. 60: „land-„ständische Verfassung." — Art. 61: „— landständische Ver-„fassung" — „landständische Angelegenheiten."

[28]) Aktenmäßig und ausführlich dargestellt in der lesenswerthen Geschichte der geheimen Verbindungen der neuesten Zeit (Leipz. 1831, VIII Hft.).

Beurtheilung nicht anheim; in so fern sie aber für schon geltende Grundsätze des bestehenden Staatsrechts ausgegeben werden, können sie von derselben nicht ausgeschlossen werden. In diese Kategorie gehört denn auch die in neueren Zeiten aufgestellte Behauptung, daß der König, während derselbe in der Verordnung von 1815 Provinzial- und Landstände anordnete, und in der oben gedachten Erklärung in der Bundes-Versammlung äußerte, daß ein wahres Gedeihen ständischer Verfassung nur bei einem aufrichtigen und ernsten Willen, den Art. 13 der Bundesacte zu erfüllen, sich erwarten lasse, und in der oben angeführten Cabinetsordre vom 21. März 1818 den Städten und Gemeinden des Regierungsbezirks Coblenz, „ihre Zwei„fel an der Unverbrüchlichkeit seiner Zusage, eine land„ständische Verfassung einzuführen, für fre„ventlich erklärte und ihnen darüber sein Miß„fallen bezeigte," keineswegs eine landständische, sondern eine reichsständische Verfassung beabsichtigt und nur im Anfang der Zwanziger-Jahre seine Ansicht geändert und die landständische eingeführt habe. Diese Behauptung verstößt nicht allein auf das schroffste gegen Geschichte, Gesetze und Urkunden, sondern ermangelt auch jeden Begriffs, indem sie der landständischen Verfassung eine reichsständische entgegenstellt, ohne einen Begriff von der letzteren und ihrem Unterschied von der landständischen zu haben, weil die reichsständische Verfassung selbst überall keine, sie von der landständischen unterscheidende Verfassung ist, mithin zwischen beiden gar kein Unterschied Statt findet. Diese Behauptung würde, wenn sie in Pamphlets geblieben wäre, auf sich beruhen bleiben, bedarf aber einer näheren Prüfung, da der Stadtgerichtsrath Simon sie nicht allein in einem besondern Abschnitt seines Preußischen Staatsrechts (Th. II. S. 152 ff.) ausführlich erörtert und durch unrichtige Behauptungen unterstützt, sondern auch die vollständige Geschichte der Entwickelung der Preußischen landständischen Verfassung durchaus aus dem ganz falschen Gesichtspunkte darstellt, daß der König eigentlich schon seit dem Jahre 1817 und schon in der Verordnung vom 22. März 1815 die reichsständische Verfassung beabsichtigt habe, aber erst um das Jahr 1821 oder 1822 seine Ansicht von dem Werthe der reichsständischen Verfassung geändert und die landständische beschlossen habe, wie der Verfasser in seiner Denkschrift über die Preußischen Richter, S. 375, anführt, als die Reichs-Repräsentation unmittelbar bevorstand. Der König selbst hatte also, weder als er die Verordnung von 1815 erließ, noch als er 1818 die oben gedachte Erklärung in der Bundes-Versammlung abgeben ließ, noch als er 1818 schon den Zweifel an der Absicht, die landständische Verfassung einzuführen, für Frevel erklärte und darüber sein Mißfallen zu erkennen gab, nicht die Absicht gehabt, eine landständische Verfassung einzuführen? Die Coblenzer und der Dr. Jacoby bezweifelten diese Absicht nur; der Stadtgerichtsrath Simon, obwohl die Erklärung des Königs, daß schon der Zweifel frevelhaft sei, und auch Görres's richtige Bemerkung, daß diese Aeußerung des Königs die vollständigste Bestätigung der Königlichen Absicht dieselbe einzuführen, enthalte, ihm bekannt ist, behauptet aber geradezu, der König habe damals diese Absicht nicht gehabt, sondern sie erst mehrere Jahre nachher in Folge einer Reaction gefaßt, welche Simon daher in seiner oben angeführten andern Schrift „eine traurige, ewig beklagenswerthe Reaction" nennt. Eine solche grundlose Behauptung in einem Handbuche des Preußischen Staatsrechts darf nicht unberichtigt bleiben, es müssen vielmehr die Irrthümer, die untergeschobenen und unrichtigen Gesetzes-Worte und die falschen Auslegungen, auf welche sie gegründet ist, dargelegt werden. Wir möchten hier wohl wissen, was der Verfasser, wenn er behauptet, der König habe bis etwa ins Jahr 1820 oder 1821 die reichsständische Verfassung gewollt und versprochen, später aber ihren Werth verkannt und sie aufgegeben und „die frühere ständische „Verfassung" wieder ins Leben gerufen (Seite 157), sich unter reichsständischer Verfassung gedacht, und ob er irgend einen klaren Begriff von derselben und ihrem Unterschiede von der landständischen Verfassung gehabt habe? Worin besteht denn dieser Unterschied? Die Bezeichnung „Reich" oder „Land" bezieht sich überall nicht auf die Verfassung, sondern auf den Staat, von dessen Verfassung die Rede ist: die Verfassung selbst ist die nämliche, eine ständische, und wird, je nachdem der Staat nach seinen übrigen Verhältnissen Reich oder Land genannt wird, Reichs- oder Landes-Verfassung genannt; es geht daher die Benennung des Staats nicht bloß auf Verfassung und Stände, sondern auch auf so viele andere Einrichtungen und Beziehungen über, wie dies auch bei andern Bezeichnungen des Staats, z. B. des Königreichs, des Herzogthums u. s. w., der Fall ist. So wurde z. B., als noch für abhängige kleine Länder nicht der Ausdruck „Staat," sondern „Land" gebräuchlich war, ihre Verfassung nur „Landes-Verfassung," seitdem sie aber auch als Staaten qualificirt wurden, „Staats-Verfassung" genannt. Diese Verschiedenheit der Benennung Land, Staat und insonderheit Reich hat aber auf die Verfassung und das Wesen derselben überall keinen Einfluß, und kann eine Reichs-Verfassung eben sowohl beschränkter als unbeschränkter, ja selbst ganz unbeschränkt sein, wie eine landständische, auch die Repräsentation in der Reichs-Verfassung eben so wohl, wie in der Landes-Verfassung provinziell oder allgemein sein, wie dies die Verordnung von 1815, in welcher der Verfasser selbst doch eine reichsständische findet, beweiset. Darin, daß in einer Reichsverfassung die Repräsentation nicht nach und aus den verschiedenen Theilen des Reichs, sondern ohne Rücksicht auf sie aus der ganzen Masse des Volks zusammengesetzt sein und sie in ihrer Einheit repräsentiren müsse, konnte er diesen Unterschied vollends nicht setzen, weil dies eben so wenig in dem Begriff eines Reichs, als in dem eines Landes liegt und dies eine von dem Verfasser ohne allen Grund und Kenntniß der Verfassungen hingestellte unrichtige Behauptung ist. Wenn aber der Verfasser dieses zum Unterschied angenommen hätte, so würde er vollends in der Verordnung von 1815 überall gar kein reichsständisches Element haben finden können, weil dieselbe eine provinzielle Repräsentation auf das bestimmteste vorschreibt. Eben so wenig konnte der Verfasser in der Permanenz der Landes-Repräsentation den Unterschied finden, da er weder in der landständischen, noch in der reichsständischen ausschließlich beruhet und auch nach der Verordnung von 1815 Statt haben sollte. Da ein wirklicher und wahrer Unterschied zwischen beiden nicht vorhanden ist, so hat der Verfasser in der That keinen Begriff von der reichsständischen Verfassung und ihrem Unterschiede von der landständischen haben können und daher für ein Luftgebilde seiner Phantasie gefochten. Diese hat ihn denn auch verleitet, den Unterschied der reichsständischen Verfassung und der landständischen in materielle Elemente zu setzen, die reichsständische Verfassung für eine repräsentative im engeren Sinne des Worts zu halten und sie der landständischen entgegen zu setzen. Dies spricht derselbe ganz unumwunden in der auffallenden Behauptung aus, „daß der Art. 13 der „Bundesacte allerdings zweideutig ist, insofern „nicht bestimmt erhellet, ob eine repräsentative „Verfassung oder die alte feudalständische ga„rantirt sei. In welchem Sinne aber Preußen „ihn auffaßte, erhelle hinreichend aus den „Besitzergreifungs-Patenten und dem Gesetz (Verordnung) „vom 22. Mai 1815, so wie daraus „daß die darin enthaltenen Versprechungen (S. 150, Anmerk. 2 — der Verfasser behauptet S. 151: „auch Preußen garantirte selbst den eroberten Ländern in „den Besitzergreifungs-Patenten eine Reichs-Constitution“) — realisirt worden, ehe noch der Art. 13 der

Bundesacte allen Bundesstaaten eine landständische Verfassung garantirte, durch die Verordnung vom 22. Mai 1815, betreffend die zu bildende Repräsentation des Volks (S. 152).

Es ist also wirklich Jemand in Deutschland, der unter landständischer Verfassung entweder die repräsentative oder die alte feudalistische versteht! Jemand, der den deutschen Fürsten die Absicht, altfeudalständische Verfassung wieder einzuführen, aber ihnen und dem Congresse nicht die Fähigkeit zutrauet, ihre eigentliche Absicht klar auszudrücken! Jemand, der dies Alles auch demjenigen Fürsten zutrauet, der, wie S. 381 angeführt ist, öffentlich erklärt hatte, daß der Art. 13 die landständische Verfassung vorschreibe, und daß Er (dieser Fürst) diesen Artikel veranlaßt habe! Aber noch weit mehr und noch weit ärger! Eben dieser Fürst selbst, welcher unter allen deutschen Fürsten die Wiederherstellung der landständischen Verfassung zuerst und fortgesetzt vorgeschlagen hat, ist zweifelhaft gewesen, ob er darunter die alte feudalständische Verfassung oder die repräsentative verstanden habe, und welche durch die Bundesacte bestimmt worden, was landständische Verfassung, die er vorgeschlagen, eigentlich sei, sei ihm ganz unbekannt gewesen, und sei er daher der ersten Auslegung durch Besitzergreifungs-Patente durch die Verordnung vom 22. Mai 1815 und durch die darin angenommene zweite Alternative, die repräsentative Verfassung, zuvorgekommen. Wie kommt überhaupt Simon auf die Idee der alten feudalständischen Verfassung in Beziehung auf den Wiener Congreß, der dazu um so weniger die mindeste Veranlassung giebt, als auf demselben vorbehalten wurde, selbst die landständische Verfassung nach den Bedürfnissen der Zeit näher auszubilden. Da nur in Pamphlets durch diesen Ausdruck die landständische Verfassung bezeichnet wird, so war er uns in einem Preußischen Staatsrecht ebenso unerwartet, als die Ansicht, daß unter dem Ausdruck der Bundesacte „landständische Verfassung" von irgend Jemandem jene Verfassung und auch die repräsentative, also zwei Extreme, verstanden werden und daß der Ausdruck und Begriff der landständischen Verfassung irgend Jemandem zweideutig sein und unbekannt sein könne, und Jemand nicht wisse, daß dieser Ausdruck in die Bundes-Acte gerade deshalb aufgenommen sei, um die repräsentative auszuschließen (vergleiche oben Seite 148 — 153. Hätte Simon unter der repräsentativen Verfassung die ständisch-repräsentative verstanden, so war seine ganze Anführung rein überflüssig, da ständische Repräsentation in ständischer Verfassung wesentlich enthalten ist und dann der Verfasser nicht hätte behaupten können, daß die Besitzergreifungs-Patente und die Verordnung von 1815 der Anwendung der Bundesacte zuvorgekommen sei, und der König erst nach des Staatskanzlers Tode in der Verordnung von 1815 eine landständische Verfassung gefunden habe. Ganz Deutschland, alle deutschen Fürsten haben den in dem Art. 13 der Bundesacte enthaltenen Ausdruck „landständische Verfassung" begriffen und richtig verstanden, nur Preußen nicht! Preußen allein hat darunter eine repräsentative Verfassung verstanden; denn Simon behauptet

1) die Besitzergreifungs-Patente und die Verordnung vom 22. Mai haben keine landständische Verfassung, sondern eine repräsentative Verfassung, welche der Verfasser eine reichsständische nennt, angeordnet;
2) Preußen hat den Art. 13 der Bundesacte in diesem Sinne aufgefaßt;
3) die unter 1) angeführten Verheißungen sind vor der Vollziehung der Bundesacte gegeben und realisirt; Preußen ist also der Anwendung des Art. 13 zuvorgekommen und die repräsentative oder sogenannte reichsständische Verfassung ist realisirt worden, und
4) die reichsständische Verfassung ist mithin eine repräsentative.

Diese Ansicht unterstützt der Verfasser im Verfolg durch mehrere Argumente, giebt dadurch den nach seiner Ansicht zwischen reichsständischer und landständischer Verfassung bestehenden Unterschied zu erkennen und setzt ihn um so bestimmter darin, daß erstere eine repräsentative sei, weil er außerdem keinen Unterschied zwischen beiden anzugeben vermöge. So führt er z. B. S. 157 als Beweis an, daß eine reichsständische Verfassung ursprünglich beabsichtigt sei, daß der Staatskanzler Reichsstände mit mehr als berathender Stimme gewollt und dem Könige für das platte Land „eine alle aristokratischen Elemente verwischende Verfassung" vorgelegt habe und giebt die Verweigerung der Königlichen Genehmigung dieser Verfassung als Beweis an, daß der König seine Ansichten verändert und die landständische Verfassung vorgezogen habe. Alles materielle Momente, die ebenfalls in der Unkenntniß oder Phantasie des Verfassers ihm als Unterschiede zwischen reichs- und landständischer Verfassung erschienen und von ihm aufgefaßt worden. Ob die Landstände eine berathende oder entscheidende Stimmen haben, hat mit Reich oder Land auch nicht das allermindeste gemein; auch nach der Verordnung von 1815, in welcher Simon schon die Reichsverfassung gegründet findet, haben die Stände nur eine berathende Stimme. Ganz unbegreiflich sind die aristokratischen Elemente in einer ländlichen Communal-Ordnung, in ihrem Zusammenhang mit reichs- oder landständischer Verfassung [30]). Wir werden indessen auf diesen Gegenstand wieder zurückkommen.

---

[30]) So ist nach der einzigen Verfassung des Bundesstaats, welche die Benennung Reichsverfassung hat, nämlich der des Königreichs Baiern, Gutsherrlichkeit und Gerichtsbarkeit ein wesentliches Erforderniß zur Landstandschaft in der ersten Kammer und in der ersten Klasse der Zweiten. Was versteht der Verfasser in einer ländlichen Communal-Ordnung „mit Verwischung aller aristokratischen Elemente" unter den letzteren? Die von ihm S. 144 gedachten oligarchischen Acker-Aristokratien? In einer ländlichen Communal-Ordnung sollen also alle aristokratischen Elemente weggewischt und in Communal-Angelegenheiten aller Unterschied zwischen dem grundbesitzenden Bauer und dem Einlieger aufgehoben werden und dies in der Natur reichsständischer Verfassung liegen. Die Verwerfung einer solchen Verfassung soll also ein Beweis der Nichtanerkennung des Werths der reichsständischen Verfassung und der Hinneigung zur landständischen sein? Die vom Verfasser angeführte Communal-Ordnung beruht ebenfalls lediglich in seiner Phantasie und würde keine Communal-, sondern eine communistische Ordnung sein.

§. 13.

Der von Simon aufgestellte Unterschied zwischen reichs- und landständische Verfassung ist daher durchweg ungegründet. Reichsstände können nicht minder als Landstände alte Feudalstände und reichsständische Verfassungen sein und waren es nicht minder, wie landständische alte feudalständische Verfassungen und ist daher des Verfassers Unterscheidung zwischen beiden aus Unkenntniß der Geschichte und der Verfassung entstanden. Ob das Land Reich' oder Land genannt wird, hat auf dessen Verfassung keinen Einfluß. Jedes Land ist zwar wesentlich ein Reich, allein nach allgemeinem Gebrauch wird die Benennung Reich nur einem, von einem andern Staate unabhängigen und keinem andern, als seinem Regenten untergeordneten Lande beigelegt. Unter den Preußischen Staaten eignete sich daher diese Benennung nur für Preußen; dasselbe ward aber nicht so, sondern Königreich, gewöhnlich Provinz, genannt; für den Inbegriff sämmtlicher Königlichen Staaten war die Bezeichnung: Unsere Monarchie, Unsere sämmtlichen Provinzen und Länder, in späteren Zeiten auch wohl Unser Staat oder der Preußische Staat üblich, der Ausdruck Unser Reich oder das Preußische Reich konnte während der Reichs-Verfassung so wenig für die Preußischen, als für die andern deutschen Staaten wegen ihrer Unterordnung unter dem Kaiser gebraucht werden und auch schon deshalb nicht, weil die Regenten selbst Reichsstände waren und daher ihre Stände nicht eben so würden genannt haben. Obgleich dieser Grund 1806 aufhörte, so ist doch für die deutschen Staaten die

Benennung „Reich", einige wenige einzelne Fälle abgerechnet, nicht aufgekommen und insonderheit in den Preußischen Staaten nur in sehr seltenen Fällen, offenbar zufällig, gebraucht. So kommt dieselbe vor in dem Publicandum an die Einwohner der Provinz Posen vom 10. Mai 1815: „— wie die übrigen Provinzen Meines „Reichs"; — in der Verordnung wegen der Provinzialstände vom 22. Mai 1815: „— Unseres Reichs" — „des Preußischen Reichs"; — in der Verordnung wegen Aufhebung der Salz-Conscription vom 9. Mai 1816: „— in den älteren Provinzen Unseres „Reichs" (Gesetzsammlung S. 139); — in dem Edikt wegen des Salz-Regals vom 10. Juni 1816: „— die „westlichen Grenzen Unseres Reichs" (Gesetzsamml. S. 182) — und dem Edikt vom 17. Jan. 1820 wegen des Salzverkaufs: „— in verschiedenen Theilen Unseres „Reichs"; — in der Cabinets-Ordre vom 6. März 1821 wegen Bestrafung der Staatsverbrechen in der Rhein-Provinz: „in den alten Provinzen Meines Reichs" (Gesetzsamml. No. 2); — in der Uebersetzung der Päbstlichen Bulle de salute animarum wird zwar für den Ausdruck: regnum Borussicum oder regnum Borussiae Preußisches Reich, in der Publications-Verordnung aber die Benennung „Staat" gebraucht. Oefter und später dürfte der Ausdruck Reich für den Preußischen Staat nicht wieder gebraucht worden sein; dagegen sind die Landstände in der, wegen der allgemeinen Staatsschulden unterm 17. Jan. 1820 erlassenen Verordnung Reichsstände und ihre Versammlung reichsständische Versammlung genannt. Diese Benennung Reichsstände — dazu in einer Verordnung, die weder im Staatsministerium, noch in den betreffenden Ministerien, noch im Staatsrath berathen und in letzterem nicht einmal in der Fassung geprüft worden — sind die inhaltsschweren Zauberworte, welche die bestehende landständische Verfassung, die Bundesacte und die Verordnung von 1815, die Königlichen Versprechen an die Provinzen und die Erklärung am Bundestage vernichtet und in eine Reichs-Verfassung und Reichsstände verwandelt haben sollen! in eine Verfassung, von deren Unterschied von der landständischen Niemand einen Begriff anzugeben vermag, sondern den jeder nach seinen Ansichten formt. Aber diese Verordnung bildet eben so wenig Reichsstände, als sie dieselben verheißt, sondern gedenkt darunter nur der Landstände aller Provinzen des Reichs nach Vollendung der Organisation der ersteren, also als einer bevorstehenden Einrichtung. Die allgemeinen Staatsschulden sind gemeinschaftliche Schulden der Krone und des Volkes: beide haften für dieselben und haben daher an ihrer Verwaltung ein Interesse. Es lag in der Sache selbst, daß die Landstände an der Verwaltung dieser allgemeinen Schulden des ganzen Landes Antheil haben mußten, und daß sie denselben gleich bei der, durch die Verordnung vom 17. Januar 1820 erfolgten Anordnung dieser Verwaltung erhalten haben würden, wenn sie selbst schon nach den Bestimmungen der Verordnung vom 22. Mai 1815 gebildet und eingerichtet gewesen wären. Die Verordnung konnte sich daher nur auf die Bestimmung beschränken, wie diese Theilnahme künftig, nachdem die Stände wiederhergestellt und in Thätigkeit sein würden, eintreten solle. Daher erklärte der König in dieser Verordnung, daß Er beabsichtige, künftig diese Angelegenheit den Reichsständen unterzuordnen — „Die von Uns beabsichtigte künftige Unterordnung die„ser Angelegenheit unter die Reichsstände" — „daß „die Aufnahme eines neuen Darlehns nur mit Zuzie„hung und unter Mitgarantie der künftigen reichs„ständischen Versammlung geschehen könne[31]); daß „beim Abgange eines Mitgliedes (der Hauptverwaltung der Staatsschulden) dem Könige von der künftigen „reichsständischen Versammlung und bis zu de„ren Errichtung von dem Staatsrath drei Individuen

---

[31]) Keineswegs so allgemein, wie gewöhnlich behauptet wird, wie bereits S. 241 bemerkt ist, sondern nur diejenigen Schulden, für welche nicht bloß die Krone, sondern auch das Volk und jedes Glied des Staats-Verbandes haftet. Verordnung wegen der Staatsschulden vom 17. Jan. 1820: §. 1. Dieser Staats-Schulden-Etat ist geschlossen — sollte ein neues Darlehn aufgenommen werden müssen, so kann dies nur mit Zuziehung der reichsständischen Versammlung geschehen. §. 2. Die Staats-Schulden-Verwaltung darf daher nicht mehr Staats-Schuld-Scheine, als der vom Könige vollzogene Etat besagt, ausstellen. §. 10. Eid der Mitglieder dieser Verwaltung: Weder einen Staatsschuldschein, noch ein anderes Staatsschulddocument über den Betrag des der Verordnung beigefügten Etats hinaus auszustellen, in so fern solches nicht auf dem Art. 2 der Verordnung vorgeschriebenen Wege festgesetzt ist (Gesetzsamml. von 1820, S. 38). Der Grundsatz, daß der Regent zur Aufnahme von Anleihen der Zustimmung oder des Raths der Stände bedarf, ist in dieser Allgemeinheit durchaus unrichtig, sondern nur für Anleihen gegründet, für welche auch die Unterthanen verhaftet sind, und auch in diesem Falle nur, wenn das An-

„vorgeschlagen werden sollen; daß die Hauptverwaltung „verpflichtet sei, der künftigen reichsständischen „Versammlung alljährlich Rechnung zu legen — bis „zur Einführung derselben aber der Staatsrath „an deren Stelle treten soll; daß, bis die reichsstän„dische Versammlung zusammengetreten sein „wird, statt ihrer eine Deputation des Berliner Ma„gistrats ꝛc."

Der König bildete daher keine Reichsstände und hob die Verordnung vom 22. Mai 1815 und die dadurch angeordneten Provinzialstände und Landes-Repräsentanten keineswegs auf, sondern bestätigte sie vielmehr ausdrücklich durch die an eben dem Tage, am 17. Jan. 1820, über das Churmärkische landschaftliche Schuldenwesen und dessen theilweise Vereinigung mit der ersteren ergangene Verordnung [32]), in deren §. 9 bestimmt ist:

Uebrigens bezieht sich die durch vorstehende Verordnung festgestellte Aufhebung des Credit-Instituts der Churmärkischen Landschaft keineswegs auf die sonstigen ständischen Verhältnisse der Chur- und Neumark, worüber die näheren Bestimmungen alsdann erfolgen werden, wenn in Folge Unserer Verordnung vom

---

leihen nicht zur Bestreitung einer Last aufgenommen wird, welche nach der Verfassung den Unterthanen obliegt. Dieser Grundsatz liegt in der Natur der Sache, war in der Reichs-Verfassung gegründet und ist in den neuen deutschen Constitutionen anerkannt. (Vgl. hierüber oben S. 238).

[32]) Gesetzsamml. von 1820, S. 19.

22. Mai 1815 die Festsetzungen über die Allgemeine Repräsentation zur Ausführung kommen werden.

Die Verordnung wegen des allgemeinen Schuldenwesens vom 17. Jan. 1820 hat daher auf die sonstigen ständischen Verhältnisse der Provinzialstände keinen Einfluß und errichtet keine neue Stände. Es bleibt vielmehr bei der Verordnung von 1815, und das Staatsschulden-Gesetz berührt die landständischen Verhältnisse nicht weiter, als daß der König in demselben die Absicht zu erkennen giebt, den Landständen, nachdem sie in Folge der Verordnung von 1815 eingerichtet sein werden, die Theilnahme an der Staats-Schulden-Verwaltung beizulegen, um dadurch die Schuld desto bestimmter als eine allgemeine Staatsschuld zu charakterisiren und das öffentliche Vertrauen zu derselben zu erhöhen. Wenn die Landes-Repräsentanten, welche diese Mitwirkung erhalten haben würden, Reichsstände genannt werden; so dürfte dies offenbar aus eben dem Motive geschehen sein, aus welchem die Concurrenz der Stände überhaupt eintrat, und um insonderheit dem, mit der Verfassung und dem Unterschiede der Provinzialstände und der Landes-Repräsentanten bei der damals noch nicht vollendeten näheren Bestimmung über dieselben und bei den in dem Gesetz selbst erwähnten Provinzial-Schulden nicht näher bekannten Auslande die Ueberzeugung zu gewähren, daß für diese Staatsschulden alle Stände des Reichs, mithin nicht einzelne, sondern alle Provinzen des Reichs haften und die Garantie haben. Dieses und nichts weiter ist der Zweck und das Resultat dieser Benennung, die vorher und später nicht mehr und auch damals nur in dieser Verordnung gebraucht wurde.

Niemand wird wohl annehmen, daß der König durch diese Bestimmung über ein einzelnes, nicht sowohl ständisches, als vielmehr debitorisches Verhältniß der, noch in Berathung befindlichen, durch die Verordnung von 1815 vorgeschriebenen „Organisation der Provinzialstände und „der Landes-Repräsentanten" habe vorgreifen und sie vernichten wollen. Diese Annahme würde dem, am nämlichen Tage erklärten Königlichen Willen ganz geradezu entgegen sein, indem der König in der eben angeführten Verordnung wegen des Churmärkischen Schuldenwesens ausdrücklich bestimmt, daß „die sonstigen „ständischen Verhältnisse durch die Anordnun„gen wegen des Schuldenwesens nicht berührt, „sondern durch die Ausführung der Verordnung „bestimmt werden sollen." Wenn die Rechtsbeständigkeit des Gesetzes von 1823 sogar bezweifelt wird, weil dasselbe nicht von „fälschlich" untergeschobenen Abgeordneten der Provinzen berathen worden (S. 374); so würde die, ohne Zuziehung ihrer Eingesessenen erfolgte Aufhebung der landständischen Verfassung und Einführung einer andern vollends nicht rechtmäßig sein. Simon sucht aber diesem Bedenken durch die Behauptung auszuweichen, daß der König nicht erst durch dieses Gesetz, sondern bereits durch die Publications-Patente von 1815 und die Verordnung von 1815 die Reichs-Constitution eingeführt habe. Wir haben diese merkwürdige Behauptung zwar bereits Seite 389 ff. erörtert und gesehen, wie der Verfasser, ungeachtet des Königlichen Ausspruchs in der Cabinetsordre vom 21. März 1818: „daß der Art. 13 der Bundesacte eben so wohl, „wie die Verordnung von 1815 eine landstän„dische Verfassung vorgeschrieben, daß der Kö„nig den betreffenden Artikel der Bundesacte „veranlaßt und die landständische Verfassung „versprochen habe, und daß ein Zweifel an der „Unverbrüchlichkeit des Königlichen Verspre„chens, die landständische Verfassung einzu„führen, freventlich sei und gerechtes Mißfallen „verdiene, so daß der König die Bestimmung der „Zeit, wann die Zusage einer landständischen „Verfassung in Erfüllung gehen solle, sich vor„behalte" — dennoch die Behauptung wagt, der König habe die landständische Verfassung nie gewollt, sondern schon 1815 selbst „den eroberten Ländern in den Besitz„ergreifungs-Patenten eine Reichs-Constitution ga„rantirt und sie auch durch die Verordnung von 1815 „angeordnet." Zu welchen Mitteln greift der Verfasser, um diese unbegreifliche Behauptung zu rechtfertigen? In dem Publicandum — oder wie er höchst unangemessen es nennt, in dem offenen Briefe an die Einwohner des Großherzogthums Posen vom 15. Mai 1815, welches der Verfasser anführt, ward ihnen zwar eröffnet: „Ihr „werdet an der Constitution Theil nehmen, welche Ich „Meinen getreuen Unterthanen zu gewähren beabsich„tige;" es ist aber ein um so mehr eigenmächtiges und ungegründetes Unternehmen, wenn der Verfasser daraus eine Reichs-Constitution macht, als unmittelbar darauf die Worte folgen: „und Ihr werdet, wie die übri-„gen Provinzen Meines Reichs, eine provin-„zielle Verfassung erhalten" und dadurch bestimmt genug erklärt wird, daß die, den Unterthanen verheißene Constitution eine provinzielle ist, und daher unter diesem Ausdruck eine provinzielle, keineswegs aber eine Reichs-Constitution verstanden ist. Eben dies gilt auch in Ansehung des Publicandums an die Einwohner der Städte Danzig und Thorn und der Kreise Culm u. s. w. vom gleichen Tage. Der König eröffnet denselben: „Ihr werdet an der Constitution Theil nehmen, „welche Ich allen Meinen getreuen Unterthanen zu ge-„währen beabsichtige und an der provinziellen Ver-„fassung, welche Meine Provinz Westpreußen (mit welcher diese Besitzungen durch das Patent vom nämlichen Datum wieder vereinigt waren) „erhalten wird." Es ist nicht zu begreifen, wie der Verfasser S. 151 behaupten kann, daß hierin „noch bestimmter zwischen „der provinziellen und der Reichs-Verfassung unter-„schieden sei," da vielmehr dieser Fall noch bestimmter, als der andere beweiset, welche Constitution der König beabsichtige, seinen getreuen Unterthanen zu gewähren, nicht eine, die er seinem Reiche geben werde, sondern die provinzielle, welche er sieben Tage nachher durch die Verordnung vom 22. Mai 1815 zur Organisation der Provinzialstände und der Landes-Repräsentanten ankündigte. Diese wiedererworbenen Besitzungen wurden überdem mit der Provinz Westpreußen wieder vereinigt und sollten an der provinziellen Verfassung derselben Theil nehmen, also zu dem westpreußischen provinzialständischen Verbande gehören. Daß dieser Provinz keine Reichs-Constitution versprochen war, sondern daß sie wie die übrigen Provinzen eine provinzielle erhalten sollte, war ausdrücklich ausgesprochen. Zwei Städte und zwei Kreise sollen zwar Provinzialstände von Westpreußen, zugleich aber auch eine Reichs-Constitution haben und also Reichsstände sein!!

Wenn der König in mehreren Besitzergreifungs-Patenten sich vorbehält, die zugesicherte provinzielle Verfassung der allgemeinen Verfassung anzuschließen, welche er allen seinen Unterthanen und Ständen zu geben beabsichtige; so ist ohne weitere Bemerkung begreiflich, daß unter der letzteren nicht eine Reichs-Constitution, sondern nur die allgemeinen Grundsätze der Provinzial-Verfassung, worin sie alle übereinstimmen sollen, z. B. die Landstandschaft der mediatisirten, die Landtagsfähigkeit bürgerlicher Rittergutsbesitzer, die Landstandschaft der Bauern u. s. w. verstanden sind. Der König hat daher, nach dem Verfasser, den Provinzen in den Besitzergreifungs-Patenten nicht eine landständische und provinzialständische, sondern eine repräsentative Reichs-Constitution versprochen — die Bundesacte hat zwar eine landständische angeordnet, allein „alle diese Versprechungen — der Reichs-Constitution — „wurden realisirt, ehe „noch der Art. 13 der Bundesacte vom 8. Juni „1815 allen Bundesstaaten eine landständische „Verfassung garantirte, durch die Verordnung „vom 22. Mai 1815, betreffend die zu bildende

„Repräsentation des Volks;" so behauptet wörtlich der Verfasser nicht eines Romans, sondern (S. 152) eines Preußischen Staatsrechts!! Ein vollständiges Seitenstück zu dem Unwesen, welches Jacoby mit der Verordnung vom 22. Mai 1815 getrieben hat (S. 227)! Simon lehrt in einem Handbuch des Preuß. Staatsrechts, daß der Art. 13 und die landständische Verfassung der erst am 8. Juni 1815 vollzogenen Bundesacte in Preußen nicht zur Anwendung habe kommen können, weil die Verheißungen der Reichs-Constitution bereits vorher realisirt worden. Aller Ehren wäre es schon werth, wenn das kleine Geschäft der Realisirung einer Reichs-Constitution im Fürstenthum Lichtenstein in drei Wochen beendigt gewesen wäre; etwas mehr Zeit hätte dasselbe wohl im Preußischen Staat erfordert. Aber vollends merkwürdig ist es, daß die Verordnung vom 22. Mai 1815 bereits einige Monate vor ihrer Publication durch Einführung der darin verheißenen Reichs-Constitution realisirt worden. Die Verordnung ist erst durch das am achten Juli in Berlin ausgegebene Stück der Gesetzsammlung, also einen vollen Monat nach der am 8. Juni erfolgten Unterzeichnung der Bundesacte publicirt, wie Simon aus der Gesetzsammlung hätte ersehen können. Somit fällt die von allen Begriffen entblößte Behauptung des Verfassers schon chronologisch über den Haufen. Bei der oberflächlichsten Kenntniß der von ihm so oft angeführten Wiener Congreß-Acten würde er ersehen haben, daß die Schluß-Conferenz über den Art. 13 am 23. Mai Statt hatte, die Vollziehung der ganzen Acte aber erst am 8. Juni erfolgte. Die Verordnung von 1815 wurde schon am 22. Mai entworfen, aber bis zur förmlichen Vollziehung der Bundesacte zurückgehalten und erst nach derselben publicirt. Der König hatte also, nach dem Verfasser, eine, mit der von Ihm vollzogenen Bundesacte in geradem Widerspruch stehende Verfassung angeordnet und wir verdanken daher dem Verfasser die Entdeckung, daß in einer großen Monarchie eine Reichs-Verfassung durch ein im Bureau des Staatskanzlers liegendes Concept realisirt worden ist.

Eine bloß die ständischen Verhältnisse betreffende landesherrliche Verordnung ist also eine Reichs-Constitution? Eine ständische Constitution, welche eine provinzielle Repräsentation vorschreibt, ist also eine Reichs-Constitution? Die Verordnung von 1815 ist zur Einführung der, auf dem Wiener Congreß für alle Bundes-Staaten beschlossenen landständischen Verfassung erlassen, der König verkündigt sie seinen neuen Völkern als ihnen bevorstehend und bezeichnet den Zweifel an seiner Absicht, eine landständische Verfassung einzuführen, für Frevel (S. 381), und Simon behauptet, des Königs Absicht sei gar nicht gewesen, eine landständische Verfassung, sondern eine repräsentative einzuführen; er habe dieselbe auch durch die Gesetze von 1815, 1817, 1820 ff. angeordnet, und sei von dieser Absicht erst in späteren Zeiten abgegangen. Die Verordnung von 1815 ist eine Instruction zur Organisation der landständischen Verfassung, und Simon giebt sie für eine Realisirung der Reichs-Constitution aus, obgleich die Reichsstände noch in der Verordnung von 1820 als „künftige" gedacht und diese 1815 angeblich „realisirten" Reichsstände niemals realisirt worden sind.

Von gleicher Art ist die, auf die Verordnung vom 20. März 1817 wegen Einführung des Staatsraths gegründete Behauptung, „daß durch die Bestimmung des „§. 2a derselben [33]), daß die Einwirkung der künftigen „Landes-Repräsentanten bei der Gesetzgebung durch „die in Folge der Verordnung vom 22sten Mai 1815 „auszuarbeitende Verfassungs-Urkunde näher bestimmt „werden soll, von Neuem auf die bevorstehende „Constituirung der Reichs-Versammlung hin-„gewiesen worden sei." Die historische Treue wird allerdings sehr verletzt, wenn in dem Streite, ob eine reichsständische oder landständische Verfassung eingeführt sei, der Ausdruck Landes-Repräsentanten in Reichs-Versammlung verwandelt wird, und eine solche Verletzung der historischen Treue ist hier in einem hohen Grade in Beziehung sowohl auf Sinn, als auf Ausdruck begangen, indem Simon Landes-Repräsentanten in Reichs-Versammlung, Land in Reich umgeändert und auf diese Ummodelung des Gesetzes-Textes die Behauptung, daß die Verordnung von 1815 keineswegs eine landstän-

[33]) Verordnung vom 20. März 1817, §. 2a: „Die Einwirkung der „künftigen Landes-Repräsentanten bei der Gesetzgebung „ist durch die in Folge Unserer Verordnung vom 22sten Mai „1815 auszuarbeitende Verfassungs-Urkunde näher bestimmt „worden."

dische, sondern eine reichsständische Verfassung eingeführt habe, gegründet wird. Die Veränderung des Textes der Gesetze und Unterschiebung anderer Ausdrücke ist freilich ein Mittel, jeden beliebigen Satz zu vertheidigen.

Ein noch weiteres Feld bietet dem Stadtgerichtsrath Simon die Verordnung wegen der Staatsschulden vom 17. Januar 1820 dar. Noch war in keiner Verordnung oder anderen öffentlichen Urkunde der Ausdruck Reich in Beziehung auf die ständische Verfassung vorgekommen und diese als eine reichsständische bezeichnet; der Verfasser hatte zwar, wie wir gesehen haben, einigemal Reichs-Constitution und Reichs-Versammlung aus Gesetzen angeführt; allein beide Ausdrücke kommen in den Gesetzen mit keiner Sylbe vor, sondern waren des Verfassers eigene Compositionen. In der Verordnung wegen der Staatsschulden werden Reichsstände und reichsständische Versammlungen angeführt; allein ihrer wird ausdrücklich nur als „künftiger“ und als beabsichtigter gedacht, sie waren also damals noch nicht vorhanden und die am nämlichen Tage wegen des Churmärkischen Creditwesens erlassene Verordnung verwies ausdrücklich auf die Verordnung von 1815 und die nach derselben zu bildende Provinzial-Verfassung und Landes-Repräsentation (S. 397). Ueberdem waren jene Ausdrücke sehr zweifelhaft, indem der Ausdruck „Reich“ auch in andern Fällen als gleichbedeutend mit „Land“ gebraucht war und wenigstens nicht genügte, um auf eine förmliche, reichsständische Verfassung und gar auf eine nicht bloß ständische Verfassung, sondern alle Verhältnisse der Staats-Verfassung und des Staatsrechts betreffende Reichs-Constitution zu schließen. Das Staatsschuldengesetz erwähnt daher auch mit keiner Silbe einer Reichs-Constitution oder einer reichsständischen Verfassung. Das Preußische Staatsrecht des Herrn Stadtgerichtsraths Simon weiß aber auch diesem Mangel abzuhelfen. In demselben wird behauptet, daß der König nicht allein eine reichsständische Verfassung, sondern auch eine Reichs-Constitution verheißen oder nach des Verfassers Ausdruck „garantirt" habe. So hat der König „selbst den eroberten Ländern in den Besitzergreifungs-„Patenten eine Reichs-Constitution garantirt (vgl. oben S. 400), so den Einwohnern von Danzig ꝛc. eine „Reichs-Verfassung (vergl. das. S. 401), so eine „reichsständische Verfassung und die Organisation der Reichsstände versprochen, und so ist denn in dem, in Simons Staatsrecht Seite 156 befindlichen, als wörtlich bezeichneten Abdruck des §. 2 des Staatsschulden-Gesetzes der Ausdruck „reichsständische Versammlung" wirk-in den Ausdruck „reichs-ständische Verfassung" verändert und dieser, in dem Gesetze überall nicht vorkommende Ausdruck auch S. 157 wiederholt.

§. 14.

Dies sind die Gründe, aus welchen das Versprechen einer reichsständischen Verfassung und selbst einer Reichs-Constitution in einer mehrfachen Richtung behauptet wird. In der einen Richtung hat der König Friedrich Wilhelm III. nie eine andere, als diese beabsichtigt und, so oft sein Königliches Wort landständische Verfassung zusicherte und nannte, unter derselben nie eine andere, als eine repräsentative reichsständische verstanden — in dieser Richtung befindet sich Simon —; nach einer andern ist sie durch die in der Verordnung von 1815 erwähnte Repräsentation des Volks begründet, und noch nach einer anderen Richtung ist sie erst durch die Verordnung wegen des Staatsschuldenwesens von 1820 eingeführt. Alle drei Richtungen kommen darin überein, daß sie, wie mehrmals angeführt ist, der Reichs-Verfassung einen durchaus irrthümlichen und falschen Begriff und Sinn unterschieben, wenn sie eine Volks-Repräsentation und eine repräsentative Verfassung in dem Sinne des philosophischen Staatsrechts als in der Reichs-Verfassung wesentlich enthalten, annehmen und aus derselben ohne Weiteres folgern. Denn nur von einer solchen modernen Repräsentation, nicht von einer deutschen landständischen Repräsentation handelt es sich hier, weil die letztre im Wesen der landständischen Verfassung liegt und allgemein zugestanden wird, mithin weder Gegenstand der Meinungsverschiedenheit, noch des von den Vertheidigern der reichsständischen Verfassung aufgestellten Unterschiedes zwischen derselben und der landständischen Verfassung sein und von ihnen als neuerdings erst 1823 eingeführt ausgegeben werden könnte. Alle drei Richtungen stimmen ferner in dem Irrthum oder, man sagt nicht zu viel, vielmehr in der geflissentlichen Verkennung der Bundes-Verhandlungen über die Befestigung der landständischen Verfassung in Deutschland überein, indem in denselben lediglich von der deutschen Repräsentation die Rede war, und der Ausdruck „landständische Verfassung" absichtlich gebraucht ist, um dadurch die repräsentative auszuschließen (S. 148). Friedrich Wilhelm III. soll aber den Ausdruck gebraucht haben, um dadurch die repräsentative Verfassung einzuführen, welcher gebraucht worden sei, um sie auf dem Wiener Congresse, in der Bundesacte Art. 13 und in den Bundes-Grundgesetzen auszuschließen? Der König hätte auch nur geahnt, daß in seinen Ländern diesem Ausdruck und seinem Königlichen Worte jemals eine so verkehrte und verdrehte Deutung gegeben werden könne? Wie verkehrt und ungegründet diese Deutung ist, und wie es alle Schranken der Dreistigkeit überschreitet, wenn sie, nachdem der König den Zweifel an seiner Absicht, eine landständische Verfassung zu geben, für freventlich erklärt hatte und noch nach dem Gesetz von 1823 gegeben, ja eigentlich erst erfunden und jetzt sogar unter Unterschiebung unrichtiger und Veränderung wahrer Königlicher Worte in einem Handbuche des Preußischen Staatsrechts systematisirt wird, liegt daher zwar von selbst vor, durfte jedoch zur Warnung vor solchen Irrthümern hier nicht unbemerkt bleiben. Der König erklärt in dem, nach den Vorschriften der Verordnung von 1815 abgefaßten Gesetz von 1823, daß die seinem Volke gegebene Verfassung eine provinzialständische, im Sinne der älteren deutschen Verfassungen sei und in Uebereinstimmung mit der Verordnung von 1815 die Provinzialstände für das gesetzmäßige Organ der verschiedenen Stände der Unterthanen in jeder Provinz. Dies alles lag schon unverkennbar in der Verordnung von 1815 und allen andern Königlichen Aussprüchen und in dem Begriff und Ausdruck des Art. 13 der Bundes-Acte. Die Erfahrung hatte aber gelehrt, welcher Unfug in einigen deutschen Ländern mit dem in diesem Artikel vorkommenden Ausdruck „landständische Verfassung" getrieben worden, indem mit demselben der Begriff der demagogischen Volks-Repräsentation verbunden wurde, und vereinigten sich daher die Bundesfürsten, den Ausdruck der landständischen Verfassung nach ihrem ächten Begriff durch die Schluß-Acte von 1820 näher zu bestimmen (S. 148 ff.) und vor jenen Sophistereien zu bewahren (S. 77). Der König Friedrich Wilhelm III. sprach daher, wie die übrigen Bundesfürsten in ihren ständischen Gesetzen (S. 97), in dem Gesetz von 1823 dasjenige, was schon in der Verordnung von 1815 deutlich und keiner Verdrehung fähig enthalten war, daß nämlich hier lediglich von der deutschen landständischen Verfassung die Rede sei, mithin dasjenige, was einer Erwähnung überall nicht bedurft haben würde, wenn nicht jene Verdrehungen sie nothwendig gemacht hätten, ausdrücklich und bestimmt aus. Diese actenmäßige Wahrheit bestätigen die Königlichen Worte, welche von Demjenigen, der nach Gottes Rathschluß dem Könige Friedrich Wilhelm III. am nächsten und vermöge des Königlichen Vertrauens ein Vierteljahrhundert an der Spitze der Organisation der ständischen Verfassung und ihrer Ausführung stand, und auch als König äußerte: „Uns „ist die Ehre zu Theil geworden, an diesem Werke mit„zuhelfen, und es hat von seiner Entstehung an bis auf „diesen Augenblick Unsern lebendigsten Antheil in Anspruch

„genommen" [34]) — die Königlichen Worte, welche „mit „dem ganzen offenen Vertrauen, welches das Verhältniß „deutscher Fürsten ihren deutschen Ständen gegenüber von „Altersher bezeichnet hat," ausgesprochen sind: „Die „Ergebnisse — eröffnet der König in dem unten angeführten Landtags-Abschied den Preußischen Ständen — „welche Un- „ser in Gott ruhender Herr Vater bald nach Erlaß der „Verordnung vom 22. Mai 1815 in andern Ländern „wahrnahm, bewogen Ihn, wie Wir davon auf das Un- „zweifelhafteste unterrichtet sind, die Deutung, welche mit „Seinen Königlichen Worten verbunden wurde, in reif- „liche Ueberlegung zu ziehen. In Erwägung der heili- „gen Pflichten Seines von Gott Ihm verliehenen König- „lichen Berufs beschloß Er, Sein Königliches Wort zu „erfüllen, indem Er, von den herrschenden Begriffen so- „genannter allgemeiner Volksvertretung um des wahren „Heils Seines Ihm anvertrauten Volks willen Sich „fern haltend, mit ganzem Ernste und mit innigster Ue- „berzeugung den naturgemäßen, auf geschichtlicher Ent- „wickelung beruhenden und der deutschen Volksthümlichkeit „entsprechenden Weg einzuschlagen. Das Ergebniß sei- „ner weisen Fürsorge ist die allen Theilen der Monarchie „verliehene provinzielle und kreisständische Verfassung „Sie hat eine auf deutschem Boden wurzelnde geschicht- „liche Grundlage: die Grundlage ständischer Gliederung,

[34]) König Friedrich Wilhelm des Vierten Landtags-Abschied an die zum Preußischen Landtage dermalen versammelten Stände des Königreichs Preußen, d. d. Königsberg den 9. Sept. 1840.

„wie diese durch die überall berücksichtigten Veränderungen „der Zeit gestaltet worden. Sorgfältig ist ein, die freie „organische Entwickelung hinderndes Abschließen der na„türlichen Stände des Volks auf der einen und ein Zu„sammenwerfen derselben auf der andern Seite vermieden „worden."

Diese irrthümlichen Deutungen der Verordnung von 1815 wurden besonders durch die Mißdeutungen unterstützt, welche dem darin befindlichen Ausdruck „Repräsentation des Volks" von Uebelwollenden oder Uebelverstehenden in der Richtung sogenannter allgemeiner Volksvertretung gegeben wurden, indem sie aus demselben die allgemeine philosophisch-staatsrechtliche absolute Volks-Repräsentation folgerten. Um das Volk vor Täuschungen und Verführungen, die schon so viel Unheil angerichtet hatten, zu bewahren, wurde der, in der überhaupt nicht als definitives Gesetz, sondern nur als Grundsätze zur Abfassung desselben abgefaßten Verordnung von 1815 enthaltene Ausdruck „Repräsentation des Volks" um so weniger in das Gesetz aufgenommen, als er in demselben nicht allein überflüssig, sondern selbst nicht mehr zulässig gewesen sein würde. Der König hatte in der Verordnung von 1815 — als Anweisung für die Entwerfung des Gesetzes (vgl. S. 212) vorgeschrieben, „daß eine Repräsentation des Volks ge„bildet werden solle, und zwar nach Provinzialständen." Diese Bildung war durch das allgemeine Gesetz und durch die Provinzialgesetze von 1823 vollendet und vom Könige genehmigt und konnte daher nicht weiter vorgeschrieben, sondern nur die Bildung der Provinzialstände genehmigt und die Wirkungen und Verhältnisse der Repräsentation festgestellt werden. Alles dieses erfolgte in den Gesetzen von 1823; sie bestätigten die erfolgte Bildung der Provinzialstände, sie erkannten dieselbe als die gesetzmäßigen Organe aller Stände der Unterthanen in der Provinz an und bestimmten die Grenzen ihrer Wirksamkeit und ihre übrigen Verhältnisse. Die Provinzialstände, deren Bildung die Verordnung von 1815 anordnete, finden wir in dem Gesetz von 1823 angeordnet, die in der Verordnung von 1815 bestimmten Landes-Repräsentanten sind im Gesetze von 1823 als allgemeine Landstände angeführt; die in der Verordnung von 1815 angeführte Repräsentation des Volks und die daraus folgende repräsentative Eigenschaft der Stände ist in dem Gesetze von 1823 auf das aller bestimmteste enthalten, indem dasselbe sie für die gesetzmäßigen Organe der Unterthanen der Provinz, deren Stände sie sind, für deren Interessen, Beschwerden und Wünsche bei dem Landesherrn erklärt. Beide Gesetze stimmen daher in ihren Bestimmungen und in der ständischen Verfassung auf das vollständigste überein: die Verordnung von 1815 schreibt die Grundsätze vor, nach welchen sie geordnet werden soll, und das Gesetz von 1823 publicirt die nach diesen Grundsätzen angeordordnete landständische Verfassung; beide unterscheiden sich nur darin, daß die Verordnung von 1815 nur den Grundsatz, das Gesetz von 1823 aber das eigentliche und wahre Wesen und die Wirkung der in der Verordnung von 1815 gedachten Repräsentation des Volks, die Eigenschaft des gesetzmäßigen Organs desselben näher und bestimmter bezeichnet, als der, der Theorie entlehnte Ausdruck „Repräsentation". Dieser Veränderung der Ausdrücke würde es in früheren Zeiten, in welchen über den Begriff der ständischen Repräsentation kein Zweifel obwaltete, und auch jetzt überall nicht bedurft haben, wenn nicht in spätern Zeiten eine von der ständischen Repräsentation im Grundsatze und in Richtung ganz verschiedene Art von Repräsentation erst in einer unheilschwangeren Schule erfunden und später in einigen Theilen Europa's entstanden wäre, und jene Schule sich bestrebte, durch alle Mittel der Sophistik, der Verblendung und der Verführung die, in dem Wesen der landständischen Verfassung liegende Repräsentation in jene Abart von Repräsentation umzukehren und dadurch die Grundlagen und das Wesen der deutschen Verfassung umzustürzen. Der näheren Darstellung dieser Bestrebungen, ihrer Hartnäckigkeit und der verbrecherischen und verderblichen Wirksamkeit können wir uns hier überheben: die Verhandlungen der Bundes-Versammlung (S. 94 u. 77) und der Versammlungen deutscher Fürsten (S. 148 ff.), gerichtliche Acten, die Notorität, die deutsche Literatur und leider auch hin und wieder manche deutsche Kammern — auch die letzten Jahre sind hierin fruchtbar genug gewesen — überheben jeder näheren Anführung der verderblichsten Richtungen und entschiedensten Thatsachen, deren Quelle der Mißbrauch und Unfug ist, welcher mit dem, von den deutschen Fürsten im deutschen fürstlichen Vertrauen gebrauchten Ausdruck „Repräsentation" von Jüngern jener Schule unter Abscheu und Bedauern des deutschen Volks getrieben wurde. So wie die Bundes-Versammlung diesen verderblichen Unfug durch ihre Beschlüsse und durch nähere Bestimmungen abstellte (S. 77); so erfüllte auch König Friedrich Wilhelm III. durch das Gesetz von 1823 das Königliche Wort der Aufrechthaltung und Wiederherstellung der deutschen landständischen Repräsentation in seinem ganzen und vollen 1815 angekündigten Sinne und gab Seinem Volke durch die landständische Repräsentation und gesetzmäßigen Organe aus allen seinen Ständen den kräftigsten Schutz gegen das Blendwerk und Unheil der neu ersonnenen sogenannten allgemeinen Volks-Repräsentation und das daraus gebildete repräsentative Verfassungssystem.

Am auffallendsten weicht hiervon der vom Stadtgerichtsrath Simon darüber vorgetragene Roman ab, auf welchen wir hierbei deshalb vorzugsweise zurückkommen müssen, weil er nicht allein ein zusammenhängendes System bildet, sondern einem Handbuche des Preußischen Staatsrechts einverleibt ist, welches schon wegen der darin abgedruckten und bei weitem den größten Theil des Buchs ausmachenden Gesetze ꝛc. ein größeres Publicum erhalten dürfte. Derselbe stellt, obwohl er den oben angeführten Preußischen Landtags-Abschied Seite 159 hat abdrucken lassen, dennoch S. 156 und 157 die Verordnung von 1815 und das Gesetz von 1823 in einem vollständigen Roman dar, dessen Anfang jene, dessen Schluß aber dieses ist. Wir haben oben bereits erfahren, daß nach Simons Ansicht der König Friedrich Wilhelm III. ein

Anhänger der repräsentativen Verfassung war und dieselbe, obwohl auf Seinen eigenen Vorschlag vom Wiener Congresse und in dem Art. 13 der Bundesacte für alle Bundesstaaten die landständische Verfassung beschlossen war, und obwohl der König selber äußerte, daß er denselben veranlaßt habe (Seite 381), dennoch dieser von Ihm vorgeschlagenen landständischen Verfassung vorzog, daher in seinen neuen Staaten durch die Besitzergreifungs-Patente und in allen seinen Staaten durch die Verordnung von 1815 einführte und schon vor der Unterschrift der Bundesacte — ohne Publication dieser Verordnung — vor derselben und ohne irgend einen Act realisirte (S. 403). Allein bald nachher, der Verfasser ist S. 157 ungewiß, „ob nach dem Tode des Staatskanzlers Fürsten Har- „denberg, oder ob schon vor dessen Tode, trennte, wie „Simon erzählt, sich die Ansicht des Königs von der des „Staatskanzlers und von dem Werthe einer reichsständischen „Verfassung" wie der Verfasser aus den S. 392 angeführten Gründen abstrahirt. Wodurch diese Veränderung der Ansichten des Königs eigentlich veranlaßt worden, äußert Simon zwar nicht in seinem Preußischen Staatsrecht, ergänzt es aber in einem späteren Buche dahin, daß sie durch eine von ihm jetzt entdeckte, schon im Jahre 1816 entstandene „Reaction „bewirkt sei, welche die Karlsbader Beschlüsse (und also auch die Bundes-Schlußacte) „zur Beseitigung der un- „mittelbar bevorstehenden Reichs-Repräsenta- „tion veranlaßt habe" [35]). In diesem Unsinn hätten

[35]) Die Preußischen Richter und die Gesetze vom 29sten März 1844, von Heinrich Simon. Zweite Ausgabe, Leip-

denn Unverständige einen vollständigen **historischen Aufschluß**, aber eben so wenig, wie der Verfasser selbst, einen klaren Begriff von einer Reichs-Verfassung und der Identität derselben mit einer modernen Repräsentativ-Verfassung. Zuvörderst liegt es im Begriff der Reaction, daß sie gegen das Bestehende gerichtet ist; der Begriff würde also nur auf die, gegen die vom Bunde und vom Könige beschlossene Befestigung der landständischen Verfassung und auf die Einführung der, von den deutschen Fürsten verworfenen, repräsentativen Verfassung gerichteten Bestrebungen anwendbar sein. Was der Verfasser Reaction nennt, war aber, wie er selbst anführt, auf die Aufrechthaltung der Bundesacte und der Verordnung von 1815 nnd Befestigung der darin angeordneten landständischen Verfassung gerichtet. So wie es die Ehrfurcht gegen den Landesherrn verletzt, einer Reaction einen Einfluß auf seine Entschließung zuzutrauen, so verletzt es eben diese Ehrfurcht und die Vernunft, mit dieser Benennung das landesherrliche Einschreiten gegen diejenigen zu belegen, welche gegen Bundes- und Landes-Gesetze sich auflehnen, gegen die, in denselben begründete Verfassung ihre verderblichen und gesetzlosen Grundsätze durchzuführen sich vereinigen und durch Verdrehungen und Verfälschungen der Bundes- und Landes-Gesetze und der Begriffe der Repräsentation das Volk irre leiten (S. 410). Versteht Simon unter seiner Reaction diejenigen, welche ihre

zig 1845, S. 373. Vergl. damit die Prüfung der grellen Irrthümer des Stadtgerichtsraths Simon (in den Jahrbüchern für die Preuß. Gesetzgebung, Hft. 129 u. 130).

Augen nicht vor solchem Unfug und dem Bestreben, die eben wiederhergestellte Verfassung Deutschlands umzustürzen und ihr Gewissen aus Hinneigung zu verderblichen Hirngespinnsten nicht verschlossen; so war es keine aus wenigen Staatsdienern bestehende Reaction, so ist dieser Ausdruck ein so unschicklicher und so sinnloser, daß er auch dem Unwissendsten nicht zu verzeihen ist: es waren die gesammten Fürsten Deutschlands, welche die innere Sicherheit Deutschlands, zu deren Schutz sie sich verbunden, und die Verfassung, welche sie wiederhergestellt hatten, gegen eine Reaction, welche beide durch Verbreitung und Ausführung chimärischer und verderblicher Grundsätze (vergl. S. 96) bedrohete, aufrecht erhielten; es waren alle redliche ehrenwerthe Deutsche, es waren insonderheit alle, mit der Sorge für Ordnung, Ruhe und Verfassung beauftragten gewissenhafte Staatsdiener aller Bundesfürsten — in Preußen namentlich der Staatskanzler Fürst Hardenberg. Und doch soll derselbe in dem Staatsschulden-Gesetz durch die Reichsstände — der Ausdruck „reichsständische Verfassung" ist, wie bereits Seite 407 angeführt, von Simon selbst componirt — eine repräsentative Verfassung bezweckt, und diese in des Verfassers Traumgebilden unmittelbar bevorgestanden haben und nur durch bedauernswerthe Reaction verhindert sein.

Wir würden dies alles unerwähnt lassen, wenn nicht der Stadtgerichtsrath Simon diese Erzählungen in einem Handbuche des Preußischen Staatsrechts gemacht hätte, in welchem sie noch lange Zeit wuchern können. Wir wollen sie daher mit dessen eigenen Worten ausheben. Nachdem derselbe angeführt hat, daß der König schon 1815 eine repräsentative Verfassung (Simons Staatsrecht, Th. II. S. 152, Anm. 2), wohin auch die Reichs-Verfassung gehört, gewollt, der Staatskanzler auch dieser Ansicht gewesen, und 1820 das Staatsschuldengesetz erlassen worden, erzählt derselbe (das. S. 157) Folgendes: „Inzwischen „aber änderten sich die Ansichten der Regierung von dem „Werthe einer reichsständischen Verfassung, wie sich dies „seit dem Tode des Staatskanzlers Fürsten Hardenberg „aus manchen Verfügungen abnehmen läßt. Schon „vor dessen Tode trennte sich die Ansicht des „Königs von der seinigen. Hardenberg wollte „Reichsstände mit einer mehr als berathenden Stimme, „wollte dem platten Lande eine ähnliche Verfassung ge„geben wissen, wie unter Stein die Städte erhalten „hatten; er wollte aristokratische Elemente verwischen[36]) und „war überzeugt, daß von solchen Fortschritten die Größe „Preußens abhing. Der König verweigerte die Unter„zeichnung des Entwurfs einer Communalordnung in der „erwähnten Richtung (S. 392) und beschloß, die frühere[37])

---

[36]) Deshalb schlug derselbe wohl in den Vor-Conferenzen des Wiener Congresses 1814 vor, daß in jedem Bundesstaat eine ständische Verfassung eingeführt und aufrecht erhalten, daß die Stände aus den Familienhäuptern der nun mediatisirten Reichsstände, des sonst unmittelbaren und übrigen Adels als erblichen und aus erwählten Ständen bestehen sollen? (vergl. oben S. 68).

[37]) Die frühere? Im Ritterstande die Aufhebung der Beschränkung der Landstandschaft auf die adliche Geburt, im Stande der Städte die erweiterte Wahlfähigkeit und die Aufnahme

„ständische Verfassung wieder ins Leben zu rufen. Mit „diesem Geschäfte beauftragte er den damaligen Kron„prinzen und unter ihm den Minister v. Voß. Das „Resultat waren die Provinzialstände, die durch das Ge„setz vom 5. Juni 1823 gegeben wurden."

§. 15.

Aus den bisherigen Ausführungen in den §§. 11—14 ergeben sich daher folgende Resultate:

I. Der König Friedrich Wilhelm III. hat seit dem Anfange seines glorreichen Kampfes für Deutschlands Befreiung die Wiederherstellung der landständischen Verfassung in Deutschland beabsichtigt (S. 157 ff.)

II. Der König ist unter allen Bundesfürsten derjenige, der auf dem Wiener Congresse zuerst und am kräftigsten dieselbe vorgeschlagen und auf sie bestanden hat.

III. Es ist eine der lächerlichsten und ungegründesten Behauptungen, daß auf dem Wiener Congresse und in dem Art. 13 der Bundesacte es zweideutig ist, ob die Repräsentativ-Verfassung oder die landständische (oder, wie Simon sie nennt, die alte feudalstän-

---

des Standes der Bauern und übrigen Landbewohner als ganz neuen Landstand — und doch die frühere landständische Verfassung! Eine so grundfalsche Behauptung, nicht etwa in einem Pamphlet, sondern in einem Handbuch des Preußischen Staatsrechts, nicht etwa aus der Feder eines auswärtigen, mit Preußen unbekannten Schriftstellers, sondern eines preußischen Staatsdieners und Richters? Weiß der Himmel, wer noch einmal Handbücher des Staatsrechts schreiben wird?

dische) garantirt sei (Simon Preußisches Staatsrecht S. 152, Anm. 2). Wer die Congreßverhandlungen, ja nur den Art. 13 der Bundesacte gelesen hat und nicht ganz unwissend im Staatsrecht, ja der deutschen Sprache nicht ganz unkundig ist, kann nicht auf den wunderlichen Einfall gerathen, daß unter landständischer Verfassung die repräsentative, als Gegensatz derselben, verstanden sein kann. Eben so wenig kann aber derjenige, welcher das Wort Feudalstände bloß gelegentlich aufgefangen, aber nicht begriffen hat, sie mit Landständen gleichbedeutend halten, und vollends kann er die Congreß-Verhandlungen nicht gelesen haben, weil in denselben jedem Fürsten die Modification der landständischen Verfassung nach den gegenwärtigen Verhältnissen ausdrücklich vorbehalten worden und allenthalben erfolgt ist.

Vollends ungegründet ist es aber, wenn Simon auf den ebengedachten mißrathenen Einfall (ebendas.) die Behauptung gründet, daß der König bei diesem zweideutigen Sinne des Ausdrucks „landständische Verfassung" unter demselben die alten Feudalstände verstanden und daher lieber die repräsentative angenommen habe (S. 389). Daß der König deutsche Landstände weder von repräsentativen Ständen noch von den Feudalständen unterschieden und aus Furcht vor den letzteren die repräsentativen gewählt habe, gehört zu den vielen — wenigstens sehr dreisten — Behauptungen des Verfassers, hier aber zu den ganz unüberlegten, da der König in der, vor der Vollziehung der Bundesacte entworfenen Verordnung vom 22sten Mai 1822 ausdrücklich vorgeschrieben hatte, daß die Provinzial-Stände „dem „Bedürfnisse der Zeit gemäß eingerichtet werden „sollen," mithin die Besorgniß vor den alten Feudalständen durch die eben so üble Repräsentativ-Verfassung nicht mehr beseitigt zu werden brauchte.

V. Die Behauptung, daß der König unter der von ihm vorgeschlagenen landständischen Verfassung keine andere, als die repräsentative verstanden habe, gründet Simon auch auf die Besitzergreifungspatente und die Verordung vom 22. Mai 1815, welche nach seiner Auslegung, der er jedoch durch manche Veränderungen des Textes reichliche Hülfe gegeben hat, eine Repräsentativ-Verfassung, unter welcher der Verfasser auch die Reichs-Verfassung versteht, verkündigten und anordneten (ebendas.); diese Resultate der Auslegung des Simon sind indessen bereits näher geprüft und beziehen wir uns darauf.

VI. Die Besitzergreifungs-Patente und die Verordnung von 1815 verkündigen daher eine landständische Verfassung, und die gedachte Verordnung schreibt die Grundsätze ihrer Organisation vor.

VII. Das Gesetz vom 8. Juni 1823 ist das nach der Verordnug von 1815 und in Gemäßheit der darin vorgeschriebenen Grundsätze abgefaßte Gesetz. Beide stimmen daher wesentlich vollkommen überein, beide betreffen lediglich die landständische Verfassung: die

Verordnung von 1815 befiehlt sie nach den darin bestimmten Grundsätzen näher zu organisiren, und das Gesetz von 1823 mit den dazu gehörigen verschiedenen Provinzialgesetzen ist die hiernach abgefaßte Organisations-Urkunde. In der Verordnung von 1815 eine allgemeine Volks-Repräsentation und daher die repräsentative Verfassung der philosophischen Schule finden, heißt, wir sagen nicht zu viel, die ersten Begriffe verläugnen und durch einander werfen, da eine, nur den Provinzialständen zustehende Volks-Repräsentation bloß eine provinzielle, keine allgemeine Repräsentation, und eine provinzialständische Verfassung keine repräsentative in jenem Sinne sein kann. Die ersten Begriffe des Staatsrechts können aber nicht greller verletzt und Unkenntniß der Geschichte nicht unzweideutiger bethätigt werden, als wenn man Repräsentation des Volks für eine ausschließliche Eigenschaft der repräsentativen Verfassung halten und von der ersteren auf die letztere schließen will, da die Repräsentation des Volks ebenfalls eine Wesentlichkeit und Eigenthümlichkeit der ständischen Verfassung ist und als Wesen derselben nicht allein in der Reichs-Verfassung, sondern auch in den neueren landständischen Gesetzen aller deutschen Staaten (S. 97—126) und daher auch in dem unbestritten rein landständischen Gesetz von 1823 anerkannt ist, indem darin die Provinzialstände für die gesetzmäßigen Organe der Unterthanen erklärt werden und hierin der Begriff und das Wesen der Repräsentation besteht. Die Provinzialstände, welche nach der Verordnung von 1815 die Repräsentanten der Unterthanen in ihrer Provinz sein sollen, sind nach dem Gesetze von 1823 die gesetzmäßigen Organe derselben, mithin vollständig ein und dasselbe, dort wie hier dieselben landständischen Repräsentanten der Unterthanen. Die von Simon, Jacoby, dem Oesterreicher und anderen behauptete zwischen den Jahren 1815 und 1823 eingetretene Veränderung des Systems der Regierung in Ansehung der ständischen Verfassung und der Uebergang von der repräsentativen zur landständischen Verfassung ist daher ein reines Hirngespinnst und ein nicht ohne Ummodelung und Verdrehung der Gesetze erdichteter sehr schlechter Roman.

VIII. Es findet vielmehr zwischen beiden Gesetzen in Ansehung des landständischen Systems nicht der entfernteste Unterschied Statt: das von 1823 hat die landständische Verfassung nach denjenigen Grundsätzen abgefaßt, welche das von 1815 vorgeschrieben hatte. Wenn das erstere dieselbe bestimmter und ausdrücklicher als eine landständische bezeichnete und den allgemeinen und unbestimmten Ausdruck „Repräsentation" nicht aufnahm, sondern ihn durch gesetzmäßige Organe der Unterthanen noch weit bestimmter und präciser wiedergab; so lagen die Gründe dazu schon in dem allgemeinen Beruf der Gesetzgebung, keine Ausdrücke zu wählen, die einer vielseitigen und verschiedenartigen Auslegung fähig, also keine klare und deutliche Ausdrücke sind, hier aber noch besonders in der großen Mannigfaltigkeit der Auslegung und Deutung, deren der Ausdruck „Repräsentation" vorzugsweise fähig ist und welche derselbe, wie die Erfahrung bewiesen hatte, in einer der Verfassung geradezu feindlich entgegenstehenden und sie nothwendig untergrabenden Richtung vielfach erfahren hatte. Dieser zweideutige, so verdrehungsfähige und so vielfach verdrehte Ausdruck ward also beseitigt, das wahre Wesen und der Begriff desselben, die Eigenschaft der Landstände als gesetzmäßige Organe des Volks, aber nicht allein beibehalten, sondern bestimmter und unumwundener, als durch den allgemeinen Ausdruck „Repräsentation" und „Repräsentanten" bezeichnet und dem Volke noch bestimmter gesichert. Schon damals gingen die Anhänger des Repräsentativ-Systems so weit, daß sie dasselbe für das allein rechtmäßige, das landständische aber als eine unrechtmäßige und feudalständische von jeder Vertretung des Volks entblößte, egoistische Verfassung und daher die darin begründete Repräsentation für gar keine ausgaben und die Stände nicht für Organe ihrer Mitbürger hielten. Da Gesetze auch die Bestimmungen haben, Irrthümern, Verdrehungen und andern nachtheiligen Richtungen vorzubeugen; so war es allerdings heilsam, die deutschen Landstände durch ihre ausdrückliche Anerkennung als die gesetzmäßigen Organe des Volks gegen jene Zweifel und Verkehrtheiten zu sichern.

IX. Dieser Zeitraum schließt mit der Königlichen Bestimmung in der Verordnung wegen des Churmärkischen

Schuldenwesens vom 17. Januar 1820 (S. 397), daß über die landständischen Verhältnisse außer der Theilnahme an der Verwaltung der Staatsschulden die näheren Bestimmungen alsdann erfolgen sollen, wenn in Folge der Verordnung vom 22. Mai 1815 die Festsetzungen über die allgemeine Repräsentation zur Ausführung kommen werden. Dann sollen sie also bestimmt werden und zwar in Folge der Verordnung vom 22. Mai 1815; sie sind also nicht nach dem Gesetze wegen der Staatsschulden, in welchem auch nicht die entfernteste Bestimmung darüber enthalten und davon überall nicht die Rede ist, ererfolgt.

X. In den Besitznahme-Patenten von 1815 verheißt der König den Provinzen eine provinzielle Verfassung, in der Verordnung von 1815 bestimmt der König, daß Provinzialstände gebildet werden und das Volk repräsentiren sollen, der König erklärt fortdauernd, daß Bundesacte und Verordnung von 1815 die landständische Verfassung angeordnet haben und erklärt, den Zweifel, daß Er die landständische Verfassung ausführen werde, für Frevel; Simon, Jacoby und andere muthen aber uns, die wir von landständischer Verfassung klare Begriffe haben, zu, sie dermaßen zu verwirren, daß wir mit ihnen in den Besitznahme-Patenten und in der Verordnung von 1815 anstatt Provinzialstände und provinzielle Verfassung, repräsentative Verfassung, Reichsstände, Reichs-Verfassung und Reichs-Constitution lesen und finden und jene für diese halten sollen.

V. Gesetz vom 5. Juni 1823.

§. 16.

1. Im Allgemeinen.

Die, nach den, in der Verordnung vom 22. Mai 1815 vorgeschriebenen Grundsätzen ausgearbeitete landständische Verfassung wurde vom Könige genehmigt und durch das allgemeine Gesetz vom 5. Juni 1823 (abgedruckt S. 269) und die besonderen Gesetze für jede Provinz publizirt und befindet sich seit beinahe einem Viertel-Jahrhundert in Wirksamkeit. Daß diese Verfassung eine rein landständische sei, spricht nicht allein ausdrücklich die Urkunde derselben, sondern auch ihr Inhalt so bestimmt und unumwunden aus, daß alle Künste der Auslegung darüber einen Zweifel zu erregen nicht vermocht, sondern zu Nebenwegen genöthigt haben (Seite 216). Bald soll das Gesetz nicht auf der vom Könige vorgeschriebenen Berathung mit Abgeordneten der Provinzen abgefaßt sein, wir haben aber gesehen, daß das Wort „Abgeordnete" fälschlich untergeschoben ist (S. 247 und 375); bald soll das Gesetz von 1823 nicht rechtsbeständig sein, weil durch das Gesetz von 1820 eine Reichs-Verfassung eingeführt, ja selbst schon 1815 garantirt sei, auch das beruht auf eigenmächtiger Unterschiebung von Worten (Seite 407) und unklaren, verworrenen Begriffen von Reichs-Verfassung, so wie auch

Benennung der Landstände als Reichsstände ganz unwesentlich und unerheblich war und das Gesetz von 1820 nach bestimmter Vorschrift auf die ständische Verfassung ohne allen Einfluß ist (S. 397), überdem aber und nur deren Theilnahme an der Staatsschulden-Verwaltung beabsichtigt, und auch diese nie zu Stande gekommen und in das landständische Gesetz von 1823 eben so wenig, wie der Ausdruck „Reichsstände" aufgenommen ist. Wäre aber die durch Wort-Veränderungen und Fabeln componirte Reichs-Verfassung wirklich 1815 oder 1820 gegeben; so würde sie durch das spätere landständische Gesetz eben so wohl aufgehoben worden sein, als sie die, vor ihrer Einführung unstreitig bestandene landständische Verfassung aufgehoben hatte und wie jede spätere Verfassung die frühere aufhebt und bekannte Gesetze nicht gestatten, nach den Grundsätzen der früheren Verfassung die Bestimmungen der späteren gegen deren Inhalt auszulegen. Nach der bisherigen Staatsverfassung und nach den Provinzial-Verfassungen war nur der Adel zum Erwerbe von Rittergütern und zur Landstandschaft fähig, Personen bürgerlichen Standes aber, selbst wenn sie vermöge landesherrlicher Dispensation jene erworben hatten, der Landstandschaft nicht fähig[38]); jeder wird aber zugeben, daß es verwegen und strafbar sein würde, wenn der Adel diese frühere Verfassung gegen die, durch die neuere bestimmte Landstandschaftsfähigkeit der Rittergutsbesitzer bürgerlichen Standes anführen wollte. Eben so verwegen

---

[38]) Allg. Landrecht, Th. I. Tit. 18, §. 61; Th. II. Tit. 9, §. 37 ff.

und strafbar ist es aber, die in der Verordnung von 1815 angeführte Repräsentation des Volks, wenn sie wirklich eine allgemeine Repräsentation und daher die auf dieselbe gegründete Verfassung eine reine repräsentative gewesen wäre, gegen die landständische Verfassung von 1823, selbst wenn diese überall keine Repräsentation des Volks angeordnet hatte, anzuführen; auf diesem Wege würde die älteste feudalständische Verfassung gegen alle späteren Veränderungen angeführt und der Bauernstand, ja selbst der Stand der Städte aus den Landständen wegsophistisirt werden können. Simon, der einige Seiten früher anführt, daß die Landstände in allen Preußischen Ländern seit den ältesten Zeiten bedeutende Vorrechte gehabt, dieselbe aber durch die planmäßige Unterdrückung der Landesherrn eingebüßt hatten (vergl. oben Seite 332 ff. [39]) stellt hier S. 164 die entgegengesetzte wunderliche Ansicht von unsern Landständen auf, daß es bis zum Jahre 1823 keine Landstände und daher auch wohl nicht die im Eingange des Gesetzes angeführte alte deutsche ständische Verfassung gegeben, und daß daher letztere „erst durch das „Gesetz von 1823 wieder eingeführt und mithin überall nicht in der Geschichte begründet und historischen Ursprungs, sondern eine neue Schöpfung sei (Simon Staatsrecht, S. 164 [40]), obwohl der

[39]) Die dort gehäuften Verläumdungen gegen die Regenten seit dem Großen Churfürsten werden von den Preußischen Landständen selbst vollgültig widerlegt in der, auf dem Huldigungs-Landtage 1840 überreichten Denkschrift (abgedruckt in Die Preußische Verfassungsfrage (Leipzig 1845) S. 62.

[40]) Diese Stelle ist lesenswerth: „Historisch können unsere Pro-

Verfasser dennoch S. 157 behauptet, daß durch eben dieses Gesetz „die frühere landständische Verfassung wieder ins „Leben gerufen wird." Wie soll man die Behauptung nennen, daß der König in der Verordnung von 1815 dem Volke eine Repräsentation verheißen, dies Versprechen aber in dem Gesetz von 1823 nicht erfüllt und seinem Volke keine Repräsentation gegeben habe. Dies behaupten sie, obgleich der König im Jahre 1818 ausdrücklich erklärte, daß er durch die Verordnung von 1815 eine landständische Verfassung verheißen habe, und daß er einen Zweifel an der Erfüllung dieser Verheißung für Frevel erkläre; der König habe aber dennoch, wird dreist behauptet, 1815 eine reichsständische Verfassung versprochen und das Versprechen nicht erfüllt, sondern sei sogar durch eine beklagenswerthe Reaction von Erfüllung dieses seines Königlichen Worts zurückgebracht und auch die landständische Commission habe ohne Rücksicht auf das Königliche Wort eine landständische Verfassung entworfen. So leichtfertige Behauptungen werden gewagt, nachdem der Preußische Landtagsabschied vom 9. Sept. 1840 publicirt ist. Das Gesetz von 1823 hätte also dem Preußischen Volke die in der Verordnung von 1815 gedachte Repräsentation, deren Verheißung, da sie im Wesen deutscher landständischer Verfassung selbst begründet ist, es überall nicht

„vinzialstände nur dem Ober=Präsidenten gegenüber stehen zur „Mäßigung seiner Macht, nicht also zur Mäßigung der lan„desherrlichen Macht, sie haben dagegen, da eben in Preußen „keine derartige landesherrliche Macht über einzelne Provinzen „besteht, vielmehr nur die reichsherrliche des Königs über den „ganzen Preußischen Staat besteht rc."

erst bedurft haben würde, nicht gewährt? Die Unkenntniß von der Repräsentation des Volks derjenigen, die dies behaupten, hat also den Grad erreicht, daß sie das eigentliche Wesen derselben nicht kennen und nicht wissen, daß „dasselbe darin besteht, daß die Stände die gesetz„mäßigen Organe des Volks und des Landes sind,“ und ihre Oberflächlichkeit geht so weit, daß sie diese Bestimmung in dem §. 3 des Gesetzes von 1823 übersehen haben.

Das Gesetz von 1823 ist nach den, in der Verordnung von 1815 vorgeschriebenen Grundsätzen abgefaßt und die vollständigste Ausführung derselben. Die letztere hatte die Repräsentation des Volks durch Provinzialstände vorgeschrieben und das erstere bestätigt den Grundsatz, daß die Provinzialstände die gesetzmäßigen Organe desselben sein; die Verordnung von 1815 hatte die Bildung einer allgemeinen Landes-Repräsentation aus den Provinzialständen vorgeschrieben, über beide verfügt das Gesetz von 1823; die Verordnung von 1815 hatte der Commission die Organisation der Provinzialstände und die Organisation der allgemeinen Repräsentation und die Ausarbeitung ihrer Verfassungs-Urkunde nach den aufgestellten Grundgesetzen aufgetragen; dies alles erledigt das Gesetz von 1823. Daher ließ der König unterm 27. Novbr. 1823 und 13. Mai 1824 der Bundes-Versammlung anzeigen, daß durch dasselbe die Bundesacte und übrigen Bundesbeschlüsse wegen Einführung der landständischen Verfassung ihre Vollziehung erhalten hätten (S. 236 u. 237).

§. 17.

2. Provinzialständische Verfassung.

Da die verschiedenen den Preußischen Staat bildenden Länder nicht zu einem ungetheilten und Einzigen Staat verschmolzen sind, sondern zusammen einen Gesammtstaat bilden, und ein jedes dieser Länder ein von dem anderen unabhängiges Land geblieben ist und bis auf wenige seltene Ausnahmen seine früheren Landstände behalten hat; so waren diese die Landstände ihres Landes und außer allen Verhältnissen und Verbindungen mit den Ständen der anderen Länder, und blieben auch in diesem Verhältnisse, wenngleich in späteren Zeiten für die einzelnen Länder wohl hin und wieder die Benennung Provinz gebraucht und ihre Landstände Provinzialstände genannt wurden. Von diesem Begriff der Provinzialstände ist seit 1815 der der Provinzialstände verschieden, indem die verschiedenen Länder bei ihren bedeutenden Vermehrung durch die Verordnung vom 30. April 1815 in administrativer, ständischer und militairischer Beziehung in zehn Provinzen, die später auf acht verringert wurden, zusammengezogen und die Stände der in jeder dieser Provinzen belegenen Länder ebenfalls in einen gemeinschaftlichen ständischen Provinzial-Verband vereinigt wurden und die Stände dieses ständischen Provinzial-Verbandes die in der Verordnung von 1815 gedachten Provinzialstände bilden, an denselben jedoch nach den verschiedenen Ländern und in diesen wieder nach den verschiedenen ständischen Klassen Theil nehmen [41]).

[41]) Vergl. K. F. Rauer (schätzbares) Werk: Die ständische

Dadurch, daß Länder mehrentheils gleichen Stammes und gleicher Verhältnisse und Interessen zu einer landständischen Corporation verbunden wurden, entstanden Landtage, welche an Umfang ihres Repräsentations-Sprengels die Landtage vieler Großherzogthümer übersteigen, von keinem aber übertroffen werden. Um so mehr konnten daher in der ganzen Monarchie die Provinzialstände als Repräsentanten und gesetzmäßige Organe aller Stände der Bewohner ihres landständischen Verbandes betrachtet und auch im §. 3 des Gesetzes von 1823 ausdrücklich anerkannt werden. Da hierdurch die Provinzial-Landtage einen umfangreicheren Sprengel und Ueberblick, als die früheren Landtage eines jeden einzelnen Landes erhielten; so übertrug die Verordnung von 1823 ihnen die Berathung der Entwürfe der, die ganze Provinz oder einzelne Theile derselben betreffenden Gesetze über die, in dem Gesetze näher bezeichneten Gegenstände, welche die Verordnung von 1815 für die Landes-Repräsentanten bestimmt hatte, indem es offenbar zweckmäßiger ist, in einem Staate von so mannigfach verschiedenen Ländern die besondern Angelegenheiten derselben von Eingebornen und ihren näheren Genossen, als von einer, mit deren Verhältnissen minder bekannten Versammlung berathen zu lassen. Landstände sind berechtigt, über alle, Personen-Rechte und Eigenthum, so wie neue Steuern der Unterthanen betreffenden Gesetze zu berathen, weil nach alten deutschen

---

Gesetzgebung der Preußischen Staaten. I. Theil (Text der Gesetze), II. Theil (systematische Darstellung der ständischen Gesetzgebung (Berlin 1845, 8.)

Grundsätzen jemand, der seine wohlerworbenen Rechte aufgeben oder ohne Verbindlichkeit dem Staate Abgaben leisten soll, darüber gehört werden mußte. Auf diesem Grunde beruht daher jenes Berathungs- oder Bewilligungs-Recht der Landstände und beschränkt sich mithin nur auf die Ansprüche, welche an sie oder diejenigen, deren Rechte sie vertreten, gemacht werden und also auf die Grenzen ihrer Repräsentation. Daher ist es allgemeiner Grundsatz, daß, wenn die Anforderung, Rechte aufzugeben, oder Abgaben zu übernehmen, nur an eine Klasse der Landstände gemacht wird, die Berathung und die Bewilligung nur ihr allein ohne Theilnahme der übrigen Stände zusteht. Eben dies ist der Fall, wenn verschiedene Länder des nämlichen Landesherrn in einer allgemeinen Versammlung der Stände aller dieser Länder jedes der letzteren besonders repräsentirt und die Forderung nur lediglich an eins dieser Länder gemacht wird, indem auch dann die Berathung nur vor die Abgeordneten dieses Landes gehört. Vollends tritt dies aber ein, wenn diese verschiedenen Länder sowohl überhaupt als in Verfassungs-, ständischer, rechtlicher und administrativer Rücksicht verschiedene und getrennte Länder sind, von welchen jedes seine besondere Repräsentation und Landtags-Versammlung hat. Selbst, wenn in einem solchen Gesammtstaate für dessen Gesammt-Angelegenheiten allgemeine Stände-Versammlungen vorhanden wären, würden vor dieselben die besonderen Gesetze und Angelegenheiten der einzelnen Länder nicht gehören, weil sie nicht allgemeine Angelegenheiten sind und für sie der Grund ihrer Berechtigung nicht eintritt. Es heißt nicht bloß: Wo wir nicht mitrathen, thun wir auch nicht mitthaten, sondern auch: Wo wir nicht mitthaten sollen, thun wir auch nicht mitrathen. In allen diesen drei Fällen tritt dieser Grundsatz ein und würde die Ueberschreitung desselben nicht allein die Unabhängigkeit eines Standes von den andern, und der Landstände eines Landes von denen eines andern verletzen, sondern auch dem Landesherrn gegenüber aus den Grenzen der landständischen Befugniß in eine Art von Mitregierung überstreifen.

Wenn hiernach durch das Gesetz von 1823 der provinzialständischen Verfassung die möglichste Vollendung und der Selbstständigkeit und Eigenthümlichkeit der unter dem Preußischen Scepter vereinigten Länder die höchste Anerkennung von Seiten des Königs gegeben und gesichert wurde; so wird jeder Unbefangene hierin die Bestätigung des, im Eingange der Verordnung vom 22. Mai 1815 ausgesprochenen Grundsatzes finden, daß die Grundsätze, nach welchen der König selbst und seine Vorfahren regiert, den Nachkommen überliefert und bewahrt werden sollen. An der Spitze dieser Grundsätze stand die Erhaltung der Eigenthümlichkeiten der verschiedenen Länder und insonderheit ihrer landständischen Verfassung, ein Grundsatz, der in den neueren Zeiten in so vielen andern Staaten theils aus Mißbrauch der Souverainetät, theils aus Revolutionismus im Nivellirungs- und Centralisations-Princip untergegangen war oder von ihm bedroht wurde. Die Sicherung vor demselben war, wie wir unten mit mehreren sehen werden, der eigentliche Zweck der Verordnung von 1815 und deren Basis daher die Erhaltung dieser Eigenthümlichkeiten der Provinzen und der verschiedenen Provinzialstände mit Unterordnung unter einige allgemein gültige Grundsätze.

Dies war das Königliche Wort Friedrich Wilhelms des Dritten, welches in neueren Zeiten von einer sich selbst hinreichend bezeichnenden Seite Gegenstand der Verdrehungen und abentheuerlichen Erdichtungen geworden ist. Der König hat die alte Verfassung seiner Staaten, nach welcher er und seine Vorfahren bis dahin regiert hatten, nicht, wie ein Eroberer zertrümmert, sondern sie befestigt und durch eine schriftliche Urkunde den Nachkommen gesichert, und doch hat der König sein Wort nicht erfüllt? Der König habe zwar angeordnet, sagen einige, daß das System, nach welchem und unter welchem Er und seine Ahnherrn zum Heil ihrer Unterthanen und zur Eintracht zwischen dem Fürsten und ihnen regiert und welches er selbst sehr bestimmt als das provinzialständische bezeichnet, durch eine schriftliche Urkunde den Nachkommen gesichert werde, allein der König habe sich ganz unrichtig ausgedrückt oder den Sinn der Ausdrücke nicht gekannt: unter seinen Ahnherrn habe er die Schöpfer der philosophischen staatsrechten Schule, unter dem Heile der Unterthanen nicht das seiner Unterthanen, sondern das der Unterthanen der Länder, in welchen diese Schule Früchte getragen, unter Einigkeit zwischen Fürst und Unterthanen nicht die seines Landes, sondern die in den Ländern der besagten Schule, unter Provinzial-Verfassung endlich eine allgemeine Reichs-Verfassung verstanden; dies alles habe der König seinen Unterthanen, und zwar als Unterpfand seines Vertrauens versprochen und zugedacht; ja der König habe dem Volke die Reichs-Constitution bereits garantirt!! (S. 394) und auch schon vor der Unterzeichnung der Bundesacte (8. Juni 1815) realisirt (S. 402). Dennoch hat sie aber 1820 erst „unmittelbar bevorgestanden" (Seite 416); und da habe sie, nachdem der Staatskanzler gestorben (Seite 419), eine ewig beklagenswerthe Reaction in ihrer Phantasie, behauptet, daß die Verfassung unter des Königs Ahnherrn und unter dem Könige selbst doch wohl nicht die moderne repräsentative habe sein können, und daß die provinzialständische unmöglich eine allgemeine reichsständische sein könne und die letztere nie Statt gehabt habe; daß die aus den Gesetzen angeführten Ausdrücke Reichs-Constitution und reichsständische Verfassung in denselben gar nicht vorhanden, sondern untergeschobene Worte seien und daß die Verordnung von 1815 im Text und Sinn durchaus mißdeutet worden. Obgleich diese veränderte Ansicht „für Preußen ewig beklagenswerth „und das traurigste Ereigniß gewesen"; so habe sie doch die Wirkung gehabt, daß im Jahre 1823 nicht eine repräsentative Reichs-Constitution — sie sollte ja schon 1815 realisirt sein —, sondern nur eine nach den wahren Bedürfnissen des Landes und der Zeit verjüngte landständische Verfassung publicirt worden sei. Da die Verordnung von 1815 Provinzialstände angeordnet und dieses ganz offenbar allgemeine Stände heißt, da sie eine Repräsentation des Volks angeordnet, das Volk in corpore sich und seine Interessen aber nicht selbst repräsentiren könne und daher zur Repräsentation diejenigen besonders geeignet seien, welche zum eigentlichen Stamme des Volks nicht gehören und gar keine eigene Interessen zu vertreten haben, solche Männer aber in der angeordneten ständischen Verfassung keine Stelle finden und daher über lauter materielle Interessen die Intelligenz vergessen und diese der Vertretung entbehren würde; so liege, meinte man, klar vor, daß das Gesetz von 1823 die Publications-Patente und die Verordnung von 1815 keineswegs erfüllt habe.

Diese Proben dürften hier wohl genügen.

§. 17.

3. Allgemeine Stände, ständischer Ausschuß.

Bei der weiteren Berathung der ständischen Verfassung ward die durch die Verordnung von 1815 angeordnete Versammlung der Abgeordneten der verschiedenen Provinzialstände zur unmittelbaren Communication mit der Regierung und zur Berathung der Gesetz-Entwürfe beibehalten. Bei der im vorigen Paragraph gedachten Erweiterung der bisherigen Versammlungen der Stände eines jeden einzelnen Landes in Landtage bedeutender Provinzen wurde den letzteren auch die Begutachtung der für ihre Provinz oder einzelne Theile derselben bestimmten Gesetze über die Personen-Rechte, das Eigenthum und Steuern, also der Provinzialgesetze beigelegt, und wies nur die Berathung dieser Gegenstände betreffenden für sämmtliche Provinzen bestimmten, also der allgemeinen Gesetze, dem allgemeinen Ausschusse zu. Wer erkennt nicht hierin den höchsten Grad sowohl der Weisheit, als der Achtung für die Selbstständigkeit und die gegenseitige Unabhängigkeit der verschiedenen Provinzen von einander. Der König wollte, daß die Gesetze für die einzelnen Provinzen nur von, mit deren Verfassung und Bedürfnissen vollkommen vertrauten Männern berathen werden und jeder seiner Provinzen das propriis legibus uti, ihre Eigenthümlichkeiten, Gewohnheiten und Gebräuche sichern und sie nicht der Beurtheilung einer Versammlung unterwerfen sollten, von deren Mitgliedern, wenn von Provinzial-Einrichtungen die Frage ist, neun Zehntheile ohne nähere Kenntniß derselben und ohne näheres Interesse an denselben sind und daher die practischen Bedürfnisse einer Provinz nach ihren Theorien beurtheilen und, gleich dem Procustus, zuschneiden. Wie die Weisheit dieser Einrichtung anerkannt ist, beweiset die Nachfolge, welche sie in Baiern, Hannover und Dänemark erhalten hat, obwohl sie in diesen Ländern nicht so dringendes Bedürfniß war, als im Preußischen Staate bei der größern Anzahl und Verschiedenheit der Länder und der Ausdehnung des Gebiets. Die Berathung der allgemeinen Gesetz-Entwürfe über die obgedachten Gegenstände behielt dagegen das Gesetz von 1823 dem in der Verordnung von 1815 bestimmten Ausschusse der aus den Provinzialständen erwählten Landes-Repräsentanten vor, indem dasselbe nicht allein den Provinzialständen nur die der Provinzial-Gesetze übertrug, sondern auch bestimmte, daß dieselben „so lange keine allgemeine ständische Versammlungen statt finden, „auch solche allgemeinen Gesetze berathen sollen und daß

„wann eine Zusammenberufung der allgemeinen Land-„stände erforderlich ꝛc.“ Das Gesetz von 1823 nannte aber die Abgeordneten der Provinzialstände, welche die Verordnung von 1815 Landes-Repräsentanten genannt hatte, weit angemessener und der Sprache entsprechender allgemeine Landstände, indem in den, zur Wirksamkeit der Stände überhaupt geeigneten allgemeinen Angelegenheiten ihnen die Berathung übertragen war und daher diese Bezeichnung zugleich ihren Wirkungskreis und ihre ständische Natur und Eigenschaft bestimmt ausdrückte und vor den Täuschungen und Verdrehungen bewahrte, welche, so wie mit dem Ausdruck „Repräsentation,“ so auch mit dem „Repräsentanten“ von Seiten derjenigen getrieben waren, die in unserer alten deutschen ständischen Repräsentation die moderne revolutionäre Repräsentation finden und, gleich unverständig, letztere auch in den Begriff der Reichs-Verfassung übertragen und zu behaupten wagen, daß die Bundesacte und die Fürsten selbst unter dem Ausdruck „landständische Verfassung“ eine moderne repräsentative, unter Reichsständen moderne Volks-Repräsentanten verstanden, daß die Repräsentation des Volks sich nicht auf die Vertretung desselben in seinen Angelegenheiten und bei seinem Landesherrn (Seite 145) sich beschränke, sondern auch auf die Vertretung desselben in Angelegenheiten des deutschen Bundes (S. 174 ff.) und in der Bundesversammlung, so wie auf die Theilnahme an der Föderativ-Macht des Bundes in seiner Eigenschaft als europäische Macht sich erstrecke, ja daß unter den Ausdrücken „Repräsentation“ und „Berathung“ nach vernünftigen Begriffen nur die allein entscheidenden Stimmen verstanden werden können [42]). Der unangemessene und zu solchen Verdrehungen mißbrauchte Ausdruck „Repräsentation“ und „Repräsentanten“ ward daher, vor dergleichen Täuschungen zu bewahren, in dem Gesetze von 1823 durch angemessene Ausdrücke ergänzt (S. 412).

Diese allgemeinen Stände und ihre Versammlung stimmen mit den Landes-Repräsentanten und der Versammlung derselben in der Verordnung vun 1815 vollkommen überein. Denn sie sollen, so wie sie nach der Verordnung von 1815 aus den Provinzialständen gewählt werden sollten, nach dem Gesetz von 1823 aus den Provinzialständen hervorgehen, die Art und Weise, wie jenes oder dieses geschehen soll, ist in beiden Vorschriften unbestimmt gelassen und späterer Bestimmung vorbehalten; beide stimmen darin überein, daß sie nicht unmittelbar von den ständischen Corporationen selbst, sondern aus den, von diesen zu den Provinzial-Landtagen gewählten Abgeordneten gewählt werden. Auch in Ansehung des Wirkungskreises stimmen beide Verordnungen überein: beide legen die Repräsentation des Volks allein nur den Provinzialständen, den Landes-Repräsentanten und den allgemeinen Landständen aber nur die Begut-

---

[42]) Vergl. Die Preußische Verfassungs-Frage und das nordische Princip, von einem Oesterreicher (Jena, 1845, 8.) S. 34 ff. Wie der durch Talent und Kenntnisse sonst von den übrigen angeführten Scribenten vortheilhaft sich unterscheidende Verfasser solche gegen den gesunden Menschenverstand verstoßende Behauptungen hat über sich gewinnen können, dürfte nicht zu begreifen sein.

achtung der Gesetz-Entwürfe bei und das Gesetz von 1823 beschränkte auch diese auf die der allgemeinen Gesetze.

Nach der Verordnung von 1815 soll die Versammlung der Landes-Repräsentanten ihren Sitz in Berlin haben; ob sie permanent sein soll, läßt sie unbestimmt; das Gesetz von 1823 behält die Zusammenberufung der Landstände dem Landesherrn vor: „Wann eine Zu„sammenberufung der allgemeinen Landstände „erforderlich sein wird, und wie sie dann aus „den Provinzialständen hervorgehen sollen, „darüber bleiben die weiteren Bestimmungen „Unserer landesväterlichen Fürsorge vorbe„halten.“ Dies folgt in gerader Consequenz aus der oben erwähnten Beschränkung des Wirkungskreises der allgemeinen Landstände auf die Begutachtung der, die Personen-Rechte, das Eigenthum und die neuen Steuern betreffenden allgemeinen Gesetze. Es liegt von selbst vor und es ist der Staat zu preisen, der nicht fortwährend so vieler neuer allgemeiner Gesetze über die Personen- und Eigenthums-Rechte und die Besteuerung seiner Unterthanen zu erlassen braucht, daß es zu deren Berathung der permanenten Versammlung allgemeiner Landstände bedarf. Solche Versammlungen würden nicht einmal gesetzlich ein für allemal zum Voraus auf gewisse Zeiten bestimmt werden können, weil nicht vorauszusehen ist, ob Materialien zu ihrer Berathung vorliegen werden. Es liegt daher in der Sache selbst, daß, so wie Landtage, in so fern die Erneuerung des Budjets oder der Steuern nicht eine bestimmte Zeit ihrer Zusammenkunft erfordern, nur wenn

Gegenstände der Berathung vorhanden sind, zusammenberufen werden, so auch ständische nur für gewisse, bestimmte Gegenstände, bestimmte Stände oder Ausschüsse, die kein Petitions- und Beschwerde-Recht, sondern nur ein Berathungs-Recht haben, nur wenn Gegenstände zur Berathung vorliegen, einberufen werden können.

Welchen vernünftigen Sinn hat daher das, von Zeit zu Zeit in Flug- und andern Blättern sich erhebende Geschrei nach Zusammenberufung der im Gesetz von 1823 angeordneten allgemeinen Stände in Beziehung auf Preußen? Was es im Allgemeinen bedeutet und bezweckt, lehrt dir Geschichte gründlich: Allgemeine Stände, ist die Ueberschrift zu den Pforten der Staatsumwälzung, états généraux! war die zur französischen Revolution [*1]), allgemeiner Versammlungspunkt außer der Verfassung, ist gleich dem von Archimedes verlangten Punkt außerhalb der Erde, um sie aus ihren Festen zusetzen. Aber was nach der Preußischen landständischen Verfassung mit der so oft in Antrag gebrachten Zusammenberufung der allgemeinen Stände gesagt werden soll, würde nicht zu begreifen sein, wenn nicht hinreichend vorläge, daß dies von dieser Verfassung Unkundigen hervorginge. Die landständische Verfassungs-Urkunde gilt nach der Verordnung von 1815 „als Verfassung des Preußischen Reichs," d. h. als Fundamental-Gesetz, welches Niemand zu verletzen beabsichtigen kann; wenn also die Zusammenberufung der

*1) Vergl. S. 301 Mignets Ausspruch: Quand le ministère admet la convocation des états généraux, la revolution est faite.

allgemeinen Stände gefordert wird, so können unter denselben möglicherweise nur die, in diesem Gesetz gedachten verstanden werden, weil es keine andere allgemeine Stände giebt. Wozu sollten sie ohne allen Grund zusammenberufen werden? Und würden sie zusammenberufen werden, wenn ein Grund dazu vorhanden wäre? Verfassungsmäßig, schon nach der Vernunft müßten von der Regierung neue allgemeine Gesetze über Personen-Rechte und Eigenthum und über auszuschreibende neue Steuern beabsichtigt und entworfen sein. Vollends auffallend ist dieses Geschrei seit der Einführung der erweiterten Ausschüsse. Kaum kann man annehmen, daß unter dem Ausdruck „allgemeinen Stände" eine Versammlung sämmtlicher Provinzialstände verstanden sei. Dies würde nur eine Veränderung und Umkehruug der Verfassung sein und nicht zum wahren Heil des Volks gereichen. Oder sollten alle diese Ausschüsse und Provinzial-Landstände und alle Kräfte der Regierung nicht genügen, den Weg der Regierung und der verfassungsmäßigen Organe des Volks zu erleuchten und sollte es dazu der Herbeiholung außerverfassungsmäßiger Berather bedürfen, etwa wie 1811 die National-Repräsentation? Schreiben wir jetzt 1811? Waren 1811 die Landstände organisirt? Sollten nicht damals alle Zweige der Verwaltung organisirt werden? Sollten nicht unerschwingliche Summen von Millionen aufgebracht werden? Welche nach der Bundes- oder Landes-Verfassung zur ständischen Mitwirkung gehörigen Gegenstände wären vorhanden, für welche, wie Gesetzgebung, Besteuerung, Beschwerden und Petitionen, der Regent jetzt nicht den Rath seiner Landstände schon in der Verfassung selbst fände, und außerhalb derselben noch bedürfte? Die Zusammenberufung allgemeiner Stände in einem andern, als in dem Sinne der bestehenden Verfassung mag, in welcher Absicht sie wolle, und selbst in der besten für rathsam gehalten sein; so ist doch diese Ansicht eben so wohl nicht reiflich überlegt, als verfassungswidrig. Nicht immer sind es principienmäßige Anhänger des repräsentativen Systems, welche diese Ansicht haben, sondern auch in staatsökonomischen Theorien befangene redliche Männer, welche ihre Ideale nicht in den bestehenden Staaten, selbst nicht in einem Staate erreicht finden, in welchem die sittlichen, geistigen, administrativen und materiellen Bedürfnisse im Ueberflusse — wo wenigstens mehr? — befriedigt sind, welche es selbst in einem Staate von mehrfacher Schichtung, Vervielfältigung und Stärke der Repräsentation, in welchem mehr, als in irgend einem andern Staat repräsentirt wird, und in welchen es so wenig einen nicht repräsentirten Kopf, als eine unrepräsentirte Erdscholle giebt, finden und ihr Eldorado von einer noch vermehrten Repräsentation erwarten und daher die treu bewährte Gegenwart einer ungewissen Zukunft preisgeben, Männer, die glauben, daß die Zukunft nach ihren Theorien sich fügt und berechnet werden kann, daß die Staatsformen und die Staatsfinanzen, diese Gegenstände, zu deren Beurtheilung die Meisten sich geeignet halten und geneigt sind, sich in den von ihnen berechneten Schranken halten. Systeme und Theorien genügen nicht, die, in den Annalen der Geschichte aufbewahrte Erfahrung ist die große Lehrerin. Vergebens werden sie in denselben Beläge für ihre Ansichten nachsuchen. Die Staats-Reformatoren aller Länder, selbst die, in den ersten französischen repräsentativen Versammlungen neben den determinirtesten Revolutions-Männern in nicht geringer Zahl vorhandenen edlen Männer hofften die glücklichsten Erfolge von ihren constitutionellen Theorien, so wie Necker von der Einberufung der États généraux die Wiederherstellung der Finanzen. Geschichte und Verfassung ist freilich ein Feld, welches in den Schriften, von welchen hier die Rede ist, nicht sonderlich bebauet wird, und daher auch die vielfachen damit in geradem Widerspruche stehenden Irrthümer. Zu denselben gehört insonderheit die unrichtige Behauptung, daß die Verwaltung der Finanzen oder wenigstens die Controlle derselben zu den Attributionen der Stände gehören. Sie führen dafür England, Frankreich und mehrere deutsche Staaten an, übersehen aber, daß in denselben der Regent die Domainen seines Hauses entweder dem Lande gegen eine jährliche Civilliste übergeben hat, oder von Anfang an nur diese bezieht, die Nation also alle Kosten der Regierung trägt, mithin die Kosten aufbringt und sie verwalten läßt (S. 238 ff.). Daher auch die mit der Bundes-Verfassung in geradem Widerspruche stehenden Ansichten von der Staats-Verfassung, deren Muster bald aus revolutionären Constitutionen, bald aus den deutschen Urwäldeen genommen werden.

VI. Regierung König Friedrich Wilhelm des Vierten.

(1840 — 1845).

§. 19.

Unter der Regierung des Königs Friedrich Wilhelm des Vierten erhielt die landständische Verfassung eben so mannigfaltige ausgezeichnete Bestätigungen als weitere Fortbildungen.

§. 20.

1. Bestätigungen der landständischen Verfassung.

a. durch allgemeine Erklärungen.

So wie die bereits öfter erwähnten reactionären Richtungen gegen landständische Verfassung und die Bestrebungen für repräsentative in Deutschland nicht ganz verschwunden waren; so äußerten sich auch in einzelnen Theilen des Preußischen Staats noch hin und wieder Spuren der oben erwähnten, auf eben diese Zwecke gerichteten Mißdeutung der Königlichen Verordnung vom 22. Mai 1815 und der irrthümlichen Ansicht, daß durch dieselbe eine Staats-Constitution und allgemeine Repräsentation verheißen sei. Da diese Ansichten auch auf dem Huldigungs-Landtage in Königsberg 1840 geäußert wurden [44]); so berichtigte der König in dem Landtags-Ab-

---

[44]) Die Preußische Verfassungsfrage (Leipzig 1845) S. 66. Die in Simon S. 158 abgedruckte Adresse ist übrigens nicht die Denkschrift, auf welche der Landtags-Abschied erfolgte.

schiede vom 9. September nicht allein diese auffallenden Irrthümer, sondern erklärte auch fest und bestimmt Seinen Entschluß, die nach dem Gesetz von 1823 bestehende Verfassung aufrecht zu erhalten. Da diese denkwürdige Urkunde bereits oben S. 249—252 abgedruckt ist[45]), so beziehen wir uns darauf und bemerken nur noch, daß, da dieser Landtags-Abschied hin und wieder dahin gemißdeutet wurde, daß derselbe die Verfassungsfrage überall nicht betreffe, und auf dieselbe die in dem Landtags-Abschied enthaltenen Aeußerungen der Zufriedenheit des Königs bezogen wurden, der König unterm 4. Oktober 1840 an den Minister des Innern eine dieser Mißdeutung und jeder irrigen Ansicht vollständig vorbeugende Cabinets-Ordre erließ[46]).

Es übersteigt das Gedenkbare, wenn derselbe behauptet (das.), daß dieser Gegenstand in Anregung gebracht worden, „weil „die Ansicht Sr. Maj. des jetzt regierenden Königs über die „reichsständische Verfassung bald nach der Thronbesteigung kund „gegeben wurde."

[45]) auch abgedruckt in Rauer a. a. O. Th. II. S. 15. Simon, a. a. O. Th. II. S. 159.

[46]) Königl. Cabinetsordre an den Minister des Innern vom 4. Oktbr. 1840: „Da Ich aus Ihrem Bericht vom 28. v. M. „ersehen habe, daß durch ein Mißverständniß nur das Propo-„sitions-Decret vom 21. Juli d. J. und der Landtags-Abschied „an die Stände der Provinz Preußen vom 9. v. M. zum „Druck befördert worden sind; so veranlasse Ich Sie hierdurch, „die vollständigen Verhandlungen und namentlich die Denk-„schrift der Preußischen Stände, auf welche die „Entscheidung der Verfassungsfrage an den Land-„tags-Abschied ergangen ist, zu veröffentlichen, „um jeder irrigen Ansicht entgegenzutreten, als ob „Ich durch den Landtags-Abschied oder durch die Anerkennung, „welche Ich in demselben und mündlich den treuen Gesinnun-„gen der Stände habe widerfahren lassen, Meine Zustimmung

Da der Landtags=Abschied vom 9. Sept. 1840 alle Mißdeutungen der Verordnung von 1815 mit allen, darauf gegründeten Richtungen um so mehr niederschlug, als der König, wie auf dem Posenschen Landtage dennoch die Einberufung allgemeiner Stände zur Sprache gebracht und auf die Verordnung von 1815 Bezug genommen war, durch den Bescheid vom 12. März 1843 die Stände auf den Königsbergischen Landtags=Abschied von 1840 und die darin enthaltene Bescheidung über die unrichtige Deutung der gedachten Verordnung und darauf verwies, daß schon der König Friedrich Wilhelm III. ihre Ausführung in dieser Deutung mit dem Wohle Seines Volks nicht vereinbar gefunden und das Gesetz vom 5. Juni 1823 an ihre Stelle hatte treten lassen, und daher jene Verordnung für Se. Majestät völlig unverbindlich sei. „Wir „wollen — äußerte der König Friedrich Wilhelm IV. — in „Gnaden nicht die Aeußerungen erörtern, welche auf ein „Gebiet übergreifen, das Unserer Erwägung und Ent„schließung vorbehalten bleiben muß, noch die unange„messene Berufung auf eine Verordnung" (vom 22. März 1815), „welche, wie Wir dies bereits in dem „Landtags=Abschiede für das Königreich Preußen vom „9. September 1840 ausdrücklich erklärt haben, „völlig unverbindlich für Uns ist, da schon Un„seres in Gott ruhenden Herrn Vaters Ma-

„zu dem, in der Denkschrift enthaltenen Antrage auf Entwik„kelung der Landesverfassung im Sinne der Verordnung vom „22. Mai 1815 ausgesprochen habe." (Simon, a. a. O. S. 160 und die Preußische Verfassungsfrage S. 56.

„jestät, von dem dieselbe ausgegangen, ihre „Ausführung mit dem Wohle Ihres Volkes „nicht vereinbar fanden und das Gesetz vom „5. Juni 1823 an ihre Stelle treten ließen[47]).“ (Vgl. S. 256).

Inmittelst war in einer mit auffallender Mißkennung sowohl der deutschen Bundesacte, als der Verordnung von 1815 abgefaßten Petition vom 28. März 1841 auf dem Schlesischen Landtage „auf die Einführung „der verheißenen reichsständischen Verfassung „nach den Grundzügen der Verordnungen vom „22. Mai 1815 und 17. Januar 1820“ angetragen[48]). Der Landtag ging zwar auf diesen Antrag nicht ein, reichte ihn jedoch dem Könige ein, worauf die Petenten unterm 18. Mai 1841 beschieden wurden, „daß Se. „Majestät in dem Antrage auf reichsständische Verfassungen nach den in dem Landtags-Abschiede d. d. Königsberg den 9. September und in der Ordre vom 4. Oktober 1840 ertheilten Allerhöchsten Erklärungen geradezu eine offene Opposition erblicken müßte, deren Allerhöchstdieselben von der Stadt Breslau um so „weniger gewärtig gewesen, als der in allen andern „Theilen der Provinz herrschende gesunde Sinn und das „schöne Vertrauen zum Landesherrn auf dem Landtage „und insbesondere bis der Abstimmung über jene Petition auf so erfreuliche Weise bethätigt worden sei[49]).“

---

47) Die Preußische Verfassungsfrage. S. 74.
48) Ebendas. S. 75.
49) Ebendas. S. 79.

So mußte erst durch Königliche Resolutionen das erklärt werden, was offen vorlag, daß die Verordnung von 1815 unrichtig gedeutet und bereits unter der vorigen Regierung durch das Gesetz von 1823 in ihrem richtigen Sinne vollständig ausgeführt sei und daher, wie überhaupt, so insonderheit für Seine jetzt regierende Majestät völlig unverbindlich sei. Die Anträge hatten hierdurch das bisher dazu gemißbrauchte Fundament verloren und wurde von den ihnen ergebenen Anhängern nun zu eben solchen Anträgen in einigen Provinzen das Gesetz vom 5. Juni 1823 bei den vom Könige über die beabsichtigten ständischen Ausschüsse geforderten ständischen Gutachten benutzt.

In dem landständischen Gesetze von 1823 war nämlich anstatt des mißbrauchten Ausdrucks „Landes-Repräsentanten" und in der Verordnung von 1815 das Wort „Allgemeine Stände" gebraucht (S. 439 ff.) und diese Veränderung jetzt zur Charybdis jener Scylla und daraus allgemeine Stände im Sinne des repräsentativen Princips gemacht. Es bedarf aber nur eines Blickes in das Gesetz von 1823, um die Ueberzeugung zu gewinnen, daß in demselben unter diesem Ausdruck überall nicht allgemeine Landstände, nicht einmal im landständischen, viel weniger also im repräsentativen Sinne, d. h. von dem Volke erwählte Vertreter ihres Landes und Einwohner desselben mit landständischem Charakter und landständischen Attributionen haben, sondern nur von den bestehenden eigentlichen Landständen aus ihrer Mitte zu bestimmten Geschäften gewählte Mitglieder gemeint sind, zu deren Geschäften nach dem Gesetz von 1823 lediglich die Begutachtung der allgemeinen Gesetze gehört. Daher legt sowohl die Verordnung von 1815, als das Gesetz von 1823 die repräsentative Eigenschaft mit allen ihren Attributionen nur den Provinzialständen selbst und nicht ihren eben gedachten Ausschüssen bei, und eben so wenig sollen durch die vom Könige Friedrich Wilhelm IV. angeordneten landständischen Ausschüsse den Provinzialständen die ihnen nach dem Gesetze von 1823 zustehenden Attributionen und insonderheit das Recht der Beschwerde und der Bitte entzogen werden[50]), und besteht daher der ständische Charak-

---

[50]) Königl. Eröffnungs-Decret an alle Landtage vom 30. Juni 1841: „Ohne daß dadurch (die Ausschüsse) dem ver„fassungsmäßigen Wirkungskreise der Provinzial-Landtage et„was entzogen werden soll.“ Verordnung über die Bildung eines Ausschusses der Stände vom 21. Juni 1842: „§. 2. Die verfassungsmäßige Wirksamkeit der Provinzialstände „wie solche durch den Art. 3 des allgemeinen Gesetzes vom 5. „Juni 1823 vorgeschrieben ist, erleidet durch den Ausschuß „keine Beeinträchtigung.“ — Kabinets-Ordre an das Staatsministerium vom 19. August 1842: „— die im vo„rigen Jahre versammelt gewesenen Provinzial-Landtage ha„ben die Hoffnung ausgesprochen, daß die Selbstständigkeit der „Provinzial-Landtage durch die Zusammenberufung der Aus„schüsse nicht beeinträchtigt werde.“ — Königl. Resolution an den Posenschen Landtag vom 20. April 1841: „Dem Wirkungskreise der Provinzial-Landtage verbleiben die „im Art. 3 des Allgem. Gesetzes vom 5. Juni 1823 denselben „überwiesenen Attributionen. Hieraus werden sich Unsere ge„treuen Stände überzeugen, daß dieser Ausschuß nicht bestimmt „ist, in der Zwischenzeit von einem Landtage zum andern die „demselben zustehenden Befugnisse auszuüben. Eben so wenig „ist es zulässig, dem Ausschusse das nach dem §. 47 des Gesetzes „vom 27. März 1824 ausdrücklich den auf dem Provinzial„Landtage versammelten Ständen beigelegte Recht, Namens der

ter dieser allgemeinen Stände, in so weit er ihnen überhaupt beigelegt werden kann, eben darin, worin der der Landes-Repräsentanten bestehen sollte, nämlich in der Begutachtung der Entwürfe der in den Gesetzen näher angegebenen Gattung von Gesetzen.

Wenn der König in seiner Weisheit beschließt, Ausschüsse aus Mitgliedern aller Landtage in Angelegenheiten, in welchen Se. Majestät des Raths erfahrener Männer sich zu bedienen für angemessen hält und daher den verschiedenen Landständen aufgab, aus ihrer Mitte aus allen Ständen Männer zu wählen, damit sie nöthigenfalls vom Könige eingefordert werden können; so entsprach es weder der Königlichen Absicht, noch der dankbaren Anerkennung eines solchen Beweises des Königlichen Vertrauens, noch dem Vorbilde der übrigen Provinzen, wenn einige Provinzen schon das, ihnen vom Könige gestattete Gutachten über diese Angelegenheit damit begonnen, daß sie die vom Könige durch die oben angeführten Bescheide gemißbilligten Anträge nicht bloß erneuerten, sondern auch

„Provinz Uns Bitten und Beschwerden vorzutragen oder Bedrückungen zu Unserer Kenntniß zu bringen, beizulegen, da es „bei der nur erwähnten den Landtagen und außerdem noch den „Kreisständen eingeräumten Befugniß und bei der von jeher in „Unserer Monarchie hergebrachten Zugänglichkeit der Person des „Landesherrn fur Gesuche jedes Unterthanen noch eines neuen „Organs zu diesem Zwecke nicht bedarf.“ Der Antrag des Rheinischen Landtags von 1843, den Ausschüssen das Recht der Bitte und Beschwerde zu gewähren und sie in dieser Hinsicht als das gesetzliche Organ aller Eingesessenen zu betrachten, ward daher durch den Landtags-Abschied vom 30. December desselben Jahres als das Wesen der Preußischen Verfassung verletzend verworfen.

bedeutend erhöheten und selbst auf Veränderung der Verfassung des Preußischen Staats durch Einführung einer Gesammt-Repräsentation desselben, und Erhöhung der landständischen Rechte auf Rechte der Stände in rein repräsentativen Staaten, welche auch diese theilweise weit überschreiten, antrugen. Diese Anträge mußten um so mehr auffallen, als sie von Ständen der Provinzen ausgingen [51]), von welchen einige zu den Ländern des deutschen Bundes überall nicht gehörten und die daher auf die durch die Bundes-Gesetze den Landständen gegebene Garantie keinen Anspruch hatten (S. 104), dennoch aber, wie sie selbst anerkannten [52]), unter ihren souverainen Herrschern im Genusse ihrer Privilegien geblieben waren, welche alle aber erst durch den hochseligen König eine provinzielle Einheit erhalten hatten, Preußen durch die Vereinigung beider Preußen, und die Rhein-Provinz dadurch, daß sie, die bis 1794 eine Musterkarte von untereinander unverbundenen Territorial-Einzelheiten und größtentheils ohne Landstände gewesen war, überhaupt eine Einheit gewor-

---

[51]) Wenn Simon (S. 161) behauptet, daß eben dieser Antrag auch auf verschiedenen andern Landtagen gestellt worden, jedoch eine Petition bei Sr. Majestät nicht zur Folge gehabt habe, so beweiset dies gerade, daß dieser Antrag von ihnen verworfen worden, wie dies namentlich von dem Pommerschen (Rauer S. 371), dem Schlesischen, dem Sächsischen und dem Westphälischen geschah.

[52]) So sagen die Preußischen Stände in ihrer Denkschrift von 1840: „Auch der große König hielt die alte ständische Verfassung aufrecht" — auch Friedrich Wilhelm III. hat dieselbe treulich gehalten (vergl. Preußische Verfassungsfrage, S. 63 ff.). Wie unüberlegt sind daher Simons Verläumdungen (vergl. oben S. 335).

den, einen Namen und bedeutende Territorial-Erweiterungen erhalten hatte. Mußten Anträge schon aus diesen Gründen auffallen; so mußte dies um so mehr der Fall sein, als sie, abweichend von der Geschichte, welche wohl Beispiele von Anträgen auf General-Stände, um der Nothwendigkeit unerschwinglicher Steuern abzuhelfen, aufweiset, in eben der Zeit erfolgten, in welcher der König den Ständen einen bedeutenden Nachlaß an Steuern bekannt gemacht und ihr Gutachten über die wohlthätigste Art des Erlasses erfordert hat. Wohl hat die Geschichte Beispiele der Anträge auf allgemeine Stände aufzuweisen, wenn der Regent die Rechte der einzelnen Stände unterdrückte und vernichtete, noch nie aber aus Zeiten, in welchen er sie eben wiederhergestellt hat und ihnen seinen Entschluß bekannt macht, ihres Raths in einem noch größeren Umfange sich zu bedienen; die Geschichte bestätigt daher vollkommen den gesunden Sinn derjenigen, die an solchen Anträgen nicht Theil genommen hatten, welchem der König durch die oben angeführte Resolution vom 18. Mai 1841 volle Gerechtigkeit hatte widerfahren lassen.

Der König eröffnete den acht Landtagen in Seinem Reiche den Wunsch und die Absicht, des Raths einzelner von ihnen selbst gewählter Mitglieder der Provinzialstände sich zu bedienen; alle Provinzialstände erkannten hierin dankbar den ausgezeichnetsten Beweis des Königlichen Vertrauens, nur einige trugen darauf an, sie nicht als vertraute Räthe des Königs, als „die alten Räthe vom Lande,“ sondern als allgemeine Stände, als Reichsstände, als Organe des Volks, zu betrachten, sie für Reichsstände zu erklären und sich verbindlich zu machen, sie in bestimmten, die verfassungsmäßige Competenz der Landstände weit überschreitenden Angelegenheiten zu Rathe zu ziehen.

Der König wollte aus den mit seinem und ihrem Vertrauen beehrten Männern Einige als Räthe, einige Stände-Versammlungen sie aber als allgemeine Stände als vom Könige nothwendig und zwangsweise zu befragende Reichsräthe mit ständischem Repräsentations-Charakter angesehen wissen. Allerdings weichen die Landtage, welche an dieser Richtung Theil nahmen, sowohl in der Höhe und in dem Umfange ihrer Ansprüche, als in dem Maaße, in welchem sie dieselben ganz unverholen und offen aussprachen, von einander ab, stimmen aber darin überein, daß ihre Anträge die verfassungsmäßigen Grenzen ihres Berufs überschritten, die seit dem Bestehen eines Preußischen Staats geltende Verfassung desselben gänzlich umänderten und den vom Könige gegebenen Bescheiden auf das aller grellste widersprachen.

Der Preußische Landtag von 1843 brachte, der Bescheidung von 1840 ungeachtet, dennoch die Verfassung wieder in Anregung, und wenn er gleich nur darauf antrug, 1) den vereinigten Ausschüssen in Bezug auf die allgemeine Gesetzgebung diejenigen Befugnisse zu übertragen, welche gesetzlich den

Provinzialständen verliehen sind, ohne dadurch der verfassungsmäßigen Wirksamkeit der letzteren etwas zu entziehen, 2) demgemäß nach Analogie des Geschäftsganges der Provinziallandtage den der vereinigten Ausschüsse umarbeiten zu lassen, 3) die alleinige Leitung der letzteren einem aus ihrer Mitte zu ernennenden Marschall zu übertragen, 4) den Ausschüssen zu gestatten, ihre Gutachten und Anträge mittelst besonderer Denkschriften an den König zu richten, und 5) den Zusammentritt der Ausschüsse in regelmäßig wiederkehrenden Fristen zu gestatten[52]) und daher nicht wörtlich und ausdrücklich den Antrag auf eine allgemeine Repräsentation des ganzen Staats äußerte; so sind die Anträge dennoch wesentlich auf allgemeine Stände und darauf gerichtet, anstatt der berathenden Mitglieder der Provinzialstände förmliche allgemeine Stände und anstatt eines, zur Berathung mit der höchsten Behörde des Königs versammelten Ausschusses derselben, eine förmliche Versammlung der allgemeinen Stände mit ständischen Attributionen und Formen als allgemeine oder, was einerlei ist, Reichsstände einzuführen und dem Urtheil des Königs über das Bedürfniß einer Berathung mit denselben durch Bestimmung regelmäßig wiederkehrender Fristen ihrer Versammlung gegen die Verfassungs-Urkunde von 1823 Schranken zu setzen. Also außer den übrigen ständischen Versammlungen zwei, den Gegenständen nach von

---

[52]) Rauer a. a. O. S. 368.

einander ganz getrennte, in regelmäßig wiederkehrenden Fristen zusammenkommende ständische Versammlungen, eine allgemeine der Stände aus der ganzen Monarchie, ein Reichstag, nicht als ein in dazu geeigneten Fällen einzuberufenden Ausschuß, sondern als förmlich organisirte ständische allgemeine Stände-Versammlung und eine der Provinzialstände in jeder Provinz.

Auf diesen Antrag wurden die Stände durch den Landtags-Abschied vom 30. Dec. 1843 in eben der Art, wie durch den Abschied vom 9. Sept. 1840 mit Königlichem Ernste abschläglich beschieden. Den Landtags-Abschied, dessen Inhalt bereits S. 252 angegeben ist, wollen wir aber zum Theil auch hier wörtlich anführen: „Die „Acte Unserer Regierung — heißt es in demselben — „sind redende Zeugen, wie wir von deren Anbeginn auf „die Vervollkommnung der ständischen Einrich„tungen bedacht gewesen sind. Wenn Uns aber hierbei „stets die ernsteste Erwägung Unserer Königlichen Pflich„ten und der wahren Wohlfahrt Unseres geliebten Volks „geleitet und Uns das Einverständniß Unserer getreuen „Stände gesichert hat, so werden auch ferner kei„nerlei Bestrebungen Uns bewegen, den ruhi„gen und besonnenen Gang Unserer Regierung „zu übereilen, oder eine andere Richtung ein„zuschlagen, als diejenige, welche Wir nach „reiflicher Prüfung als allein gedeihlich für „die Preußische Monarchie erkannt und bereits „in dem Huldigungs-Abschiede ausgesprochen

„haben. Was die einzelnen Anträge der Stände be-„trifft, so gehen dieselben von der Meinung aus, daß „das Bedürfniß nach allgemeinen Landständen lebhaft „empfunden werde und stützen darauf den Antrag, daß „den vereinigten Ausschüssen in Beziehung auf die allge-„meine Gesetzgebung diejenigen Befugnisse übertragen wer-„den möchten, welche nach dem Gesetze vom 5. Juni „1823 den Provinzialständen verliehen sind und daß dem-„gemäß die Geschäftsordnung und das formelle Verfah-„ren bei den vereinigten Ausschüssen verändert und eine „regelmäßige Wiederkehr derselben bestimmt werde. Diese „Anträge zu gewähren, können Wir Uns nicht bewogen „finden. Unsers in Gott ruhenden Herrn Vaters Ma-„jestät haben in dem Gesetz vom 5. Juni 1823 die Be-„stimmung darüber, wann eine Zusammenberufung der „allgemeinen Landstände erforderlich, und wie sie dann „aus den Provinzialständen hervorgehen sollen, der lan-„desherrlichen Fürsorge vorbehalten. Als daher durch Got-„tes Rathschluß die Bestimmung hierüber Unserer Fürsorge „übertragen wurde, haben Wir es zu Unseren ersten „Pflichten gezählt, die vorhandenen ständischen Institu-„tionen der ernsten Erwägung zu unterziehen und haben „hierauf den Ständen durch den Bescheid vom 9. Sept. „1840 kundgegeben, daß Wir als die Grundlage der „gesammten ständischen Verfassung Unseres „Reiches die Provinzialstände, wie sie von Un-„seres Herrn Vaters Majestät gegründet sind, „betrachten und daß Wir deren Entwickelung „auf dem von Unsers Herrn Vaters Majestät

„während seiner glorreichen Regierung be-
„folgten und durch die Erfahrung bewährten
„Wege zu fordern entschlossen sind. Die hierauf
„von Uns im Einverständniß mit Unsern getreuen Stän-
„den im Jahre 1841 getroffenen Anordnungen waren
„demgemäß auf die Belebung und die Vervollkommnung
„der Provinzialstände gerichtet. Den eingeschlagenen Weg
„wieder zu verlassen, und in alle Verhältnisse der Ver-
„fassung, wie in die Interessen der Provinzen tief ein-
„greifend, den Organismus des ständischen Wesens zu
„verändern, dazu ist weder ein Bedürfniß vorhanden, noch
„weniger von einem solchen Wechsel in den Grundlagen
„des Staatslebens Heil zu erwarten. Daß der Rath
„Unserer getreuen Stände mit voller Berücksichtigung der
„Eigenthümlichkeiten der durch Geschichte und Verfassung
„verschiedenen Landestheile an Uns gelange und, wo es
„der Ausgleichung dieser Verschiedenheit bedarf, eine solche
„herbeigeführt werde: das ist durch die bestehende Ein-
„richtung der Provinzialstände in Verbindung mit den
„Ausschüssen im vollsten Maaße gesichert. Es fehlt hier-
„bei Unsern Provinzen in keiner Beziehung an gesetz-
„lichen Organen, um ihre Wünsche zu Unserer Kenntniß
„zu bringen. Unter der bewährten und ungestörten Mit-
„wirkung dieser ständischen Organe in ihrer gegen-
„wärtigen Verfassung werden Wir im Stande sein,
„die ganze Thätigkeit Unserer Regierung darauf zu rich-
„ten, um für die geistige und materielle Wohlfahrt Un-
„seres geliebten Volks zu schaffen und zu wirken. Auf
„dem wichtigen und weiten Felde der Rechtspflege, zur

„Förderung der Landescultur, des Handels und der Ge-
„werbe, der Wissenschaften und Künste, wollen Wir unter
„Gottes Schutz und Segen in der Zeit der Ruhe und
„des Friedens die Kräfte Unserer Regierung verwenden,
„ohne sie durch die nicht gebotene Lösung von
„Schwierigkeiten zu zersplittern, welche von
„einer wesentlichen organischen Veränderung
„der Verfassung unzertrennlich sein würde.
„In der Ausführung dieses Unseres wohlerwo-
„genen Entschlusses werden Wir Uns nicht hem-
„men lassen, noch es dulden, daß, abweichend
„von dem festvorgeschriebenen Gange, von Un-
„serer Regierung eine falsche Richtung erstrebt
„werde, vielmehr etwanige Versuche der Art je-
„derzeit mit Nachdruck zurückweisen.“ (S. 254 ff.
und Rauer a. a. O. S. 369).

Diese ernste Königliche Zurückweisung und Verwerfung der Bestrebungen, die provinziellen Landstände in allgemeine und die provinzial-ständische Verfassung in eine repräsentative allgemeine ständische Verfassung, Constitution, Reichs-Verfassung 2c. zu verändern, vermochte indessen noch nicht, dieselben zu unterdrücken. Auf dem Preußischen Landtage von 1845 wurden mehrere Petitionen übergeben, unter welchen die des Magistrats und der Stadtverordneten-Versammlung in Königsberg vom 7. December 1844 allerdings die merkwürdigste ist, da sie geradezu die Ausschüsse für ungenügend erklärt und auf Herstellung von Reichsständen anträgt: „Der Preußische Land-

„tag hielt zwar, nach dem Landtags-Abschiede vom 27. „December 1845, der in dem Abschiede vom 30. De-„cember 1843 in Beziehung auf die Entwickelung der „ständischen Verhältnisse ertheilten Königlichen Zusicherung „vertrauend, neue Anträge über diesen Gegenstand für „überflüssig, brachte jedoch jene Petitionen zur Kenntniß des Königs. „Eben dieserhalb lag aber," bescheidet ihn der Landtags-Abschied von 1845, „auch keine zureichende „Veranlassung vor, Uns von den dieserhalb an den Landtag „gerichteten Petitionen Kenntniß zu geben, wie dies von „der Minorität der Versammlung mit Recht hervorgehoben „ist, der Wir dieserhalb und wegen des in ihrer Se-„peratnote enthaltenen Ausdrucks des Vertrauens und der „Hingebung Unsere besondere Zufriedenheit auszusprechen „Uns bewogen finden."

Auch auf dem Posenschen Landtage von 1843 wurde aus der Berathung über die ständischen Ausschüsse von den Deputirten der Stadt Posen Veranlassung genommen, ungeachtet der dagegen von einer bedeutenden Anzahl loyaler Landtags-Abgeordneten angeführten Gründe, die Vereinigung der Ausschüsse aller Provinzen nur dann für genügend zu halten, wenn mit dieser Vereinigung auch alle diejenigen Institutionen [53]) ins Leben treten würden,

[53]) Die Preußische Verfassungsfrage Seite 84. Zu eben diesem Landtage hatte auch der Arzt Dr. Jacoby seine beiden Pamphlets verfertigt. Und diese Institutionen wären 1) eine durch Provinzialstände gebildete Repräsentation des Volks — ist seit 1823 vorhanden —, 2) der Ausschuß der Landes-Repräsentation — ist in den Ausschüssen vorhanden —, 3) eine Verfassungs-Urkunde über beide — ist theils in dem Edict von

welche durch die Verordnung vom 22. Mai 1815 verheißen worden [54]).

Hierauf erging unterm 12. März 1843 der Königliche Bescheid:

„Die übereilte Beurtheilung der Wirksamkeit der ständischen Ausschüsse ist nicht geeignet, einen Einfluß auf „Unsere wohlerwogene Absicht der Gründung dieses Instituts zu üben. Wir wollen in Gnaden die Aeußerungen nicht näher erörtern, welche auf ein Gebiet „übergreifen, das Unserer Erwägung und Entschließung „vorbehalten bleiben muß, noch die unangemessene „Berufung auf eine Verordnung (vom 22. März 1815), „welche, wie wir dies bereits in dem Landtags-Abschiede „für das Königreich Preußen vom 9. September 1840 „ausdrücklich erklärt haben, völlig unanwendbar ist, da „schon Unsers in Gott ruhenden Herrn Vaters Majestät „von Dem dieselbe erlassen ist, ihre Ausführung mit dem „Wohle Ihres Volks nicht vereinbar fanden und das „Gesetz vom 6. Juni 1823 an ihre Stelle setzten [55])." (S. 256).

Wie überhaupt in so manchen und in allen Beziehungen, so mußte es auch in Rücksicht auf die oben angeführte Königliche Erklärung über die Unverbindlichkeit der Verordnung von 1815 und die Verletzung der stän-

---

1823 vorhanden und sollte theils durch die Berathungen vorbereitet werden.

[54]) Die Preußische Verfassungsfrage S. 69. Simon S. 160.

[55]) Ebend. S. 74.

dischen Gesetze [56]), auffallend sein, daß der Posensche Landtag 1845 noch weiter als selbst auf dem Landtage von 1843 ging und auf eine Staats-Verfassung antrug. Der Landtag ward auch mit diesem Antrage durch den Landtags-Abschied vom 27. December 1845 zurückgewiesen:

„Der Antrag auf Gewährung einer Staats-Verfas-„sung ist nicht durch das specielle Interesse der dasigen „Provinz motivirt und erscheint überdies als theilweise „Wiederholung der durch Unsere Eröffnung vom 12. März „1843 entschieden zurückgewiesene Gesuche. Es erfolgt „daher kein weiterer Bescheid.“

Am mehrsten ohne Rückhalt und unverholen und am ausführlichsten äußerte aber der Rheinische Landtag von 1843 seine Ansichten und Richtungen in dem, von dem Könige über die ständischen Ausschüsse erforderten Gutachten [57]), dessen Resultate die gänzliche Umkehrung der Königlichen Absicht, die Verwandlung der ständischen Auschüsse in allgemeine Stände und Reichsstände mit repräsentativen Charakter für den gesammten Preußischen Staat als Gesammt-Staat und Monarchie, mithin die totale Veränderung der bestehenden Staats-Verfassung und endlich die Stellung des Staatshaushalts und des Königlichen Haus-Vermögens zu diesem ständischen

---

[56]) Sämmtliche Gesetze über die Verfassung der Provinzialstände enthalten die Vorschrift, daß einmal zurückgewiesene Petitionen nur alsdann, wenn wirklich neue Veranlassungen oder neue Gründe eintreten und immer nur erst bei künftiger Berufung des Landtags erneuert werden dürfen.

[57]) Rauer S. 371.

Ausschusse ein Verhältniß zu stellen, in welchem sie sich in den Ländern befinden, in denen der Regent der Nation gegen eine, ihm und seinem Hause jährlich zu gebende Civilliste die Domainen seines Hauses abgetreten hat und die Nation allein die Kosten des Staatshaushalts trägt. Selbst gegen des Königs Vorschlag, daß jeder Stand seine Mitglieder zu dem Ausschusse wählen solle, wurde entweder, um in dem Ausschusse das ständische Element zu verwischen und das der Wahl nach Kopfzahl wenigstens in Ansehung des activen Wahlrechts einzuführen, oder um das letztere für den minder zahlreichen Stand selbst in Ansehung seiner eigenen Deputirten zu parallelisiren, vorgeschlagen, daß die Wahl von dem ganzen Landtage, als einer ungetheilten Einheit, vollzogen werde, also eine den ersten Grundsätzen der ständischen Repräsentation und dem allgemeinen Herkommen widersprechende Wahlart, durch welche die Wahl der Deputirten jedes Standes in die Hand der Majorität sämmtlicher Mitglieder der Landtagsversammlung gelegt würde, da z. B. in der Rheinprovinz, in welcher der Landtag aus 25 Rittergutsbesitzern und 50 Deputirten der Städte und der Landgemeinden besteht, von den beiden letzteren nicht bloß die Wahl ihrer acht, sondern auch die der vier Deputirten des Ritterstandes, mithin aller Rheinischen Mitglieder des ständischen Ausschusses abhängen würde.

Die Anträge des Rheinischen Landtags von 1843 sind wörtlich:

4) Die an die Versammlung der Ausschüsse abzusendenden Ressort-Minister nur zu den nothwendig oder

dienlich erscheinenden Erläuterungen zu bevollmächtigen, denselben aber eine weitere Einwirkung auf den Gang der Berathung nicht einzuräumen (zum Vorsitz sollte aus der Mitte der Versammlung ein Marschall ernannt werden).

5) Den Ausschüssen das Recht der Berathung aller allgemeinen Gesetze, welche die persönlichen und Eigenthumsrechte der Staatsbürger, mit Einschluß der Besteuerung, so wie der ständischen Verfassung betreffen, zu gewähren; jedoch wären ihnen diese Gesetze nur dann vorzulegen, wenn sie für die ganze Monarchie Geltung haben sollen, und würden dadurch dermalen die in einer Provinz bestehenden Particular- oder Provinzial-Gesetze eine Veränderung erleiden, so müßten die bezüglichen Gesetz-Entwürfe der Begutachtung der Provinzialstände nach den gegenwärtig darüber bestehenden Bestimmungen vorbehalten bleiben;

6) zu gestatten, daß sie so eine ungetheilte Einheit bilden, sie als das gesetzliche Organ aller Eingesessenen in Beziehung auf den Staat in seiner Allgemeinheit zu erklären und ihnen daher auch das Recht der Bitte und Beschwerde zu ertheilen;

7) Den vereinigten Ausschüssen ferner zur Begutachtung übergeben zu lassen: die für die Monarchie zu publicirenden Finanz-Etats, so wie die Rechnungen über den Staatshaushalt und jene über die Schulden-Verwaltung;

8) neue Schulden oder Anleihen ohne ihre Zuzie-

hung und Mitgarantie nicht zu contrahiren, überhaupt neue Belastungen der Staatskassen ohne ihren Beirath nicht zu übernehmen, endlich Domainen und Staatsgüter nur veräußern zu lassen, nachdem die vereinigten Ausschüsse mit ihrem desfallsigen Gutachten gehört worden sind, und

9) zu befehlen, daß zu den vereinigten Ausschüssen zwar die bisherige Zahl von Mitgliedern aus jedem Stande gewählt, die Wahl aber vom ganzen Landtage als einer ungetheilten Einheit vollzogen werde.

Diese Anträge wurden durch den landesherrlichen Landtags-Abschied vom 30. Decbr. 1843 abgewiesen und die Rheinischen Stände beschieden:

> Den das Wesen der Preußischen Verfassung verkennenden und die im §. 49 des Gesetzes vom 27. März 1824[58]) den Provinzial-Ständen vorgezeichneten Grenzen überschreitenden Anträgen, deren Sinn es ist, die Ausschüsse der Landtage in Reichsstände zu verwandeln, müssen Wir Unsere Genehmigung versagen. Den Weg, welchen Wir in diesem Gebiete zu gehen ent-

---

[58]) Gesetz wegen Anordnung der Provinzialstände für die Rhein-Provinzen vom 27. März 1824: „Bitten und „Beschwerden der Stände können nur aus dem besonderen In- „teresse der Provinz und ihrer einzelnen Theile hervorgehen" (Gesetzsammł. S. 101). Auf diese Vorschrift sind insonderheit die Rheinischen Landstände wiederholendlich verwiesen. Rauer a. a. O. S. 316, und auch die Posenschen vgl. oben S. 449 ff.

schlossen sind, haben Wir mehrfach kund gethan. Auf diesem Wege werden Wir Uns durch keinerlei Bestrebungen hemmen, noch fortdrängen lassen, vielmehr Versuche[59]), welche dahin gerichtet sind, jederzeit mit Nachdruck zurückweisen. Veränderungen in der Geschäfts-Ordnung der vereinigten Ausschüsse, welche dazu dienen können, deren Berathungen noch ersprießlicher zu machen, sind Wir eintreten zu lassen gern geneigt. Es bleibt aber Unserer Fürsorge vorbehalten, in dieser

---

[59]) Dahin gehören auch die Adressen und die literarischen Aufregungen und Täuschungen des Publicums durch Verfälschung der Worte im Texte der Gesetze und andere Unrichtigkeiten, so wie die Vorenthaltung der wahren Lage der Sache oder die Unterstützung jener Richtungen durch Anführung von Urkunden und Thatsachen, die diesen Gegenstand überall nicht berühren. Ein merkwürdiges Beispiel hierzu giebt Simon sogar in seinem Preußischen Staatsrecht S. 161, indem er, nachdem er die an die Landtage in Königsberg und Posen 1840 und 1843 erlassenen abschläglichen Bescheide wegen der reichsständischen Verfassung angeführt, unmittelbar fortfährt: „Denjenigen nun, welche eine „Gewährleistung für die Zukunft verlangen, gab der „König die beste, seine Persönlichkeit" und als Beweis das bei der Huldigung der zum deutschen Bunde gehörigen Provinzen „abgelegte" Gelübde des Königs wörtlich anführt. Als wenn die Landtags-Abschiede „außer der Persönlichkeit" des Königs lägen! Was enthalten denn die Königlichen Huldigungsreden über Verfassung, Reichs- und constitutionelle Verfassung? Etwa die Königlichen Worte: „Ich weiß und Ich „bekenne es, daß Ich Meine Krone von Gott allein habe „und daß es Mir wohl ansteht zu sprechen: „„Wehe dem, „„der sie anrührt!""

Beziehung die weiteren Uns zweckmäßig erscheinenden Bestimmungen auf Grund der von Uns bereits früher angeordneten Berathungen zu treffen[60]).

Ungeachtet dieses bestimmten und gemessenen, durch die Amtsblätter publicirten Königlichen Bescheides und der bereits in Ausführung getretenen Ausschüsse waren dennoch aus mehreren Städten der Rheinprovinz Petitionen auf Vollziehung der Verordnung vom 22. Mai 1815 durch Einführung einer allgemeinen land- oder reichsständischen Verfassung bei dem Rheinischen Landtage vom Jahr 1845 eingegangen. Die dadurch veranlaßten ausführlichen Discussionen auf dem Landtage hielten sich auf der einen Seite in den Grenzen der bestehenden Verfassung, des Rechts, der Landtags-Ordnung und des Gehorsams gegen den Königlichen Bescheid, während man auf der andern Seite, diese Schranken weit überschreitend, in den bekannten Axiomen der Theorie und des Zeitgeistes und der Mißdeutung der Verordnung von 1815 sich bewegte. Die Ausführung der ersten Seite ist so trefflich, daß wir bedauern, hier nur auf einige Fragmente derselben uns beschränken zu müssen[61]). Es ward darin angeführt: „es „stehe den Provinzial-Landtagen ohne Verletzung der dem „Staatsoberhaupte schuldigen Ehrfurcht und ohne Ueberschreitung der ständischen Befugnisse überhaupt

[60]) Rauer a. a. O. Seite 372. Es ist zu bedauern, daß dieser Landtags-Abschied nicht in Simons Preußisches Staatsrecht mitaufgenommen ist.

[61]) Ausführlicher in der Beilage zur Allgemeinen Preußischen Zeitung 1845, No. 103.

„nicht zu, eine bereits eingelegte und (durch den Landtags-Abschied von 1843) zurückgewiesene Bitte nicht nur „zu erneuern, sondern solche auf Bewilligung einer förm„lichen Repräsentation des Volks mit Bezugnahme auf „die Verordnung von 1815 auszudehnen. Wenn auch der „Gegensatz ständischer und repräsentativer Verfassungen „zur Zeit der Erlassung des Gesetzes vom 22. Mai 1815 „noch nicht in seiner vollen Schärfe hervorgetreten gewe„sen wäre, so sei doch eine solche Nationalrepräsentation „im modernen Sinn, eine solche tief eingreifende „Umbildung des ganzen Staatsgebäudes nir„gendwo in bestimmte Aussicht gestellt; es sei vielmehr die „historische Grundlage der Staatsbildung bei der ständischen „Verfassung berücksichtigt worden, und stehe so viel immer „fest, daß aus der Mitte der heutigen Provinzialstände „die Landes-Repräsentanten gewählt werden sollten, und „fielen daher diejenigen, welche zur Erleichterung „der Erringung einer Volks-Repräsentation „die Provinzialstände zu beseitigen strebten, „in unauflösbaren Widerspruch mit sich selbst, „da das Gesetz vom 22. Mai 1815, worauf sie „sich stützen, nicht nur die Errichtung von Pro„vinzialständen ausdrücklich vorschreibe, son„dern auch wolle, daß die Landes-Repräsentanten „aus denselben hervorgehen sollen; das Gesetz „von 1815 sei nach den Erläuterungen und „Erklärungen des Königs von 1840 und 1843 „nun nicht mehr vorhanden.“

In legislativer Hinsicht wurde zugleich angeführt:

„Staats=Einrichtungen dürfen nur selten wechseln; das „bürgerliche Recht, die gewöhnlichen Gesetze können häu= „figer mit weniger Gefahr sich umbilden. Durch Bei= „behaltung der ständischen Provinzial=Verfassung entgehen „die Rhein= (wie jede) Provinzen der Gefahr, ihre In= „teressen den Interessen des Ganzen zu sehr geopfert zu „sehen; das völlige Aufgehen in den großen Staat und „die aus dem Ganzen auf das Einzelne zurückströmenden „Vortheile können nicht für jenes Verhältniß Ersatz bieten. „Bei der großen Verschiedenartigkeit der Bestandtheile, „aus welchen der Preußische Staat besteht, bei der fort= „währenden Verschiedenheit seiner organischen Einrichtun= „gen, fordert die Einheit desselben die Centralisation „aller Provinzen nicht. Wo der Mittelpunkt des Staats, „die Souverainetät, feststeht, wo die Krone allfördernd „den Zusammenhang des Ganzen vermittelt, leide auch „bei dem Fortbestande der provinzialständischen Vertre= „tung der National=Geist darunter nicht; dieser sei viel= „mehr in der Gleichheit der Gefühle, der Treue, der „Anhänglichkeit, welche die Staatsbürger beseelt, in der „gemeinsamen Liebe zu König und Vaterland zu suchen „und anzutreffen; es sei nicht zu beurtheilen, ob und in „welcher practischen Weise und wie bald die schwierige „Frage der Einführung einer wahren Volks=Vertretung „nach der Zusammensetzung des Staats ohne Stö= „rung seiner politischen Stellung und im Ein= „klange mit allen Landes=Interessen zu erle= „digen sei; auch den Provinzialständen sei der Raum „und die Gelegenheit nicht abgeschnitten, das Gute überall

„zu verfolgen, Mängel der Regierung mit bescheidener „Freimüthigkeit zu rügen und so zum Nutzen des Gan„zen wie der Provinz treue und standhafte Rathgeber der „Krone zu sein."

Der Landtag verwarf in der Mehrheit seiner Mitglieder die eingebrachten Petitionen und hielt sie nicht einmal für geeignet, zur Kenntniß des Königs gebracht zu werden. Es erfolgte daher darüber in dem Landtags-Abschiede von 1845 keine Königliche Entscheidung.

Die Landtage des Jahres 1845 in einigen andern Provinzen gaben aber Veranlassung, daß der König, wie Er in dem ersten Landtags-Abschiede (von 1840) den bestimmtesten Entschluß, die bestehende landständische Verfassung aufrecht zu erhalten, ausgesprochen hatte, so auch in einigen der jüngsten Landtags-Abschiede[62]) die mit dieser Verfassung nicht vereinbarlichen Anträge mit der bestimmten Königlichen Erklärung zurückwies:

> Wir sind nicht gesonnen, in solchen Bestimmungen, welche in den Grund-Principien der ständischen Vertretung beruhen und in den ständischen Gesetzen für alle Provinzen gleichmäßig vorgeschrieben sind, wesentliche Abänderungen eintreten zu lassen.

Bei diesen feststehenden, in dem Wesen jeder ständisch-repräsentativen und insonderheit der Preußischen Verfas-

---

[62]) Landtags-Abschied der Provinz Posen vom 27. Dec. 1845, No. 20, und der Rhein-Provinz vom 27. Dec. 1845 übereinstimmend.

sung beruhenden Grundsätzen müssen allerdings die in einigen Provinzen, obwohl mit Widerspruch einer großen Anzahl der Mitglieder der Landtage verfolgten und gegen die landständischen Gesetze, so wie gegen den so bestimmt und wiederholendlich erklärten Willen des Landesherrn so beharrlich gehenden Richtungen auf Vertretung einiger Stände durch zu denselben nicht gehörige und überhaupt nicht landtagsfähige Personen (Seite 475), eben so sehr auffallen, als der, auf dem Rheinischen Landtage von 1845 gemachte, aber durch den Rheinischen Landtags-Abschied von 1845 verworfene allgemeine Complexus von Vorschlägen zu Abänderungen der Verfassung: „Dem Gesuche," — heißt es in dem gedachten Landtags-Abschiede, No. 19 — „die über die ständischen Wahlen bestehenden Vorschriften nach Maaßgabe der von Unsern „getreuen Ständen in einer besonderen Denkschrift zu„sammengestellten Vorschläge vervollständigen und ab„ändern zu lassen, können Wir Folge zu geben Uns „nicht bewogen finden. Denn so weit sich die gemachten „Anträge auf Abänderung solcher gesetzlichen Bestimmun„gen beziehen, welche die allgemeinen Bedingungen der „Wahlbarkeit für alle oder für einzelne Stände feststel„len; so sind Wir überhaupt nicht gemeint in diesen Be„stimmungen, welche in den Grundprincipien der stän„dischen Verfassung beruhen und in den ständischen Ge„setzen für alle Provinzen gleichmäßig vorgeschrieben sind, „wesentliche Abänderungen eintreten zu lassen — ein Antrag, der um so auffallender ist, als, wie aus dem Verfolg dieser Bescheidung hervorgeht, „der Land-„tag, so viel die Wahlfähigkeit im Stande der Städte „und Landgemeinden betrifft, den bündigen Nachweis „der Unzulänglichkeit der bestehenden, durch langjährige „Erfahrung bewährten Vorschriften in der Denkschrift „keineswegs geführt, ja im Einzelnen nicht „einmal versucht hat." Wenn alle acht Landtage, ohne einmal zu versuchen, die Unzulänglichkeit der bestehenden Repräsentation im Einzelnen nachzuweisen, zur Abänderung der Grundprincipien derselben nach ihren Repräsentations-Theorien Vorschläge machen wollten? Wenn, während die, mit der landständischen Verfassung seit Jahrhunderten bekannten Provinzen sie für besser, als die Ausbeute unpractischer Theorien halten, die Provinz, welche zwar manche Verfassungs-Wechsel erlebt, aber die jetzt bestehende landständische durch eigene Erfahrung kaum kennen gelernt hat, schon auf deren Abänderung nach ihren Theorien Anträge macht? Bisher hat man Landtage nicht für Versammlungen gehalten, aus welchen die Regierungen Theorien schöpfen, sondern für Versammlungen, welche ihre Erfahrungen und practischen Ansichten, den „practischen Nachweis der „Unzulänglichkeit der bestehenden Einrichtun-„gen" zur Kenntniß der Regierungen bringen, um diese durch ihre Erfahrungen vor Mißbrauch bloßer Theorien zu bewahren.

§. 21.

b. Durch Entscheidungen über einzelne Gegenstände der landständischen Verfassung.

Die bestehende landständische Verfassung ist aber nicht allein in ihren Grundlagen, sondern auch in einzelnen Bestimmungen fortwährend durch Königliche Entscheidungen in ihrem wahren und richtigen Sinne aufrecht erhalten worden. Die Veranlassungen dazu entstanden weniger in den alten, stets zu Deutschland gehörigen, als in den neuen und den zu Deutschland überall nicht oder nur entfernt gehörigen oder lange Zeit getrennt gewesenen und daher mit deutscher landständischer Verfassung minder bekannten Provinzen, in welchen daher die Theorien des entgegengesetzten repräsentativen Systems leichter, wenn auch nicht Anklang, doch Eingang finden konnten. Am entferntesten lag diesem Systeme das Princip der Repräsentation nach Ständen, auf welchem die Verfassung aller deutschen und preußischen Staaten beruhet und welches daher in seiner wahren Bedeutung von den Anhängern des repräsentativen Systems bei dem, denselben gewöhnlichen Mangel an historischer Kenntniß eben so wenig wie der Begriff von Landständen richtig aufgefaßt werden konnte. Daher ward von ihnen die Grundlage der landständischen Verfassung, Grundeigenthum, von ihnen nicht begriffen, sondern einer grundlosen Kritik unterworfen und dagegen das Princip der Repräsentation nach Personenzahl ohne Rücksicht auf Stände vertheidigt (1) *) und daher diese

*) Der betreffende Text dieser und der folgenden Noten-Ziffern befindet sich am Schlusse dieses Paragraphen.

Ansicht, in so fern sie auch auf Landtagen sich geäußert hatte, durch landesherrliche Resolutionen sowohl überhaupt (2) als insonderheit in Ansehung einzelner Gegenstände berichtigt. Zu diesen letzteren gehörte insonderheit das nach der irrthümlichen Grundlage der Personal-Repräsentation zwischen den verschiedenen Ständen sich ergebende Mißverhältniß, die Verwechselung des Begriffs landständischer und gewerblicher Stände (3) und das Bestreben, wenigstens in der Repräsentation der Städte die Grundlage der ständischen Verfassung, Grundeigenthum, aufzuheben oder zu beschränken (4), im Stande der Landgemeinden dasselbe zu bewirken (5) und überhaupt den Grundsatz, daß jeder Stand nur durch eigene Standesgenossen vertreten werden könne, zu beschränken.

Auch der Wirkungskreis der Landstände wurde nicht in allen Provinzen immer im Geiste landständischer Verfassung, sondern in Verwechselung derselben mit der repräsentativen, zum Theil selbst in Ueberschreitung der letzteren aufgefaßt und bedurfte es daher hin und wieder der landesherrlichen Zurückweisung in die verfassungsmäßigen Grenzen. Dahin gehörten nicht allein Anträge, welche in die Verwaltung übergriffen (6), sondern auch Anträge, welche die Grenzen der verfassungsmäßig den Ständen zustehenden Berathung der Gesetz-Entwürfe überschritten, indem sie entweder der landesherrlichen Beurtheilung des Bedürfnisses eines Gesetzes vorgegriffen (7), oder den landständischen Wirkungskreis auf Gegenstände ausdehnten, welche theils überall nicht die Verhältnisse der Unterthanen, als solcher, berühren (8), theils nicht die Personen-Rechte, das Eigenthum und die Besteuerung derselben, mithin die in der Verordnung von 1823, §. 3 bezeichneten Gegenstände betreffen (9), theils das Maaß ihrer Berathung überschreiten (10). Auch das den Landständen zustehende Recht der Bitten (Anträge) und Beschwerden hatte, wenngleich nicht so enge Grenzen, wie in andern deutschen Ländern (S. 185), doch nicht allein durch seinen Begriff selbst, sondern auch durch die preußischen ständischen Gesetze nähere Bestimmungen erhalten, auf welche die Landtage mehrfach zurückgewiesen werden mußten. Es liegt in der Sache selbst, daß ohne hinreichende Begründung weder Beschwerden erhoben, noch Anträge gemacht werden dürfen (11); die ständischen Gesetze enthielten ferner, um dem gemeinschaftlichen und unzuverlässigen Adressenwesen vorzubeugen, bestimmte Vorschriften über die Zulässigkeit der Petitionen (12) und auch die Bestimmung, daß vom Landesherrn einmal abgewiesene Petitionen ohne neue Gründe oder Veranlassungen nicht wiederholt werden sollen (13). Es liegt von selbst vor, daß Gegenstände, die überall nicht zum Wirkungskreise der Landstände gehören, auf dem Wege der Petition nicht zu ihrer Beurtheilung und Einmischung gezogen werden können und von der Freiheit eines jeden Unterthanen, an seinen Landesherrn eine Bitte zu richten, nicht auf das Petitionsrecht einer Corporation gefolgert werden kann (14), und daß es sich nicht ziemt, Petitionen vor der landesherrlichen Entscheidung durch den Druck zu veröffentlichen (15).

Auch andere Gegenstände der ständischen Verfassung wurden durch landesherrliche allgemeine Bestimmungen berichtigt, z. B. das Verfahren bei der Wahl der Landtags-Abgeordneten (16), die Aufbringung der Landtagskosten (17), die Zeit der Zusammenberufung der Landtage (18). Die Publication der Landtags-Abschiede durch deren Abdruck (19) und später unter der dabei nothwendigen Sorge für deren Zuverlässigkeit auch der Abdruck der Landtags-Verhandlungen war gestattet (20), dagegen aber die in Verkennung der Natur und Verfassung der landständischen Versammlungen und in Verwechselung derselben mit denen der repräsentativen Verfassungen in neueren Zeiten von einigen Landtagen auf die Oeffentlichkeit der Landtags-Versammlungen gemachten Anträge (21), so wie der Antrag, daß in dem öffentlichen Abdruck der Landtags-Protokolle die Redner namentlich angeführt werden sollten (22), durch die darauf ergangenen landesherrlichen Resolutionen fortgesetzt zurückgewiesen, so wie sie von andern Landtagen, auf welchen sie angeregt waren, abgewiesen waren (23). Jede Mittheilung und ein darauf sich beziehendes Verhältniß zwischen dem Landtage und dem Publicum und jede Geltendmachung einzelner Mitglieder des ersteren vor demselben und daher auch Dank-Adressen von Seiten des Publicums an den Landtag sind der Stellung und der Würde des Landtags, so wie dem öffentlichen Vertrauen zu demselben zuwider, und daher auch, wie in mehreren neueren Verfassungen deutscher Staaten (vgl. S. 187), so auch in den Preußischen eben so unstatthaft (24), als Versammlungen zu diesem Zwecke (25), und findet daher auch keine Communication der Landtage mit andern Behörden, als dem Königlichen Landtags-Commissarius (25) und der Mitglieder mit dem Publicum Statt (27).

Aus diesen Fällen, deren Anzahl sehr leicht bedeutend vermehrt werden könnte, ergiebt sich, mit welcher Consequenz und Festigkeit die landständische Verfassung nicht bloß in ihren Grundbegriffen, sondern auch in ihren, auf denselben beruhenden einzelnen Bestimmungen aufrecht und, wie die Verfassung selbst, „von den herrschenden Begriffen „sogenannter allgemeiner Volks-Vertretung entfernt" (S. 251) gehalten und der Königliche Wille, von derselben abweichende und zur allgemein-repräsentativen hinneigende Richtungen mit Ernst und Nachdruck zurückzuweisen und nicht zu dulden, mithin deutsches Wesen und deutschen Sinn zu stärken, befolgt ist (28).

Anmerkungen.

(1) Im Allgemeinen sind hierüber zu vergleichen: Rauer's Ansichten (Th. II. S. 1 ff. und S. 211 ff.): „Die Bestimmung des „§. 2 des Gesetzes vom 5. Juni 1823 ist augenscheinlich nicht da-„hin zu verstehen, daß lediglich der Grundbesitz Vertretung finden „sollte, weil sonst die Landgemeinden viel mehr Abgeordnete auf die „Provinzial-Landtage zu senden hätten. Zunächst können, der hi-„storisch erwachsenen ständischen Gliederung gemäß nur die drei „Stände, der Ritterschaft, der Städte und der Landgemeinden zur „Vertretung geeignet sein. Denn den bestehenden Einrichtungen „nach gehört jedes Individuum nothwendig dem einen dieser drei „Stände an. Wenn demnächst in jedem einzelnen Stande nur die „Angesessenen ständische Rechte ausüben, also Nicht-Angesessene, „Capitalisten, Gelehrte, Proletarier u. s. w. davon ausgeschlossen „bleiben, so beruhet dies augenscheinlich auf der Betrachtung, daß „eben nur die Angesessenen dem Staate wahrhaft dauernd angehö-

„ren und mit den Interessen desselben auf das engste verschmolzen „sind; denn Staat und Grundeigenthum sind unzertrennlich und „jener ohne dieses nicht zu denken. Es ist demnach unrichtig, wenn „man neben den genannten drei Ständen in politischer Beziehung „noch andere Stände (Berufsarten) zu einer Repräsentation für „berufen hält und namentlich von einer Vertretung des Handels- „standes, der Universitäten, der Intelligenz u. s. w. redet. Der „Handelsstand bedarf keiner besondern Vertretung, weil er wesent- „lich dem Stande der Städte, oder, wo er sich auf das Land zu- „rückgezogen hat, dem der Landgemeinden angehört. Die Intelli- „genz für sich hat nie einen Stand gebildet und die Bezugnahme „auf den gelehrten Stand ist eben so unrichtig, als die Bezug- „nahme auf den Nährstand oder Wehrstand sein würde. Wollte „man die Intelligenz besonders vertreten, so würde man behaupten „oder einräumen, daß der Besitz materiellen Eigenthums die In- „telligenz ausschließen."

Durchaus verfehlt und oberflächlich sind dagegen Simon's Ansichten über die heutigen Landstände und ihre Repräsentation, S. 162 u. 184. Anträge auf eine besondere Repräsentation des Handel- und Fabrikstandes wurden daher auf den Preußischen, Schlesischen und Sächsischen Landtagen von 1843 und durch den Preußischen Landtagsabschied von 1843 der wegen der Universität abgelehnt. Rauer S. 1 und 32.

(2) Vgl. über die näheren Bestimmungen der Wahlbarkeit Rauer a. a. O. S. 83 ff. S. 89 ff. Der zehnjährige Grundbesitz ist Bedingung für die Abgeordneten aller Stände; auch in Ansehung der städtischen Abgeordneten ist daher eine Abweichung von demselben um so weniger zulässig, als in solchen Fällen, wo der zehnjährige Grundbesitz nur mit Hinzurechnung eines andern städtischen Grundstücks, welches der Gewählte inzwischen veräußert hat, nachgewiesen werden kann, die Dispensation schwerlich versagt werden durfte, in so fern die Umstände sonst dazu angethan sind (Beschluß der ständischen Immediat-Commission vom 11. November 1843. Rauer S. 89). — Ueber die Bestimmungen wegen der dispensablen Fälle vergl. Rauer S. 96, und über das Recht der Behörden, den zu Abgeordneten gewählten Beamten den Urlaub zu versagen, das. S. 98 ff. — Rescript des Ministeriums des Innern an den Ober-Präsidenten der Provinz Brandenburg vom 10. Nov. 1823: Aus der ganzen ständischen Institution geht her-

vor, daß bei Vertretung der verschiedenen und zugleich bestimmt angegebenen Stände hauptsächlich deren Eigenthümlichkeit beachtet werden soll" (Rauer S. 181). — Westphälischer Landtags-Abschied von 1839: „Grundsatz für die Vertretung eines jeden Standes ist die Vertretung aus seiner Mitte" (das. S. 191). — Posenscher Landtags-Abschied von 1841: „Zu den Grund-„Principien der ständischen Vertretung gehört, daß jeder Stand durch „Abgeordnete vertreten wird, die ihren Berufs- und Lebens-Ver-„hältnissen nach diesem Stande wirklich angehören."—Preußischer Landtags-Abschied von 1845: „Der zehnjährige Grundbesitz ist „eine für die Wahlbarkeit in allen Ständen gesetzlich vorgeschriebene „Bedingung, die wesentlich in den Grundprincipien der ständischen „Vertretung beruht." — Posenscher Landtags-Abschied von 1845 (gleichlautend). Vergl. auch die folgenden Anmerkungen.

(3) Vergl. Rauer S. 51, 71 und 313. — Westphälische Landtags-Verhandlungen von 1843 — in welchen bemerkt wurde, daß dieser Antrag die Vorbereitung einer Volks-Repräsentation sei. — Landtags-Abschied von 1843 (Rauer S. 71 und 314). — Rheinischer Landtags-Abschied von 1843 (Rauer S. 80 und 315).

(4) Die Ermäßigung der, in der Verfassung begründeten Bedingungen der Wahlfähigkeit zum städtischen Landtags-Abgeordneten, städtisches Grundeigenthum und Betrieb eines bürgerlichen Gewerbes, ist in einigen Provinzen von den Landtagen in einem, mit dem landständischen Vertretungs-Princip unvereinbarlichen und dasselbe umgehenden Umfange in Antrag gebracht, indem bald die Aufhebung, bald die Beschränkung dieser Erfordernisse vorgeschlagen wurden. Die darauf gerichteten Anträge sind indessen von der Regierung fortwährend zurückgewiesen und den ständischen Interessen die Vertretung durch Männer, welche Antheil an dieselben haben, erhalten, vorbehaltlich jedoch etwaniger Bestimmung über die Herabsetzung der Dauer des Besitzes eines Grundeigenthums. So viel den Betrieb eines bürgerlichen Gewerbes als Bedingung der Wahlfähigkeit zum städtischen Landtags-Abgeordneten betrifft; so erklärte schon das Rescript des Ministeriums des Innern vom 10. Nov. 1823: „Aus der ganzen ständischen Institution geht hervor, daß bei Vertretung der verschiedenen „und zugleich bestimmt angegebenen Stände hauptsächlich deren Ei-

„genthümlichkeit beachtet werden soll. Die Eigenthümlichkeit des „Standes der Städte ist in dem, in bekannter städtischer Handthierung „bestehenden bürgerlichen Gewerbe zu erkennen, dessen Werth, wie „ihn das Gesetz versteht, sich nur nach bestimmten Realitäten — Ge„werbe, Kapital — abschätzen läßt. Hiernach können weder Justiz„Commissarien, Notarien und Aerzte, noch sonstige Gelehrte und „Künstler zu der eigentlichen, bürgerliches Gewerbe betreibenden Klasse „der städtischen Einwohner gerechnet werden, und sie sind daher zur „Wahl eines Landtagsabgeordneten nicht geeignet" (Rauer S. 182). — Rescript des Ministeriums des Innern vom 11. Januar 1824: „Wenn bei der Wahl der Landtagsabgeordneten der Städte „von einem bürgerlichen Gewerbe die Rede ist, so kann das Geschäft „der Justiz-Commissarien, Notarien und Aerzte, so wie der Gelehr„ten nicht als ein solches bürgerliches Gewerbe betrachtet werden, „wie das Gesetz vorschreibt" (das. S. 182). — Verordnung vom 17. August 1825, Art. 3: „Zu den städtischen Gewerben gehört weder die Ausübung der Heilkunde, noch die Praxis der Justiz-Commissarien" (das. S. 182, 184). — Rescript des Ministeriums des Innern vom 9. Dec. 1829 (das. S. 196), vom 26. Febr. 1839 (das. S. 212), und vom 1. Febr. 1843: „Der Betrieb einer bür„gerlichen Acker-Nahrung ist, analog der Bestimmung in der Ver„ordnung vom 13. Juli 1827 für Westphalen und die Rhein-Pro„vinz, Art. 8 u. 10, und in der Verordnung vom 13. Dec. 1830 „für Posen, Art. 9, für ein bürgerliches Gewerbe zu halten" (das. S. 183). — Die über den Besitz eines städtischen Grundeigenthums in der Provinz Westphalen entstandenen Zweifel veranlaßten die Verordnung vom 8. Juni 1835: daß nur solche städtischen Grund-Grundbesitzer, welche Magistrats-Personen oder Gewerbetreibende sind, zu Landtags-Abgeordnete gewählt werden können (Gesetzsamml. S. 223, Geschichte dieser Verordnung in Rauer S. 188 ff.). — Der Westphälische Landtags-Abschied von 1839, wodurch der Antrag, daß schon die Qualification zum Stadtverordneten zu der zum Landtags-Abgeordneten genüge, abgeschlagen wird, äußert: „Daß die Vertreter des Standes der Städte an den gewerblichen „Interessen überhaupt durch eigene Ausübung von Gewerben we„sentlich betheiligt sein müssen, ist eine für den Grundsatz der Ver„tretung eines jeden Standes aus seiner Mitte so wichtige Vor„schrift, daß nur rücksichtlich der Magistratspersonen in Betrachtung „ihrer Wirksamkeit und des höheren Vertrauens, das ihnen bereits „von ihren Mitbürgern bei Berufung zu ihren Stellen zu erkennen

„gegeben worden, daß aber eine Ausnahme davon für zulässig nicht „hat erachtet werden können" (Rauer S. 190). — Der Westphälische Landtag von 1841 nahm diesen Gegenstand dennoch wieder auf, ward aber durch den Landtags-Abschied vom 6. August 1841 zurückgewiesen (das. S. 192). — Dieser abschläglichen Bescheidungen ungeachtet wurden jedoch auf den Landtagen einiger Provinzen die Anträge, die Wahlfähigkeit zu ständischen Abgeordneten von der Bedingung des Grundbesitzes zu befreien und überhaupt für dieselbe die zur Wahlbarkeit zu Stadtverordneten*) erforderlichen Eigenschaften für hinreichend zu erklären, wiederholt, allein durch die Landtags-Abschiede als mit dem Wesen der ständischen Vertretung und dem Interesse der Städte unvereinbarlich abermals zurückgewiesen: — Preußischer Landtags-Abschied von 1845: „Der zehnjährige Grundbesitz ist eine für die Wahlbarkeit in allen Ständen gesetzlich vorgeschriebene Bedingung, die wesentlich in den Grund-„Principien der ständischen Vertretung beruht. Noch weniger können Wir aber auf den Antrag eingehn, von dem Erforderniß des Betriebes eines bürgerlichen Gewerbes abzugehen und „überhaupt ein Einkommen für hinreichend halten, welches capitalisirt mit dem Werthe des Grundbesitzes zusammen den Werthsertrag „erreicht, welchen das Gesetz für den Grundbesitz und das Gewerbe „zusammen bestimmt, denn das Gesetz vom 1. Juli 1823 beruht auf „dem Grundsatze, daß jeder Stand durch Abgeordnete vertreten werden soll, die demselben wirklich angehören „und aus seiner Mitte hervorgehen — und würden sonst Personen (zur städtischen Vertretung) gelangen, die einen städtischen „Grundbesitz erworben, übrigens aber ihren sonstigen „Standes- und Berufs-Verhältnissen nach keinesweges „bei den städtischen Interessen betheiligt sind." — Landtags-Abschied für Schlesien von 1845: „Abschlägliche Bescheidung wegen Herabsetzung der Frist von 10 auf 5 Jahre und wegen „Aufhebung der Bedingung des Betriebs bürgerlicher Nahrung, weil „alsdann Personen, die zwar einen ständischen Grundbesitz erworben, „übrigens aber" ꝛc. (wie in dem Preuß. Landtagsabschiede). — (Der schlesische Landtag hatte noch auf dem Landtage von 1841 zwar auf den ersten Punkt angetragen, aber die zweite Bedingung als fortbestehend angenommen (Rauer S. 88). — Landtags-Abschied

*) Die Gemeinde wird überhaupt nach Außen hin nicht durch die Stadt-Verordneten, sondern nur durch den Magistrat vertreten. Sächsischer Landtags-Abschied von 1845, No. 30.

für Posen von 1845: „Auf den Antrag, daß allen den Bürgern „in den Städten, welche qualificirt sind, zu Stadtverordneten ge- „wählt zu werden, auch die Wahlfähigkeit zu Landtagsabgeordneten „beigelegt werde, geben Wir Unsern getreuen Ständen mit Hinwei- „weisung auf den, über den gleichen Antrag schon in dem Landtags- „Abschiede von 1843 ertheilten Bescheid hiermit zu erkennen, daß „Wir diesem Antrage zu entsprechen Uns nicht bewogen finden; denn „zunächst ist das Grundeigenthum eine wesentliche Bedingung der „Landstandschaft und Wir sind nicht gemeint, in solchen Bestimmun- „gen, welche in den Grundprincipien der ständischen Ver- „fassung beruhen und in den ständischen Gesetzen für alle „Provinzen gleichmäßig vorgeschrieben sind, Abänderun- „gen eintreten zu lassen. Aber auch die weitere Vorschrift des „§. 10 des Gesetzes vom 27. März 1824, daß als Abgeordnete des „zweiten Standes nur städtische Grundbesitzer gewählt werden kön- „nen, welche entweder zeitige Magistrats-Personen sind oder ein „bürgerliches Gewerbe treiben, müssen Wir unverändert bestehen „lassen. Derselbe beruhet auf dem Grundsatze, daß jeder Stand „durch Abgeordnete vertreten werden soll, die demselben wirklich an- „gehören. Dieser Grundsatz würde aber wesentlich verletzt werden, „wenn zu Landtags-Abgeordneten städtische Grundbesitzer gewählt „werden könnten, welche bloß die Bedingungen der Wahlbarkeit zum „Stadtverordneten erfüllen, indem alsdann Personen, welche einen „städtischen Grundbesitz erworben, übrigens aber ihren sonstigen Stan- „des- und Berufsgeschäften nach keinesweges vorzugsweise bei den „städtischen Interessen betheiligt sind, zu städtischen Landtags-Abge- „ordneten gewählt werden könnten." — Landtags-Abschied für die Provinz Westphalen von 1845: „Dem Antrage, daß jeder „zum Stadtverordneten wählbare Bürger auch für wählbar zum „städtischen Landtags-Abgeordneten erklärt werde, können Wir nicht „Folge geben, denn die Vorschrift des Gesetzes vom 27. März 1824, „§. 11, beruht auf dem Grundsatz, daß jeder Stand durch Abgeord- „nete vertreten werden soll, die demselben wirklich angehören und „aus seiner Mitte hervorgehen. Dieser Grundsatz würde wesentlich „verletzt, wenn" rc. (wie im vorhergehenden).

(5) Rauer a. a. O. S. 207. Da auf dem Westphälischen Landtage auf die Aufhebung der Vorschrift, daß der Stand der Landgemeinden nur durch Mitglieder dieses Standes vertreten werden soll, angetragen worden; so wurde dieser Antrag durch den Westphälischen Landtags-Abschied von 1834, No. 14, zurückge-

wiesen. „Aus den sehr begründeten Bemerkungen des Abgeordneten „der Landgemeinden der Kreise Hamm und Soest, Schulze Dellwig — besagt dieser Landtags-Abschied — haben Wir ersehen, daß diese „so sehr im Interesse des Standes der Landgemeinden liegenden „Anordnungen auf den Widerspruch einer nicht geringen Zahl selbst „dieses Standes gestoßen sind. Wir sind dadurch darauf aufmerk-„sam geworden, daß ein Theil der Abgeordneten des Standes der „Landgemeinden auf dem letzten Landtage aus Personen bestanden hat, „die, seinen Interessen fremd, eigentlich andern Ständen „angehören, und daß dieser Mißstand seine Erklärung haupt-„sächlich darin findet, daß die, in allen Unsern Gesetzen über An-„ordnung der Provinzialstände ausgesprochene und der von Uns „beabsichtigten Gliederung der Stände wesentliche Be-„stimmung, daß die Wahlbarkeit im Stande der Landgemein-„den einen als Hauptgewerbe selbst bewirthschafteten Grundbesitz „erfordere, Unsern Absichten entgegen, in dem für die Provinz West-„phalen erlassenen Gesetz vom 27. März 1824 fehlt. Da die-„ser Mangel lediglich auf einem Versehen beruht und Uns zur „Festhaltung der Unsern Anordnungen über die Provinzialstände „zum Grunde liegenden Absichten wesentlich daran liegen muß, daß „die einzelnen Stände ihren eigenthümlichen Interessen gemäß „auf den Landtagen vertreten werden, dies aber ohne schützende „Anordnungen, wie die Erfahrung gelehrt hat, nicht zu errei-„chen ist, so ist es Unser Wille, daß jene Bedingung „der Wahlbarkeit auch für die Provinz Westphalen Gel-„tung erhalte. Wir werden daher die erforderlichen Eröffnun-„gen" rc. (Annalen Bd. XX. S. 763, und Rauer S. 198 und 206). Das, durch die Kabinets-Ordre vom 24. Januar 1840 bestätigte (Rauer S. 210) Rescript des Ministeriums des Innern vom 4. April 1835 erläuterte dies dahin: „Wenn das „Westph. Stände-Gesetz, §. 12, festsetzt, daß bei dem vierten Stande „zu der Eigenschaft eines Abgeordneten ein als Hauptgewerbe selbst „bewirthschafteter, eigenthümlicher oder erblich nutzbarer Grundbesitz in „dem Wahlbezirk von einem bestimmten Grundsteuerbetrag erforder-„lich sei, so muß bei den Wahlen unbedingt darauf gesehen werden, „daß der Gewählte den Grundbesitz selbst bewirthschafte, daß diese „Bewirthschaftung sein Hauptgewerbe, d. h. seine Hauptbeschäftigung „ausmache, daß er aus dem Ertrage seiner ländlichen Grundstücke „auch seinen Hauptnahrungs-Erwerb oder seine hauptsächlichste Ein-„nahme-Quelle für den Lebens-Unterhalt finde, und daß daher

„Staatsbeamte, Bürgermeister, Notare und Advocaten in der Regel „nicht wahlfähig seien." Der vom Landtage von 1837 auf Beibehaltung der Abweichung von der gesetzlichen Vorschrift gemachte Antrag wurde durch den Landtags-Abschied von 1839 abgewiesen: „Die Gründe, welche die Majorität Unserer getreuen Stände „gegen die von Uns beschlossene Abänderung des §. 12 des Gesetzes „vom 27. März 1824 angeführt hat, sind nicht geeignet, Uns die „Ueberzeugung zu geben, daß die Verhältnisse des Bauernstandes „in der Provinz Westphalen so sehr von denen in der ganzen übri-„gen Monarchie verschieden seien, daß sie eine Abweichung von den „für Unsere sämmtlichen Provinzen über die Qualification der Land-„tags-Abgeordneten dieses Standes gegebenen gleichartigen Vor-„schriften nothwendig machten. — — Wenn endlich geäußert wird, „daß es in dortiger Provinz dem Bauernstande an Individuen fehle, „welche die nöthigen Eigenschaften besitzen, um mit Erfolg als Land-„tagsabgeordnete zu wirken, und daß es daher diesem Stande wün-„schenswerth sein müsse, von Personen aus andern Ständen ver-„treten zu werden, so überlassen Wir es der eigenen näheren Prü-„fung der Landtagsabgeordneten vom dritten und vierten Stande, „ob eine solche, wie Uns hinlänglich bekannt, nicht begründete Vor-„aussetzung dem Interesse des letztgedachten Standes entsprechen „würde, da sie in nothwendiger Folge zu der Meinung führen „möchte, als sei derselbe überhaupt zur Ausübung ständischer Rechte „nicht befähigt" (Annal. Bd. XXIII. S. 740). Obgleich auch durch die Verordnung vom 8. Juni 1839 (Gesetzsamml. von 1839, S. 225) der §. 12 der Verordnung vom 13. Juli 1827 für die Provinz Westphalen dahin ergänzt ward, daß die Wählbarkeit zum Abgeordneten des vierten Standes einen als Hauptgewerbe selbst bewirthschafteten eigenthümlichen oder erblich nutzbaren Grundbesitz im Wahlbezirke von dem vorgeschriebenen Grundsteuerbetrage erfordere, so nahm dennoch der Landtag von 1841 diesen Gegenstand wieder auf und stellt unter andern vor, daß man im Allgemeinen von dem Landmanne nicht eine solche Kenntniß der Gesetze und Gewandtheit der Feder und des Worts verlangen könne, um den andern Ständen mit gleicher Kraft zur Seite oder gegenüber zu treten, wurde jedoch durch den Landtags-Abschied von 1841 mit diesem Antrag abermals zurückgewiesen, in demselben indessen die Ausnahme vorbehalten, wenn sich ergeben sollte, daß in einem Wahlbezirke die Zahl der wahlbaren Eingesessenen zu geringe sei (Rauer S. 203). Aber auch dessenungeachtet wiederholte der Landtag von 1843 den vorigen Antrag auf Erlaß der Bedingung der Selbstbewirthschaftung des Guts, wurde indessen mit demselben durch den Landschafts-Abschied von 1843 auf den früheren zurückverwiesen (das. S. 204). Der Landtag von 1845 wiederholte zwar diesen Antrag nicht, machte aber den in Anm. 16 gedachten, unzulässigen Antrag auf Aufhebung der Prüfung der Wahlen durch den Landtags-Commissarius. Für die Rhein-Provinz war schon durch das Gesetz vom 27. März 1824 §. 12 die Wahlbarkeit durch einen als Haupt-Gewerbe selbst bewirthschafteten eigenthümlichen, oder erblich nutzbaren Grundbesitz in dem Wahlbezirke von dem festgesetzten Grundsteuer-Betrag bedingt und der Begriff der Selbstbewirthschaftung durch das Rescript des Ministeriums des Innern vom 26. Februar 1830 dahin erläutert, daß derjenige ein Grundstück selbst bewirthschafte, welcher es selbst oder durch die in seinem Lohn und Brot stehenden Dienstboten für eigene Rechnung und nach eigener Anordnung benutzt, und daß es dabei darauf nicht ankomme, ob er für immer in der Gemeinde wohne oder nur von Zeit zu Zeit seine Wirthschaft revidire (Rauer S. 207 u. 208). Da auch in der Rhein-Provinz bisher häufig zum Stande der Landgemeinden nicht gehörige Personen zu Abgeordneten gewählt waren; so veranlaßten die obengedachten Ministerial-Verfügungen eine Reclamation, die jedoch durch die Kabinets-Ordre vom 24. Januar 1840 zurückgewiesen wurde, weil jene Ministerial-Instruction vom 4. April 1835 dem §. 12 des Gesetzes ganz gemäß abgefaßt sei und dieselbe daher nur bestätigt werden könne (Rauer S. 210). Dennoch erhob der Landtag von 1841 eine Beschwerde gegen diese Ministerial-Instruction, theils weil sie die Wahlfreiheit ungesetzlich (?) beschränke, theils weil er den Ministerien das Recht zu solchen Interpretationen bestreite, ward aber mit dieser Beschwerde durch den Landtags-Abschied von 1841 abgewiesen, da die Stände, wenn sie ganz richtig anführten, daß die Bestimmung des §. 12 des Gesetzes von 1824 keiner Declaration bedürfe, auch ermessen würden, daß der Inhalt der wegen Beobachtung dieser gesetzlichen Vorschrift von dem Ministerium des Innern erlassenen Verfügung mit derselben keineswegs im Widerspruche stehe, da es völlig klar sei, daß das Hauptgewerbe einer Person auch deren hauptsächlichste Beschäftigung und Erwerbsquelle ausmachen müsse (Rauer S. 210). Die folgenden Landtage enthielten sich zwar der speciellen Wiederholung dieses Gegenstandes, verfolgten aber jene mit den Grundprincipien der Verfassung in geradem Widerspruch stehenden Ansichten, ohne sie einmal im Einzelnen zu rechtfertigen, in einem noch größeren Umfange auf dem Landtage von 1845 in den, in den Anmerkungen 4 und 5 gedachten allgemeinen, und besonders die Repräsentation der Städte- und der Land-Gemeinde betreffenden Anträgen, mit welchen sie jedoch durch den Rheinischen Landtags-Abschied von 1845, No. 19, abgewiesen wurden: „Was aber die in „Antrag gebrachten mannigfachen Modificationen der ständischen „Gesetze für die Rhein-Provinz vom 27. März 1824 und 13. Juli „1827 in Beziehung auf die Wahlbarkeit und das Wahlrecht im „Stande der Städte- und Landgemeinden betrifft; so würden solche „nur durch den bündigen Nachweis der Unzulänglichkeit der beste„henden, durch langjährige Erfahrung bewährten Vorschriften mo„tivirt werden können, welcher aber in der vorliegenden Denkschrift „keineswegs geführt, ja im Einzelnen nicht einmal versucht „ist." — Auch der Posensche Landtag von 1845 theilte diese Ansicht in Ansehung der Abgeordneten des vierten Standes, erhielt aber auf den Antrag, daß den Wählern im Stande der Landgemeinden gestattet werde, auch Vertreter, welche diesem Stande nicht angehören, ohne Rücksicht auf Grundbesitz, jedoch mit Ausschluß der Beamten zu wählen, den Bescheid: „Wir können diesen Antrag „nur entschieden zurückweisen, da es, wie Wir solches schon vorste„hend (in Ansehung der städtischen Abgeordneten, Anm. 5) bemerklich „gemacht haben, zu den Grundprincipien der ständischen Vertretung „gehört, daß jeder Stand durch Abgeordnete vertreten „werde, die ihren Berufs- und Lebens-Verhältnissen „nach diesem Stande auch wirklich angehören. Von diesen „Grundsätzen ausgehend, enthält der §. 11 des Gesetzes vom 27. „März 1824 die ausdrückliche Vorschrift, daß zu der Eigenschaft „eines Landtags-Abgeordneten des dritten Standes der Besitz eines „als Hauptgewerbe selbst bewirthschafteten Landguts erfordert „wird und behält es bei derselben lediglich sein Bewenden. Der „Antrag, daß die Wahlen im Stande der Landgemeinden, weil sich „hier leicht ein fremder Einfluß geltend mache, nicht mehr von den „Landräthen, sondern von den Kreis-Deputirten geleitet werden „mögen, hat nur Unser Befremden erregen können und wollen Wir „Unsern getreuen Ständen hiermit ausdrücklich zu erkennen geben, „daß Wir die Landräthe für vorzüglich geeignet halten, die Wahlen „zu leiten und auch zu denselben das volle Vertrauen haben, daß „sie daher um so mehr mit voller Unpartheilichkeit verfahren wer„den, als sie in dieser Beziehung Unsern entschiedenen Willen ken-

„nen." Die, von diesen Landtagen gegen die Königlichen Bescheide so beharrlich verfolgte Ansicht verletzt die ersten Grundsätze der ständischen Repräsentation in der Preußischen ständischen Verfassung in eben dem Maaße, als die Voraussetzung ungegründet ist, daß die Landgemeinden, besonders in Westphalen und der Rheinprovinz, zumal letztere schon seit geraumer Zeit unter Preußischer Hoheit ist und die bei deren Eintritt vorgefundene große Anzahl von Zehntausenden, selbst des Lesens unkundiger Einwohner jetzt nicht mehr vorhanden ist, an einem solchen Mangel an, der Kenntniß der Interessen ihres eigenen Standes fähigen Mitgliedern leiden sollten, nnd daß dieser Mangel so fortdauernd sein werde, daß ihnen in Fortbildung der ständischen Gesetzgebung, aber in gänzlicher Verbildung der Grunglagen der ständischen Verfassung, gestattet werden müsse, aus andern Ständen Vertreter und zwar ohne Rücksicht auf Grundbesitz, also auch solche zu wählen, welche weder in ihrem eigenen Stande wahlfähig, noch überhaupt landtagsfähig sind. Solche Anträge aus Westphalen bei dem ausgebreiteten, wohlhabenden, gebildeten Bauernstande und aus der Rheinprovinz, in welcher ein bedeutender Theil der Geschworenen aus Mitgliedern dieses Standes besteht und über die verwickeltsten Kapital-Verbrechen urtheilt, und deren richtiges, treffendes Urtheil von eben diesen Landtagen so gepriesen wird, daß sie dasselbe höher als das eines gebildeten Richter-Collegiums stellen, sind äußerst unerwartet. Diese Männer sollten nicht fähig sein, über Interessen ihres eigenen Standes und über ganz einfache Gegenstände eine Ansicht zu haben und zu äußern? Diese große Fähigkeit wäre also nur dem Bauernstande in den Provinzen zwischen der Weser und der Weichsel beschieden, in welchen die Abgeordneten dieses Standes die landständische Tüchtigkeit völlig bewahren?! Woher diese Erscheinung? Aus der erst kürzlich aufgehobenen Unterthänigkeit schwerlich, aus dem bisherigen Mangel an Grundeigenthum auch wohl nicht, und eben so wenig aus der bisher höchstens auf die Dorf-Angelegenheiten beschränkten Theilnahme an öffentlichen Gegenständen. Jener dringende Mangel jenseit des Rheins kann doch unmöglich aus der seit so langer Zeit besessenen persönlichen Freiheit und Grundeigenthum und aus der Theilnahme an allen öffentlichen Angelegenheiten und dadurch erhaltenen Uebung in Geschäften entstanden sein? Sollte der Grund wohl darin zu suchen sein, daß in den Provinzen, in welchen dieser Mangel nicht gefühlt wird, die Landtage die Grenzen ihres Berufs fester halten, die der Provinzen, welche über diesen Mangel klagen, aber in das Gebiet der Theorien und nicht-ständischer Gegenstände übergehen, wie dieses aus der Vergleichung der Landtags-Abschiede der Provinzen sich überzeugend ergiebt. Sehr treffend bemerkt daher Rauer S. 211: „Wenngleich die „Stände eine berathende Stimme bei der Gesetzgebung haben, so „liegt dabei gleichwohl nicht die Absicht zum Grunde, von denselben die Gesetze entwerfen oder redigiren zu lassen, und es wurde „daher auch nicht die Anforderung gestellt, daß die ständischen Abgeordneten die hierzu erforderlichen Eigenschaften besitzen sollen. „Die Bestimmung derselben, auch dem Sinne der ständischen Gesetzgebung nach, ist vielmehr, bei Berathung des Gesetzes das Interesse des von ihnen vertretenen Standes von dessen besonderem Standpunkte aus wahrzunehmen. Bekanntschaft mit dem „Interesse des eigenen Standes und Fähigkeit einzusehen, wo dasselbe berührt wird, muß man bei jedem Manne von gesundem „Urtheil und gutem Willen, unabhängig von einer andern oder „ausgedehnteren intellectuellen Ausbildung, als diejenige," die ihm „seinen eigenthümlichen Wirkungskreis gegeben hat, voraussetzen. „Der Bauernstand ist ein mit bestimmtem Charakter in sich abgeschlossener Stand, dessen Wesen eine eigene Bearbeitung des eigenthümlichen Grund und Bodens auf das allerentschiedenste angehört. Der Gesetzgeber hat daher sehr triftigen Grund gehabt, „bei der Leichtigkeit des Erwerbes eines zur Wählbarkeit im Baustande qualificirenden Grundbesitzes und dem nur höchst unbedeutenden Einflusse, den ein solcher auf die wesentlichen Verhältnisse „eines seiner Hauptstellung nach einem ganz anderen Principe angehörigen Besitzers haben kann, dem Eindringen von Personen, denen die Interessen, Neigungen und Ansichten dieses Standes fremd „sind, in dessen Vertretung vorzubeugen."

(6) Z. B. Resolution an den Posenschen Landtag vom 20. April 1841: „Wenn die Bitte gestellt ist, dem Ausschusse der „Stände die Mitbeaufsichtigung des Schulwesens im Großherzogthume zu überweisen, ihn also an den Verwaltungsgeschäften der „Staatsbehörden Theil nehmen zu lassen, so liegt derselben gänzliches Verkennen des Wesens ständischer Wirksamkeit „und der Grenzen, innerhalb welcher ein Erfolg derselben „als möglich vorauszusetzen ist, zum Grunde" (Rauer, S. 316). — Posenscher Landtags-Abschied von 1845: „Da eine ständische Verwaltung für die Provinzial-Feuer-Societät nicht besteht, so können Wir es nicht für angemessen erachten, einen ein-

zügen wesentlichen Act der Verwaltung in der Prüfung und Bestätigung des Etats den Ständen, welchen ohnedies die dazu nothwendigen Materialien fehlen würden, zu übertragen." — Westphälischer Landtags-Abschied von 1845, No. 14: „Dem Antrage, „den §. 17 der Verordnung vom 26. Dec. 1803 dahin in Ausführung zu bringen, daß zu sämmtlichen Provinzial-Regierungen ständische Mitglieder mit vollem Stimmrechte und periodischem Wechsel durch Wahl der Provinzialstände ernannt werden, steht entgegen, daß die gedachte Verordnung in der Provinz Westphalen „niemals Gültigkeit gehabt hat und auch für diejenigen Landestheile, „für welche sie erlassen worden, durch die Instruction für die Geschäftsführung der Regierung vom 23. Octbr. 1817 bis auf die in „dieser Instruction in Bezug genommenen Paragraphen schon längst „außer Kraft gesetzt ist. Die beantragte ständische Theilnahme an „der Verwaltung der Provinz Westphalen würde daher nicht durch „eine Ausführung der gedachten Verordnung, sondern nur durch eine „neue gesetzliche Bestimmung herbeigeführt werden können."

(7) Daher ward der Rheinische Landtag, als er nicht allein gegen die Anwendbarkeit der wegen des Disciplinar-Verfahrens gegen richterliche Beamte unterm 29. März 1844 erlassenen Gesetze in der Rhein-Provinz überhaupt Anträge machte, sondern auch zu deren Unterstützung anführte, daß diese Gesetze in der Rhein-Provinz durch kein Bedürfniß hervorgerufen seien, durch den Landtags-Abschied von 1845, No. 67, mit seinem Antrage zurückgewiesen und beschieden: „daß ihm vor Allem bemerklich gemacht werden müsse, daß die Bedürfnißfrage um so weniger ein „Gegenstand ständischer Berathung sein könne, als die „Mitglieder des Landtags nicht in dem Besitz der zur „Entscheidung unentbehrlichen Materialien seien." — Daß nur der Landesherr allein fähig und berechtigt sei zu beurtheilen, in wie fern für seine Diener ein Disciplinar-Gesetz erforderlich sei, liegt so klar vor, daß es keiner Ausführung bedarf. Nicht minder klar liegt vor, daß es ein Fehlschluß sein würde, wenn aus der Befugniß der Provinzialstände, wegen eines provinziellen Bedürfnisses eines Gesetzes auf letzteres anzutragen, gefolgert würde, daß von einem allgemeinen Gesetze diejenigen Provinzen ausgenommen werden müßten, in welchen das Bedürfniß desselben sich bisher noch nicht gezeigt hat. Zur Würdigung der Bemerkung, daß der Landesherr diese Gesetze erlassen habe, ohne daß sie vorher

(seinen) Rheinischen Gerichten zur Begutachtung vorgelegt worden, bedarf es einer Ausführung eben so wenig, als zur Würdigung der ständischen Competenz zur Beurtheilung der Grundsätze, nach welchen der zu ihrer Begutachtung herausgegebene Gesetz-Entwurf abgefaßt sein müsse, wenn sie denselben berathen sollten und also zur Würdigung der Erklärung des Rheinischen Landtags von 1843, daß derselbe sich über den vorgelegten Entwurf des Strafgesetzbuchs nicht erklären könne, sich aber über einen mit Berücksichtigung der französischen Gerichts-Verfassung abgefaßten erklären werde. (Anmerk. 48).

(8) Da die Verhältnisse des öffentlichen Dienstes und die Dienst-Verhältnisse der öffentlichen Beamten zum Landesherrn und daher auch die Disciplin derselben zum innern Staatsrecht gehören, und die Staatsdiener nicht als Unterthanen, sondern als Diener des Landesherrn sich in denselben befinden, so gehören diese Verhältnisse überall nicht zur Competenz der Landstände. Daher wurde der Westphälische Landtag mit dem Antrage wegen der Qualification zu Landräthen durch den Westphälischen Landtags-Abschied von 1829 abgewiesen: „Die Beschwerde, welche „von den Mitgliedern des Standes der Städte und des der Land„gemeinden gegen Unsere Bestimmung wegen der zu den Stellen „der Landräthe wahlfähigen Personen erhoben worden ist, hat Uns „nicht anders als befremdend sein können. Welche Qualification „Wir von den verschiedenen Klassen der Staatsbeamten zu ver„langen Uns veranlaßt finden möchten, hängt lediglich von Unserer „Entscheidung ab, und weder die Natur der Sache, noch irgend „eine Zusage konnte die Städte- und die Landgemeinden zu dem „Anspruche berechtigen, daß über eine solche Bestimmung zuvör„derst das Gutachten der Provinzialstände hätte erfordert werden „sollen (Annalen d. Preuß. innern Staatsverwalt. Bd. XIV. S. 223). Noch auffallender war es aber, daß einige Landtage in die Irrthümer der S. 183 angeführten Druckschrift eingingen und selbst ein Berathungsrecht für reine Disciplinar-Gesetze in Anspruch nahmen. Durch die Landtags-Abschiede wurden aber nicht allein jene unrichtigen Ansichten berichtigt und die, eine würdige und ehrenhafte Rechtspflege bezweckenden Motive dieser Gesetze angeführt, sondern auch sämmtliche darauf gerichtete Anträge abgewiesen und den Landtagen, welche sie richtig gewürdigt hatten, die landesherrliche Zufriedenheit bezeugt, und jene über ihre Incompetenz be-

schieden. So eröffnete z. B. der Preußische Landtags-Abschied von 1845 dem Landtage: „Daß die gedachten Gesetze weder zu den allgemeinen Gesetzen gehören, welche Veränderungen „in Eigenthums- und Personenrechten zum Gegenstande haben, noch „auch irgend ein besonderes Interesse der Provinz berühren und „daher keine gesetzliche Nothwendigkeit vorliegt, solche der ständischen „Berathung zu unterwerfen (merkwürdig ist es übrigens, daß der Preußische Landtag von 1827 gegen das, durch die Kabinetsordre vom 3. August 1824 in Ansehung des gegen administrative Beamte angeordneten Disciplinar-Verfahrens aus Besorgniß vor zu großer Nachsicht (Annalen d. innern Staatsverwaltung II. S. 19), jetzt aber aus Besorgniß vor Willkür Anträge machte). — Rheinischer Landtags-Abschied von 1845, No. 67: „Der Antrag „auf Zurücknahme der Gesetze vom 29. März 1844, betreffend das „gerichtliche und Disciplinar-Verfahren gegen Beamte und bei „Pensionirung derselben soll seine Rechtfertigung vorzüglich darin „finden, daß diese Gesetze in der Rhein-Provinz durch kein Be„dürfniß hervorgerufen und, obgleich das Personen- und Eigen„thumsrecht wesentlich tangirend, erlassen worden, ohne vorher den „Rheinischen Gerichten und den Rheinischen Ständen zur Begut„achtung vorgelegt worden zu sein. Wir müssen, was diese Gründe „betrifft, Unsern getreuen Ständen vor Allem bemerklich machen, „daß die Bedürfnißfrage um so weniger ein Gegen„stand ständischer Berathung sein konnte, als die Mit„glieder des Landtags nicht in dem Besitze der zur Ent„scheidung unentbehrlichen Materialien sind. Wenn aber „Unsere Stände sogar die Ansicht aussprechen, als sei ihre Be„gutachtung nach dem Gesetze vom 5. Juni 1823 durchaus noth„wendig gewesen, weil jene Gesetze Personen- und Eigenthums„Rechte berühren, so scheint ihnen entgangen zu sein, daß diese „Gesetze bloß das Verhältniß Unserer Behörden zu Uns, folglich „einen Gegenstand reguliren, der zum innern Staats„recht gehört, und auf den das Gesetz von 1823 keine An„wendung finden kann." (Die übrigen Landtags-Abschiede sind in den Jahrbüchern für die Preuß. Gesetzgebung, 1845, Bd. LXV. Hft. 132 — und in C. F. Junghans Abhandlung „die staatsrechtliche Garantie der Unentfernbarkeit der Richter." (Berlin 1846) abgedruckt). — Im Rheinischen Landtags-Abschied von 1845 heißt es ferner No. 69: „Da die „Disciplin über Beamte weder zum allgemeinen Personenrechte,

„noch sonst zu denjenigen Gegenständen gehört, hinsichtlich welcher „der Beirath der Stände vorbehalten worden oder für diensam „zu erachten ist, so war es eben so wenig erforderlich, die Verord- „nung vom 7. Juni v. J., betreffend die Ausübung der Disciplin „über die Advocaten vor deren Erlassung den Ständen vorlegen „zu lassen, als jetzt Grund vorhanden ist, ein neues, diesen Gegen- „stand betreffendes Gesetz unter dem Beirath der Stände zu er- „lassen oder jene kaum ins Leben getretene Verordnung abzu- „ändern." — Schlesischer Landtags-Abschied von 1845, No. 24: „Der Antrag, daß den Beamten auf ihr Ansuchen stets „die Einsicht in die von ihren Dienst-Vorgesetzten verfaßten Con- „duiten-Listen gestattet werde, betrifft lediglich die Beamten-Dis- „ciplin, und überschreitet die den provinzialständischen Rechten der „Bitten und Beschwerden durch die Gesetze vom 5. Juni 1823, „Abth. III. No. 3 vom 27. März 1824, §. 50 angewiesene Grenze.

(9) Dahin gehören schon nach allgemeiner deutscher Verfassung überhaupt die Gegenstände des innern Staatsrechts, die Verhältnisse zum deutschen Bunde und zu andern Staaten (S. 172). — Rheinischer Landtags-Abschied von 1845, No. 67: „— folg- „lich einen Gegenstand reguliren, der zum innern Staatsrecht „gehört und auf den das Gesetz keine Anwendung fin- „den kann" (s. S. 493) — und No. 71: „Die Ordre vom 21. Au- „gust 1819, deren Aufhebung Unsere getreuen Stände beantragen, ist, „wie in derselben ausdrücklich gesagt ist, ein Ausfluß der lan- „desherrlichen Rechte; sie giebt überdies der persönlichen Frei- „heit eine weit größere Gewähr, als solche Unsere Unterthanen „der Rhein-Provinz nach dem fremdherrlichen Decret vom 3. März „1810 besaßen und ist daher zur Aufhebung derselben keine Veran- „lassung vorhanden." — Preußischer Landtags-Abschied von 1841: „Es ist Unsere Absicht, über alle Gesetze, welche Ver- „änderungen in den Steuern zum Gegenstande haben, die Stimme „der Provinz jederzeit zu vernehmen, soweit dies mit den allgemeinen „Interessen des Landes und nach den durch den Zollverein herbei- „geführten Verhältnissen irgend verträglich ist (Rauer S. 12). — Sächsischer Landtags-Abschied von 1841, No. 36: „Sollten „Wir demnächst eine weitere Ermäßigung des Salzsteuerpreises für „angemessen erachten, so werden Wir über diese Maaßregel nach „Befinden das Gutachten Unserer getreuen Stände einholen, kön- „nen ihnen aber nicht verhehlen, daß der Antrag auf eine, dem

„nächsten Provinzial-Landtage vorzulegende genaue Zusammen„stellung über den Ertrag des Salzverkaufs die den Provinzial„ständen angewiesene Stellung und Wirksamkeit überschreitet. Wir „können deshalb auch keinen Anlaß zu der erbetenen Anordnung „finden." — Rheinischer Landtags-Abschied von 1845, No. 35: „Der Antrag auf Zuziehung ständischer Deputirten aus „allen Zollvereins-Staaten bei der periodischen Revision und Fest„stellung des Zolltarifs überschreitet die Grenzen der den Provin„zialständen angewiesenen Wirksamkeit und ist in keiner Beziehung „zur Berücksichtigung geeignet. So sehr es Unsere landesväterliche „Absicht ist, über alle Gesetze, welche Veränderungen in den Steu„ern zum Gegenstande haben, die Stimme der Provinzen jederzeit „in so weit zu vernehmen und zu beachten, als Wir dies mit den „allgemeinen Interessen Unseres Landes verträglich halten; so ist „dagegen den Provinzialständen *) ein Recht der Berathung über „die zwischen Unserer Krone und andern Staaten abzuschließenden „Verträge nicht einzuräumen, und noch weniger kann hierüber mit „Deputirten anderer Staaten eine gemeinsame ständische Bera„thung Statt finden." — Rheinischer Landtags-Abschied v. 1845, No. 31: „Der Gesetz-Entwurf wegen näherer Bestimmung „der den Mitgliedern der Land- und Stadtgemeinden an nutzbaren „Grundstücken und Gerechtigkeiten zustehenden Rechte enthält im „Wesentlichen nur eine Declaration der über jene Verhältnisse be„stehenden Zweifel und gehört daher nicht zu den, das Personen- und „Eigenthums-Recht verändernden allgemeinen Gesetzen, welche den „Provinzialständen zur Begutachtung vorgelegt werden müssen. „Vielmehr haben Wir das Gutachten derselben nur vernommen, um „Uns von den Wünschen und Bedürfnissen der Betheiligten um so „vollständiger zu informiren und konnten Uns dabei für den verhält„nißmäßig kleinen Theil der Rheinprovinz, in welchem das Ge„setz Anwendung finden soll, um so mehr auf die Vernehmung der „Kreisstände beschränken, als diese die genaueste Kenntniß des Sach„verhältnisses besitzen und die Vertretung der dabei besonders bethei„ligten Gemeinden recht eigentlich zu ihren Befugnissen gehört. „Wir können Uns daher auch (nicht) bewogen finden, den gedachten „Gesetz-Entwurf an den zur Vorberathung einer Gemeindetheilungs„Ordnung für die Rhein-Provinz erwählten Ausschuß zum Zweck „der Vorberathung und Berichterstattung an den nächsten Landtag

*) überhaupt keinen Ständen, vergl. S. 174 ff.

„noch jetzt vorlegen zu lassen.“ — No. 64: „Der Antrag, die für „die Reviere Brühl und Kommern erlassenen Knappschafts-Reglements außer Vollzug zu setzen und zuvor einer späteren Stände-„Versammlung zur Berathung vorlegen zu lassen, hat Uns sehr „unerwartet sein müssen, nachdem Wir durch den Landtags-Abschied „von 1843 Unsern getreuen Ständen bereits eröffnet haben, daß „beide Reglements durch Unsere Allerhöchste Vollziehung zu Spezial-Gesetzen erhoben worden, und daß es zu solchen in Form „von Spezial-Gesetzen erlassenen Reglements der Anhörung Unserer getreuen Stände nicht bedurft habe.“ Rheinischer Landtags-Abschied von 1839: Auf die Erinnerung, daß verschiedene Anordnungen ohne ständische Concurrenz erlassen worden, daß diese Gesetze nicht zu den im §. 3, No. 1 u. 2 der Verordnung vom 5. Juni 1823 bezeichneten gehören (Rauer S. 11). — Preußischer Landtags-Abschied von 1845, No. 3: „Zu „Verhandlungen mit den Provinzialständen werden die Anträge der „kirchlichen Organe auf Veränderung in Gestaltung und Verfassung der evangelischen Kirche schon deshalb sich nicht eignen, weil „die Angelegenheiten der evangelischen Kirche den Berathungen der „ohne Rücksicht auf das Bekenntniß zu der einen oder andern „christlichen Confession zusammengesetzten ständischen Versammlungen nicht unterliegen dürfen, und müssen Wir daher den zweiten „Theil des Antrags unter dem Eröffnen zurückweisen, daß die verfassungsmäßigen Rechte der Provinzialstände auch in dieser Beziehung gewährt und daher Aenderungen, welche nach dem Gesetz „vom 5. Juni 1823 des ständischen Beiraths bedürfen, so fern sie „durch die Synoden angeregt und von Uns weiter verfolgt werden „sollten, abgesondert behandelt und Unsern getreuen Ständen zur „Begutachtung werden vorgelegt werden.“ Schlesischer Landtags-Abschied von 1845, No. 6 (gleichlautend). Sächsischer Landtags-Abschied von 1845, No. 7. (ebenfalls gleichlautend). — Preußischer Landtags-Abschied von 1828, No. 25: „Auf „das Gesuch, daß nach erfolgter Revision der Gesetzbücher und vor „Publication der neuen Redaction die Entwürfe den Ständen zur „Berathung vorgelegt werden mögen, können Wir zur Zeit keine „Entschließung fassen, da sich erst künftig ergeben wird, ob solche „Veränderungen der bestehenden Gesetzgebung in Frage kommen „werden, welche nach dem Gesetze vom 5. Juni 1823 eine Berathung nothwendig machen“ (Annalen Bd. XII. S. 20) — und von 1830, No. 1: „Ehe über eine Berathung mit den Ständen

„wegen Revision der Gesetzgebung Entschließung gefaßt werden „kann, muß abgewartet werden, ob bei dieser Revision Verände= „rungen in Frage kommen, welche nach dem Gesetze vom 5. Juni 1823 „eine solche Berathung erforderlich machen" (Annalen der innern Staatsverwaltung Bd. XIV. S. 230). (Aus dem ganzen Gange der Provinzial=Gesetzgebung geht hervor, daß in Ansehung derselben die ständische Wirksamkeit bedeutend größer gewesen und insonderheit, ungeachtet der Zuziehung landständischer Abgeordneten bei der ministeriellen Abfassung der Provinzial=Gesetzbücher, letztere dennoch den Landtagen zur Begutachtung vorgelegt worden). — Rheinischer Landtags=Abschied von 1845 (vergl. Anmerk. 8). — Rheinischer Landtags=Abschied von 1845, No. 7: „Unsere „getreuen Stände legen der Verordnung vom 5. Juni 1823 einen „Sinn bei, der in den Worten und der Absicht der Verordnuug „keine Rechtfertigung findet, wenn sie den Antrag machen, daß ih= „nen auch die Gesetze über die Organisation der Gerichte und der „Untersuchungs=Behörden, so wie über die Competenz, das Ge= „richts=Verfahren und die Vertheidigung zur Begutachtung vorge= „legt werden mögen." — Preußischer Landtags=Abschied von 1845, No. 6: „Da nach der Bestimmung vom 5. Juni 1823 den „Provinzialständen Gesetze vorgelegt werden sollen, welche Verände= „rungen in Personen= und Eigenthums=Rechten und in den Steuern „zum Gegenstande haben, dahin aber Prozeß=Gesetze, durch welche „nur das Verfahren über die Verfolgung der Rechte geordnet wird, „nicht gehören, so beschweren sich die Stände ohne Grund darüber, „daß ihnen die Verordnung vom 28. Juni 1844 über das Ver= „fahren in Ehesachen zur Begutachtung nicht vorgelegt worden ist." — Brandenburgischer Landtags=Abschied von 1845, No. 6: „Allgemeine Prozeß=Gesetze, durch welche nur das Verfahren über „die Verfolgung der Rechte geordnet wird, gehören nicht zu den „Gesetzen, welche Veränderungen in den Personen= und Eigen= „thums=Rechten selbst zum Gegenstande haben — und war daher „kein gesetzlicher Grund vorhanden, die Verordnung vom 28. Juni „1844 der Berathung der Provinzialstände zu unterlegen." — Pommerscher Landtags=Abschied von 1845, No. 6 (gleichlautend). — Schlesischer Landtags=Abschied von 1845, No. 10 (ebenfalls). — Hierher gehören auch die in den Anmerkungen 11 und 12 in Ansehung der Petitionen gedachten Gegenstände. —

(10) Z. B. Westphälischer Landtags-Abschied von 1845, No. 15: „Was den Antrag betrifft, daß bei der Final-Re-„daction solcher Gesetze, welche den Provinzialständen vorgelegen „haben, keine Bestimmungen aufgenommen werden, worüber nicht „die Provinzialstände gehört worden sind, so muß Unserer sorgfäl-„tigen Erwägung und Allerhöchsten Entschließung in jedem einzel-„nen Falle vorbehalten bleiben, ob die Veränderungen, welche in „den von den Provinzialständen begutachteten Gesetz-Entwürfen „später als nöthig anerkannt werden, in dem Grade wesentlich sind, „daß es räthlich erscheint, das Gutachten der Stände darüber noch-„mals zu hören." Dahin gehören jedoch nicht Fälle, in welchen Landtage nur über den Grundsatz, von welchem der Gesetz-Entwurf ausgegangen ist, und weil sie mit demselben nicht einverstanden sind, über die Bestimmungen des Gesetzes selbst aber sich nicht erklären, indem alsdann ohne nochmalige Aufforderung zur vollständigeren Erklärung mit der Publication des Gesetzes verfahren werden kann, z. B. Rheinischer Landtags-Abschied von 1835: „Da Unsere getreuen Stände auf Unsere landesherrliche „Proposition keine Lokal-Verhältnisse angeführt haben, aus welchen „in Rücksicht auf die Gerechtsame der Fideicommiß-Anwarter eine „Verschiedenheit zwischen den Rheinischen und den Westphälischen „Theilen des ehemaligen Großherzogthums Berg hervorgeht und „sich ergeben konnte, daß das Bedürfniß der durch die Verordnung „vom 4. Juli 1833 erlassenen Bestimmungen in den Rheinischen „Landestheilen entweder gar nicht oder doch weniger, als in den „Westphälischen vorhanden sei, so haben Wir auch für die zu Un-„serer Rhein-Provinz gehörigen Landestheile die nöthigen Bestim-„mungen getroffen und publiciren lassen." (Annalen Bd. XX. S. 116). — Dahin gehört auch der im Posenschen Landtags-Abschied von 1845 unter S. 15 gedachte Fall wegen Erbverpachtungen bei Lehn- und Fideicommiß-Gütern, so wie die Erklärung des Rheinischen Landtags von 1843 über den Entwurf des Strafgesetzbuchs, auf welche das Gutachten des Ausschusses für das des Landtages angenommen und auf dem legislativen Wege fortgefahren wurde.

(11) Dahin gehören I. Gegenstände, welche überhaupt nicht zur ständischen Wirksamkeit gehören und nicht das besondere Interesse der Provinz oder eines Theiles derselben betreffen oder deren Anregung nicht hinreichend begründet ist: Preuß. Landtags-Abschied

von 1828: „daß zur Abänderung des Zusatzes des Ostpreußischen „Provinzialrechts keine Veranlassung vorhanden" (Annal. d. innern Staatsverw. Bd. XII. S. 2). — Westphälischer Landtags-Abschied von 1832, No. 1: „Wir können Uns nicht bewogen fin„den, eine Modification der, in allen Provinzen gleichmäßig gül„tigen gesetzlichen Bestimmung des §. 50 des Gesetzes vom 27. März „1824 eintreten zu lassen" — No. 2: „— so müssen Wir es zur „Zeit bei dem, was im §. 54 des Gesetzes vom 27. März 1824 „vorgeschrieben ist und in allen Provinzen beobachtet wird, bewenden „lassen" — und No. 28: „Der Antrag Unserer getreuen Stände „auf Ermäßigung des Grundsteuer-Contingents durch Gleichstellung „mit den östlichen Provinzen beruhet auf der Voraussetzung, daß „die Steuerleistungen der westlichen Provinzen unverhältnißmäßig „bedeutender sein, als die der östlichen Landestheile. Diese Vor„aussetzung ist bereits durch den Abschied für den zweiten Westphä„lischen Landtag widerlegt — und vertrauen Wir den Ständen, daß „sie jene vorgefaßte Meinung genügend widerlegt finden werden, „welche nur auf unhaltbaren Vermuthungen und auf unzulänglicher „Kenntniß von den landwirthschaftlichen und Productions-Verhält„nissen der östlichen Provinzen beruhen kann." — No. 50: „aber „nirgends als ein Bedürfniß dargestellt ist." — Rheinischer Landtags-Abschied von 1835 (gleichlautend) (das. S. 468). — Schlesischer Landtags-Abschied von 1834: „Es liegt sonach „keine Veranlassung vor, welche eine Schärfung der bestehenden, „sehr angemessenen Strafgesetze rechtfertigen könnte." (Annalen, Bd. XXVIII. S. 617). — Rheinischer Landtags-Abschied v. 1836: „Wir müssen daher bei ermangelndem Beweise irgend eines „besonderen provinziellen Bedürfnisses dem Antrage statt zu geben, „Bedenken finden." (das. Bd. XX. S. 480). — Brandenburgischer Landtags-Abschied von 1835, No. 21: „Die ange„führten Gründe können Wir nicht für genügend annehmen, um in „der bestehenden Gesetzgebung über eine Frage etwas abzuändern, „deren Entscheidung auf die Privatrechte von so großem Einflusse „ist." (das. S. 787). — Westphälischer Landtags-Abschied von 1834, No. 37: „Der Antrag auf Aufhebung des privilegirten „Gerichtsstandes betrifft nicht das specielle Wohl und Interesse der „ganzen Provinz oder eines Theils derselben, sondern die Aufhe„bung eines Singularrechts ohne Zustimmung der Betheiligten, „weshalb Wir die Stände auf die Bestimmungen sub III. des Ge„setzes vom 5. Juni 1823 verweisen." (Annalen Bd. XX. S. 774).

— Rheinischer Landtags-Abschied von 1835, No. 3: „Die „Entscheidung hierüber berührt nicht die Interessen der Provinz (das. S. 469). Als die Rheinischen Stände, nachdem das in den alten Provinzen in Processen Statt findende Armenrecht auch in den Rhein-Provinzen eingeführt und als eine Ungleichheit vor dem Gesetze angesehen wurde, darauf antrugen, in Armen-Prozessen der Gegenpartheі die Stempel- und Gerichts-Gebühren zu stunden, wurde dieser Antrag zurückgewiesen durch den Rheinischen Landtags-Abschied von 1835, No. 34: „weil das Verhältniß, welches „demselben zu Grunde liegt, in allen Theilen Unserer Monarchie „Statt findet, ohne daß sich deshalb eine Bestimmung als noth„wendig ergeben hätte. Wir müssen daher bei ermangelndem Be„weise irgend eines provinziellen Bedürfnisses dem Antrage Statt „zu geben um so mehr Bedenken finden, als die Gerichtsbeamten „zum Theil auf jene Gebühren angewiesen sind und ihnen daher „durch jene Stundung ein Theil ihrer Subsistenzmittel entzogen „werden würde" (Annalen Bd. XX. S. 480). — Preußischer Landtags-Abschied von 1838, No. 12: „Dasjenige, was Unsere „getreuen Stände über die Verwaltung der Landgemeinden erklärt „haben, hat Uns nicht die Ueberzeugung geben können, daß eine „gesetzliche Bestimmung über diesen Gegenstand wirklich erforderlich „sei." (das. Bd. XXII. S. 505). — Sächsischer Landtags-Abschied von 1845, No. 31: „Die Abänderung eines allgemeinen „Gesetzes kann nur durch ein sehr dringendes Bedürfniß motivirt „werden" und No. 16: „Da wegen der Vorschriften der revidirten „Städte-Ordnung über die Einberufung der Stellvertreter der „Stadt-Verordneten von Unsern getreuen Ständen gegen deren „Angemessenheit Bedenken erhoben, aber nicht auf Gründen und „Verhältnissen beruhen, welche den Städten der Provinz Sachsen „eigenthümlich sind, so würde die beantragte Anordnung nicht für „die Städte allein, sondern für sämmtliche nach der einen oder der „andern Städte-Ordnung verwalteten Städte erlassen werden können. „Eine solche Anordnung läßt sich aber schon um deswillen nicht als „ein Bedürfniß anerkennen, weil sie von keiner andern Seite her „beantragt ist — Wir müssen daher diesen Gegenstand in die „abzufassenden Localstatuten verweisen." No. 29: „Dem Antrage „Unserer getreuen Stände, die §§. 1 und 4 des Gesetzes über die „Armenpflege vom 31. December 1842 abzuändern, können Wir zu „entsprechen Uns nicht bewogen finden, da dasselbe, indem es seine „Gültigkeit über den ganzen Umfang der Monarchie erstreckt und

„seiner Natur nach provinzielle Abänderungen nicht zuläßt, nur „dann würde abgeändert werden können, wenn sich dazu ein allge„meines Bedürfniß zeigte, ein solches aber schon deshalb nicht an„genommen werden kann, weil aus keiner andern Provinz Klagen „über diese Bestimmungen laut geworden sind." No. 31: „Dem „Antrage wegen des Provocationsrechts würde nur durch Abände„rung der §§. 56 u. 57 des Gesetzes vom 28. Febr. 1843 zu ent„sprechen sein. Eine so wesentliche Abänderung eines erst neuer„dings erschienenen Gesetzes könnte nur durch ein sehr dringendes, „aus der Erfahrung hergenommenes Bedürfniß motivirt werden, „welches für die dortige Provinz um so weniger anzuerkennen ist, „als noch keine Anträge auf Bildung von Genossenschaften einge„gangen sind." — Posenscher Landtags-Abschied von 1845, No. 48: „Auf den Antrag Unserer getreuen Stände, die Stiftung „von Familien-Fideicommissen für unzulässig zu erklären, können „Wir nicht eingehen, da sich weder in der Monarchie überhaupt, „noch auch in der Provinz Posen insbesondere ein praktisches Be„dürfniß herausgestellt hat, welches die in dem Antrage liegende „Beschränkung der freien Disposition Unserer Unterthanen über ihr „Vermögen irgendwo rechtfertigen ließe." — Rheinischer Landtags-Abschied von 1845, No. 19: „Dem Gesuche, die „über die ständischen Wahlen bestehenden Vorschriften nach Maaß„gabe der, in der besonderen Denkschrift zusammengestellten Vor„schläge vervollständigen und abändern zu lassen, können Wir Folge „zu geben Uns nicht bewogen finden. Denn so weit sich die ge„machten Anträge auf Abänderung solcher gesetzlichen Bedingungen „beziehen, welche der Wahlfähigkeit für alle oder für einzelne „Stände feststellen; so sind Wir überhaupt nicht gemeint, in diesen „Bestimmungen, welche in den Grundprincipien der ständischen „Vertretung beruhen, und in den ständischen Gesetzen für alle „Provinzen gleichmäßig vorgeschrieben sind, wesentliche Abänderun„gen eintreten zu lassen. So viel aber die Modificationen der „ständischen Gesetze für die Rheinprovinz betrifft; so würden solche „nur durch den bündigen Nachweis der Unzulänglichkeit der beste„henden, durch langjährige Erfahrung bewährten Vorschriften mo„tivirt werden können, welcher aber in der vorliegenden Denkschrift „keinesweges geführt, ja im Einzelnen nicht einmal versucht ist." — No. 69: „— so wenig als jetzt Grund vorhanden ist, ein neues „Gesetz zu erlassen oder jene kaum ins Leben getretene Verordnung „abzuändern." II. Ausnahme einer Provinz von allgemeinen Gesetzen, insofern dazu nicht ein dringendes Bedürfniß vorhanden ist: Westphälischer Landtags-Abschied von 1834, No. 39: „Der „Antrag läßt sich mit den Vorschriften des 42sten Titels der all„gemeinen Gerichtsordnung nicht vereinigen." (Annalen Bd. XX. S. 775). Rheinischer Landtags-Abschied von 1835, No. 15 (das. S. 474). Rheinischer Landtags-Abschied von 1845, No. 32: „Der Antrag, die Rheinische Gesinde-Ordnung von 1844 „für den bei weitem größeren Theil der Provinz außer Kraft zu „setzen, hat Uns befremden müssen, da ein solcher Antrag nur durch „die dringendsten, aus der Erfahrung entnommenen Gründe zu „rechtfertigen sein würde, dergleichen aber selbst redend nicht vor„liegen konnten, indem das Gesetz zur Zeit der Stände-Versamm„lung kaum in Wirksamkeit getreten war. Wir müssen das Gesuch „daher als unbegründet zurückweisen." No. 69: „— es ist jetzt „kein Grund vorhanden, ein neues, diesen Gegenstand betreffendes „Gesetz mit dem Beirathe der Stände zu erlassen oder jene kaum „ins Leben getretene Verordnung abzuändern." — No. 71: „Die „Ordre vom 21. Aug. 1819, deren Aufhebung Unsere Stände be„antragen, ist, wie in derselben ausdrücklich gesagt ist, ein Aus„fluß der landesherrlichen Rechte; sie giebt überdies der „persönlichen Freiheit eine weit größere Gewähr, als solche Unsere „Unterthanen der Rhein-Provinz nach dem fremdherrlichen Decret „vom 3. März 1810 besaßen und ist daher zur Aufhebung derselben „keine Veranlassung vorhanden. Wenn die für Unsere ganze Mo„narchie erlassene Verordnung vom 9. April 1838 in Unserer Rhein„Provinz keinen Gegenstand mehr hat; so kann deren formelles „Fortbestehen in der Provinz auch keinen Nachtheil haben; eine „specielle Aufhebung können Wir daher als angemessen nicht be„trachten." — Es ist bereits oben bemerkt, daß es ein offenbarer Fehlschluß sein würde, wenn aus der Befugniß der Stände einer Provinz, wegen eines besonderen Bedürfnisses der letzteren auf ein Provinzialgesetz anzutragen, gefolgert würde, daß von einem allgemeinen Gesetze diejenigen Provinzen ausgenommen werden müßten, in welchen dies Bedürfniß sich bisher noch nicht geäußert hat. Darauf gerichtete Anträge sind daher stets zurückgewiesen; z. B. Rheinischer Landtags-Abschied von 1835, No. 34, wegen Stundung der Gebühren in Armen-Processen (s. Seite 500). Rheinischer Landtags-Abschied von 1845, No. 67, wegen des Disciplinar-Verfahrens gegen richterliche Beamte (ebend.), — und No. 71: „Wenn die für Unsere ganze Monarchie erlassene Verord-

„nung vom 9. April 1838 in Unserer Rhein-Provinz keinen Ge„genstand mehr hat, so kann deren formelles Fortbestehen in der „Provinz auch keinen Nachtheil haben; eine specielle Aufhebung „können Wir daher als angemessen nicht betrachten." — Eben so wenig kann bei Anordnungen das Interesse einer Provinz ausschließlich berücksichtigt werden, z. B. Preußischer Landtags-Abschied von 1845, No. 24: „— nach sorgfältiger Erwägung der in „den verschiedenen Provinzen Unserer Monarchie obwaltenden Ver„hältnisse, als dem wahren Interesse der Gesammtheit entsprechend." Pommerscher Landtags-Abschied von 1845, No. 14: „daß „hierbei die mannigfach in Betracht kommenden Verhältnisse und „Interessen eine umfassende Erwägung finden werden." (Vergl. auch Anmerk. 9 u. 10). — III. Anträge, welche die Interessen anderer Provinzen berühren, z. B. Westphälischer Landtags-Abschied von 1834, No. 29: „— können Wir Uns nicht bewogen „finden, über diese, die Provinzial-Interessen (der östlichen Provinzen) „berührenden, folglich von den Ständen der betreffenden „Provinz zu berathenden Gegenstände auf den Antrag einer andern „hierbei nicht betheiligten Provinz einzuschreiten." (Annalen Bd. XX. S. 771) — und von 1845, No. 16 (vergl. Rheinischer Landtags-Abschied von 1835: „— keine Veranlassung, auf An„trag einer andern, hierbei nicht betheiligten Provinz vorzuschreiten" — das. S. 468). — Schlesischer Landtags-Abschied von 1845, No. 28: „Dem Antrage auf Verbindung aller Feuer-Socie„täten in der Monarchie steht der Umstand entgegen, daß die „Feuer-Societäts-Verhältnisse in den übrigen Provinzen überall „geordnet und eine Aenderung derselben in den übrigen Landes„theilen immer nur mit Zustimmung der Stände der einzelnen „Provinzen würde Statt finden können."

(12) Rheinischer Landtags-Abschied von 1827: „Was „die eingereichten Adressen verschiedener Communen anlangt; so „hätten solche, in so weit sie an den Landtag selbst mittelbar oder „unmittelbar gerichtet waren, nicht angenommen werden sollen, da „derselbe nach §. 51 (des Rheinischen ständischen Gesetzes) mit den „Communen der Provinz in keiner Verbindung stehen darf." (Annalen der innern Staatsverwaltung Bd. XIII. S. 683). — Rheinischer Landtags-Abschied von 1843: „Wenn daher der „Landtag bei seiner letzten Versammlung mehrfach unmittelbar an „ihn gerichtete Dank- und andere Addressen aus einzelnen Städten

„angenommen hat; so ist hierdurch in zwiefacher Hinsicht gefehlt „worden, indem diese Adressen weder Petitionen noch Beschwerden „enthalten und die Stände-Versammlung durch die unmittelbare „Annahme der Bestimmung des §. 51 des Gesetzes vom 27. März „1824 entgegenhandelte.“ (Rauer S. 12). — Rheinischer Landtags-Abschied von 1845, No. 23: „Das Recht (der Individuen), in Versammlungen Petitionen an den Landtag zu berathen „und zu unterzeichnen, kann, dem Bundesbeschluß vom 5. Juli 1832 „entgegen, nicht anerkannt werden. Wenn es nach dem provinzial-„ständischen Gesetze vom 27. März 1824 den einzelnen Ständen „frei steht, ihre Abgeordneten zu beauftragen, Bitten und Be-„schwerden bei dem Landtage anzubringen, so ist hier von dem „Rechte der Gesammtheit eines Standes die Rede, welche in „diesem, wie in jedem andern Falle durch das verfassungsmä-„ßige Organ desselben, also durch die städtischen und ländlichen „Communal-Behörden, resp. die Kreisstände vertreten wird, und „dürfen nur in den gesetzlich constituirten Versammlun-„gen dieser Organe die dem Abgeordneten eines Standes zu „ertheilenden Aufträge berathen werden. Unorganische Versamm-„lungen einer Anzahl Eingesessener eines ständischen Wahlbezirks „fallen dagegen unter den Begriff der Volks-Versammlungen und „dürfen daher nach der Bestimmung des §. 3 des Publications-„Patents vom 25. Sept. 1832 zu dem Bundes-Beschlusse vom 5. „Juli desselben Jahres ohne vorangegangene polizeiliche Genehmi-„gung nicht Statt finden; diese Genehmigung wird aber in Fällen „der bezeichneten Art schon deshalb versagt werden müssen, weil „das Gesetz wegen Anordnung der Provinzialstände das Recht, die „Abgeordneten mit Aufträgen zu versehen, den Ständen und „nicht ungeordneten Versammlungen einzelner Standes-Mitglieder „beilegt.“

(13) Sächsischer Landtags-Abschied von 1828: „— und „wollen Wir Unsern getreuen Ständen hierneben die in §. 50 des „Gesetzes vom 27. März 1824 enthaltene Vorschrift über die Un-„zulässigkeit der Wiederholung bereits zurückgewiesener Gesuche „ohne neue Gründe zur künftigen Beobachtung empfehlen (Annal. Bd. XII. S. 208). — Westphälischer Landtags-Abschied von 1832: „Durch dasjenige, was zur Unterstützung des Gesuchs um „Abänderung des §. 52 des Gesetzes vom 27. März 1824 angeführt, „können Wir Uns nicht bewogen finden, eine Modification dieser

„in allen Provinzen gleichmäßig gültigen gesetzlichen Bestimmung „eintreten zu lassen. Wenn auch der Fall vorkommen kann, daß „die Materialien zur umfassenden Beurtheilung einer beim Land- „tage in Anregung gekommenen Angelegenheit nicht während der „Dauer desselben vollständig beschafft und daher die Gutachten nicht „mit erschöpfender Gründlichkeit abgefaßt werden können, so wird es „doch den Mitgliedern nicht an Gelegenheit fehlen, über Alles, was „auf eine solche Angelegenheit sich bezieht, während der Zeit von „der Publication des Landtags-Abschiedes an bis zur Zusammen- „berufung des neuen Landtags, sorgfältige Erkundigung einzuziehen, „um sich dadurch zu überzeugen, ob, ungeachtet der Zurückweisung, „das Gesuch wegen neuer Gründe oder neuer Veranlassung zu „wiederholen sei. Ob dieser Fall eintrete, muß allerdings der „Beurtheilung der Stände überlassen bleiben, wogegen Wir, wenn „dieselben nur auf das, was früher angeführt und in Unserm Be- „scheide bereits beachtet worden, zurückkommen sollten, Uns die „Verweisung derselben auf den §. 50 des Gesetzes vorbehalten müs- „sen" (Annalen Bd. XVI. S. 739). — Posenscher Landtags-Abschied von 1845, No. 19: „Den auffallenden Antrag, die „ebenfalls für alle Provinzen gleichmäßig bestehende Vorschrift des „§. 48 des Gesetzes vom 27. März 1824, das einmal Zurückgewie- „sene nur alsdann, wenn wirklich neue Veranlassungen oder neue „Gründe eintreten und immer nur erst bei künftiger Berufung des „Landtags erneuert werden dürfen, aufzuheben, weisen Wir hiermit „zurück." — Westphälischer Landtags-Abschied von 1843 verweiset auf §. 50 des Gesetzes vom 27. März 1824, wonach einmal zurückgewiesene Anträge nicht ohne neue Gründe wiederholt werden sollen (Rauer S. 334). Westphälischer Landtags-Abschied von 1834, No. 37: „Wir müssen den Ständen zugleich zu erkennen „geben, daß dieser Antrag von ihnen, ohne daß neue Gründe von „einiger Erheblichkeit beigebracht worden, nach §. 50 des Gesetzes „vom 27. März 1824 nicht hätte wiederholt werden sollen (Annalen Bd. XX. S. 774). — Rheinischer Landtags-Abschied von 1835, No. 12: „— der erneuerte Antrag aber nicht mit Grün- „den unterstützt ist, die Uns veranlassen könnten, eine Veränderung „eintreten zu lassen." (Annalen Bd. XX. S. 477). — Posenscher Landtags-Abschied von 1845, No. 17: „Der Antrag auf „Gewährung einer Staats-Verfassung erscheint überdies als theil- „weise Wiederholung der durch Unsere Eröffnung vom 11. März „1843 entschieden zurückgewiesenen Gesuche. Es erfolgt daher kein

„weiterer Bescheid." No. 24: „Der Antrag um Gestattung der "Oeffentlichkeit der Berathungen und Verhandlungen der Stadt- „Verordneten hätte, da solcher schon durch den Landtags-Abschied „vom 30. Dec. 1843 zurückgewiesen worden und keine zur Recht- „fertigung der Erneuerung geeignete neue Veranlassung vorliegt, „nach §. 48 der Verordnung vom 27. März 1824 gar nicht zu Un- „serer Kenntniß gebracht werden sollen und kann schon aus diesem „Grunde nicht berücksichtigt werden." No. 25: „Der Antrag we- „gen Führung des Wappens des Großherzogthums Posen ist nur „eine Wiederholung des bereits durch den Landtags-Abschied vom „29. Juni 1835 zurückgewiesenen Antrags und hätte daher nach „§. 48 des Gesetzes vom 27. März 1824 nicht angebracht werden „sollen." No. 27: „Das Gesuch wegen Einverleibung der ehema- „ligen Kreis-Bezirke Deutsch-Krone rc. ist durch den Landtags- „Abschied von 1832 (Rauer S. 21) abgelehnt worden und hätte „also um so weniger wieder aufgenommen werden sollen, als neue „Gründe für das Gesuch nicht angeführt sind, überdieß aber die „Unzulässigkeit der Gewährung den Ständen selbst hätte einleuchten „müssen." — Rheinischer Landtags-Abschied von 1845, No. 30: „— und müssen Wir künftig eine genauere Beobachtung „des §. 50 des Gesetzes wegen Anordnung der Provinzial-Stände „vom 27. März 1874 erwarten." — Preußischer Landtags-Abschied von 1845, No. 9: „Aus der Adresse vom 10. März d. J. „haben Wir mit Befriedigung ersehen, daß Unsere getreuen Stände, „der in dem Abschiede vom 30. Dec. 1843 in Beziehung auf die „Entwickelung der ständischen Verhältnisse ertheilten Zusage ver- „trauend, neue Anträge über diesen Gegenstand für überflüssig er- „achtet haben. Eben dieserhalb lag aber auch keine zureichende „Veranlassung vor, Uns von den dieserhalb an den Landtag gerich- „teten Petitionen Kenntniß zu geben, wie dies von der Minorität „der Versammlung mit Recht hervorgehoben ist, der Wir dieser- „halb und wegen des in ihrem Separativ-Votum enthaltenen Aus- „drucks des Vertrauens und der Hingebung Unsere besondere Zu- „friedenheit auszusprechen Uns bewogen finden."

(14) Preußischer Landtags-Abschied von 1828: „Den „außerhalb des, den Provinzialständen angewiesenen Wirkungskrei- „ses liegenden Antrag, daß die Verwaltung der indirecten Abgaben „mit den Regierungen wieder vereinigt werden möge, können Wir „nicht genehmigen (Annalen der innern Staatsverwaltung

XII. S. 10). — Rheinischer Landtags-Abschied vom 3. März 1835, No. 37: „Dem Gesuche, eine vom Landtage erwählte Com-„mission zur Reclamation der Gemälde-Sammlung nöthigenfalls „in Rechtswegen zu autorisiren, können Wir, da solches nach der, „den Provinzialständen angewiesenen Stellung unzulässig ist, nicht „Statt geben. Wir werden aber eine nähere Verhandlung mit der „Königl. Baierschen Regierung &c." (Ann. d. innern Staatsverw. Bd. XX. S. 481). Preußischer Landtags-Abschied v. 1841 und Rheinischer Landtags-Abschied von 1843 wegen Antrags auf Errichtung eines besonderen Handels-Ministeriums: „weil bei For-„mirung der Centralstellen allgemeine Rücksichten erforderlich." (Rauer S. 316) — auch Schlesischer Landtags-Abschied von 1845. — Westphälischer Landtags-Abschied von 1845: „Die Bitte, auf jedem Landtage eine gründliche Zusammenstellung „der in den beiden letzten Jahren stattgehabten Staats-Einnahmen „und Ausgaben, so wie des gesammten Schuldenwesens des Staats „und die Vorschläge der nächsten beiden Jahre vorzulegen, über-„schreitet die den Provinzialständen gesetzlich zustehende Petitions-„Befugniß und bleibt daher ohne Bescheid." — Sächsischer Landtags-Abschied von 1845: „Der Antrag auf eine dem näch-„sten Provinzial-Landtage vorzulegende genaue Zusammenstellung „über den Ertrag des Salz-Verkaufs überschreitet die den Provin-„zialständen angewiesene Stellung und Wirksamkeit." — Rhei-nischer Landtags-Abschied von 1845: „Diese Gesetze be-„treffen bloß das Verhältniß Unserer Behörden zu Uns, reguliren „folglich einen Gegenstand, der zum innern Staatsrecht gehört, und „auf den das Gesetz von 1823 keine Anwendung finden kann." — No. 58: „— und machen Unsern Ständen bemerklich, daß die Or-„ganisation Unserer Behörden und die Bestimmung der Grenzen „ihrer Wirksamkeit lediglich Unserer Beschlußnahme vorbehalten „bleiben muß, wobei Wir Uns des Beiraths Unserer getreuen „Stände zu bedienen nicht gemeint sind." Vergl. auch Anmerkung 9 ff. — Eben so wenig sind Petitionen zulässig, durch welche wohl-erworbene Rechte verletzt werden würden. So wurden Petitionen abgewiesen: Preußischer Landtags-Abschied von 1828, No. 27: „Die mit den jetzigen Gerichtshaltern bestehenden Con-„tracte aufzuheben, erlaubt das Gesetz nicht." — Westphälischer Landtags-Abschied von 1834, No. 33: „Da dies nicht ohne „Verletzung anderweit begründeter Rechte geschehen kann." No. 37: „Der Antrag auf Aufhebung eines Singularrechts (des privilegirten Gerichtsstandes) ohne Zustimmung der Betheiligten" (S. 499). — Gründe bloßer Nützlichkeit rechtfertigen solche Petitionen nicht, z. B. Pommerscher Landtags-Abschied von 1845, No. 3: „Wenn Unsere getreuen Stände ihren Antrag, die Ordre vom „28. Juli 1842 wieder aufzuheben, nur auf die Bemerkung stützen, „daß eine Aenderung des früheren Zustandes im Interesse des „Fortschrittes und der Förderung des Wohlstandes und der Landes-„Cultur nicht wünschenswerth sei; so können Wir bei dem Mangel „jeder näheren Begründung dieser Ansicht Uns um so weniger be-„wogen finden, den Gesetz-Entwurf den weiteren legislativen Be-„rathungen zu entziehen u. s. w. — Rheinischer Landtags-Abschied von 1845, No. 16: „Dem Antrage Unserer getreuen „Stände, die Dominial-Jagd-Frohnden in den ehemals nassauischen „Landestheilen ohne alle Vergütigung aufzuheben, können Wir nicht „entsprechen."

(15) Rauer II. S. 12 ff. Rheinischer Landtags-Abschied von 1843: „Wenn daher der Landtag bei seiner letzten Ver-„sammlung mehrfach unmittelbar an ihn gerichtete Dank-Adressen „aus einzelnen Städten angenommen hat, so ist hierdurch von dem-„selben in zwiefacher Hinsicht gefehlt worden, indem, da diese Adressen „weder Petitionen, noch Beschwerden enthalten, die Stände-Ver-„sammlung durch die unmittelbare Annahme der Bestimmung des „§. 51 des Gesetzes vom 27. März 1824 entgegenhandelte." — Verordnung vom 30. Juni 1843, §. 1, No. 3: „Nachrichten über „den Gang der Verhandlungen der ständischen Versammlungen dür-„fen während der Dauer der letzteren nur übereinstimmend mit „den von denselben selbst für die Zeitungen gefertigten Landtags-„Berichten oder nach den, von der Regierung veröffentlichten amt-„lichen Mittheilungen in die öffentlichen Blätter übernommen „worden; eben so sind in diesen Blättern Petitionen oder sonstige „Schriften, welche an die Landtage gerichtet werden, nur in so weit „zum Druck zuzulassen, als sie durch die gedachten Landtagsberichte „oder amtliche Mittheilungen veröffentlicht worden." (Rauer S. 324).

(16) Wahlreglement vom 22. Juni 1842 (Gesetzsamml. 1842, S. 213), vergl. Rauer S. 247—272, auch S. 58, 64 u. 66. — Rheinischer Landtags-Abschied von 1845, No. 19: „So „weit für das formelle Verfahren bei den Wahl-Verhandlungen

„abändernde Bestimmungen in Antrag gebracht sind, so können Wir „dazu eben so wenig ein Bedürfniß anerkennen, da erst kürzlich „durch das, unter Beirath der Stände erlassene Reglement vom „22. Juni 1842 ganz specielle Vorschriften für das Verfahren bei „ständischen Wahlen gegeben sind, durch deren genaue Beobachtung „für eine regelmäßige und gleichförmige Behandlung genügend ge„sorgt ist." — Der Westphälische Landtag von 1845 wurde durch den Landtags-Abschied von 1845, No. 19 beschieden: „Wenn Unsere getreuen Stände beantragen, daß künftig eine Be„stätigung der Wahlen nicht mehr Statt finden möge, so machen „wir denselben bemerklich, daß nach §. 28 des Gesetzes vom 27. „März 1824 der Landtags-Commissarius zu prüfen hat, ob die „Wahlen in der Form und nach den Eigenschaften der Abgeordne„ten der Vorschrift gemäß geschehen sind, die vorgeschriebene Prü„fung aber das Recht der Verwerfung oder Anerkennung einschließt „und es lediglich Unserer Entschließung vorbehalten bleiben muß, „ob Wir dieses Recht selbst ausüben oder anderweitig delegiren „wollen." — Nach dem Wesen der ständischen Verfassung und nach deutschem Staatsrechte ist nur der Landesherr, nicht aber die Landtags-Versammlung berechtigt, Mitglieder derselben wegen üblen Leumunds von der Einberufung auszuschließen, da nur dem Landesherrn die Bestimmung zusteht, wen er für würdig hält, an dem von ihm von den Ständen geforderten Gutachten Theil zu nehmen und die Analogie der nur für corporative Angelegenheiten der Stände bestimmten Versammlungen derselben für Landtage eben so unzutreffend ist, als die der repräsentativen Verfassungen. Diese Frage, so unbezweifelt sie auch ist, kam dennoch auf dem Rheinischen Landtag von 1845 zur Sprache, als der landesherrliche Landtags-Commissarius einen, in gerichtliche Untersuchung gerathenen Landtags-Abgeordneten zum Landtage nicht einberufen hatte und der Landtag auf den Grund der Kreis-Ordnung die Competenz zu dieser Ausschließung für sich in Anspruch nahm, mit diesem Anspruch aber durch den Landtags-Abschied abgewiesen wurde. — Rheinischer Landtags-Abschied von 1845, No. 17: „Nachdem „die Untersuchung keinen Zweifel (hatte), war es den bestehenden „Gesetzen völlig entsprechend, daß Unsere Behörden, denen die „Prüfung der gesetzlichen Qualification der Abgeordneten nach §. 28 „des Gesetzes vom 27. März 1824 obliegt, und von denen solche „in ähnlichen Fällen stets geübt worden, der Einberufung des be„treffenden Landtags-Abgeordneten vorläufig bis zur Entscheidung

„des bei den Gerichten schwebenden Verfahrens Anstand gegeben „haben. Die Vorschriften der Kreis-Ordnung für die Rheinprovinz „vom 13. Juli 1827, woraus Unsere getreuen Stände eine Com„petenz des Landtags für den vorliegenden Fall herleiten wollen, „beziehen sich, wie das Gesetz selbst, nur auf die Kreistags-Ver„sammlungen und der in Bezug genommene Landtags-Abschied vom „15. Juli 1829 betraf den Fall, wenn ein bereits auf dem Land„tage anwesendes Mitglied nach dem Antrage der Versammlung „von der Theilnahme an den ferneren Berathungen ausgeschlossen „werden soll und verwies in Ermangelung bestimmter gesetzlicher „Vorschriften lediglich auf eine Anweisung über das zu beobach„tende Verfahren. Wenn Wir demnach eine solche Competenz zur „Zeit nicht anerkennen können; so haben Wir doch, in dem Ver„trauen, daß die Stände über die Ehrenhaftigkeit ihrer Mitglieder „am sorgfältigsten wachen werden, Unser Staats-Ministerium be„auftragt, in Erwägung zu nehmen, in welcher Weise bei der Ent„scheidung der Frage über die Unbescholtenheit eines Abgeordneten „künftig eine ständische Concurrenz eintreten könne." — Pommerscher Landtags-Abschied von 1835, No. 4: „Die zu Abge„ordneten gewählten Beamten bedürfen zur Beiwohnung des Land„tags des Urlaubs ihrer Vorgesetzten."

(17) Sächsischer Landtags-Abschied von 1828: „Wir „können Uns nicht bewogen finden, dem Landtage auf Kosten des „Staats ein geeignetes Local zu verschaffen und dadurch von dem „allgemeinen Grundsatze abzuweichen, daß die Kosten der Provin„zialstände-Versammlungen nach ihrer neuen Organisation allent„halben von den Provinzen aufgebracht werden müssen." — Dieser Landtags-Abschied enthält auch nähere Bestimmungen über die Diäten der Landtags-Abgeordneten und die Aufbringung derselben, Preußischer Landtags-Abschied von 1828 (Annal. Bd. XII. Seite 3).

(18) Die ersten ständischen Gesetze enthielten keine Bestimmungen darüber, wie oft Landtage gehalten werden sollen und wurden diese daher nach Maaßgabe der zur Berathung auf denselben vorhandenen Gegenstände zusammenberufen. Erst in den Propositions-Decreten auf dem Landtage vom Jahre 1841 äußerte König Friedrich Wilhelm IV. denselben: „Daß durch die Anordnung der „Ausschüsse die versammelten Landstände sich künftig vorzugsweise

„mit Plenar-Berathungen zu beschäftigen haben und dadurch die „Dauer derselben bedeutend abgekürzt werden wird. Hierdurch „wird denn die Ausführung Unserer gnädigsten Absicht „erleichtert, die Landtage in Zukunft alle zwei Jahre „zu berufen, die Wir Unsern getreuen Ständen hiermit „zu erkennen geben, zuvor aber ihrer Erklärung entge- „gensehen, in wie fern dies ihren Wünschen entspricht." Da sämmtliche Landtage diese Königliche Absicht dankbar anerkannten, so eröffnete der König den Ständen der Provinzen Pommern, Sachsen, Westphalen, Schlesien und Posen durch den Landtags-Abschied vom 6. August 1841: „Zu C. haben Wir aus der „Erklärung Unserer getreuen Stände gern ersehen, wie dieselben „in der proponirten Einberufung der Landtage nach kürzeren Zwi- „schenräumen Unsere landesväterliche Absicht, die ständische Wirk- „samkeit zu beleben und die Zwecke derselben zu fördern, dankbar „erkennen, und beabsichtigen Wir demgemäß, Unsere getreuen „Stände künftig, sofern hinreichende Veranlassung dazu „sein wird, alle zwei Jahre zu versammeln." — Die Landtags-Abschiede für die übrigen drei Provinzen konnten erst später — für Preußen unterm 6. November, für den Rhein unterm 7. November und für Brandenburg unterm 20. Decbr. 1841 — erlassen werden, und wurden, so viel diesen Gegenstand betrifft, kürzer und zusammen mit dem Bescheide wegen der Publicität der Landtags-Verhandlungen gleichlautend dahin gefaßt: „Zu B. „und C. haben Unsere getreuen Stände, wie Wir wohlgefällig „bemerkt haben, in den Anordnungen wegen Veröffentlichung der „ständischen Verhandlungen und Zusammenberufung der Landtage „aller Provinzen der Monarchie von zwei zu zwei Jahren Un- „sere landesväterliche Absicht, die ständische Wirksamkeit zu för- „dern und zu beleben, richtig erkannt und gewürdigt." — Wenn in diesen drei Landtags-Abschieden der Zusatz: „sofern rc." eben so wenig als die Erklärung: „und beabsichtigen Wir demgemäß rc." nicht enthalten ist, so liegt von selbst vor, daß beide, weil sie in der Sache selbst liegen, bei der kürzeren Fassung dieser drei Landtagsabschiede in dieselben nicht aufgenommen wurden, keineswegs aber, weil sie für diese Provinzen nicht gültig sein und daher auf der einen Seite die Landtage auch ohne hinreichende Veranlassung zusammenberufen werden sollten, auf der andern Seite aber: „der „König nicht beabsichtige demgemäß rc." — Einseitige und ungegründete Behauptungen in Pamphlets läßt man auf ihrem Unwerth beruhen, darf sie aber, wenn sie in ein Handbuch des Staatsrechts sich verirrt haben, nicht unberichtigt lassen, weil sie nur zu leicht als Axiome fortwuchern. Der Verfasser eines solchen Handbuchs macht freilich jedem, der einen in demselben behandelten Gegenstand erörtert, das Leben recht sauer, indem er ihn nöthigt, durch Berichtigung seiner Ansichten das Publicum vor denselben zu warnen. Hiezu sind wir auch wiederum durch die in Simons Preußischem Staatsrecht, Th. II. S. 169, aufgestellten Behauptungen genöthigt. Wie der Verfasser so oft zu seinen Behauptungen durch Umbildung des Sinns sich den Weg bahnt; so verändert er auch hier die in dem Königlichen Eröffnungs-Decret vom 30. Juni 1841 enthaltene vorläufige Eröffnung der Königlichen Absicht, künftig alle zwei Jahre die Landtage zu versammeln, in ein den Ständen ertheiltes Versprechen und stellt hiernach die Behauptung auf, daß der in den Landtags-Abschieden von 1841 enthaltene Zusatz: „sofern hinreichende Veranlassung dazu vorhanden sein wird" eine Beschränkung dieses Versprechens sei, welche, da letzteres acceptirt worden, rechtlich nicht habe gemacht werden können und daher zu Recht nicht gültig sei. Er erklärt daher 1) die Aeußerung in den Eröffnungs-Decreten, die vom Könige beabsichtigte Einrichtung der Ausschüsse werde „die Ausführung Unserer gnädigsten Absicht erleichtern, die Landtage in Zukunft alle zwei Jahre zu berufen, die Wir Unsern getreuen Ständen hiermit zu erkennen geben, zuvor aber ihrer Erklärung entgegensehen, in wiefern dies ihren Wünschen entspricht," für ein Versprechen der zweijährigen Versammlung der Landtage, für ein so bindendes und so unabänderliches Versprechen, daß alle Modalitäten desselben ausgeschlossen sind. Die Aeußerung, daß eine vorgeschlagene Einrichtung auch die Ausführung einer Absicht erleichtere, welche für den Fall gehegt wird, wenn letztere den Wünschen des anderen Theiles entsprechen sollte, ist also ein verbindendes reines Versprechen? Es soll 2) sogar durch die Proposition von Seiten des Königs und durch die Acception Seitens der Stände ein staatsrechtliches Contract-Verhältniß begründet sein. Eine landesherrliche Proposition der zweijährigen Zusammenberufung der Landtage ist hier im eigentlichen Sinne nicht vorhanden, da hier nur im Allgemeinen die Absicht, künftig eine Einrichtung zu treffen, zu erkennen gegeben und über dieselbe nicht das Erachten der Stände, sondern nur darüber, ob sie ihren Wünschen entspreche, ihrer Erklärung entgegengesehen wurde. Wo ist hier von einer Acceptation der Stände die Rede? Wovon irgend anders, als von ihrer Erklärung, daß diese Einrichtung ihren Wünschen entspreche? Die ganze Ansicht von einem staatsrechtlichen Contract-Verhältnisse ist überhaupt verfehlt. Wenn der Landesherr aus freiem Entschlusse seinen Unterthanen ein Privilegium, ein Recht bewilligt, oder Steuern erläßt ꝛc., so ist dies überall ein Ausfluß der Landeshoheit, keineswegs aber ein Contracts-Verhältniß und kommt es daher auf Acceptation dieser Bewilligung Seitens der Unterthanen überall nicht an; der landesherrliche Act ist mit und ohne Acceptation gleich gültig. Oder würde Simon behaupten, daß der Fiscus die bei allen späteren Vermählungen Königlicher Prinzessinnen erlassenen Prinzessinnen-Steuern noch nachfordern könne, weil das Land ihren Erlaß nicht utiliter acceptirt hat? Die Verordnung vom 22. Mai 1815 wegen der ständischen Verfassung ist auch nicht acceptirt. Aus den Acten ergiebt sich auch, daß hierbei nicht ein staatsgrundgesetzlicher Vertrag über die zweijährige Zusammenberufung der Landtage und eine Verbindlichkeit des Landesherrn bezweckt und begründet worden, sondern daß der König aus den, in den Landtags-Abschieden angeführten Motiven aus Allerhöchsteigener Bewegung den Ständen, welchen durch die Abkürzung der Dauer der Landtage eine bedeutende Erleichterung der mit Landtagen verbundenen Last zu Theil geworden war, die Absicht eröffnete, sie öfter und zwar alle zwei Jahre zu versammeln, falls dieses ihren Wünschen entsprechen sollte. Es ist daher keine staatsgrundgesetzliche und überhaupt keine Verbindlichkeit, sondern lediglich eine vom Könige beabsichtigte administrative Maxime, vor deren Ausführung der König jedoch aus besonderer Gnade die Stände aufforderte, sich zu erklären, ob sie ihren Wünschen entspreche, in eben der Art, wie die Stände der verschiedenen Provinzen aufgefordert sind, ihre Wünsche über die Jahreszeit ihrer Landtage zu äußern. So und nicht anders ist die Sache auch genommen, wie aus den Landtags-Abschieden hervorgeht, da der König in denselben weder ein Versprechen giebt, noch eine Verbindlichkeit übernimmt, sondern lediglich die Absicht, die Landtage alle zwei Jahre zusammenzurufen, wiederholt zu erkennen giebt. Von einem Versprechen, oder gar von einem staatsrechtlichen Contracte, unter welchem der Verfasser wahrscheinlich eine staatsgrundgesetzliche Bestimmung versteht, würde daher selbst dann nicht die Rede sein können, wenn der König alle Jahre oder alle drei Jahre die Landtage zu versammeln angemessen fände. Niemand ist auch bisher auf den Gedanken gekommen, hier ein staatsrechtliches Contract-Verhältniß zu finden und führt der Verfasser selbst an, daß hierbei dieses Verhältniß nicht anerkannt worden (vergl. unten No. 4). — Wenn aber auch 3) die Aeußerung in den Propositions-Decreten als eine Proposition und die Erklärung der Uebereinstimmung der Wünsche der Stände als Acceptation angesehen werden könnte, so würde doch dadurch allenfalls nur die quaestio an, und auch diese nicht einmal entschieden sein, weil dennoch dem Landesherrn frei stehen würde, jene Absicht aufzugeben, um so mehr, als die Modalitäten der vorher nur im Allgemeinen ausgedrückten Absicht und diese selbst dadurch noch näher zu bezeichnen und zu bestimmen wären. Der Unterschied zwischen näheren Bestimmungen, Bedingungen, Beschränkungen und Veränderungen darf wohl nicht angeführt werden. So viel ist ausgemacht, daß die Erwähnung eines Umstandes, der in der Natur der Sache und im gesunden Menschenverstande liegt, weder eine Bedingung, noch eine Beschränkung des Versprechens, sondern lediglich eine nähere, sich ganz von selbst verstehende Bezeichnung des Versprechens ist. Da Landtage gehalten werden, um auf denselben Gegenstände einer bestimmten Gattung zu berathen, so versteht sich das Versprechen, zu einer bestimmten wiederkehrenden Zeit einen Landtag zu halten, so wie nach dem Codex der gesunden Vernunft unter der Bedingung, daß zu dieser Zeit Gegenstände, über welche berathen werden kann, vorhanden sind, eben so von selbst, als ich, wenn ich zum Mittagsmahle einlade, den Tisch decken lassen muß. Der König hatte, wie die Landtags-Abschiede ausdrücklich äußern, „bei der Einberufung der Landtage nach kürzeren „Zwischenräumen die Absicht, die ständische Wirksamkeit zu „beleben und die Zwecke derselben zu fördern." Ist dazu ein Landtag ohne Gegenstand, ohne Geschäfte, ohne Berathung, ohne Wirksamkeit geeignet? Was soll belebt werden? Wo ist ein Zweck, der gefördert werden könnte? Acht Landtage sollten ohne hinreichende Veranlassung versammelt, fast zwei Drittel-Tausend Männer ohne Veranlassung und ohne Zweck ihren Berufsgeschäften entzogen, dem Lande und besonders den städtischen und ländlichen Communen ohne hinreichende Veranlassung und Zweck bedeutende Kosten aufgebürdet werden *). Der Ge-

*) Vergl. Rauer S. 339: Die Kosten der ersten sechs Landtage betrugen

danke, Landtage zu versammeln, wenn keine Gegenstände für ihre Zusammenkunft und Berathung vorhanden sind, liegt so weit außer dem Bereich des Gedenkbaren, daß er bisher noch nicht aufgekommen ist; wenn er aber entstanden sein sollte, er für eben so müßig, als ein solcher Landtag gehalten worden wäre und als Jemand der Meinung sein könne, daß ohne hinreichende Veranlassung ein Landtag gehalten werden müsse und daß die Stände der Provinzen Brandenburg, Preußen und Rhein die Zusammenberufung eines Landtags, auch wenn dazu keine hinreichende Veranlassung vorhanden, fordern könnten, weil jene Clausel in ihren Abschieden nicht befindlich ist. Daher haben die Landtags-Abschiede, indem sie das, was die Propositions-Decrete als Absicht des Königs eröffneten, als Regierungs-Maxime Sr. Majestät verkündigten, die in dem Wesen des Landtags ruhende Erläuterung: „sofern hinreichende Veranlassung vorhanden sein wird" hinzugefügt und dadurch die Absicht und den von Sr. Majestät in Ansehung der Einberufung der Landtage gefaßten Beschluß den Ständen bestimmt eröffneten, jene Absicht überall nicht beschränkt. — — Endlich 4) führt Simon als Beweis, daß die Landtage regelmäßig alle zwei Jahre, auch wenn keine hinreichende Veranlassung dazu vorhanden ist, gehalten werden sollen, den an die Posenschen Stände auf eine unangemessene Vorstellung unterm 12. März 1843 erlassenen Königlichen Bescheid an: „Daß Wir im lebendigen Gefühl für die „Pflichten Unsers Königlichen Berufs die Stände des Großherzog„thums an der dem Lande gegebenen Verheißung, die Provin„zialstände der Monarchie in regelmäßigen Perioden „zu versammeln, nicht ferner Theil lassen werden," weil hierin die Verheißung der regelmäßig alle zwei Jahre wiederkehrenden Zusammenberufung von Neuem anerkannt wird. Wie soll man über dies Argument urtheilen? Es ist, so wie allen Landtagen, so auch dem der Provinz Posen durch den Landtags-Abschied vom 6. August 1841 eröffnet, daß die Landtage, sofern hinreichende Veranlassung sein wird, alle zwei Jahre versammelt werden sollen. Dies letztere heißt also regelmäßig, dazu gehört aber bei einer logischen und treuen Auslegung wesentlich die Er-

---

an Bureau- und Reise-Kosten und Diäten mit Ausschluß der Standesherrn und Virilstimmbesitzer 685,934 Thlr., wobei bei den Landtagen einiger Provinzen die Kosten des sechsten Landtages so hoch, wie die des fünften berechnet sind.

läuterung: „in so fern.“ Der Königliche Bescheid von 1843 erwähnt, die Posenschen Stände würden der den Fall des Mangels an „hinreichender Veranlassung“ ausschließenden Verheißung, die Landtage in regelmäßigen Perioden zusammenzuberufen, verlustig sein. Was soll daraus, daß in dem Bescheid von 1843 nicht gesagt ist: „in, außer dem Fall des Mangels an hinreichender „Veranlassung regelmäßigen Perioden“ eigentlich folgen? Hat der König durch diesen Bescheid diese Clausel für die ganze Monarchie aufgehoben? Oder nur für Posen? Und soll diese Provinz durch Zusammenberufung des Landtags, auch wenn dazu keine hinreichende Veranlassung vorhanden ist, einen Beweis der Königlichen Unzufriedenheit erhalten? Sehr richtig ist übrigens des Verfassers Bemerkung, daß der Bescheid vom 12. März 1843 beweiset, daß das staatsrechtliche Contract-Verhältniß nicht anerkannt sei. Wenn angeführt wird, daß wegen des landständischen Rechts zu Petitionen und Beschwerden Landtage gehalten werden müßten, so ist dabei übersehen, daß diese dem Landesherrn nicht vor dem Landtage bekannt sind, bei der Einrichtung der Ausschüsse auch auf anderen Wegen zur Kenntniß der Regierung gelangen, können und daß erhebliche und wichtige Beschwerden oder Anträge, wenn sie vorher bekannt sind, hinreichende Veranlassung, Landtage auszuschreiben, sein würden.

(19) Cabinets-Ordre vom 2. Nov. 1834. — Rheinischer Landtags-Abschied von 1835 (Annal. d. innern Staatsverwalt. Bd. XX. S. 436). — Cabinets-Ordre vom 3. October 1838. — Circular-Rescript des Staats-Ministeriums an sämmtliche Ober-Präsidenten, vom 29. October 1838: — „daß die Landtags-Abschiede durch die Amtsblätter bekannt gemacht werden sollen (Annal. Bd. XXII. S. 846). — Schlesischer Landtags-Abschied von 1838.

(20) Rheinischer Landtags-Abschied von 1827: „Da „nach §. 54 des Gesetzes das Resultat der Landtags-Verhandlun„gen durch den Druck bekannt gemacht werden soll, ein Resultat „aber sich erst, wenn Unsere Entschließungen erfolgt sind, erkennen „läßt, so hat es Uns zum Mißfallen gereicht, daß die Verhand„lungen und die Abstimmungen über die einzelnen Gegenstände in „den Blättern bekannt gemacht worden sind.“ (Rauer S. 320 u. 334 ff.) — Westphälischer Landtags-Abschied von 1832,

No. 2. — Rheinischer Landtags-Abschied von 1835, No. 19. — Landtags-Abschiede von 1845 für Westphalen, No. 13, Pommern, No. 8. — Kab.-Ordre vom 17. Febr. 1845: „Die „Zuziehung vereideter Stenographen zur Aufzeichnung der Land- „tags-Verhandlungen ist gestattet, es sollen indessen die Protocolle „über diese Verhandlungen auch fernerhin von einem Landtags- „Deputirten verfaßt und die Notizen der Stenographen nur bei „der Redaction benutzt werden.“ — Preußischer Landtags-Abschied von 1845, No. 13. — Schlesischer Landtags-Abschied von 1845, No. 14 (gleichlautend).

(21) Rauer Th. II. S. 319. Preußischer Landtags-Abschied von 1832: „Dem Antrag des Landtags, daß einer dem „Raume angemessenen Anzahl von Zuhörern der Zutritt zu den „Landtags-Versammlungen gestattet werden möge, können Wir nicht „Statt geben, da eine solche Einrichtung auch unter den in Vor- „schlag gebrachten Beschränkungen für die Institution der Provin- „zialstände nach ihrer gesetzlichen Verfassung nicht geeignet ist.“ (Annalen Bd. XVI. S. 541. Rauer S. 319). — Der Preußische Landtag wiederholte diesen Antrag 1841, beschränkte ihn aber darauf, daß vorzugsweise nur die Committenten der Abgeordneten zugelassen werden sollten. — Posenscher Landtags-Abschied von 1843: „— daß die Veränderung der ständischen Verfassung, „welche aus der Gewährung (der Oeffentlichkeit) hervorgehen würde, „nicht genehmigt werden kann“ (Rauer S. 320). — Schlesischer Landtags-Abschied von 1843 (wie der vorige). — Als nichts desto weniger der Antrag auf Oeffentlichkeit der Landtags-Versammlungen im Jahre 1845 von den Landtagen der Provinzen Preußen, Westphalen und Rhein wiederholt wurde, wurden sie mit demselben wiederholendlich zurückgewiesen. Wenn auf dem Schlesischen Landtage von 1843 geäußert wurde: „Die Landtage „haben nur berathende, nicht entscheidende Stimme. Warum „solle nicht erlaubt werden, daß das Publicum zuhöre, damit das- „selbe erfahre, was geschehe und wie es geschehe? (Rauer S. 320), so möchte wohl dagegen zu antworten sein: Eben deshalb nicht, weil die Landtage nur eine berathende Stimme haben. Was dorten geschehen, welches Gutachten der Landesherr von den Ständen gefordert, oder welchen Antrag sie gemacht haben, erfährt das Publicum aus dem Resultat und aus dem Landtags-Abschiede, jetzt auch durch den Abdruck der Landtags-Verhandlungen. Wie die

Gutachten und Anträge zu Stande gekommen, wie jedes Mitglied gestimmt u. s. w., ist für das Publicum eine völlig gleichgültige Sache.

(22) Einige Landtage trugen sogar darauf an, die Mitglieder des Landtags, welche in den Versammlungen geredet haben, in dem öffentlichen Abdruck der Landtags-Verhandlungen namentlich anzuführen; diese Anträge wurden jedoch fortgesetzt zurückgewiesen: Westphälischer Landtags-Abschied von 1841 (Rauer S. 334) und 1843 (ebend.), Schlesischer Landtags-Abschied v. 1843 (das. S. 335), Preußischer Landtags-Abschied von 1843 (das. S. 335), Posenscher Landtags-Abschied von 1845 (das. S. 320, 331, 334 und 339).

(23) Z. B. Die Landtage von Sachsen und Pommern und selbst auf dem Rheinischen Landtage von 1843 erhielt der Antrag auf Oeffentlichkeit nicht die zu einer Petition verfassungsmäßig erforderliche Anzahl (⅔) der Stimmen (Rauer S. 320), erhielt sie aber auf dem Landtage von 1845.

(24) Rauer S. 12 ff. und oben Anmerk. 12. Rheinischer Landtags-Abschied von 1827: „Was die eingereichten Adressen „verschiedener Communen anlangt; so hätten solche, in so weit sie „an den Landtag selbst mittelbar oder unmittelbar gerichtet waren, „nicht angenommen werden sollen, da derselbe nach §. 51 (des Rheinischen ständischen Gesetzes) „mit den Communen der Provinz in „keiner Verbindung stehen darf." (Annal. der innern Staats-Verwaltung Bd. XIII. S. 683). — Rheinischer Landtags-Abschied von 1843 und von 1845 (s. Anmerk. 12).

(25) Vergl. Rheinischer Landtags-Abschied von 1845 (s. Anmerk. 12).

(26) Rescript des Staats-Ministeriums vom 2. Jan. 1826 (Rauer S. 18): „Wegen Mittheilung der zur Berathung „nothwendigen Materialien haben die Stände sich an den Landtags-„Commissarius zu wenden." — Pommerscher Landtags-Abschied von 1845, No. 4: „— vollständige Kenntniß des Sach-„verhältnisses, welches Unsere getreuen Stände sich durch Unsere „Landtags-Commissarien hätten verschaffen können." — Posenscher

Landtags-Abschied von 1845 No. 52: „Den Ständen steht die „Befugniß, die Mittheilung von Acten zu verlangen, zufolge §. 34 „des Gesetzes vom 27. März 1824 verfassungsmäßig nicht zu, son„dern muß es vielmehr der Beurtheilung Unseres Landtags-Com„missarius und Unserer Behörden überlassen bleiben, ob dieselben „in vorkommenden Fällen die Mittheilung der Acten selbst oder „aber eine amtliche Auskunft über diejenigen Punkte, deren nähere „Aufklärung gewünscht wird, geeignet finden."

(27) Westphälischer Landtags-Abschied von 1832 (Annalen Bd. XVI. S. 740). Schlesischer Landtags-Abschied von 1845, No. 19: „Was den Antrag betrifft, allen Verhandlungen „und Correspondenzen in landständischen Angelegenheiten Befreiung „an Stempeln und Porto zu billigen, so können Wir nicht aner„kennen, daß irgend ein Bedürfniß vorliege, dieserhalb eine allge„meine gesetzliche Anordnung zu treffen. Nach ihrer verfassungs„mäßigen Bestimmung haben die Provinzial-Landtage sich nur mit „den ihnen von Uns vorgelegten Propositionen und außerdem mit „denjenigen Gegenständen zu beschäftigen, welche die einzelnen Ab„geordneten als Petitionen entweder in ihrem eigenen Namen oder „im Auftrage ihrer Committenten bei der Stände-Versammlung „zur Berathung einbringen. Im übrigen aber schreibt der §. 52 „des Gesetzes vom 27. März 1824 ausdrücklich vor, daß die Pro„vinzialstände, als berathende Versammlung eben so wenig mit den „Ständen anderer Provinzen als mit den Communen und Kreis„ständen ihrer Provinz in Verbindung stehen und keine Mitthei„lungen unter ihnen Statt finden. Hiernach haben die Provinzial„Stände überhaupt keine Correspondenz zu führen, mit Ausnahme „derjenigen, welche nach §. 36 1) c. am Orte ihrer Versammlung „zwischen ihnen und Unseren Commissarien eintritt, und es kann „ihnen daher eben so wenig in corpore als den Abgeordneten ein„zeln für ihre Person die Portofreiheit in ständischen Sachen ein „Bedürfniß sein. Für die allerdings vorkommenden Ausnahme„Fälle, in denen eine Correspondenz mit dem Landtags-Marschall „oder mit Behörden und Communen nöthig werden kann, oder in „denen ein Abgeordneter sich veranlaßt finden mag, noch vom Land„tage aus über einen einzelnen Gegenstand Information von seinen „Committenten einzuziehen, sind Vorkehrungen getroffen, daß die „diesfalsigen Sendungen theils unter dem Siegel des Landtags„Marschalls oder einer öffentlichen Behörde mit portofreier Rubrik

„ergehen können, theils das Porto auf Bescheinigung des Landtags-„Marschalls, daß die betreffende Angelegenheit eine ständische ge-„wesen, erstattet wird.

(28) Rheinischer Landtags-Abschied von 1843, No. 30: „Den Antrag, einen neuen auf der französischen Gesetzgebung ge-„gründeten Strafgesetz-Entwurf ausarbeiten zu lassen, weisen Wir „um so entschiedener zurück, da Wir es Uns zu einer Haupt-„Aufgabe gestellt haben, deutsches Wesen und deutschen „Sinn in jeder Richtung zu stärken." — Rheinischer Landtags-Abschied von 1845, No. 65: „Auf den wegen der „Rechtspflege im Ost-Rheinischen Theil des Regierungs-Bezirks „Coblenz gemachten Antrag eröffnen Wir Unsern getreuen Ständen, „daß es Unsern, denselben schon früher kundgegebenen „Ansichten widersprechen würde, französisches Recht dem „deutschen zu substituiren und schon aus diesem Grunde „die Einführung des Rheinischen Gesetzbuches und Pro-„ceßverfahrens in diejenigen Landestheile, für welche „das gemeine deutsche Recht noch Gesetzeskraft hat, un-„zulässig sein würde."

§. 22.

c. Bemerkungen über die in den §§. 20 und 21 gedachten Anträge der Landtage.

Wenngleich von mehreren Landtagen Anträge gemacht sind, welche mit der bestehenden Verfassung nicht übereinstimmen, so ist doch vorauszusetzen, daß sie in der Ueberzeugung gemacht worden, daß sie derselben nicht widersprechen und beweisen daher nur, daß die Verfassung mißverstanden, worden. Völlig ungegründet ist daher die in Flugschriften behauptete Stimme der Landtage gegen die bestehende und für eine allgemeine repräsentative Verfassung. Selten sind wohl so viele Unwahrheiten in einer Behauptung vereinigt, wie in dieser. Denn

1) gegen eine landständische und für eine Repräsentation nach Kopfzahl ohne Rücksicht auf Stände hat auch nicht eine Stimme sich vernehmen lassen, selbst nicht in den Provinzen, in welchen die Wichtigkeit der Repräsentation eines jeden Standes durch Genossen desselben in ihrem ganzen Umfange nicht vollständig gewürdigt und erkannt wurde (S. 481 ff.).

2) Die Allgemeinheit und Nothwendigkeit der provinzialständischen Verfassung ist eben so allgemein und sie selbst als die Grundlage der ganzen ständischen Verfassung anerkannt und ihre Integrität gegen Beschränkungen durch allgemeine ständische Versammlungen vertheidigt (S. 452). So viel

3) Allgemeine Stände betrifft; so haben sie einen zwiefachen Begriff. In dem einen verfassungsmäßigen Begriff sind darunter die in den Gesetzen von 1815 bestimmten Landes-Repräsentanten, oder, wie das Gesetz von 1823 sie nennt, allgemeine Landstände verstanden, welche aus den Provinzial-Landtagen gewählt und hervorgehen sollen, um die Gegenstände der landständischen Attributionen zu berathen, welche angemessener von einem Ausschusse aller Provinzial-Landtage, als von den letzteren einzeln berathen werden können. Die baldige Einführung dieser Ausschüsse ist, bis sie 1841 in einem sehr vollständigen Umfange erfolgte, auf den Grund der obgedachten Gesetze von einigen Landtagen erbeten.

4) Der Ausdruck „allgemeine Landstände" bezeichnet aber auch die Stände des ganzen Staats, mithin, wenn derselbe aus mehreren besonderen Ländern besteht,

aller dieser Länder, ohne Absonderung nach den letzteren, sondern in eine allgemeine, einige, ständische Corporation zur Vertretung des Gesammtstaats vereinigt (S. 307—326); in Beziehung auf Preußen also nicht Landstände der einzelnen Provinzen, sondern der ganzen Preußischen Monarchie, als Gesammtstaat, also nicht bloß für eine einzelne oder alle einzelne Provinzen, sondern auch für die allgemeinen Angelegenheiten der Gesammt-Regierung, mithin für Landstände, wie sie bisher weder im Preußischen Staate, noch in anderen größeren Staatenreichen bestehen (Seite 327 ff.) Das Königreich Preußen, die Mark Brandenburg, das Herzogthum Pommern hat Preußische, Brandenburgische und Pommersche Stände, so wie das Königreich Ungarn, das Königreich Böhmen und das Erzherzogthum Oesterreich Ungarische, Böhmische und Oesterreichische Stände hat; die Preußische Monarchie hat aber eben so wenig als die Oesterreichischei, und der König von Preußen als Regent der ersteren eben so wenig wie der Kaiser von Oesterreich als Regent der letzteren Stände. Diese Gattung von Ständen liegt gänzlich außer der Verfassung und hat daher auch so wenig Gegenstand landständischer Erwähnung sein können, als sie es gewesen ist. Dennoch sind beide Gattungen allgemeiner Stände zuweilen verwechselt und die in dem Gesetze von 1823 gedachten für letztere gehalten worden, und haben Adressen an die Rheinischen Landtage von 1843 und 1845 sie auf denselben zur Sprache gebracht; die Anträge des ersteren sind aber durch den Landtags-Abschied „als das

„Wesen der Preußischen Verfassung verkennend, „die gesetzmäßigen, den Provinzialständen vor- „gezeichneten Grenzen überschreitend, deren „Sinn es ist, die Ausschüsse der Landtage in „Reichsstände zu verwandeln,“ zurückgewiesen (S. 467), und der Adresse an den Landtag von 1845 von demselben selbst „als eine tief eingreifende Umwäl- „zung des ganzen Staatsgebäudes“ ist keine Folge gegeben (S. 469 ff.). Auch auf den Posenschen Landtagen von 1843 und 1845 sind ähnliche Anträge gemacht, aber ebenfalls durch die Landtags-Abschiede zurückgewiesen (S. 462 ff.).

Wenn man auf die Landtage sieht, von welchen die, in den §§. 20 und 21 angeführten mit der bestehenden Verfassung nicht übereinstimmenden Anträge ausgegangen sind; so ergiebt sich, daß es vorzüglich die von zwei Provinzen waren, zwar merkwürdig genug, gerade diejenigen, die vorzugsweise dem System der provinziellen Abgeschlossenheit anhängen, aber auch diejenigen, von welchen die eine erst neuerlich wieder ein deutsches Land, obwohl theilweise noch mit Beibehaltung zwischenherrlicher Gesetzgebung, geworden war, die andere aber nie zu Deutschland gehört hatte. In fast gleicher Lage wie die erstgedachte Provinz befinden sich auch einige andere Provinzen, von deren Landtagen ebenfalls auch mit der ständischen Verfassung nicht ganz vereinbarliche Anträge ausgingen. Auf allen diesen Landtagen erhob sich aber eine bedeutende und ehrenhafte Anzahl von Stimmen gegen solche Anträge, ja auf diesen Landtagen selbst wechselten die

Ansichten. So konnte z. B. die Oeffentlichkeit der Landtags-Versammlung auf dem Rheinischen Landtage von 1843 nicht einmal die zur Petition erforderliche Anzahl von Stimmen erhalten, erhielt sie aber auf dem von 1845; so hatte, wie oben angeführt ist, die mit der Verfassung nicht übereinstimmende Richtung auf dem Rheinischen Landtage von 1843 die Mehrheit der Stimmen, auf dem von 1845 aber nicht die zur Petitionirung nothwendige Anzahl derselben, eine Wandelbarkeit, die in dem Wesen der Wahlstände liegt und daher nicht vorhanden war, als die Stände die Standschaft virilim ausübten, die Ritter persönlich, die Stifter, Städte und Dorfgemeinden durch ihre lebenslänglichen Vorsteher. Sowohl hierdurch, als auch durch die früheren Verhältnisse einiger Provinzen sind die oft mit der Verfassung nicht übereinstimmenden Ansichten in denselben von der landständischen Verfassung und ihrer Natur zu erklären. In den alten deutschen Provinzen der Monarchie, die seit den ältesten Zeiten ständische Verfassung gehabt hatten, ihren Werth aus eigener und den Unwerth und das Blendwerk der entgegengesetzten an fremder Erfahrung kennen gelernt hatten, war darüber, „daß König Friedrich Wilhelm „der Dritte in den landständischen Gesetzen von den „herrschenden Begriffen sogenannter allgemeiner Volks-„Vertretung um des wahren Heils Seines ihm anver-„trauten Volks willen sich entfernt gehalten habe" (S. 251) eben so wenig ein Zweifel, als über den Sinn der Repräsentation des Volks, in welcher sie nicht erst eine neue Schöpfung des Repräsentativ-Systems, sondern das natürliche, seit den ältesten Zeiten bekannte Wesen und Resultat der ständischen Verfassung fanden. Es wurden dazu von Schriftstellern nicht bloß in diesen, sondern auch in den andern Provinzen die ständischen Gesetze in dem Grade mißverstanden, daß die „im Geiste der älteren deutschen Verfassung gebildete ständische Verfassung" für eine im Geiste der neuen, in Deutschland unbekannten allgemeinen Repräsentation gehalten, und daß unter der Bestimmung, daß das Volk durch Provinzialstände repräsentirt werde, dahin gedeutet wurde, daß diese Repräsentation durch allgemeine Stände geschehen solle. Wer hätte in den beiden ständischen Gesetzen finden können, daß sie „auf den herrschenden Begriffen sogenannter allgemeiner Volks-Vertretung" gegründet seien! Die Stände selbst haben ihre Mißbilligung solcher nachtheiligen grellen Irrlehren und Verdrehung hinreichend an den Tag gelegt [1]); wie hätten sie die in der Bundes-Acte angeordnete ständische Verfassung für eine altfeudalistische (Seite 389), und die Preußische vom Jahre 1823 für die frühere ständische (Seite 419) und überall nicht für die verheißene halten

[1]) Gerade die Landtage von Preußen (Preußischer Landtags-Abschied von 1845, No. 18), Schlesien (Landtags-Abschied von 1845, No. 36 u. 31), Posen (L.-Absch. No. 35), Westphalen (Landt.-Absch. No. 38) und Rhein-Provinz (Landt.-Absch. No. 24) vom Jahre 1845 trugen „auf Maaßregeln gegen den Theil der Presse an, welche fortgesetzte Versuche macht, die ihr zum Schutz der öffentlichen Ordnung und des guten Namens Einzelner gestellten Schranken zu durchbrechen, Versuche, welchen nicht stets rechtszeitig begegnet werden könne."

und behaupten können, daß die provinzialständische Verfassung eigentlich „nicht dem Landesherrn zur Mäßigung seiner Macht" sondern nur dem Ober-Präsidenten gegenüber zur Mäßigung dessen Macht — der also eine eigene, von der landesherrlichen unabhängige Macht hätte — gegenüberstehe (S. 429)! Wie hätten sie so wenig Kenntniß von Geschichte und Verfassung haben können, daß sie die Preußische ständische Verfassung, nachdem der König dieselbe „als das Ergebniß der weisen Fürsorge „Unseres in Gott ruhenden Herrn Vaters und das edle „Werk, welches immer treu zu pflegen, Uns eine der „wichtigsten Pflichten des Königlichen Berufs ist," gepriesen hatte (S. 250), für das Ergebniß einer ewig beklagenswerthen Reaction und traurigen Zeit (S. 416, 419 und 437) ausgeben könnten!

Wenngleich so grelle Mißdeutungen der ständischen Verfassung bei den Ständen keinen Eingang finden konnten, so war doch die deutsche Verfassung und insonderheit die deutsche ständische Verfassung in einigen Provinzen theils stets so unbekannt gewesen, theils so unbekannt geworden und durch eine entgegengesetzte Art der Repräsentation verdrängt worden, und Gegenstände und selbst Worte hatten eine so verschiedene Bedeutung erhalten, daß die wieder eingeführte deutsche Verfassung zum Theil in diesem Sinne aufgefaßt wurde, und daher Mißverständnisse oft nicht fehlen konnten. Dies war insonderheit in der Rhein-Provinz um so mehr der Fall, als sie auch in der früheren deutschen Zeit kein Ganzes bildete, sondern aus einer Menge einzelner Länder von allen Formaten bestand, von welchen die mehrsten keine landständische Verfassung hatten und die vorhandenen strenger aristokratischer Natur waren, daher gegen jede, auf Gliederung nach Ständen gegründete Repräsentation ein Vorurtheil bei denjenigen zurückgelassen hatten, welche eben so wenig vermochten, die ständischen Ritterschaften von dem Geburts-Adel zu unterscheiden, als einzusehen, daß die preußische Stände-Verfassung in nicht minderem und selbst in einem weit größeren und sicheren Maaße, wie die französische, eine allgemeine Volks-Repräsentation gewährt, in so fern darunter die Vertretung aller Verhältnisse und Interessen des Volks verstanden wird, weil nach derselben alle diese verschiedenen Interessen nur durch Theilnehmer an denselben vertreten werden dürfen. Der Unterschied der französischen National-Repräsentation von der preußischen liegt keineswegs darin, daß in Frankreich der Unterschied der Geburts-Stände aufgehoben war, weil derselbe auch nach der preußischen Verfassung in Ansehung der Landstandschaft aufgehoben ist und die Stände, welche nach der preußischen Verfassung vertreten werden, großer und kleiner Grundbesitz, Landbau, Handel und Gewerbe auch in Frankreich eben so wenig aufgehoben als ihre Interessen durch einander geworfen sind. Die totale Verschiedenheit der französischen und der deutschen und preußischen Repräsentation liegt vielmehr in dem Wesen, dem Grunde, der Eigenschaft, der Bestimmung und in dem ganzen Charakter dieser Repräsentation selbst. In Frankreich ruhet die Souverainetät im Volke, der König hat vermöge Auftrags desselben unter den in der Constitution vorgeschriebenen Grenzen und der Controlle des Souverains die ausübende Gewalt; die National-Repräsentanten repräsentiren daher das Volk als den Souverain. Nach deutscher Verfassung ruht dagegen die Souverainetät im Regenten und hat die Nation nur bei der Ausübung bestimmter Hoheitsrechte nur eine berathende Stimme, und repräsentiren daher die Stände das Volk als Unterthanen. Beide Gattungen von Repräsentation und Repräsentanten sind daher durchweg verschieden; auf Repräsentanten des Souverains ist der Begriff von Ständen als Repräsentanten der verschiedenen Stände der Unterthanen überall nicht anwendbar und daher jede Analogie unzutreffend. Die allgemeinen Angelegenheiten des Reichs gehören daher recht eigentlich um so mehr vor jene Inhaber der Volks-Souverainetät, als sie nach der Verfassung zum Theil von den Königlichen Attributionen ausgeschlossen sind und recht eigentlich zur Bestimmung der Kammern, die innern Angelegenheiten der Departements (Provinzen) aber vor die Departemental-Behörden, unsere Provinzialstände, gehören, die wiederum an den allgemeinen Angelegenheiten nicht Theil nehmen. Den Repräsentanten der souverainen französischen Nation war von derselben allerdings die Ausübung der souverainen Gewalt delegirt, aber nur dieser Gewalt in Frankreich, nicht im Königreich in Italien oder in andern Staaten, deren Herrschaft der Kaiser aus persönlichen Titeln erworben hatte und welche keinen Theil von Frankreich bildeten. Napoleons französisches Königreich war von seinem italienischen Königreich, obwohl beide seiner Herrschaft unterworfen, eben so verschieden, als das frühere römisch-deutsche Reich und das Lombardische Königreich, als jetzt die Königreiche Ungarn und Böhmen und die Mark Brandenburg und das Großherzogthum Niederrhein. Sie waren und sind zwar Theile des Grand empire, des Römischen Kaiserreichs, des Oesterreichischen Kaiserstaats und der Preußischen Monarchie; allein die Stände dieser verschiedenen Länder vertreten eben so wenig die Interessen dieser Gesammtreiche, als die Repräsentanten des französischen Volks die des Napoleonischen großen Reichs. Ein anderer wichtiger Unterschied besteht darin, daß Frankreich Ein und Ein Einiger Staat, der Preußische Staat aber ein, mehrere Staaten umfassender Gesammt-Staat, ein Staatenreich, ist, dessen einzelne Bestandtheile durch ihre Vereinigung unter einem gemeinschaftlichen Landesherrn weder ihre früheren Namen und Eigenschaften, z. B. Herzogthümer, Fürstenthümer, noch ihre Abgrenzung von den andern Provinzen verloren haben und staatsrechtlich unter einander nicht in eine ungetheilte Masse zusammengeschmolzen sind, sondern ihren Vereinigungspunkt nur in dem regierenden Hause haben, weshalb dieser Gesammtstaat als solcher weder einen Titel, noch einen Namen, sondern sowohl jene, als diesen seines Herrscherhauses hat. Nur die Provinz Preußen, eigentlich Ost-Preußen, ist das Königreich Preußen, nicht der Gesammtstaat, der eben, weil er nicht Ein Land ist, nicht aus einem dinglich verbundenen und ungetheilt zusammengeschmolzenen Ganzen besteht, keinen eigenen Namen haben kann, sondern nach dem regierenden Hause durch die Benennung „Preußische Monarchie" oder „Preußische Staaten" bezeichnet wird, so wie er, ehe das regierende Haus den Königlichen Titel von Preußen annahm, die „Churbrandenburgischen Länder" oder der „Churbrandenburgische Staat" genannt wurde.

§. 23.

2. Fortbildung der landständischen Verfassung.

Der König Friedrich Wilhelm IV. bestätigte und befestigte aber nicht allein die landständische Verfassung (§§. 20 u. 21), sondern bildete sie auch fort und vollendete sie durch Organisation und Einführung der im Gesetz von 1823 vorbehaltenen Versammlung der Abgeordneten der verschiedenen Provinzial-Landtage, oder, wie sie in diesem Gesetze genannt werden, der allgemeinen Stände (S. 438) unter dem Namen der allgemeinen ständischen Ausschüsse. Die Königliche Cabinets-Ordre vom 19. August 1841[2]) spricht sich erschöpfend aus: „Diese Vereinigung der Ausschüsse ist eine Entwickelung „der ständischen Institutionen, wie solche von Meines „hochseligen Herrn Vaters Majestät in reiflicher Erwägung der Bedürfnisse seiner Völker und seiner Länder „gegeben sind, indem sie den ständischen Beirath der einzelnen Provinzen durch ein Element der Einheit ergänzt. Die selbstständige Wahrnehmung der Interessen „der einzelnen Landestheile ist durch die Provinzial-, „Communal- und ständischen Verfassungen genugsam ge-

---

[2]) Rauer S. 367.

„sichert, aber es fehlte bisher noch an einem Vereini-
„gungspunkte, um die Ausgleichung abweichender Inter-
„essen da, wo eine solche sich für das Gesammt-
„Wohl des Staats als nöthig erweiset, herbei-
„zuführen und die Mitwirkung ständischer Organe bei
„allgemeinen Maaßregeln in Fällen zu beschäftigen, wo
„der Landesherr sie auf möglichst kurzem Wege nöthig
„erachtet. Dieser Vereinigungspuukt ist nunmehr in den
„Ausschüssen gegeben. Die im vorigen Jahre versam-
„melt gewesenen Provinzial-Landtage haben den Gang,
„den Ich bei dieser Entwickelung befolge und den Geist,
„in welchem des hochseligen Königs Majestät das stän-
„dische Wesen neu begründete, auf erfreuliche Weise er-
„kannt, indem sie die Hoffnung aussprachen, daß die
„Selbstständigkeit der Provinzial-Landtage durch die Zu-
„sammenberufung der Ausschüsse keine Beeinträchtigung
„erleiden werde. In diesem Sinne habe Ich durch die
„Verordnungen vom 21. Juni d. J. den Ausschüssen die
„Bestimmung gegeben, die abweichenden Ansichten der
„Landtage einzelner Provinzen zu vermitteln, über et-
„waige bei der weiteren Berathung der Gesetze in den
„höheren Instanzen der Legislation hervorgetretene neue
„Momente sich nachmals gutachtlich zu äußern, bei den
„Vorbereitungen allgemeiner Gesetze sowohl über deren
„Nothwendigkeit, als über die bei ihrer Abfassung zu
„befolgende Richtung ihr Gutachten abzugeben und auch
„bei solchen Angelegenheiten, die bisher in der Regel an
„die Provinzialstände nicht gelangt sind, von dem Stand-
„punkte der praktischen Erfahrung und der genauen Kennt-

„niß der provinziellen Interessen Meine Regierung mit „ihrem Rathe zu unterstützen."

Der König beschränkte sich indessen nicht auf diesen Schlußstein der landständischen Verfassung, sondern ergänzte sie auch durch die Einführung der Ausschüsse der einzelnen Landtage zur Erledigung der zwischen den Landtags-Versammlungen vorkommenden landständischen Angelegenheiten, als zur Vorbereitung derselben zur Berathung auf den letzteren.

Die über diese Fortbildung der ständischen Verfassung ergangenen Königlichen Propositionen [3]), die Berichtigung der hin und wieder so unrichtigen Auffassung derselben (§. 20) und die wegen der Ausschüsse erlassenen Verordnungen [4]) sind so vollständig und erschöpfend, daß sie einer Erläuterung hier nicht bedürfen [5]).

Durch diese allgemein ständischen Ausschüsse ist das Bedürfniß einer gemeinschaftlichen Berathung der Stände erfüllt.

---

[3]) Rauer S. 266 ff. — Simon Preuß. Staatsrecht, Th. II. S. 162. — Preuß. Staatszeitung 1841, No. 60, 117 u. 118. — Ministerialblatt Bd. III. S. 350.

[4]) Verordnung vom 21. Juni 1842 für die Provinz Preußen (Gesetzsamml. S. 215), Brandenburg (S. 218), Pommern (S. 221), Schlesien (S. 224), Posen (S. 227), Sachsen (S. 230), Westphalen (S. 233) und Rheinland (S. 238), und in Simon Preuß. Staatsrecht, Th. II. S. 171 ff. Königl. Cabinetsordre wegen der Geschäftsordnung in den ständischen Ausschüssen vom 19. Aug. 1842 (Ministerial-Blatt Bd. III. S. 330) und Rauer S. 367.

[5]) Eine vollständige Uebersicht der bisherigen Verhandlungen und ihrer Verfassung giebt Rauer a. a. O. Th. II. S. 388—401.

V.

Preußische Constitution.

Erster Abschnitt.

Staats-Verfassungen und Staats-Verfassungs-Urkunden überhaupt.

§. 1.

I. Im Allgemeinen.

Da ein Staat ohne Verfassung nicht bestehen und kein Staat sein kann, so hat jeder Staat eine Verfassung: mag sie republicanisch, beschränkt-monarchisch, unbeschränkt-monarchisch sein, immer ist sie die Verfassung des Landes. Es giebt keine Regierungsform, die ein ausschließliches Recht auf den Namen einer Verfassung hätte. Eben so wenig hängt der Begriff der Verfassung von der Art ihrer Abfassung ab, ob sie auf einem schriftlichen oder mündlichen, auf einem ausdrücklichen oder stillschweigenden Uebereinkommen beruhet.

Dies sind die Ansichten der Welt, so lange es Staaten giebt. Nach dem System einer neueren Schule ist jedoch zum Begriff der Staats-Verfassung die Grundlage jenes Systems und eine eigenthümliche Form erforderlich. Jene Grundlage besteht in der Fiction, daß die Völker ursprünglich die Oberherrschaft über sich selbst ausgeübt, aber vor tausend und längeren Jahren einen Theil derselben mittelst eines contrat social einem Regenten übertragen haben; daß dieser Vertrag gegenwärtig nachträglich mittelst einer Constitution geschlossen oder erneuert werden müsse, vermöge deren dem Volke die Oberherrschaft über sich selbst wieder belassen wird. Die Form besteht in einer Constitutions-Urkunde, in welcher der contrat social nachgeholt wird und die Staats-Verfassung ihrem ganzen Umfange nach schriftlich festgestellt wird. Nur eine solche Verfassung ist nach der neuen Theorie eine rechtmäßige und nur ein mit einer solchen versehener Staat ein gesetzmäßiger.

§. 2.

II. In den europäischen Staaten.

Eine solche Constitutions-Urkunde, einen solchen Staat findet man in ganz Europa nicht; einen contrat social hat es in der Wirklichkeit nicht gegeben — Wahlreiche können hier nicht in Betracht kommen. Die europäischen Staaten sind auf anderem Wege, als auf dem eines solchen Vertrages entstanden und ihre Verfassungen auf geschichtlichem Wege nach den Verhältnissen und Bedürfnissen gebildet und als Landes-Herkommen und Gebräuche festgehalten und befolgt. Besondere Ereignisse veranlaßten im Laufe der Jahrhunderte allerdings schriftliche Bestimmungen über einzelne Gegenstände der Verfassung, z. B. die Thronfolge, oder schriftliche Versicherungs-Urkunden über die in den Volkssitten und im Herkommen enthaltenen Freiheiten des Volks, z. B. die Magna charta, die Bill of Rights u. a. m., die aber größtentheils die persönlichen Rechte der Staatsbürger oder doch nur einzelne Gegenstände der Verfassung betrafen. Die Abfassung einer schriftlichen Urkunde über den ganzen Umfang der unbestrittenen und unbezweifelten, in anerkannter Geltung bestehenden Verfassung ist ohne besonders dringende Veranlassung so wenig gedenkbar, als eine solche Veranlassung in dem Zustande der Ruhe und Ordnung. Daher waren solche Constitutions-Urkunden, als sie in späteren Zeiten aufkamen, immer Vorboten, Geburten oder Folgen gewaltsamer Erschütterungen der Verfassung. In älteren Zeiten hatten aber selbst auch diese nur einzelne Veränderungen in der Verfassung, aber nicht förmliche Constitutions-Urkunden zur Folge. Diese waren nur üblich, wenn entweder fremde Dynastien durch die Wahl des Volks oder seiner Repräsentanten auf den Thron berufen wurden [1]), nicht aber, wenn sie vermöge Erbrechts [2]) oder aus einem andern Grunde ohne Wahl des Volks [3]) auf denselben gelangten, oder wenn die bisherige Verfassung wesentlich

---

[1]) Z. B. als die Häuser Burgund und Braganza in Portugal, das Haus Oldenburg in Dänemark, die Häuser Wasa, Pfalz, Hessen, Holstein und Bernadotte in Schweden auf den Thron berufen wurden.

[2]) daher nicht, als die Häuser Oesterreich und Bourbon in Spanien, die Häuser Stuart und Braunschweig in England, das Haus Habsburg-Lothringen in Böhmen succedirten.

[3]) daher nicht, wenn das Land mit Zustimmung des bisherigen Regentenhauses, oder in Folge völkerrechtlicher Verträge einer andern Dynastie abgetreten wurde, z. B. Toscana, Sardinien, Genua u. s. w.

verändert wurde [4]), obgleich in diesem Falle sie meistens auf diese Veränderungen sich beschränkten. Daher waren außer diesen Fällen bis zum neunzehnten Jahrhundert in den europäischen Staaten schriftliche Constitutions-Urkunden dieser Art nicht bekannt und sind in den, von politischen Umwälzungen verschont gebliebenen Reichen, England, Oesterreich, Preußen, Dänemark ꝛc. auch jetzt nicht vorhanden. Sie entstanden erst im neunzehnten Jahrhundert in Folge innerer Unruhen oder Verletzungen des Völkerrechts. Nach den Grundsätzen des letzteren begründet Eroberung allein nicht den rechtmäßigen Besitz eines Landes, sondern ist dazu die Abtretung desselben durch den bisherigen Regenten erforderlich. Da diese Abtretungen in den Kriegen, mit welchen die rechtmäßigen Inhaber der für Napoleoniden ausersehenen Thronen überzogen wurden, nicht zu erreichen waren, so wurde versucht, sie durch einen Schein-Act aus dem allgemeinen Staatsrecht, durch einen, in Form einer Constitution zwischen dem, vom Eroberer bestimmten neuen Regenten und seinem künftigen Volke geschlossenen contrat social zu ergänzen. Diese Constitutionen erloschen zwar mit den Dynastien, für welche sie gegeben waren, mußten jedoch meistens durch neuere ergänzt werden.

---

[4]) Z. B. in Schweden die Reichtags-Schlüsse von 1680 und 1683, die Wahlverträge von 1719 und 1720 und die Verfassungs-Urkunde von 1772.

§. 3.

III. In den deutschen Ländern.

Zu den unrichtigen Behauptungen, welche für die Verfassungs-Urkunden in Deutschland angeführt werden, gehört auch die, daß sie bereits von Altersher üblich gewesen sein[5]). Diese Behauptung ist durchweg ungegründet, da es auch in den deutschen Staaten vor dem neunzehnten Jahrhundert keine Verfassungs-Urkunde der neueren Art gegeben hat und füglich hat geben können. In den älteren Zeiten verwalteten die Fürsten größtentheils die Königliche Oberherrlichkeit, und sowohl damals, als wie später die Fürsten in fortgesetzter Unterordnung unter dem Kaiser zur Landeshoheit gelangten, waren die damals sehr einfachen staatsrechtlichen Verhältnisse durch Herkommen so festgestellt, daß es darüber näherer Bestimmungen nicht weiter bedurfte, sondern die hergebrachten Rechte und Freiheiten des Landes von den Regenten bei Regierungswechseln nur bestätigt wurden. Mit dem sechszehnten Jahrhundert wurden die staatsrechtlichen Verhältnisse in den deutschen Territorien zwar verwickelter, aber die dadurch veranlaßten Streitigkeiten zwischen dem Landesherrn und den Landständen wurden durch reichsgerichtliche Erkenntnisse, landesherrliche Entscheidungen, oder durch Vergleiche und gütliches Uebereinkommen beigelegt, meistens aber durch Landtags-Abschiede und landesherrliche Reversalen und andere im

---

[5]) Simon Preuß. Staatsrecht, Th. II. S. 118: „Man eifert zu „Unrecht gegen die papiernen Constitutionen in den neueren „Zeiten, die deutsche Geschichte kennt dieselben von „Altersher.“

Namen des Landesherrn abgefaßte Acte, indem die Vertragsform den Verhältnissen zwischen Fürsten und Landständen nicht angemessen gehalten wurde, weshalb man sie auch nur höchst selten und nur bei besonders erheblichen und vielfachen Gegenständen, insonderheit dann findet, wenn der Vergleich von den Reichsgerichten eingeleitet war, wie dies bei dem ausführlichsten Vergleich dieser Art, dem Mecklenburgischen Landesgrund-Erbvergleich von 1755, der Fall war. Aber alle diese Bestimmungen betreffen lediglich den zweifelhaft gewordenen Gegenstand, keineswegs aber die Landes-Verfassung überhaupt. Dieselbe beruhte in den mehrsten Ländern auf Herkommen und Verträgen, landesherrlichen Resolutionen und anderen schriftlichen Urkunden über einzelne Gegenstände der Verfassung. Zur Abfassung einer Landes-Verfassungs-Urkunde war vor dem neunzehnten Jahrhundert in keinem Lande irgend eine Veranlassung und in den wenigsten Ländern ein Bedürfniß vorhanden. Beide entstanden in Ansehung eines des wichtigsten Theile des Staatsrechts, der landständischen Verfassung, bei den im neunzehnten Jahrhundert erfolgten Wechseln und Zertheilungen so vieler Länder, zum Theil aber auch in Ansehung anderer erheblicher, durch neuere Ereignisse veränderter Punkte der Staats-Verfassung. Es sind allerdings in fast allen deutschen Ländern Verfassungs-Constitutionen publicirt, von welchen jedoch die Mehrzahl ausschließlich oder größtentheils eigentlich nur die landständische Verfassung betrifft und außer derselben in der Verfassung entstandene Lücken ergänzt.

Zweiter Abschnitt.
Verfassung des Preußischen Staats.

§. 4.
I. Bestehende Staats-Verfassung.

Die große Aufgabe, welche politische Tagesschriftsteller sich gestellt haben, ist der Beweis, daß der Preußische Staat keine Verfassung hat. Mit diesem Beweise sind sie sehr bald fertig. Die Landstände und die landständische Verfassung sind von dem großen Churfürsten und seinen Nachfolgern vernichtet (S. 332) und die Stände durch die Gesetzgebung von 1807 aufgehoben[6]). Und doch hat der König 1808 ihren Deputirten Sitz und Stimme in den Regierungen ertheilt, und doch das Königliche Hausgesetz „mit Zuziehung der „Stände in den Provinzen und mit Unterschrift der „Stände in den Provinzen Unserer Monarchie vollzo„gen"; doch hat der König 1813 den Ständen die Errichtung und Organisation der Landwehr übertragen (Seite 350 ff.). Die behauptete Aufhebung der Landstände im Jahr 1807 ist daher etwas zu arg. Eben so steht es in Ansehung der andern Bestandtheile einer Verfassung, zu

[6]) Simon Preuß. Staatsrecht, Th. II. S. 165.

welchen Bestimmungen über Verhältnisse des regierenden Hauses, die Successions-Ordnung und die Vormundschaft, über das Haus-Vermögen und insonderheit die Domainen gehören, ferner die Bestimmungen über die Hoheitsrechte und Regalien und deren Veräußerung und Erwerbung und überhaupt über die Verhältnisse der höchsten Gewalt zu rechnen sind. Alle diese Verhältnisse sind im Preußischen Staate seit Jahrhunderten vollständig und so bestimmt geordnet, daß darüber zwischen dem Landesherrn und den Ständen nie Streit entstanden ist. Diese Bestimmungen beruhen nicht allein auf Herkommen, sondern auch auf schriftlichen Vorschriften im Allgemeinen Landrecht (Th. II. Art. 13—17), mithin auf einer schriftlichen gesetzlichen Urkunde, selbst bei der irrthümlichen Ansicht, daß die schriftliche Abfassung zum Begriff einer Verfassung nothwendig sei, und würde daher die Behauptung, daß die Preußischen Staaten ohne Verfassung sind, grundlos sein und jedes Sinnes entbehren.

Dies Alles wird aber dennoch behauptet und angeführt, der König habe erst im Jahre 1815 der Nation eine Verfassung und eine Verfassungs-Urkunde verheißen.

Diese Verheißung beruht, insofern sie weiter als von der landständischen Verfassung verstanden wird, lediglich in einem recht argen Mißverständnisse, in Unkunde oder in Entstellung der Urkunden und Verhältnisse.

§. 5.
II. Angebliche Königliche Verheißung einer Staats-Constitution und Constitutions-Urkunde.

Es wird behauptet, der König Friedrich Wilhelm III. habe nach siegreich beendigtem Kriege seinem Volke eine repräsentative Reichsverfassung (Constitution) und eine schriftliche Urkunde über dieselbe verheißen. Die Gründe, welche den König dazu bewogen haben sollen, werden verschieden angegeben: bald um die Unterthanen zu desto kräftigerem Kampfe gegen den nicht mehr in Europa befindlichen Napoleon zu bewegen, theils aber um der, von ihm selbst auf dem Wiener Congresse vorgeschlagenen, landständischen Verfassung durch die repräsentative auszuweichen!! (S. 388).

Der König hat allerdings, aber nicht erst nach geendigtem Freiheitskriege, sondern schon lange vor dessen Anfang eine Befestigung der landständischen Verfassung beabsichtigt und diese Absicht verschiedentlich ausgesprochen. Allein diese Absicht beschränkte sich lediglich auf die landständische Verfassung und ging keineswegs auf Begründung und Abfassung einer andern Staats-Constitution entweder in für sich bestehenden Urkunden oder durch die Veränderung der landständischen Verfassung in repräsentativer Richtung. Wie wenig diese Veränderung der Verfassung des Preußischen Staats in der Absicht des Königs lag, geht aus der Geschichte der Regierung des Königs hervor, und würde jeder Zweifel, wenn er vorhanden sein konnte, schon durch das Königliche Hausgesetz von 1808 vollständigst widerlegt werden, indem durch dasselbe die Untheilbarkeit und Unveräußerlichkeit der Souverainetätsrechte von Neuem bestätigt war, dieselbe aber in einer repräsentativen Constitution, wie sie nach dem angeblichen Versprechen des Königs sein soll, offenbar enthalten sein würde. So unverkennbar die Absicht des Königs, die landständische Verfassung nach den veränderten Verhältnissen zu ordnen vorliegt und ausgesprochen ist; so unverkennbar von jedem Grunde entblößt und auf Mißverständnissen oder Täuschungen beruhend ist dagegen die Angabe, daß der König die Absicht gehabt habe, überhaupt die bestehende Verfassung des Preußischen Staats zu verändern und die neue Verfassung durch eine Constitutions-Urkunde festzustellen, und vollends, daß diese neue Verfassung auf allgemeiner Volksrepräsentation, sowohl in der Zulässigkeit zu derselben, als in ihrer Ausübung, und unter Aufhebung der Provinzial-Verfassungen und der Provinzial-Stände auf einer allgemeinen Reichs-Verfassung und auf allgemeinen Reichsständen beruhen solle.

Diese mit gänzlicher Verkennung der Geschichte aufgestellte Ansicht führt zu dem Resultat, daß das Königliche Haus die seinem Scepter unterworfenen Länder nicht vermöge seiner Haus- und Familien-Rechte, sondern vermöge Uebertragung des Volks erworben habe und auf diesem Wege zum contrat social, von welchem sogar in einem Handbuch des Preußischen Staatsrechts behauptet wird, daß derselbe dem staatsrechtlichen Theil des Allgemeinen Landrechts und insonderheit dem dreizehnten Titel zweiten Theils zum Grunde gelegen habe, gekommen sei [7]).

§. 6.

III. Diese Königl. Verheißung betrifft überall nicht die Abfassung einer Constitution und Constitutions-Urkunde, sondern lediglich die landständische Verfassung.

1. Nach den Verhältnissen des Staats und der Zeit und der Veranlassung der Königlichen Aeußerungen.

Sehen wir zunächst auf die Verhältnisse der Zeit, in welcher der König die Erklärungen gab, in die jener unrichtige Sinn gelegt wird, und auf die Verhältnisse Deutschlands und des Preußischen Staats, so ergiebt sich von vorn herein, daß in allen diesen Erklärungen nur allein von der Befestigung der landständischen Verfassung, überall aber nicht von einer Veränderung der Staats-Verfassung und einer Constitutions-Urkunde die Rede sein konnte, und daß sie sammt und sonders ohne Ausnahme lediglich die landständische Verfassung betreffen.

Die Sorgfalt, welche der König gleich nach dem Tilsiter Frieden auf die landständische Verfassung verwandte, ist S. 198 ff. bereits angeführt. Der König zog die Landstände bei dem neuen Haus-Gesetze von 1808 zu Rathe (§. 4), bestimmte in dem Gesetz von 1810, daß

---

7) Simon Preuß. Staatsrecht, Th. II. S. 36 ff.

die Eintheilung der Landstände nach Ständen, nämlich Rittergutsbesitzern, Städte- und Landbewohnern beibehalten werden solle (S. 350) und übertrug 1813 den Landständen die Errichtung der Landwehr (S. 359); der König begann den Feldzug gegen Napoleon, um Deutschland von fremder Herrschaft und Verfassung zu befreien und nahm in dies Bündniß andere Fürsten nur unter der Bedingung auf, daß sie in ihren Ländern die landständische Verfassung wiederherstellten, mithin die während der Fremdherrschaft eingeführte repräsentative abschafften (S. 158). Schon von Paris aus, einige Tage nach dem Pariser Frieden, äußerte der König in der Kabinetsordre vom 3. Juni 1814: „Ich behalte Mir vor, über die „Anordnung der Stände, so wie über die ständische Verfassung und Repräsentation einen „Beschluß zu fassen," und schon drei Monate nachher forderte der König als Grundgesetz für alle deutschen Staaten: „daß in jedem Bundesstaate eine „ständische Verfassung eingeführt und aufrecht „erhalten werden solle" (S. 68). Es ist S. 68 ff. ausgeführt, mit welcher Vorliebe und Festigkeit der König auf diesem Grundsatz beharrte, wie allgemein derselbe als Grundgesetz des deutschen Bundes angenommen, und wie in allen deutschen Ländern die landständischen Verfassungen wiederhergestellt wurden und die unter der fremdherrischen Botmäßigkeit eingeführten repräsentativen Verfassungen mit ihren Constitutions-Urkunden verschwanden.

Der König hätte dies alles aber in seinen eigenen Staaten umgekehrt gehalten: die bestehende landständische

Verfassung hätte er aufgehoben und die repräsentative eingeführt! Zu solchen Behauptungen verleiten vorgefaßte Ansichten: sie verleiten die darin Befangenen so weit, daß sie in allen Königlichen Aeußerungen die Ausdrücke ihrer Phantasiegebilde finden und selbst nach denselben den Text der Königlichen Worte verändern. Beantworten sie doch die Frage, was den König zu dem Entschlusse hätte führen sollen, die Verfassung seines Reichs aufzuheben, sie in eine repräsentative zu verändern und eine Reichsverfassungs- und Constitutions-Urkunde abzufassen? Allein von einer solchen Urkunde, am wenigsten aber von einer nach dem Repräsentativ-System, ist in keinen Verhandlungen eine Spur vorhanden: alles beschränkt sich auf die Herstellung der landständischen Verfassung. Der König hätte schon im September 1814 als Fundamental-Gesetz vorgeschlagen, daß sie nicht bloß eingeführt, sondern auch aufrecht erhalten werden solle und hätte sie, wo sie schon bestand, aufgehoben, dennoch aber gleichzeitig befohlen, daß sie wiederhergestellt und angeordnet werden solle?

Es ist allerdings eine merkwürdige Erscheinung, den Königlichen Worten einen Sinn unterzulegen, zu welchem nicht allein weder in den äußeren Verhältnissen, noch in den Worten der Erklärungen die entfernteste Veranlassung vorhanden ist, sondern welcher vielmehr diesen geradezu entgegenstehen würde, indem überhaupt berathende Landstände, besonders provinzielle landständische Verfassung mit allgemeiner repräsentativer Reichs-Verfassung nicht vereinbarlich sind, daher schwerlich wiederhergestellt und angeordnet, oder eingeführt und organisirt werden würden, wenn nicht eine landständische, sondern eine entgegengesetzte Verfassung in des Königs Absicht gelegen hätte. Wie arg dies alles auch ist, so verschwindet es gegen das dreiste Unternehmen, dem Könige eine Absicht unterzulegen, welche mit der vom Könige deutlich ausgesprochenen, standhaft festgehaltenen und siegreich-geltend gemachten Absicht in dem allerdirektesten Widerspruch steht.

Der König hat aber, wird behauptet, in allen über diesen Gegenstand erlassenen Verfügungen die Absicht, keine landständische, sondern eine wahre Repräsentativ-Verfassung einzuführen, auf das bestimmteste ausgesprochen.

§. 7.

2. Nach den Besitznahme-Patenten von 1815.

Zuerst soll dies in den, in Ansehung der neuen Provinzen im Jahre 1815 erlassenen Besitznahme-Patenten geschehen sein. Dies ist ein besonders von Simon in seinem Preußischen Staatsrecht hervorgehobenes Argument, indem er Seite 151 desselben behauptet: „Auch Preu-„ßen garantirte selbst den eroberten Ländern in „den Besitzergreifungs-Patenten eine Reichs-„Constitution“, und er geht sogar so weit, daß er S. 152 die Behauptung aufstellt, daß dies Versprechen durch die Verordnung vom 22. Mai 1815 realisirt worden, ehe noch die Bundesacte allen Bundesstaaten eine landständische Verfassung garantirte (vergl. oben S. 389 ff. u. 399 ff.). Von allem diesen ist aber auch nicht ein Wort begründet: der Ausdruck Reichs-Constitution kommt in keinem dieser Patente vor und ist vom Verfasser selbst eben so construirt, wie der Ausdruck reichsständische Verfassung im Gesetz von 1820 (Preuß. Staatsrecht S. 158). Welchen Begriff von Reich der Verfasser für den Preußischen Staat aufstellt, giebt er durch die Behauptung zu erkennen, daß aus den über Provinzialstände, Kreisstände und Ausschüsse erlassenen „acht Gesetzen die Tendenz zu „entnehmen sein würde, eine Provinzial-Gesetzgebung neu „zu schaffen (als wenn sie nicht stets bestanden hätte!), „stände dem nicht die innere Unwahrscheinlichkeit ent„gegen, da diese Richtung in consequenten Fortschritten „dahin führen müßte, den Staat wiederum in seine „mittelalterlichen Bestandtheile: Herzogthü„mer, Fürstenthümer, Markgrafschaften, Graf„schaften, zu zerlegen, aus denen er sich all„mälig zum einigen Staate organisch gebildet „hat (Simon's Preuß. Staatsrecht, Th. I. S. XXIX. und Th. II. S. 192, Anmerk. 1). Die Eintheilung des Preußischen Staats in seine verschiedenen Bestandtheile und die Namen und Eigenschaften derselben wären also längst aufgehoben und die innere Wahrscheinlichkeit stritte gegen die Absicht, ihn wieder in dieselbe zu zerlegen! Wir wollen nicht verlangen, daß der Verfasser der Fürstenthümer Münster, Hildesheim und Paderborn sich erinnere; aber die von ihm stets angeführten Besitznahme-Patente von 1815 hätte er doch nicht übersehen müssen, nicht allein, weil durch dieselben deutschen Ländern ihre unter einer revolutionären Fremdherrschaft ihnen entzogenen alten Benennungen „Herzogthümer," „Fürstenthümer" rc. wieder gegeben, sondern auch neu erworbenen bisherigen

Theilen eines andern Staats, welche keine besonderen Namen hatten, die Benennung „Großherzogthümer“ und Landes-Wappen beigelegt wurden und das Königliche Haus die Titel und Wappen dieser Länder annahm. Es ist daher eine durchaus unrichtige Ansicht, daß die Namen der verschiedenen Länder längst erloschen und die innere Unwahrscheinlichkeit der Wiederherstellung derselben entgegenstehe. Der, der historischen staatsrechtlichen Entwickelung gemachte Vorwurf, daß sie ein „geschichtliches Staatsrecht dichte“ (Simon's Preuß. Staatsrecht, Th. II. S. 37) trifft recht eigentlich diejenigen, welche geschichtliche Wahrheit, weil sie mit ihrem System nicht übereinstimmt, und Thatsachen läugnen, und nach ihren Ansichten andere Thatsachen und auf Grund derselben ein angeblich geschichtliches, aber widergeschichtliches Staatsrecht, z. B. contrat social rc. dichten. Dies ist hier casus in terminis, da der Verfasser gegen die älteste und neueste Geschichte nicht bloß des Preußischen Staats, sondern aller europäischen und insonderheit der deutschen Staaten, nach welcher die unter einem Scepter vereinigten Länder ihre bisherige Bezeichnung beibehalten, und gegen die in den Besitznahme-Patenten von 1815 enthaltene bestimmteste und vollständigste urkundliche Bestätigung dieses Grundsatzes Thatsachen als nicht geschehen annimmt, weil er nach seinem staatsrechtlichen Systeme der Meinung ist, daß innere Unwahrscheinlichkeit dagegen spreche, daß die Großherzogthümer Niederrhein und Posen gestiftet und die Herzogthümer Jülich, Cleve, Fürstenthümer Mörs, Minden,

Münster u. s. w. wiederhergestellt worden sind. Selbst die despotischen Monarchen haben die Benennungen der ihrem Scepter unterworfenen Länder aufrecht erhalten und nur revolutionäre Machthaber sie unterdrückt, um alle Erinnerungen an eine gesetzmäßige Vorzeit zu vertilgen und weil die bessern staatsbürgerlichen Gefühle in unrichtigen Theorien und in ihren verwerflichen Zwecken untergegangen waren. Die Erfahrungen aller Zeiten haben bewiesen, daß Völker, die bisher ein eigenes Land bildeten, nichts schwerer ertragen, als die gänzliche Verschmelzung mit einem andern Volke, die Vertilgung ihres Namens und des Namens, des Andenkens, der Geschichte und der Eigenthümlichkeiten ihres Landes, und selbst in Frankreich ist der Wunsch, die Eintheilung in die alten Herzogthümer und Grafschaften wiederherzustellen noch lange rege gewesen und noch jetzt nicht ganz erloschen. Die Preußischen Regenten haben dieses Gefühl zu allen Zeiten erkannt und gewürdigt und daher selbst bei Erwerbungen von Gebieten, die kein eigenes Land bildeten und weder einen besonderen Namen, noch einen eigenen Volksstamm hatten, sondern bisher einzelne Theile eines andern Landes waren, diese nicht in eines ihrer andern Länder, die Rheinlande nicht in Westphalen, Posen nicht in Westpreußen einverleibt, eben so wenig aber auch die neuen Erwerbungen als ein namenloses Aggregat einzelner Gemeinden gelassen, sondern, wie die übrigen Bestandtheile der Monarchie, in eigene Länder unter den für letztere in Deutschland üblichen Benennungen, welche Simon mit Unrecht mittelalterliche nennt, vereinigt. Der Schluß des Verfassers ist folgender:

„Der Preußische Staat hat sich allmälig zu einem „einigen Staat gebildet.“

„Mit einem einigen Staat ist die Zerlegung in Be„standtheile: Herzogthümer ꝛc. unvereinbarlich,“ [8])

„Diese Zerlegung ist aber, seitdem der Staat zu ei„nem einigen sich gebildet hat, aufgehoben.“

„Daher steht consequenterweise der Absicht, den Staat „wiederum in diese Bestandtheile zu zerlegen, die in„nere Unwahrscheinlichkeit entgegen.“

Da nun aber diese mittelalterliche sogenannte Zerlegung des Staats überall gar nicht im Mittelalter entstanden ist und, da nur ein Land den ganzen Staat bildete, ungedenkbar war, sondern vielmehr erst bei der Vergrößerung der Monarchie, und als der Preußische Staat sich allmälig bildete, also nach Ablauf des Mittelalters, möglicherweise entstehen konnte und grade in den neueren Zeiten bedeutend vermehrt und durch organische Gesetze selbst in Beziehung auf die landständische Verfassung bestätigt worden ist[9]); so ist jene Behauptung in einem jeden seiner Sätze

---

[8]) Woher hat der Verfasser diesen Satz? Aus welchem Compendium der Geschichte und Verfassung aller europäischen Staaten? Entweder ist der Satz unrichtig oder es giebt in Europa keinen einigen Staat, als etwa früher die Insel Malta.

[9]) Dagegen aber bei kleineren Besitzungen, da erst in neueren Zeiten sie eine solche Benennung erhalten hatten, aufgehoben wurde, z. B. das aus einigen Cantonen gebildete Fürstenthum Lichtenberg (Cab.-Ordre vom 25. März 1835 — Gesetzsamml. von 1835, S. 43).

und daher durchweg unrichtig und grundfalsch, giebt aber zu der Bemerkung Gelegenheit, daß in einem Handbuche des Preußischen Staatsrechts organische Gesetze und Einrichtungen deshalb, weil der Verfasser sie nach seiner Phantasie für unwahrscheinlich hält, nicht als nicht erlassen und nicht bestehend dargestellt werden sollten, und kein historisches Staatsrecht gedichtet oder erdichtet werden darf. Hält der Verfasser eine Zerlegung der Bestandtheile des Staats für unvereinbarlich mit einem einigen Staat, so muß er, da diese Zerlegung besteht, consequenterweise ferner nicht mehr lehren, daß der Preußische Staat ein einiger Staat im Sinne des philosophischen Staatsrechts sei. Ist denn aber der Preußische Staat in einzelne Länder zerlegt oder aus einzelnen Ländern zusammengesetzt?

Diese Bemerkungen schienen zur Widerlegung jener irrthümlichen Ansichten erforderlich.

So viel das, aus den Besitzergreifungs-Patenten abgeleitete Versprechen einer Constitution betrifft, so haben wir bereits oben bemerkt, daß in diesem Sinne von derselben in jenen Patenten überall nicht die Rede ist. Wir beziehen uns deshalb auf die ausführliche Erörterung der Publications-Patente S. 210 ff., S. 378 ff. und S. 400 ff. In solchen Patenten wird gemeinhin den Unterthanen die Erhaltung ihrer bisherigen Verfassung verheißen; dies ist in Ansehung derjenigen Provinzen nicht geschehen, in welchen die repräsentative Verfassung Statt fand, und auch dies beweiset, daß diese nicht weiter bestehen sollte. Nur in den von Sachsen und von Nassau abgetretenen Ländern und in den, in den Ober- und Niedersächsischen Kreisen belegenen, so wie in Schwedisch-Pommern und Rügen war eine landständische Verfassung, und daher ward ihnen durch das Besitzergreifungs-Patent die Erhaltung der bisherigen Verfassung zugesichert, dieser Zusicherung aber der Vorbehalt hinzugefügt: „dieselbe an „die allgemeine Verfassung anzuschließen, die Wir Unsern gesammten Staaten gewähren werden.“ Dieser Zusatz bezieht sich offenbar auf die allgemeinen Grundsätze der ständischen Verfassung, welche nicht dem Staate, sondern den gesammten Königlichen Staaten gewährt werden soll und durch die landständische Verfassung gewährt worden ist, auf die für dieselbe in allen Provinzen festzustellenden Grundsätze, z. B. Landstandschaftsfähigkeit bürgerlicher Rittergutsbesitzer und des Bauernstandes 2c. (vgl. S. 380).

In den Patenten wegen Besitznahme der Länder, in welchen bis dahin eine repräsentative Reichs-Verfassung Statt gefunden hatte, z. B. des Großherzogthums Niederrhein, so wie der Herzogthümer Cleve, Berg und Geldern 2c., beide vom 5. April 1815, wird nur verheißen: „Wir werden sie gleich allen Unsern übrigen Unterthanen „regieren und die Bildung einer Repräsentation an- „ordnen,“ also nur im Allgemeinen eine Repräsentation. Wodurch ist in einem aller dieser Patente Simons dreiste Behauptung: „Preußen garantirte selbst „den eroberten Ländern in den Besitzergrei- „fungs-Patenten eine Reichs-Constitution“ auch nur mit einem Worte gerechtfertigt? Die Mehrzahl verheißt die Aufrechthaltung der landständischen Verfassung, und wenn die beiden letzteren nur die Anordnung einer Repräsentation versprechen, so folgt von selbst, daß unter derselben nicht die repräsentative verstanden werden kann, weil diese in diesen Ländern bereits bestand, mithin nicht erst angeordnet werden brauchte und überdem diese Länder gleich den übrigen regiert werden sollen. Es bleibt daher nur noch das Besitznahme-Patent wegen Posen übrig: es würde dies freilich nur eine Provinz sein, welcher eine Reichs-Constitution versprochen wäre, und hätte es sich daher nie geziemt, von eroberten Provinzen zu sprechen, allein auch wegen dieser einen Provinz ist des Verfassers Vorgeben völlig ungegründet. Das von Wien aus unterm 15. Mai 1815 erlassene Besitzergreifungs-Patent enthält über diesen Gegenstand kein Wort, wohl aber eröffnete der König in dem Publicandum an die Einwohner des Großherzogthums Posen vom nämlichen Datum denselben:

> Ihr werdet Meiner Monarchie einverleibt, ohne Eure Nationalität verläugnen zu dürfen. Ihr werdet an der Constitution Theil nehmen, welche Ich Meinen getreuen Unterthanen zu geben beabsichtige und Ihr werdet, wie die übrigen Provinzen Meines Reichs, eine provinzielle Verfassung erhalten;

und in einem gleichzeitigen Publicandum an die Einwohner der Stadt und des Gebiets von Danzig, des Culmischen und Michelauischen Kreises und an die Einwohner der Stadt und des Gebiets von Thorn:

> Ihr werdet in dieser Wiedervereinigung an der Con-

stitution Theil nehmen, welche Ich allen Meinen getreuen Unterthanen zu gewähren beabsichtige und an der provinziellen Verfassung, welche Meine Provinz Westpreußen erhalten wird.

Unter dem Ausdruck „Constitution" ist daher offenbar die landständische Verfassung verstanden, welche der König seinen gesammten Staaten zu gewähren beabsichtigte und sieben Tage später gewährte und ausdrücklich als eine provinzielle näher bezeichnete, die also nicht eine Reichs-Verfassung sein konnte. Wir beziehen uns auf die näheren Bemerkungen S. 401 und beschränken uns auf nachstehende Resultate:

1) das Versprechen einer andern, als der ständischen oder einer provinziellen Verfassung ist in keinem einzigen Besitznahme-Patent enthalten, insonderheit

2) nicht das einer Constitution, deren nur als einer beabsichtigten Einrichtung in zwei Besitznahme-Acten gedacht wird.

3) Unter dieser ist aber in diesen beiden Acten offenbar die landständische Verfassung verstanden.

4) In diesen beiden Acten wird sie aber schlechthin Constitution, keineswegs Reichs-Constitution genannt.

5) Das Wort „Reichs" ist daher vom Verfasser hinzugesetzt, und

6) wenn dies Wort im Text sich befände, die Behauptung, daß die vorgebliche Reichs-Constitution „selbst den eroberten Provinzen" garantirt worden, ungegründet, weil sie nur den angeführten bisherigen

Theilen des Herzogthums Warschau und der Stadt Danzig mit ihrem Gebiete garantirt sein würde; endlich

7) ist in keinem dieser Patente von einer Verfassungs-Urkunde, um welche es sich hier handelt, auf das entfernteste die Rede.

Die Berufung auf die Besitzergreifungs-Patente ist daher, insofern es sich um eine Staats-Verfassung außer der landständischen handelt, völlig unbegründet.

§. 8.

3. Nach der Königl. Verordnung vom 22. Mai 1815.

a. Nach deren Veranlassung und Zweck.

Da als unbezweifelte historische Wahrheit behauptet wird, daß der König durch die Verordnung vom 22. Mai 1815 (S. 259) eine schriftliche Urkunde der Verfassung des Preußischen Staats verheißen habe, so erfordert diese Verordnung eine nähere Prüfung, aus welcher sich ergeben wird, daß sie überall nicht eine Reichs-Verfassung, sondern lediglich die landständische Verfassung betrifft, und daß die darin gedachte schriftliche Urkunde keinesweges über die Reichs-Verfassung, sondern lediglich über die landständische Verfassung abgefaßt werden soll.

Dies Resultat ergiebt sich schon aus der Veranlassung dieser Verordnung, welche der König während seiner Anwesenheit auf dem Congreß in Wien am Tage vor der Vollziehung des, auf des Königs Antrag gefaßten Congreßbeschlusses über die Wiederherstellung und Aufrecht-haltung der landständischen Verfassung erließ.

Die Ausführung des Wiener Congreß-Beschlusses und die, in den Besitznahme-Patenten den Provinzen angekündigte landständische und provinzielle Verfassung war daher die Veranlassung und der Zweck dieser Verordnung und die Sicherung dieser Verfassung die Bestimmung der angeordneten Abfassung einer schriftlichen Urkunde.

In den deutschen Staaten beruhte das Verhältniß zwischen dem Fürsten und dem Volke, die Landes-Verfassung wesentlich auf der landständischen Verfassung, die Wiederherstellung und Befestigung der letzteren kann daher nur als Beweis der Absicht, die erstere aufrecht zu erhalten, angesehen werden. Es würde aber vollends unzulässig, man darf mit Recht sagen, widersinnig sein, in dieser Wiedereinführung der Landstände die Absicht zu finden und auch nur mit derselben vereinbarlich zu halten, eine Landes-Verfassung einzuführen, mit welcher die landständische Verfassung, besonders eine provinzielle landständische Verfassung unvereinbar, zu welcher vielmehr eine derselben entgegengesetzte Repräsentation so erforderlich ist, daß diejenigen, welche in die Verordnung von 1815 die Absicht legen, die bestehende Staats-Verfassung zu verändern, selbst es als eine nothwendige Vorarbeit ansehen, die diesen Gegenstand betreffenden Königlichen Erklärungen und die darin enthaltenen Ausdrücke „Landstände,“ „Verfassung,“ „Constitution“ ꝛc. durch allerhand Zusätze, z. B. „Reichs“ und andere Veränderungen in, für ihr staatsrechtliches Phantasie-Gebilde brauchbare Materialien umzumodeln.

Es kommt ihnen nicht darauf an, der Verordnung vom 22. Mai 1815 den Widerspruch zur Last zu legen, gleichzeitig auf der einen Seite die Wiederherstellung der alten und die Organisation neuer Landstände und Bestimmungen über ihre Verfassung, auf der andern Seite aber die Abfassung einer Urkunde über eine damit unvereinbarliche Reichs-Verfassung angeordnet zu haben, in Folge deren alle eingetretenen Organisationen und Bestimmungen hätten sogleich wieder müssen aufgehoben werden, und solchergestalt diese Verordnung als eine Königliche Entschließung darzustellen, durch welche die landständische Verfassung verjüngt und ins Leben gerufen, aber auch gleichzeitig vernichtet worden wäre.

Es ist überdies bereits §. 6 angeführt, daß weder auf dem Wiener Congresse, noch sonst irgendwo von Veränderung der Landes-Verfassung in den einzelnen deutschen Staaten die Rede war, und daß vielmehr die Aufrechthaltung der bestehenden landständischen und bei deren Wiederherstelluug die Rücksicht auf die frühere als vorherrschender Grundsatz allgemein anerkannt war. Im Vorbeigehen und gelegentlich werden aber bestehende Staats-Verfassungen nicht aufgehoben und neue geschaffen. Wenn eine Veränderung derselben der Zweck der Verordnung von 1815 hätte sein können, so würde sie die von ihr angeordnete Commission mit den dazu erforderlichen Vorarbeiten und Anweisungen eben so ausführlich versehen haben, als es in Ansehung der landständischen Verfassung geschah.

Veranlassung und Zweck des Königlichen Befehls vom

22. Mai 1815 war mithin überall nicht die Staats-Verfassung überhaupt und deren Veränderung, sondern lediglich die Wiederherstellung der landständischen Verfassung.

§. 9.

b. Nach deren Text.

Die Verordnung von 1815 spricht in der Einleitung ihren Zweck in nachstehenden Worten aus:

> Die Geschichte des Preußischen Staats zeigt zwar, daß der wohlthätige Zustand bürgerlicher Freiheit und die Dauer einer gerechten auf Ordnung gegründeten Verwaltung in den Eigenschaften der Regenten und in ihrer Eintracht mit dem Volke bisher diejenige Sicherheit fanden, die sich bei der Unvollkommenheit und dem Unbestande menschlicher Einrichtungen erreichen läßt. Damit sie jedoch desto fester begründet, der preußischen Nation ein Pfand Unseres Vertrauens gegeben und der Nachkommenschaft die Grundsätze, nach welchen Unsere Vorfahren und Wir selbst die Regierung Unseres Reichs mit ernstlicher Vorsorge für das Glück Unserer Unterthanen geführt haben, treu überliefert und vermittelst einer schriftlichen Urkunde, als Verfassung des Preußischen Reichs, dauerhaft bewährt werden, haben Wir nachstehendes beschlossen.

Diese Beschlüsse sind folgende:

1. Es soll eine Repräsentation des Volks gebildet werden (§. 1).
2. Es sollen zu diesem Zwecke (also zur Repräsentation des Volks) nach den in der Verordnung vorgeschriebenen Grundsätzen Provinzialstände hergestellt oder angeordnet werden (§. 2).
3. Aus den Provinzialständen soll die Versammlung der Landes-Repräsentanten zur Berathung der in der Verordnung besonders angeführten Gegenstände gewählt werden (§§. 3 u. 4).
4. Eine Commission soll sich beschäftigen:
   a. mit der Organisation
      aa. der Provinzialstände,
      bb. der Landes-Repräsentanten;
   b. mit der Ausarbeitung einer Verfassungs-Urkunde nach den aufgestellten Grundsätzen (§§. 5 u. 6).

Der Text der Verordnung handelt daher

1. lediglich von der landständischen Verfassung und deren Beibehaltung oder Wiederherstellung durch Landstände, um dadurch die, in deren Bestimmung liegende Repräsentation des Volks zu bilden.
2. Diese landständische Verfassung soll eine provinzielle sein; die Versammlung der sogenannten Landes-Repräsentation ist nur ein Ausschuß der provinziellen Landtage, auf einen bestimmten Wirkungskreis beschränkt und ohne vollständigen landständischen Repräsentativ-Charakter. Auch die Repräsentation des Volks soll eine ständische und zwar provin-

zialständische, mithin weder eine allgemeine, noch eine reichsständische sein.

Der Text handelt aber überall nicht von der Staats-Verfassung, von einer Constitution, weder von einer materiellen, noch von einer formellen Constitution oder schriftlichen Constitutions-Urkunde. Davon ist auch nicht ein Wort, nicht eine Andeutung in der ganzen Verordnung enthalten.

§. 10.

c. Nach deren Sinn.

α. Erneuerung der ständischen Verfassung.

Der Sinn dieser Verordnung ist sowohl in derselben, als von dem Gesetzgeber selbst in dem Gesetze vom 5. Juni 1823 durch die Worte: Begründung ständischer Verhältnisse und Provinzialstände im Geiste der älteren deutschen Verfassungen, wie solche die Eigenthümlichkeit des Staats und das wahre Bedürfniß der Zeit erfordern, sehr bestimmt ausgesprochen (S. 262). Diesem Sinne entspricht die Verordnung vollständig und zerfallen nach demselben ihre Bestimmungen in zwei Haupttheile.

Der erste betrifft die Wiederherstellung der landständischen Verfassung und der noch vorhandenen alten Landstände, oder die Anordnung neuer, wo die früheren untergegangen sind, überhaupt also die Verjüngung der altbestehenden, nicht die Einführung einer neuen landständischen Verfassung. Für die Gegner der landständischen Verfassung eine sehr unwillkommene Bestimmung und der Grund, warum sie sich so emsig abmühen, die landständische Verfassung als längst vergessen und vernichtet und endlich 1807 aufgehoben darzustellen.

Der König erwähnt im Eingange der Verordnung: „Die Geschichte des Preußischen Staats zeige, daß der „wohlthätige Zustand bürgerlicher Freiheit und die Dauer „einer gerechten, auf Ordnung gegründeten Verwaltung „in der Eigenschaft der Regenten und in ihrer Ein„tracht mit dem Volke bisher diejenige Sicher„heit fanden, welche sich bei der Unvollkommenheit „und dem Unbestande menschlicher Einrichtungen erreichen „lasse.“ Dieses Unbestandes zu gedenken, hatte der König sowohl bei dem Untergange der deutschen Reichs-Verfassung, als bei den Veränderungen in den alten und in den neu hinzugekommenen Provinzen seiner Monarchie und insbesondere der ständischen Verfassungen in denselben wohl Veranlassung. Ein großer Theil der ersteren war unter Fremdherrschaft gekommen und in ihren innern Verhältnissen verändert, die landständische Verfassung war in den unter Fremdherrschaft gefallenen Provinzen untergegangen und in den unter des Königs Herrschaft gebliebenen wesentlich verändert (S. 253). Nachdem die erstgedachten mit vielen neuen Provinzen wieder unter des Königs Scepter gekommen waren, entstand das dringende Bedürfniß, diese verschiedenartigen verwickelten Verhältnisse zu ordnen. Die gründlich bewährte Erfahrung der Vorzeit mit weiser Berücksichtigung der wahren Bedürfnisse des Staats und der Zeit und mit Entfernung von

Theorien, deren Unvollkommenheit auch in den, mit der Monarchie neu oder wieder vereinigten Ländern bestätigt war, ward hierbei befolgt. „Die früheren Provinzial-„Verhältnisse wurden bei der Anordnung der regelmä-„ßigen Verwaltung berücksichtigt, und bei der Sicherheit, „welche der wohlthätige Zustand bürgerlicher Freiheit „und eine gerechte, auf Ordnung gegründete Verwaltung „in den Grundsätzen gefunden hatte, nach denen des Kö-„nigs Vorfahren und der König selbst die Regierung „des Reichs mit ernstlicher Vorsorge für ihre Untertha-„nen geführt hatte, sollten auch diese berücksichtigt und „daher die provinzialständische Verfassung all-„gemein wiederhergestellt und in den Landständen die „verschiedenen Stände Unserer getreuen Unterthanen in „jeder Provinz repräsentirt werden und die Repräsen-„tation oder „das gesetzmäßige Organ" (Verordnung von 1823, Art. III) „und das verfassungsmäßige nähere „Band [10]) zwischen dem Regenten und dem Volke

[10]) Transactio in puncto contributionis von Donnerstag nach Johannis Bapt 1594 — oder des Churfürsten Johann Georg Bestätigung des zwischen den Prälaten der Ritterschaft und den Städten in der Churmark geschlossenen Vergleichs: „— damit die Reverse als ein Band der Lande" ꝛc. (in Wöhner Steuer-Verf. der Churmark Brandenburg, Th. III. S. 8). — Churfürst Friedrich Wilhelm Bestätigung des zwischen der Ritterschaft und den Städten der Mark Brandenburg geschlossenen Quotisations-Recesses vom 28. Juni 1643: „Sr. Churfürstl. Durchlaucht „Ihre liebe und getreuen Stände, als Glieder eines Haupts „hinwiederum in gutes Vernehmen, Friede, Einig- und Ver-„traulichkeit zu setzen ꝛc." (ebendas. S. 18). — Churfürst Friedrich Wilhelm Confirmation des Landtags-Ab-

„wiederhergestellt und dadurch die zwischen denselben nach „der Geschichte bestandene Eintracht gesichert werden, „in welcher jener wohlthätige Zustand bürgerlicher Freiheit „und gerechter, auf Ordnung gegründeter Verwaltung bisher „ihre Sicherheit gefunden hatten.“ Deshalb sollten diese durch Jahrhundert bewährten Stände, nicht bloß, wo sie „in ihrer ursprünglichen vollen Wirksamkeit, sondern wo „sie mit mehr oder minder Wirksamkeit noch vorhanden, „erhalten und wiederhergestellt und dem Bedürfnisse der

---

schiedes von 1611, d. d. 6. Juli 1646 Urkunden — „und „Wir ohne das allezeit wohlgeneigt verbleiben, was Unsere „in Gott ruhende Vorältern bemeldeten Unsern getreuen und „gehorsamen lieben Landständen und Unterthanen zugesagt und „verbrieftet oder sie sonst wohl hergebracht und in recht-„mäßiger Uebung und Gebrauch gehabt und genos-„sen, unabbrüchig zu halten und sie dabei zu lassen „— daß Wir in Anerkennung, daß solches zu so viel besseren „und vornehmlich bei itzigen sorg- und gefährlichen, unruhigen „Zeiten und Läufften höchstnöthigen Zusammenhalten und „Vertrauen zwischen Herrn und Unterthanen strek-„kend und gereichend ist, Wir dessen zu verweigern keine „Ursache für Uns gefunden — confirmiren und bestätigen, wo-„hingegen Wir Uns aber auch gänzlich und unzweifelhaft ver-„sehen und ihnen festiglich zutrauen wollen, sie werden auch „was ihnen Kraft desselben Reverses obliegt, thätlich und völ-„lig prästiren, und wie bishero zu Unserm gnädigsten guten „Vergnügen von ihnen geschehen, in steter unverrükter, unter-„thänigster Treue, schuldigster Liebe und willigstem Gehorsam „gegen Uns continuiren und beharren und davon in keiner Zeit „und Weise jemahlen aussetzen und abfallen.“ (Mylii C.C.M. T. VI. Abth. 1. S. 387). — Churfürst Friedrich Wilhelm Confirmation der Landstände-Privilegien vom 7. Juli 1646 (gleichlautend — das. S. 390). — Churfürst Friedrich III. Confirmation der Landtags-Recesse vom 27. Mai 1692 (gleichlautend — das. S. 621.)

„Zeit gemäß eingerichtet werden, wo sie gegenwärtig nicht „vorhanden, aber angeordnet werden.“ Dies waren die Grundsätze, welche der König für alle deutsche Staaten ausgesprochen und geltend gemacht hatte, und welche der König „in weiser Fürsorge für das wahre Heil Seines „Ihm anvertrauten Volks“ (S. 251) in dieser Verordnung, so wie schon früher in den Besitzergreifungs-Patenten (§. 9), auch für Seine Staaten ausführte oder vielmehr als längst bestandene und bewährte aufrecht erhielt und „den herrschenden Begriffen sogenannter all„gemeiner Volksvertretung“ nicht nachsetzte.

§. 11.

β. Befestigung der landständischen Verfassung durch eine schriftliche Urkunde.

Der König beschränkte sich aber bei diesem Beweise und diesem Werke seiner weisen Fürsorge (S. 251 und 252) nicht allein auf das seiner Regierung von Gott anvertraute Geschlecht: „es sollte fester begründet und auch „der Nachkommenschaft treu überliefert und vermittelst „einer schriftlichen Urkunde dauerhaft bewährt werden.“ Die landständische Verfassung beruhte, so wenig wie in irgend einem andern deutschen Lande (§. 3), in den Ländern des Königlichen Hauses auf keiner umfassenden schriftlichen Urkunde, sondern auf geschichtlicher Grundlage und deren gleichfalls geschichtlicher näheren Bestimmung und der weiteren Fortbildung in einzelnen Theilen durch besondere Verträge oder Entscheidungen, besonders Landtags-Recesse und Reverse, also theilweise auch auf schriftlicher und positiv-gesetzlicher Grundlage [11]), im Allgemeinen aber darauf, daß sie ihren Ursprung und ihre letzten Wurzeln in der Staats-Verfassung hatte und aus und mit derselben selbst hervorgegangen war und daher zu denjenigen Einrichtungen gehörte, welche bei der wissenschaftlichen Ausbildung des Staatsrechts **Grund- und Fundamental-Gesetze des Staats genannt** [12]) **und als Bestandtheile der Staats-Verfassung angesehen wurden.**

Obgleich diese Verfassung ohne schriftliche Abfassung von Fürst und Volk, vom Kaiser und von den Reichs-

---

[11]) In früheren Zeiten war die gesetzliche Kraft der Landtags-Recesse wegen Mangel ihrer Publication von den Gerichthöfen häufig in Zweifel gezogen, dieselbe aber von den Landesherrn aufrecht erhalten, z. B. Churfürstliche Resolution auf derer Churmärkischen Stände übergebene Beschwerungs-Punkte vom 11. Mai 1652, ad 16: „Ueber „die Landes-Reverse wird billig in judicando et sententionando „gehalten und ist nicht genug, daß man sich mit der Exception, „sambt der Reverse nicht werden ad observantiam kommen, „behelfen will, denen die Landes-Reverse praesumtionem juris „et de jure für sich haben, welche auch in allen judiciis ob-„serviret und darnach allerdings gesprochen und erkand wor-„den" (in Mylii Corp. Const. March. T. VI, Abth. 1. S. 405) und Landtags-Receß vom 26. Juli 1653, No. 19: „— und „wollen Wir Unserm Kammergericht und allen judiciis sich dar-„nach zu achten anbefehlen lassen" (das. S. 435). Vgl. auch Neumärkischer Landtags-Abschied von 1611 (ebendas. Seite 214 und 246).

[12]) Z. B. Churbrandenburgischer Special-Revers für die Städte der Neumark vom 29. August 1653, No. 13: „— über die Quotisation zwischen der Ritterschaft und den „Städten mit Beobachtung des alten Herkommens und Fun-„damental-Landes-Verfassung erkennen lassen." (das. VI. Abth. 1. S. 481).

Gerichten für eben so heilig und allseitig verbindend und aufrecht gehalten wurde, als schriftliche Landes-Verträge; so waren sie doch, als auf Herkommen beruhend, mehr, als diese, Zweifeln und dem Unbestande ausgesetzt, insonderheit seitdem in allen Verhältnissen die Achtung für Herkommen durch das überwiegende Ansehen der schriftlichen Bestimmungen geschwächt und daher die schriftliche Abfassung früher unzweifelhafter, herkömmlich begründeter Grundsätze nothwendig gemacht war. „Damit die „bisher auf dem letzteren beruhende, ständische Verfassung „desto fester begründet und der Nachkommen„schaft treu überliefert und vermittelst einer „schriftlichen Urkunde als Verfassung des „Preußischen Reichs dauerhaft bewährt werde, beschloß der König eine solche Verfassungsurkunde und ordnete daher an,

1. die theils veränderten, theils ganz untergegangenen Provinzialstände zuvörderst nach den im Allgemeinen aufgestellten Grundsätzen herzustellen und nach dem Bedürfniß der Zeit einzurichten oder anzuordnen (zu organisiren) und demnächst
2. nach den aufgestellten Grundsätzen eine Verfassungs-Urkunde auszuarbeiten.

§. 12.

Es beruht offenbar durchweg auf einem gänzlichen Mißverständnisse, wenn unter dieser Verfassungs-Urkunde nicht eine Urkunde über die landständische Verfassung, sondern eine Urkunde über die ganze

Staats-Verfassung, eine Constitutions-Urkunde, verstanden wird.

Daß diese Ansicht durchaus irrthümlich ist, geht zwar schon aus der bisherigen Ausführung klar hervor; wir erlauben uns jedoch noch einige Bemerkungen.

Es ist bereits oben bemerkt, daß weder auf dem Wiener Congresse, noch in Preußen von einer Veränderung der Staats-Verfassung und von der Abfassung einer modernen Staats-Verfassung irgend die Rede war, sondern nach dem Zeugnisse eines erfahrenen deutschen Staatsmannes dieser Zeit nur Projectenmacher mit Constitutions-Entwürfen, über welche und ihre Verfasser man lachte, sich beschäftigen (S. 93).

Dagegen ist es bekannt, daß im Jahr 1815 die landständische Verfassung Gegenstand der ganz besonderen Fürsorge und Beschäftigung des Wiener Congresses und der Bundes-Verfassung war und in allen deutschen Staaten durch besondere Gesetze wiedereingeführt oder neu begründet wurde.

Es ist eben so bekannt, daß die Befestigung und allgemeine Statthaftigkeit der landständischen Verfassung Gegenstand der besonderen Fürsorge des Königs Friedrich Wilhelm des Dritten war und daß der König sie in den Besitznahme-Patenten seinen neuen Provinzen ankündigte (§. 9).

Es ist eben so notorisch, daß der König gleich darauf durch die Verordnung vom 22. Mai 1815 in allen Provinzen die Herstellung, Einrichtung und Anordnung von Landständen als Repräsentanten des Volks und die

Organisation ihres Ausschusses, so wie die Abfassung einer Verfassungs-Urkunde nach den aufgestellten Grundsätzen anordnete.

Der Augenschein beweiset, daß in der ganzen Verordnung von einer Staats-Constitution und Staats-Verfassung kein Wort und keine Andeutung enthalten ist.

Es ist ferner bekannt, daß der König am 5. Februar 1818 der Bundes-Versammlung „zur Erfüllung des 13. Artikels der Bundesacte" anzeigen ließ: „der König habe „vor der Bundesacte eine ständische Verfassung „der Lage Seines Staates angemessen erkannt „und die Einführung einer solchen durch die „Verordnung vom 22. Mai 1815 Ihren Landen „verkündigt" (S. 380) und dadurch, so wie durch „andere Aeußerungen (S. 381) bestimmt aussprach, daß diese Verordnung die landständische Verfassung betreffe und die darin gedachte Verfassung die landständische sei.

Endlich liegt offen und unverkennbar vor und ist auch ausdrücklich ausgesprochen worden, daß das Resultat der 1815 angeordneten Organisation der Landstände und die nach derselben ausgearbeitete Verfassungs-Urkunde, das Gesetz von 1823, lediglich eine Urkunde über die ständische Verfassung ist.

Die Verordnung von 1815 betrifft daher unverkennbar lediglich die landständische Verfassung, und liegt es schon in der Vernunft, daß, wenn bei der Bildung und Organisation einer Verfassung auch eine Verfassungs-Urkunde ausgearbeitet werden soll, diese

Urkunde nur die eingeführte Verfassung und nicht eine ganz andere und die Verfassung eines andern Verhältnisses betreffen kann. Es würde vollends alle Begriffe verletzen, hier, „wo eine Verfassungs-Urkunde **nach den „aufgestellten Grundsätzen ausgearbeitet wer„den soll,“** anzunehmen, daß nicht eine **ständische Verfassungs-Urkunde**, sondern eine **Reichs-Verfassungs-Urkunde** ausgearbeitet werden sollte, da in der ganzen Verordnung von Einführung einer Reichs-Constitution kein Wort enthalten und noch weniger „Grundsätze aufgestellt“ sind, dagegen aber die ganze Verordnung lediglich von der landständischen Verfassung handelt und „über dieselbe Grundsätze aufstellt,“ mithin Anweisungen über die Grundsätze giebt, nach welchen die Urkunde abgefaßt werden soll. Vollends unbegreiflich ist aber jene Mißdeutung bei Erwägung des in dem Eingange der Verordnung ausgesprochenen Motivs derselben. So unbestimmt dieser Eingang auch abgefaßt sein mag, so geht doch aus demselben auf das allerunzweideutigste die Absicht des Königs hervor, keine neue Einrichtungen und Verfassungen einzuführen, sondern die bestehenden aufrecht zu erhalten und zu befestigen. Daher sollen die Grundsätze, nach welchen der König und die Vorfahren des Königs regiert haben, der Nachkommenschaft treu überliefert und durch eine schriftliche Urkunde dauerhaft aufbewahrt und dadurch der, auf jener Eintracht beruhende glückliche Zustand desto fester begründet werden; deshalb soll keine neue Verfassung entworfen und vorgeschlagen, sondern nur eine Verfassungs-Urkunde über die verjüngte landständische

Organisation ausgearbeitet werden und zwar nach den „aufgestellten Grundsätzen," zu welchen sowohl die in den §§. 1, 2 u. 3, als der eben erwähnte, in dem Eingange der Verordnung festgestellte Grundsatz der Aufrechthaltung der bisherigen Regierungs-Grundsätze gehören.

Die Widersprüche und Inconsequenzen, in welche diejenigen verfallen sind, welche aus der Verordnung von 1815 das Versprechen und die Anordnung einer Reichs-Constitution überhaupt und insonderheit nach dem Repräsentativsystem folgern, sind so grell und beispiellos, daß sie allerdings mit Recht die nähere Erörterung der Verordnung vermeiden. Der König würde ohne alle Veranlassung die Abfassung einer Reichs-Constitutions-Urkunde angeordnet haben! Der König würde sie ohne alle Vorbereitung, nicht einmal in einem eigenen Erlasse, sondern gelegentlich und beiläufig in einer lediglich die landständische Verfassung betreffenden Verordnung angeordnet und für letztere Grundsätze aufgestellt haben, welche mit der Natur der Constitution, welche man darin findet, in geradem Widerspruche stehen, anstatt Reichsstände und allgemeine Volks-Repräsentanten Provinzialstände, anstatt der Grundsätze der modernen Schule das System der Churfürstlichen und Königlichen Vorfahren des Königs, anstatt der „treuen und dauerhaften Bewahrung" dieser Grundsätze deren Vernichtung und anstatt der entscheidenden Stimme der Volks-Repräsentanten die berathende Stimme deutscher Landstände! Dies alles hätte der König ausdrücklich vorgeschrieben, aber allenthalben das Gegentheil beabsichtigt! Der König hatte der Bundes-Versammlung anstatt einer Reichs-Verfassung die landständische Verfassung angezeigt, und die mit der Ausarbeitung der Verfassungs-Urkunde beauftragten Staatsmänner und Eingesessenen aus den Provinzen hätten sieben Jahre hindurch den in der Verordnung ihnen gemachten Auftrag mißverstanden und anstatt einer Reichs-Verfassungs-Urkunde eine landständische Verfassungs-Urkunde abgefaßt, und daher das Phänomen, daß anstatt der ersteren die letztere entworfen, vom Könige gezeichnet, publicirt und ausgeführt worden!

Allerdings waren Entstellungen von Thatsachen und Urkunden und Aufstellungen falscher Thatsachen, wie wir sie in reichem Maaße gesehen haben, erforderlich, um solche Verdrehungen der Verordnung von 1815 im unkundigen Publicum scheinbar zu bemänteln: Furcht vor dem längst besiegten Napoleon, Einwirkung einer beklagenswerthen Reaction und andere Verirrungen mußten zu Hülfe genommen werden (S. 416). Der König nennt mit andern Fürsten [13]) die Befestigung der landständischen Verfassung durch eine schriftliche Urkunde ein vom Regenten der Nation gegebenes Pfand seines Vertrauens

---

[13]) Z. B. Königl. Dänisches Decret wegen der Verfassung in den Herzogthümern Schleswig, Holstein und Lauenburg vom 28. Mai 1831: — „und dadurch Unsern sämmtlichen getreuen Unterthanen einen neuen dauernden „Beweis Unsers unerschütterlichen Vertrauens und Unserer Huld „und Liebe geben." (Pölitz a. a. O. Th. I. S. 729). Großherzogl. Badensche Verfassungs-Urkunde von 1818: „Von dem Wunsche durchdrungen, die Bande des Vertrauens „zwischen Uns und Unserem Volke immer fester zu knüpfen, „haben Wir ic." (das. S. 46). Vergl. S. 152.

(S. 260). Ein Tages-Schriftsteller folgert hieraus sogar, daß der König eine moderne repräsentative Reichs-Verfassungs-Urkunde verheißen habe (S. 441). Das vom Regenten der Nation gegebene Versprechen, ihre wichtigsten Angelegenheiten mit ihren Repräsentanten zu berathen, ist, nach der Behauptung dieses Mannes, gar kein Zeichen des Vertrauens: dies würde nur durch Einräumung einer entscheidenden Stimme und auch dadurch nicht einmal vollständig, sondern dieses nur durch Zugestehung der allein entscheidenden Stimme und constitutioneller Unterordnung der Ansicht des Regenten unter die der Repräsentanten der Nation bethätigt werden. Da nun eine solche Abtretung der Regierung im Wesen des Vertrauens liege, und der König letzteres der Nation habe geben wollen, so könne, wird gefolgert, die vom Könige angeordnete Verfassungs-Urkunde keine landständische, sondern müsse nothwendig eine solche radical-repräsentative Reichs-Constitution sein.

Eine Behauptung ist zwar widerlegt, wir müssen ihrer indessen wiederholentlich erwähnen. Der König soll nämlich in der Verordnung von 1815 zwei verschiedene Verfassungs-Urkunden verheißen haben, im Eingange eine allgemeine Reichs-Verfassung und in §. 6 eine landständische Verfassungs-Urkunde. Es liegt aber klar und bestimmt vor, daß beide ein und dieselbe landständische Verfassungs-Urkunde sind. Der König beschließt, damit die Eintracht der Regenten mit dem Volke, welche bisher den glücklichen Zustand des Staats sicherte, desto fester begründet und der Nachkommenschaft vermittelst einer schriftlichen Urkunde dauerhaft erhalten werde,

1. daß eine Repräsentation des Volks gebildet (nicht erst begründet, sondern aus den noch bestehenden oder neuen Ständen gebildet) werden soll,
2. daß zu diesem Zwecke — also zur Repräsentation des Volks — Provinzialstände eingerichtet werden sollen,
3. daß eine Commission niedergesetzt werden und sich beschäftigen soll,
   a. mit der Organisation der Provinzialstände,
   b. mit der Organisation der Landes-Repräsentanten, d. h. des Ausschusses der letztern,
   c. mit der Ausarbeitung einer Verfassungs-Urkunde nach den aufgestellten Grundsätzen (vgl. S. 561).

Es folgt hieraus auf das unzweifelhafteste, daß die zuletzt gedachte Verfassungsurkunde eben diejenige ist, welche nach dem Eingange der Verordnung hat abgefaßt werden sollen, um die Eintracht der Regenten mit dem Volke dauerhaft zu bewahren und daher die Repräsentanten und Organe des Volks bei dem Regenten wiederherzustellen. Daher wurde die Abfassung der Verfassungs-Urkunde als Gegenstand der Einrichtung der landständischen Verfassung und als Geschäft der mit derselben beauftragten Commission angesehen und ihr zugewiesen, nicht aber einer besonderen Commission übertragen, wie verschieden auch die, bei der Abfassnng einer ganz neuen Reichs-Constitution zu beobachtenden Gesichtspunkte und Rücksichten von denen bei der Wiederstellung landständischer provinzialständischer Verfassungen sind.

§. 13.

Aber, wird erwiedert, die Verordnung von 1815 erwähnt ja im Eingange ganz ausdrücklich einer Verfassung des Preußischen Reichs. Dies Argument, auf welches die mehrsten Erörterungen der sogenannten Verfassungsfrage das stärkste Gewicht legen, ist ohne alles Gewicht und beruht durchweg auf einem recht auffallenden Mißverständniß und Irrthum und bedarf daher einer näheren Erörterung.

Der Eingang der Verordnung von 1815 lautet folgendergestalt:

> Damit sie (die Eintracht der Regenten mit dem Volke) desto fester begründet werde und der preußischen Nation ein Pfand Unseres Vertrauens gegeben und der Nachkommenschaft die Grundsätze, nach welchen Unsere Vorfahren und Wir selbst die Regierung Unseres Reichs geführt haben, treu überliefert und vermittelst einer schriftlichen Urkunde
>
> als
>
> Verfassung des preußischen Reichs dauerhaft bewährt werden, haben Wir nachstehendes befohlen (Repräsentation des Volks durch Landstände, vgl. der vorhergehende §.)

Es fragt sich daher zunächst, was soll durch eine schriftliche Urkunde desto fester begründet, der Nachkommenschaft treu überliefert und dauerhaft bewährt werden? Ohne

Anstand jene Eintracht und die Grundsätze, nach welchen der König und seine Vorfahren die Regierung geführt haben. Schwerlich wird aber Jemand annehmen, daß die Regierungsgrundsätze überhaupt, die über Steuern, Domainen-Verwaltung, Militair rc., und nicht vielmehr nur diejenigen, welche auf die Eintracht mit dem Volke und daher auf die Organe sowohl des Volks, als jener Eintracht sich beziehen, und welche daher der König in der Verordnung selbst auch nur anführt [14]), sollten dauerhaft bewahrt werden.

Die landständische Verfassung des Preußischen Reichs soll also Gegenstand der schriftlichen Urkunde, letztere also eine landständische Verfassungs-Urkunde, keinesweges aber eine Verfassungs-Urkunde des Preußischen Reichs sein.

---

[14]) Nachträglich zu der Widerlegung der von Simon den Preußischen Regenten zur Last gelegten planmäßigen Vernichtung der ständischen Rechte (vgl. oben S. 333) erlauben wir uns noch einige Bemerkungen, besonders über die Seite 334 enthaltene Aeußerung über Friedrich II. Warum führt er nicht die vom Könige ausdrücklich vorgeschriebene Zuziehung der Provinzialstände zur Abfassung der Provinzial-Gesetzbücher an? Warum nicht, daß auch unter der Regierung dieses Königs das Gutachten der Stände über erhebliche allgemeine Gesetze erfordert wurde (vergl. z. B. Scholz Provinzial-Recht der Churmark Brandenburg, Abth. II. Th. 1, S. 438)? Warum übergeht er die, vom Könige Friedrich Wilhelm II. im Jahre 1786 angeordnete und ausgeführte Berathung der Stände über das allgemeine Landrecht, die er schon aus des Geheimen Ober-Justizraths Simon vortrefflichem Bericht über die scientivische Redaction der Materialien der Preußischen Gesetzgebung (in Mathis Allgemeine juristische Monatsschrift, S. 192 ff.) hätte kennen lernen können?

Die Verordnung bestimmt überall nicht, daß eine Reichs-Verfassungs-Urkunde abgefaßt werden soll: weder dieser Ausdruck, noch die Sache kommt in Gesetzen und anderen Königlichen Erlassen vor. Die Verordnung erwähnt daher auch überall nicht einer Reichs-Verfassungs-Urkunde, sondern nur der Verfassung des Preußischen Reichs. Daß aber der Preußische Staat oder das Preußische Reich seit Jahrhunderten eine Verfassung hat, lehrt, wenn die Gesetze es nicht ausdrücklich aussprächen, und die Erfahrung es nicht bezeugte, die gesunde Vernunft und ebenso liegt es am Tage, daß die landständische Verfassung zur Staats-Verfassung gehört und einen Theil derselben ausmacht, auch wenn sie als solcher nicht bezeichnet wäre (S. 200)[15]), und daß es daher hiezu nicht erst der Bestimmung dieser Verordnung bedurfte. Eben so klar liegt es aber auch am Tage, daß sie nicht die ganze Staats-Verfassung ausmacht und daß daher in der Verordnung die Bezeichnung der landständischen Verfassungs-Urkunde „als Verfassung des Preußischen Reichs" nicht den Sinn haben kann, daß sie allein die Preußische Reichs-Verfassung sei und den ganzen Umfang derselben erschöpfe und daß daher die letztre ausgearbeitet werden solle.

Der Zusatz „als Verfassung des Preußischen Reichs" hat vielmehr einen andern, auch aus dem Text

---

[15]) Verordnung v. 16. Dec. 1808, §. 6, No. 6: „Die innere Staats-„Verfassung, namentlich die ständische Verfassung und alles, „was darauf Bezug hat." — Verord. v. 27. Okt. 1810: „Die „innere Staats-Verfassung, insonderheit die ständische Ver-„fassung."

der Verordnung unverkennbar hervorgehenden Sinn, nämlich den

daß die landständische Verfassung der Nachkommenschaft vermittelst einer schriftlichen Urkunde als Verfassung des Preußischen Reichs dauerhaft bewahrt werden soll.

Der König wollte nicht bloß die landständische Verfassung wiederherstellen, sondern auch der Nachkommenschaft dauerhaft sichern; sie sollte nicht eine bloße Maaßregel und Institution der Verwaltung sein, und nicht bloß schriftlich verfaßt, sondern auch eine grundgesetzliche und Fundamental-Institution des Preußischen Reichs sein und einen Theil der Verfassung desselben bilden und daher als Verfassung des Preußischen Reichs die dauerhafte Bewahrung erhalten, wodurch grundgesetzliche und verfassungsmäßige Anordnungen von administrativen und selbst von bloß gesetzlichen sich wesentlich unterscheiden. Daher bezeichnet der König in dem, nach den Grundsätzen der Verordnung von 1815 abgefaßten Gesetz vom 5. Juni 1823 die ständische Verfassung „als ein neues und bleibendes Pfand landesväterlicher „Huld und Vertrauens“ und bestimmt, „daß Abände„rungen in den provinzialständischen Gesetzen nur nach „vorhergegangenem Beirath der Provinzialstände getroffen „werden sollen.“

Die erneuerte oder neue landständische Verfassung soll nicht eine bloße Anordnung, ein bloßer Beweis der Gnade des Königs Friedrich Wilhelm III., sondern ein bleibendes Pfand des Königlichen Vertrauens zur Nation und ein Theil der Verfassung sein und daher die abzufassende Urkunde zu den Fundamental-Gesetzen gehören und mithin als Verfassung und qua lex fundamentalis die landständische Verfassung der Nachkommenschaft dauerhaft bewahren. Die Urkunde soll nicht die ganze Verfassung des preußischen Staats begreifen, abfassen und bilden, sondern die Eigenschaft und Kraft einer Verfassungs-Urkunde haben, und vermöge ihrer staatsgrundgesetzlichen Eigenschaft ihren Inhalt und ihre Bestimmungen als Verfassung des Reichs dauerhaft bewahren und als Verfassung gelten; so wie andere Fundamental-Gesetze, z. B. die Königlichen Hausgesetze von 1713 und 1808 ebenfalls Grundgesetze sind und ihre Vorschriften als Verfassung des Reichs gelten.

Dieses ist der wahre Sinn, welchen dieser Ausdruck der Verordnung von 1815 hat, und die einzige Auslegung, welche mit der Absicht und der Fassung derselben vereinbar ist und nicht mit beiden in Widerspruch steht, und selbst einen Sinn hat.

§. 14.

Die, dem Eingange der Verordnung von 1815 gegebene Auslegung, daß eine Staats-Verfassungs-Urkunde ausgearbeitet werden solle, ist mithin sowohl nach der Veranlassung und dem Sinne und dem Inhalte, als nach der Fassung der Verordnung offenbar völlig ungegründet. Die landständische Verfassnng soll, wie dies stets der Fall war und 1808 und 1810 ausdrücklich angeführt war, ein Theil der Staats-Verfassung sein und als Verfassung des

Reichs gelten; allein daraus folgt überall nicht, daß in der über die landständische Verfassung abzufassenden Urkunde auch die ganze Reichs-Verfassung abgefaßt werden soll. Wenn in einer Verordnung eine Staats-Institution, z. B. eine Staatsbank und die Abfassung einer Urkunde über ihre Verfassung angeordnet und dabei bestimmt wird, daß durch die Urkunde die Institution als Reichs-Verfassung der Nachkommenschaft dauerhaft bewahrt werden soll; so wird Niemand daraus folgern, daß in der Urkunde über die Staatsbank auch die ganze Reichs-Verfassung, an deren Unwandelbarkeit die Staatsbank Theil nehmen soll, abgefaßt und codificirt werden solle. Es würde daraus folgen, daß jede, über einen Gegenstand als grundgesetzlich erlassene Verordnung auch sämmtliche Grundgesetze des Staats enthalten müsse, und daß in Anwendung auf andere Gegenstände die Urkunde über die Verfassung einer Institution, welcher die Theilnahme an den Rechten und Vorzügen eines bereits bestehenden Verhältnisses, z. B. der fiscalischen Rechte beigelegt wird, auch diese Rechte und Vorzüge abfassen und aufführen müsse.

Die Hinweisung und Bezugnahme auf die Verfassung enthält daher auch überall nicht die Bestimmung und nicht einmal die leiseste Andeutung der Codification und schriftlichen Abfassung einer Staats-Verfassungs-Urkunde. Die Verordnung von 1815 erwähnt nur der Verfassung des Reichs, keineswegs aber einer Reichs-Verfassungs-Urkunde, und ist daher der Schluß von der Erwähnung der ersteren auf das Gebot der Abfassung der letzteren ein wahrhaft colossaler Fehlschluß.

§. 15.

Dieser Fehlschluß würde aber auf den Culminations-Punkt gesteigert werden, wenn man annähme, daß diese Reichs-Verfassungs-Urkunde die bestehende Reichs-Verfassung verändern solle, daß der Regent, wenn er zur höchsten Sicherheit für die dauerhafte Bewahrung der ständischen Verfassung auf die Reichs-Verfassung hinweiset, dadurch ipso facto ausspricht und anordnet, daß diese Reichs-Verfassung aufgehoben und eine andere eingeführt werden solle. Eben so grell verletzt es die ersten Begriffe, wenn unter der, in einer Verordnung vom Jahre 1815 angeführten Reichs-Verfassung nicht die in dem Jahre 1815 bestehende, sondern eine andere Reichs-Verfassung, dazu eine ganz unbekannte, von der nie die Rede war, verstanden und angenommen wird, daß die Verordnung auf sie verwiesen habe. Es giebt vollends keinen Ausdruck für eine Logik, die annimmt, der König habe eine neue Reichs-Verfassung nach ganz anderen, als den bisherigen und nach neuen Grundsätzen angeordnet, während derselbe ausdrücklich vorschreibt, daß die bisherigen Grundsätze der Nachkommenschaft treu überliefert und dauerhaft bewahrt werden sollen und eben deshalb und „damit sie desto fester begründet werden" in eine schriftliche Urkunde verfaßt und in derselben einer der wichtigsten Theile der Verfassung, die Landstände, nach den bisherigen, mit der eingebildeten neuen Verfassung unvereinbarlichen Grundsätzen wiederhergestellt werden sollen. Und in der Urkunde, die nach diesen Grundsätzen abgefaßt werden soll, kann Jemand die Aufhebung der bisherigen Verfassung und die Anordnung einer neuen finden? Der König hätte also durch die Verordnung von 1815 vorgeschrieben, daß die Urkunde nicht nach den bisher befolgten, sondern nach geradezu entgegengesetzten Regierungs-Grundsätzen, nicht, „um sie fester zu „begründen und dauerhaft zu bewahren," sondern um sie zu vernichten, abgefaßt werden solle! Anstatt der vorgeschriebenen landständischen berathenden Verfassung hätte also der König eine entscheidende repräsentative in die Urkunde aufnehmen sollen? In den Besitznahme-Patenten hatte der König den neuen Provinzen kurz vorher und bald nachher eine provinzielle ständische Verfassung und eine provinzielle Repräsentation verheißen; in der Urkunde sollte aber eine allgemeine aufgenommen werden? Dies alles — so weit geht die Einbildungskraft der Befangenheit — wäre in der Verordnung vom 22. Mai 1815 deutlich zu lesen!

§. 16.

d. Gültigkeit der Verordnung vom 22. Mai 1815.

Aber selbst, wenn die gegenseitige Ansicht von der Verordnung von 1815 nicht ungegründet wäre, so würde auf sie nicht wieder zurückgegangen werden können. Ganz abgesehen von der verbindlichen Kraft derselben überhaupt (S. 213 ff.) enthält sie offenbar nur eine Anweisung über die Grundsätze, nach welchen die ständische Verfassung eingerichtet werden soll. Der, zur Ausführung dieser Königlichen Vorschriften erforderliche Zeitraum war derjenige, in welchem in Deutschland die Lehren der philosophischen staatsrechtlichen Schule sich bis zu den Verirrungen steigerten, welche der Bundespräsidial-Gesandte 1819 in der Bundes-Versammlung schilderte (S. 94 ff.) und 1820 die S. 77 ff. angeführten näheren Bestimmungen der Bundes-Verfassung herbeiführten. Diese Lehren waren die nämlichen, welche in späteren Zeiten in Beziehung auf die Preußische Verfassungsfrage wiederaufgenommen wurden und die irrthümlichen Auslegungen der Verordnung von 1815 hervorbrachten. So wie der König als Bundesfürst den wahren Sinn der Bundes-Verfassung aufrecht erhielt, so verwarf er auch „die Deutung, welche mit Seinen Königlichen Worten von 1815 verbunden wurde" (S. 250 ff. u. S. 411 ff.) und also die verkehrten Auslegungen der Verordnung von 1815. Daher wurde das, durch letztere vorgeschriebene Gesetz von 1823 zwar nach den Bestimmungen jener Verordnung erlassen, aber auf eine, solchen Auslegungen vorbeugende Art abgefaßt (S. 412 ff.). Durch dieses, nach der Instruction in der Verordnung von 1815 abgefaßte und dieselbe ausführende Gesetz ist letztere erfüllt, mithin erledigt und erloschen; die landständische Verfassung ist daher nicht durch sie, sondern durch das Gesetz von 1823 wiederhergestellt. Selbst, wenn letzteres von der ersteren abweichen sollte, würde nach unzweifelhaften Rechtsgrundsätzen auf die erstere nicht zurückgegangen werden können, weil diese Abweichungen nähere Bestimmungen der früheren Vorschriften oder neue Bestimmungen sein würden, zu welchen der König selbst nach den Bundes-Gesetzen (S. 78) nicht minder, als zu den ersteren berechtigt sein würde. Daher ist durch den Königlichen Bescheid an den Posenschen Landtag vom 12. März 1843 „die Berufung auf die Verordnung von 1815 „für unangemessen“ und sie selbst für unanwendbar „erklärt, weil das Gesetz von 1823 an ihre Stelle getreten ist“ (S. 256). Wenn dies letztere von einigen Federführern bestritten und die fortdauernde gesetzliche Kraft jener Verordnung behauptet worden, so ist dies ein auffallendes Beispiel, wohin vorgefaßte Ansichten verleiten, da sie nicht allein annehmen, daß die Instruction, nach welcher ein Gesetz entworfen werden soll, noch bestehe, wenn das Gesetz abgefaßt worden, sondern auch die S. 412 näher ausgeführte, völlige Uebereinstimmung des letzteren mit der ersteren verkennen, indem sie behaupten, daß die von ihnen entweder mißverstandene oder mißbrauchte „Repräsentation des Volks“ in demselben nicht enthalten ist. Sehr treffend äußerte daher auch der Berichterstatter auf dem Rheinischen Landtage von 1845: „daß „diejenigen, welche zur Erringung einer Volks-Repräsentation die Provinzialstände zu beseitigen streben (durch Berufung auf die Verordnung von 1815) in einen unauflösbaren Widerspruch mit sich selbst verfallen, da das Gesetz von 1815, worauf sie „sich stützen, nicht nur die Errichtung von Provinzialständen ausdrücklich vorschreibe, sondern auch wolle, daß die Landesrepräsentanten aus denselben hervorgehen sollen und das „Gesetz von 1815 nach den Erläuterungen und „Erklärungen des Königs von 1840 und 1843 „nun nicht mehr vorhanden sei (S. 470).“

Wenn daher das Gesetz von 1823 mit der Verordnung von 1815 nicht übereinstimmte, so würde der Gesetzgeber der letzteren die Abfassung des Gesetzes auf der Basis früher aufgestellter Grundsätze aus erheblichen Gründen nicht für angemessen gehalten, sondern andere vorgeschrieben haben, und solche erhebliche Gründe würden allerdings vorhanden gewesen sein und ihre Berücksichtigung selbst zu des Königs bundesfürstlichen Obliegenheiten gehört haben, wenn die Verordnung von 1815 den Sinn gehabt hätte, welcher ihr angedichtet wurde, weil sie dann nicht die für alle Bundesstaaten festgestellte, sondern vielmehr eine Verfassung begründet haben würde, welche nicht die für alle Bundesstaaten angenommene landständische, sondern eine Verfassung gewesen sein würde, die in Deutschland nicht Statt haben soll.

Der Stadtgerichtsrath Simon sucht zwar diesem Grunde durch die Behauptung auszuweichen, daß die vermeintliche repräsentative Verfassung der staatsphilosophischen Schule bereits vor der Bundesacte garantirt und realisirt worden (S. 388); die auffallende Unrichtigkeit dieser in ihrer Art merkwürdigen, ja einzigen, Behauptung ist indessen bereits Seite 391 dargethan, und es leuchtet auf das allerevidenteste ein, daß sie in jedem Worte auf ganz unrichtigen Voraussetzungen beruhet. Wir machen nur noch auf die merkwürdige Behauptung aufmerksam,

> daß die, in einer vom 22. Mai datirten, erst am 8. Juli in Berlin durch die Gesetzsammlung publicirten Verordnung angeblich verheißene Verfas-

sung schon einen Monat vor der Publication der Verordnung in der ganzen Monarchie vom Niemen bis zur Mosel realisirt und also die landständische Verfassung in allen alten Provinzen zu Grabe getragen worden sein solle.

Der Gesetzgeber hielt daher das, in der Bundesacte und in den Publications-Patenten, so wie in der Verordnung von 1815 vorgeschriebene System, nach welchem die landständische Verfassung eingerichtet werden sollte, fest und bewahrte dasselbe nur vor den Mißdeutungen, welche es erhalten hatte, und erließ hiernach das Gesetz von 1823. Wenn aber der Gesetzgeber in diesem Gesetze von den, für die Abfassung aufgestellten Grundsätzen abgegangen wäre, so würden sie, von ihm selbst abgeändert und daher aufgegeben und außer Kraft gesetzt, also eine vom Regenten selbst zurückgenommene Ansicht gewesen sein. Es leuchtet daher von selbst ein, wie auch des jetzt regierenden Königs Majestät den Posenschen Landtag durch die Resolution vom 12. März 1843 beschied: „daß die Verordnung „vom 22. Mai 1815, wie der König dies bereits in „dem Landtags-Abschied für das Königreich Preußen vom „9. Sept. 1840 ausdrücklich erklärt habe, völlig un-„verbindlich für Ihn sei, da schon des Königs in „Gott ruhenden Herrn Vaters Majestät, von Denen „dieselbe ausgegangen, ihre Ausführung mit dem Wohle „Ihres Volks unvereinbarlich fanden und das Gesetz vom „5. Juni 1823 an deren Stelle treten ließen (S. 257)."

Dieser Königliche Bescheid erfolgte auf die unrichtige Deutung der Verordnung von 1815 und die unangemessene Berufung auf dieselbe. Obgleich die Verordnung von 1815 mit dem nach ihren Vorschriften abgefaßten Gesetze vollständig übereinstimmte, indem sie die Abfassung einer landständischen Verfassung angeordnet und dieses eine landständische Verfassung abgefaßt hatte; so wurde dennoch behauptet, daß die Verordnung von repräsentativer Ansicht ausgegangen, das Gesetz aber nach der landständischen Ansicht abgefaßt und die Ausführung der ersteren vom Regierungs-Nachfolger verlangt sei. Der König beschied in vorgedachter Art die Stände auf diesen auffallend unbegründeten Antrag. Denn es verletzt allerdings sowohl das Recht der Vernunft, als das Staatsrecht, den Regierungs-Nachfolger für verbunden zu halten, eine Ansicht, welche sein Thron-Vorfahre vor einem Viertel-Jahrhundert als Grundsatz für die Entwerfung einer Urkunde geäußert, aber noch vor deren Abfassung zurückgenommen und eine nach ganz entgegengesetzten Grundsätzen ausgearbeitete Urkunde vollzogen hat, auszuführen, mithin die frühere seit einigen zwanzig Jahren aufgegebene Absicht, die der Vorfahre nicht ausführen wollte, anzunehmen und die, von dem letzteren nach anderen Grundsätzen gegebene Verfassung aufzuheben und dagegen die, von dem letzteren verworfene einzuführen. Dies nennt man in auffallender Sprachverwirrung: die Verbindlichkeit des Nachfolgers, die Handlungen des Vorfahren erfüllen, da sie doch dadurch verändert und aufgehoben werden würden!

Dies alles ist aber vollends auffallend, wenn jene Ansicht überall nicht die des Regierungs-Vorfahren war und sein konnte, sondern offenbar eine demselben aus Mißverstand, Irrthum oder absichtlich untergelegte Verdrehung seines Sinnes und seiner Worte ist. Die Verordnungen von 1815 und von 1823 stimmen völlig überein. Diese schrieb eine provinzielle landständische vor und jene führte eine landständische provinzielle Verfassung ein. Die behauptete Verschiedenheit beruht lediglich auf Unklarheit und Mißdeutung des Begriffs der Repräsentation, der irrthümlichen Annahme, daß der König in der Verordnung von 1815 eine repräsentative Staats-Verfassung neueren Styls angeordnet habe.

§. 17.

4. Nach der Verordnung vom 17. Januar 1820.

Die Abfassung einer Verfassungs-Urkunde des Preußischen Staats, außer der landständischen, ist daher weder in den Besitznahme-Patenten, noch in der Verordnung vom 22. Mai 1815, noch in irgend einem andern Erlasse ausgesprochen und erwähnt. Nach Simons Preußischem Staatsrecht (Th. II. S. 156) soll zwar die Verordnung vom 17. Januar 1820 „der künftigen reichsständischen „Verfassung," erwähnen; allein dieses Wort befindet sich, wie bereits S. 407 bemerkt ist, gar nicht in dieser Verordnung und würde, wenn es darin enthalten wäre, nicht einmal eine Verfassungs-Urkunde vorschreiben.

§. 18.

III. Resultate.

Aus den vorstehenden Erörterungen der, diesen Gegenstand betreffenden Gesetze und Verhandlungen ergeben sich nachstehende Resultate:

1. Sie haben sämmtlich nur die landständische Verfassung zum Gegenstande.
2. Sie betreffen, außer derselben, überall nicht die Staats-Verfassung.
3. Sie haben daher auch nur die Abfassung einer schriftlichen Urkunde über die landständische Verfassung angeordnet.
4. Sie haben der Einführung einer Staats-Constitution, oder einer Veränderung der bestehenden mit keinem Worte gedacht, und noch weit weniger
5. die Abfassung einer schriftlichen Staats-Constitutions-Urkunde verheißen oder angeordnet und ihrer überhaupt mit einer Sylbe erwähnt.

Bei dem bestimmten und unzweideutigen Inhalte der Verordnungen von 1815 und 1823 ist ein Zweifel über denselben allerdings unbegreiflich und auch nur das Ergebniß einer Sprachverwirrung. Er ist, wie wir ersehen haben, daraus hervorgegangen, daß die Verordnung von 1815 die Bildung „einer Repräsentation des Volks" vorschreibt und diese Repräsentation für eine absolut-ausschließliche Eigenthümlichkeit der, von ihnen überhaupt als die allein rechtmäßig angesehenen sogenannten repräsentativen Verfassung und für unvereinbarlich mit der landständischen gehalten. Allerdings eine sehr arge Unkenntniß der deutschen Geschichte und Verfassung, selbst der Sprache! Hier um so ärger, als nicht allein dieser Ausdruck von Seiten des deutschen Bundes erläutert ist

(S. 150 ff.), sondern auch die Verordnung von 1815 selbst und die von 1823 eine provinzial-ständische Repräsentation des Volks anordnet und überhaupt in allen deutschen Ländern nicht die behauptete staatsphilosophische allgemeine, sondern nur eine landständische Repräsentation besteht. Die Vertheidiger dieses Begriffes beharren aber demungeachtet in ihrer Unkenntniß und bei ihrer sprachlich, geschichtlich und staatsrechtlich gleich irrthümlichen Ansicht von Repräsentation, erklären nach derselben die Verordnung von 1815, und verbinden daher mit dem Ausdruck „Repräsentation" einen ganz andern und geradezu entgegengesetzten Sinn und Begriff, als die Verordnung. Sie lesen sie in einer andern Sprache als in derjenigen, in welcher sie abgefaßt ist, und verwickeln sich daher in ihren Ansichten über dieselbe in Widersprüche und Inconsequenzen, welchen sie durch die, in den vorhergehenden Abhandlungen zum Theil angeführten Mittel außer der Bahn der historischen und urkundlichen Treue auszuweichen versuchen. Dieser irrthümliche Begriff, welchen sie von Repräsentation haben, ist daher der Grund ihrer ungegründeten und ganz verkehrten Auffassung der Verordnung von 1815.

Eine andere Quelle der irrthümlichen Ansichten ist das in der fünften Abhandlung erörterte Mißverständniß, welches unter der, nach der Verordnung von 1815 abzufassenden schriftlichen Urkunde nicht eine Urkunde über die landständische Verfassung, sondern über die ganze Staats-Verfassung, eine sogenannte Constitution, versteht.

Wird der Ausdruck „Repräsentation des Volks“ in seinem wahren, notorischen, unzweifelhaften und in der Gesetzgebung des deutschen Bundes und aller deutschen Staaten anerkannten Sinne genommen und von dem, ihm untergelegten rechtswidrigen Sinn gesäubert, und wird der eben erwähnte factische Irrthum wegen der Constitution berichtigt: so stellen sich alle Bemühungen, die Ansichten über diesen Gegenstand zu verwirren, als bodenlos und irrthümlich von selbst dar und ergiebt sich insonderheit auf das einleuchtendste, daß das landständische Gesetz von 1823 die im Eingange und im §. 6 der Verordnung von 1815 befindliche Vorschrift, eine schriftliche Urkunde und, wie sie im §. 6 genannt ist, eine Verfassungs-Urkunde abzufassen, unmöglich mehr enthalten konnte, weil dieses Gesetz selbst ja die Urkunde ist, deren Ausarbeitung angeordnet und 1823 vollendet war. Dieser Grund allein würde schon die vollständigste Ueberzeugung gewähren müssen, daß unter der, in der Verordnung von 1815 gedachten Urkunde lediglich eine Urkunde über die landständische Verfassung, keineswegen aber eine Staats-Verfassungs-Urkunde begriffen und vorgeschrieben sei.

FSC
www.fsc.org
MIX
Papier | Fördert
gute Waldnutzung
FSC® C083411

Kolibri 360 GmbH
Ferdinand-Jühlke-Straße 7
99095 Erfurt, Deutschland
produktsicherheit@kolibri360.de